"十三五"规划教材
13th Five Year Plan University Text Book

播音与主持艺术"十三五"规划教材

主持人思维与表达

王 彪 ◎ 著

ZHUCHIREN
SIWEI YU BIAODA

21世纪播音与主持艺术专业核心教材

该书由西藏民族大学"特色出版"项目资金
和西藏自治区党委宣传部与西藏民族大学
共建新闻传播学院项目资金共同资助出版

中国传媒大学出版社 · 北京

图书在版编目(CIP)数据

主持人思维与表达/王彪著.--北京:中国传媒大学出版社,2017.9（2024.5重印）
（21世纪播音与主持艺术专业核心教材）
ISBN 978-7-5657-2151-9

Ⅰ.①主… Ⅱ.①王… Ⅲ.①主持人－语言艺术－高等学校－教材 Ⅳ.①G222.2

中国版本图书馆CIP数据核字(2017)第216606号

主持人思维与表达
ZHUCHIREN SIWEI YU BIAODA

著　　者	王　彪		
策划编辑	张　旭		
责任编辑	张　旭　李水仙		
封扉设计	拓美设计		
责任印制	李志鹏		
出版发行	中国传媒大学出版社		
社　　址	北京市朝阳区定福庄东街1号	**邮　　编**	100024
电　　话	86-10-65450532　65450528	**传　　真**	65779405
网　　址	http://cucp.cuc.edu.cn		
经　　销	全国新华书店		
印　　刷	唐山玺诚印务有限公司		
开　　本	787mm×1092mm　1/16		
印　　张	黑白19.5　彩插1		
字　　数	391千字		
版　　次	2017年10月第1版		
印　　次	2024年5月第4次印刷		
书　　号	ISBN 978-7-5657-2151-9/G·2151	**定　　价**	59.00元

本社法律顾问：北京嘉润律师事务所　郭建平

王 彪，西藏民族大学新闻传播学院播音主持专业负责人，陕西广播电视协会播音主持委员会委员。曾获全国第二届高校青年教师教学比赛一等奖。主要研究方向：主持人学、有声语言传播。

目录
Contents

第一章　主持人的思维与语言活动

第一节　从主持人说起

学习和探讨节目主持人的思维和语言活动，自然绕不开“节目主持人”这一概念。关于“节目主持人”的定义在播音主持类、新闻传播类等书籍中有很多，在此不作赘述。因为过多地罗列、反复比较概念表述的差异，容易成为毫无疑义的考据，甚至会引起理解混乱。接下来，我们从两个宏观角度来理解这一概念，或许视野会更为开阔。

一、语义学角度

汉语词语的含义、解释有一个较为便捷但又很科学的角度：词语结构。“主持人”这一个词语，从语法上归于偏正结构——由修饰词语和中心词语两部分组成。“人”为该偏正结构的中心词，“主持”为修饰词语。有着类似结构的词语如：建设者、接班人、领导者、负责人。主持人即为从事主持工作、担任主持任务的人。“主持”一词在《现代汉语词典》中意为：①负责掌握或处理；②主张，维护；③负责掌管、处理某项活动的人。[①] “主持”则是一个并列结构的词语：“主”在作动词时，有主管、掌控、驾驭的含义，“持”则有拿握、维系、执掌之义。此外，“持”还有主体维持、延续和支撑客体运行之义。“主持人”的意思实则是主宰、掌控、驾驭一个对象，使之良好运行下去的人。因而，主持人从词语意义上来看，绝不仅仅是“节目主持人”这个狭义概念，还有项目主持人、方案主持人等概念。

① 中国社会科学院语言研究所词典编辑室.现代汉语词典：第 7 版[M].北京：商务印书馆，2016：1710.

在“节目主持人”出现之前，人们对“主持”一词的含义还基本停留在其词语意义上。自20世纪90年代起，伴随着中国广播电视的普及，“电视节目主持人”的形象逐渐活跃于电视荧屏，不论是名望还是热度都比肩甚至超越了以往的影视剧、歌舞明星。“名嘴”“国嘴”等称呼不断见于媒体。这种火热引发的另一个效应则是“主持”逐渐成为“广播电视节目主持”的专称。“主持人”，在大众日常交流、大众传媒文稿中也逐渐成为专指广播电视、文艺演出的节目主持人。

这种变化，并非意味着“主持”这个概念的内涵缩小了。

严格意义上说，节目主持人是对一档节目的整体制作起到主宰、掌控、驾驭的人。起源于西方传媒的“主持人中心制”便最能体现整体驾驭意义上的“主持人”身份。以CBS(美国哥伦比亚广播公司)的主持人沃尔特·克朗凯特、丹·拉瑟等为例，这些主持人阅历丰富、学识广博，既有良好的语言能力和镜头表现力，也有出色的节目策划、人员组织和团队领导能力，是一档节目的运作核心、主导者。他们确定报道思想，掌握节目终审权，表达自己的观点。我国的一部分电视节目也做过这样的实践，20世纪90年代曾在中央电视台风靡一时的《曲苑杂坛》栏目便是一例。从节目最初的选题策划、演员挑选、人物塑造到上机切换、录制合成等方方面面的工作，主持人汪文华全都亲力亲为，她不仅是节目具体录制时的主持人，更是整个节目的灵魂。在2004年开播的《电影传奇》节目中，崔永元既是整个节目的掌控者，把握节目整体构思和创作，又在节目中担任具体的主持和部分角色演员等职责。鉴于广播节目的构成特性和播出特性，大多数广播节目中的主持人也是集选题、撰稿、制作、播出于一体的掌控者。

多数电视节目，尤其是制作量大、参与人员众多的节目，主持人的职能范围则缩减到了节目开始录制到结束录制的环节。在这样的节目中，其显在的掌控者、主宰者是那个在舞台、演播台上不断用语言发出信号、调动演员和观众、控制时间节奏、驾驭整场节目运行的主持人。即便其在节目中这种掌控的最终目的、呈现效果预期、环节设置、程序设计(包括部分语言设计)，都是由节目中“看不见”的编导、撰稿、策划等来决策或指挥的，但是主持人本身在节目中的主观能动性发挥、独立的思考和应对、主持中具体的言行调适、节目诉求的具体实现等也是由主持人自己完成的——他并不是一个没有思想、没有主见的玩偶。

可以说，在大众传媒中的节目，主持人体现着对节目的全局性、主导性、人格性的把握，对节目的历时生成性和风格融合性产生了积极影响。正因如此，主持人之于一档节目，已经不仅仅是单纯意义上的“终端传播者”，其职能和角色超越了“最后一棒”这个范畴，主持人的主控意识、执掌意识、融合意识、创造意识和传播意识都会或多或少地在节目中有所体现，成为节目的主线之一。

二、传播学角度

“节目主持人”这一称呼诞生并兴盛于大众传播时代。因此，另一个较为科学的考察角度则是传播学。

不论是建立在传统的模拟信号传输技术基础上的广播电视媒体，还是基于数字通信技术的互联网，其核心功能都是“传播”。

经典的传播学理论将传播过程抽象地描述为由五大要素构成的信息流：“传播者—讯息—媒介—受众—效果”。即“谁、说了什么、通过什么渠道、对谁说、产生了什么效果”。五大元素在英文表述中都以“W”开头，也被称为“5W 模式”。① 由此看到，主持人在大众传媒的信息传播中，不是孤立存在的，而是与其前后元素一起构成一个有机的整体。“5W 模式”中的“传播者”，可以是个体，也可以是一个群体，简而言之，是“信息的发出者”。因此，主持人在传播模式中，既是以个体存在的传播者，也是存在于传播群体中的个体。

在媒体的信息传播中，信息流从前期的记者、编导、撰稿、摄像等汇聚到一起后，借助终端到达受众。终端是收音机、电视机、电脑（包括台式机、笔记本、平板等不同形式的电脑）、智能手机等。不论是传统媒体还是新兴媒体，主持人都是作为群体存在的“媒体”传播者中，常态化、直接、带有“互动性”的传播个体。这种角色，决定了主持人在传播学视野下，具有媒体综合形象体现者、人际化大众传播者、受众“意见领袖”、受众反馈目标个体和自媒体内容生产核心等地位和功能。

（一）主持人——媒体综合形象主要体现者

一个媒体自身的传播行为，会在受众心目中留下一种特定的形象认知，例如“权威公正”“客观审慎”“时尚前卫”“视野宏大”“知性敏锐”等。这与传播中的很多因素有关：文本要素如用语、句法、风格等；画面要素如角度、景别、剪辑、节奏等；内容的构成如内容属性、内容来源、内容组成结构等。但客观事物之所以吸引一类人群，大多是因为其被赋予的或自身体现出的人文特质。媒体的人文特质恰恰是这个媒体的知名主持人传递出的。可以说，主持人是媒体的“人文形象”。例如湖南卫视的娱乐气质、时尚前卫等人文形象通过谢娜、何炅、汪涵、李维嘉等主持人的个人气质和形象传递出来；中央电视台的权威大气、广阔视野、成熟智慧等则通过早

① 李彬.传播学引论[M].北京：高等教育出版社，2014：47.

期的赵忠祥、倪萍、敬一丹、长江，现在活跃着的白岩松、康辉、撒贝宁、路一鸣、张羽、侯丰、劳春燕等主持人传递出来。在受众的综合印象中，人文特质占据了多半，其他属性，如经济实力、运作模式等，在传播学视域下，对受众的影响都相对较小。

(二)主持人——人际化大众传播者

大众传媒的传播行为和其他“人际传播”“组织传播”等，有着诸多差异。主持人作为在大众传媒中以“真实自我”出现的传播者，在这种“拟态”人际传播的过程中，呈现出诸多“人际传播”的特点。除了广播里直接跟听众的热线互动和网络中的面对面交流外，主持人口语化的传播、丰富真实的体态语和真实文化语境下的思维过程等，会让受众产生“与我对话、跟我交流”的在场感和亲切感，会让一些受众在见到主持人本人时脱口而出“我认识你”。在网络媒体时代，一些主持人开通的个人实名博客、微博、微信等，打通了另一个更为人际化、更为立体化的“传—受”交流和互动通道。主持人更多的个人信息、人文特点得以传播，受众对他们的真实性情、思想观念、行为模式等方面的信息有了空前的了解。这一变化，让主持人“人际传播者”的属性更加强烈，受众也能更清晰地辨认一个主持人：大众传播者—人际传播者的双重身份。

(三)主持人——受众“意见领袖”

传播学中的“意见领袖”是对“人际传播活动”中一类人的描述。这一类人有着诸多共通的特点：他们是信息传播活动的活跃分子，虽然他们在地位、身份上跟其他受众并无太大区别，但信息接收和传播行为明显更加频繁和积极；他们经常为他人提供信息，同时对他人施加影响；意见领袖大多是在某一到两类信息方面产生作用，很少有横跨四类信息的意见领袖。① 从传播效果来看，意见领袖对其“追随者”的影响是很大的，通常左右着一般受众的信息接收和判断、观点和行为。不可否认，传统电子媒体(广播、电视)兴盛的数十年中，“点对面”传播产生的“光环效应”给主持人带来了极高的威望。主持人在国人心中有类似于“意见领袖”的地位。尤其在我国现有媒体体制下，一段时间内主持人在受众心目中甚至已经成为有着一定政治权力的“领导”。主持人的言行所折射出的对某个问题、某个事件、某一现象等的见解、观点、主张和倾向性往往左右着受众的信息接收和处理，以及由此带来的行为决策。当下互联网上广泛流传的一些著名主持人的“伪名言”，从一个侧面

① 张国良.传播学原理[M].上海:复旦大学出版社,2009:202-204.

反映了主持人作为“意见领袖”的影响力。2013年10月7日，网易新闻、中国日报网等网站转载了《白岩松鉴定“白岩松语录”：很多不是我说的》的新闻报道，这是针对长期以来在微博、论坛出现的大量署名“白岩松”的语录、言论而做的新闻调查。但类似的现象并没有因为该报道而减少，在迅速崛起的社交媒体微信中，也开始大量流传白岩松、崔永元等著名主持人的“名言”，尽管这些“名言”已被证实大多并不是出自他们之口。

（四）主持人——受众反馈目标个体

对话的主体之间有着相当的相似或相同属性，“人机对话”的实质是人和机器之间的对话。受众希望表达的对节目的意见、建议或诉求等反馈信息，指向于这个节目、媒体的人化形象——主持人。在大多数受众心中，作为最常跟自己“见面”“说话”和“交流互动”的，不是制片人也不是编导，而是节目的“主持人”。主持人在受众心目中是整个传播过程、行为的核心和主导。而今，传播方式和传播格局的变化，伴随着传统媒体“点—面”单一中心式传播模式的被打破，在扁平化、多中心传播模式中，受众获得了更多、更便捷、更真实的反馈手段和途径。观众在主持人实名认证的微博中对已经播出和正在播出的节目点评、留言；主持人在微博、微信里和受众就节目的内容、形式交流、探讨，并在接下来的节目中进行调整。

（五）主持人——自媒体内容生产核心

“自媒体”（We Media）是近几年逐渐热门的一个词语。从传播的角度看，自媒体的含义并非是以自己为媒体，而是将自我打造成、塑造为传统意义上的媒体：自己掌握着信息采集、处理和传播的能力，并通过新兴媒体加以传播。从互联网产生早期就开始兴起的博客、论坛（BBS/贴吧），到后来的微博，再到现在的微信公众号、微信圈子等，都是自媒体活跃的平台。近些年来，不少在传统媒体颇有威望的主持人也加入自媒体行列，比较著名的如罗振宇主持的《罗辑思维》、王凯的《凯叔讲故事》、栗坤的《栗吱》等。相对于传统媒体节目来说，自媒体节目的体量更小、形式更灵活、内容更多元，而主持人于节目的角色、地位、功能来说，更类似于传统广播节目中的主持人——内容生产的核心、节目运营的主体。

从以上两个角度可以看出，不论是在传统媒体的运行模式、传播格局下，还是在互联网信息时代、传播时代，主持人都扮演着重要的传播角色，发挥着重要的传播功能，对传播过程起着举足轻重的作用。因此，主持人在新技术革命、传播方式变革、媒体融合加速推进的当下，不仅不会像传言所说的那样萎缩甚至消亡，反而会在自身的求变和调整中，移步到新媒体、媒体融合传播中的新位置，发挥更大的作用、产生更强的影响力。按照麦克卢汉的预言，大众传播回归到"面对面"和"地球村"传播时代，个人的语言传播必将兴盛繁荣。届时，主持人便是新媒体中，最活跃、最闪耀、最具声画传播能力的个体——传播主体。此时最考验主持人的，是全面而过硬的传播能力、卓越而亲民的传播魅力。尤其是在新媒体时代，失去了传统媒体光环护驾和体制内经济、政治力量推捧的自媒体主持人，面对的是最具专业考验、能力挑战和生命力比拼的受众市场，一个主持人应有的知识储备、能力结构、思维素养和表达水准显得尤为重要。其中，"思维和表达"的能力、水准或将成为未来主持人需具备的专业能力，是衡量和判断一个主持人合格与否、优秀与否的重要标尺。

第二节　主持人思维活动

对思维的研究始于 20 世纪 80 年代，"我国著名科学家钱学森提出以思维为研究对象、并有广阔实际应用价值的一个'科学技术大部门'"。[①] 思维被看作是人类所独有的大脑功能。心理学认为，"思维和感觉、知觉一样，也是人脑对客观现实的反映。不过感觉和知觉是对客观现实直接的反映，他们反映的是客观事物外部现象或个别属性；而思维则是对客观事物间接的、概括的反映，它所反映的是客观事物的共同本质特征和内在联系"。[②] 感觉、知觉作为思维的基础，是思维能力形成的素材来源。例如，当老师提出一个问题"为什么燕子低飞，就预示着雨天的来临"后，我们脑海里出现的燕子的外形、色泽、动态等，是"感觉"留存在我们大脑中的感官信息，而作为这些信息的总体特征把握：体型、个头、羽毛、爪子等综合而成的"燕子"的认知，则是"知觉"能力所致。人的思维能力发挥作用，对事物的本质特征和内在联系进行思考，才能得出结论：下雨前空气中湿度增大，这些细小的水珠粘在飞虫翅膀上，会导致它们的飞行高度下降。此时这些低飞的昆虫比平时更易捕捉，燕子当然不会放过这样的机会。雨前空气湿度大、昆虫翅膀潮湿且飞行高度低、燕子因捕食昆虫而低飞等，都是对事物特征、本质以及内外部联系的认知。

《思维科学概论》一书对思维过程做了深入和细致的描述，提出了"认识的过

---

① 田运.思维科学[M].杭州：浙江教育出版社，1988：1.

② 叶奕乾，何存道，梁宁建.普通心理学[M].上海：华东师范大学出版社，2010：151.

程：感觉—记忆（经验）—知觉（意识）—认识（知识）—理解（理论知识）”①。感觉是思维活动的基础。感知系统——眼耳鼻舌口肤，对外界事物有不同特性的感知，这些零散的、不成系统的感知会被我们的大脑保存下来。这种被记忆、被保存的刺激过程叫经验。感觉多了，主动或被动的记忆多了，经验也就相应地增多了，累积到一定程度则会发生质变——成为对外界事物的知觉。知觉是大量的经验在大脑中经过整理后，形成的对具体事物的系统性、完整性、全面性的感觉合成，能整体地反映一个事物，是对零散经验经过整合后的、初步的、主观的、具有一定抽象性的认知。继续发挥主观能动性，更多地搜集此事物的信息、经验资料等，不断验证意识—知觉的正确性，则会形成更丰富、更有系统且经过验证的认知体系——知识。知识是人类认知的结果，是综合了经验、知觉归纳、总结之后，经过验证的对事物的认知。如果再进一步搜集相关信息、验证新的假设，零散的知识就会成为一种有序的、有关系的、有层次的、成系统的知识体系，这便产生了更高一级的心理活动——理解。这是具备更强大主观能动性的心理活动。

思维能力作为人类独有的把握世界的能力，不仅仅是人认知世界的本能，也是在人类社会中生存的必备，是从事其他活动，如专业学习、社会工作等的必要和重要基础。不论是学界还是业界都普遍认为，思维能力的高下决定着人的学习能力、工作能力、创新能力等诸多能力，思维方式、思维能力、思维方法在很大程度上决定着人的成就。一些特殊的职业对人的思维能力、思维模式有较高的要求，例如侦探需要具备严密的逻辑思维和形象记忆能力；律师则要求有极高的逻辑思维能力、推理能力；画家必须具备极高的形象思维、想象思维素养；导演必须拥有良好的形象思维、想象思维和逻辑思维能力等。

第三节　节目主持人的思维

在全媒体传播和媒体市场化时代，受众对节目的选择性越来越大，节目市场的操控权将越来越回归受众。“点击”这一个动作替换了以前的“按遥控器”，个性化收看收听将成为主流。在这样的背景下，节目主持人需要摆脱程式化、模式化、僵化的语式、句式，需要建立主持人个性化思维和表达，形成自我训练意识和成长意识，建立起主持人观察、积累、思考的职业习惯。

---

① 高隆昌，等.思维科学概论[M].成都：西南交通大学出版社，2004：54-55.

在新闻节目中，主持人需要培养起独立观察、细致观察、深入观察的习惯，从而形成独立思考、勤于思考、善于思考的素养，让采访不落俗套、不循规蹈矩，体现出新闻节目主持人的信息传播能力。

在访谈节目中，主持人需摆脱谈话节目中格式化的、千篇一律的问话思路、提问模式和反应模式，要有对具体问题剖析、对每一个人物个性化分析、对每一期话题细致解析的思考和表达能力。

在文娱节目中，主持人需通过形象思维、发散思维、创新思维等的训练，培养和提升自身的语言表达能力，力求形象生动、感受力强、具有张力。

……

具体来说，面向全媒体传播时代的主持人，其思维能力应具备以下特点：

一、多元性

因为工作性质特殊，主持人的思维结构应具有多元性和复合性。形象和抽象兼具、聚敛和发散皆备、想象和逻辑并重、正向和逆向俱佳……是主持人思维的总体要求。因为在整个主持工作中，主持人会遇到方方面面的问题和任务：时而生动逼真地讲述，时而严谨地推理、细致地分析；既要对一台晚会的主旨有深入的理解和把握，又要感性十足地融入其间……这些看似苛刻的要求，正是主持人所必备的业务素养和专业能力。

二、活、快、准、新

“活、快、准、新”这四个特点在主持人思维活动中是同等重要且必要的。

（一）活

1. 鲜活

十余年前学者们就提出主持人在节目中具备的人格化、人际化属性，例如吴郁将主持人职业角色定位为“主持人是广播电视媒体中，集社会性和人际性于一身的具有亲和力的传播者”。[①] 陆锡初将主持人定义为“以‘我’的身份在广播电视中组织、驾驭、掌握节目进程，与受众平等交流的大众传播者”。[②] 主持人在节目中，首先是以一个真实存在人的身份在跟观众（现场、收音机旁、电视机前等）交流。通俗

① 吴郁.主持人的语言艺术[M].北京：北京广播学院出版社，1999：47.

② 陆锡初.主持人节目学教程[M].北京：中国广播电视出版社，2001：1.

地说，是“一个活的人在跟活的人说话”。看似废话，但却包含着深意：现实生活中的人，是有人的个性的，有自己的价值观、世界观、人生观，有自己说话的特点、方式和表达习惯。此人的受教育背景、生活阅历和知识储备等形成了其独有的精神气质和人文形象，其语言是带着生活气息和个性特征的，是鲜活的，我们能“看到”其性格、阅历。没有人愿意和一个只会背书、语言僵死的“机器人”交流。因此，主持人思维的首要一点是“活”——鲜活的、有生活气息的、带着人格特性的、个人独有方式的思维活动。在以主持人为中心的节目运作中，主持人一般都会自己撰稿；而在由编导、撰稿或记者完成稿件的节目中，主持人也需要对稿件进行修改和调整以符合自己的语言风格。

2. 灵活

节目主持的传播特点使主持人的工作性质不同于忠于台本的“影视演员”或者照本宣科的“报幕员”。大多数节目主持人没有统一固定的“脚本”，即使节目进行中虽然有事先的策划和安排，但具体摄制过程仍会有各种各样难以预估的情况出现。这就需要主持人根据节目中的一些突发状况进行灵活应对。自 2010 年起，“真人秀”类电视节目在中国逐渐火热起来，成为继人物访谈类节目后，又一类“遍地开花”的节目。仅中央电视台 2015 年就推出了《叮咯咙咚呛》《黄金路线》《青春季》《城市梦想》《挑战不可能》《了不起的挑战》等数档真人秀节目。真人秀节目中“不可预测”是常态，对主持人灵活应变的思维能力要求很高。主持人在现场主持中常常处于一种“未知”状态，这类节目只有宏观的方向性主持方案，而不可能形成具体的、按部就班的行进程序，有时甚至还会临时改变一些环节。例如在《挑战不可能》中，足迹辨识专家董艳珍和主持人就是否结束挑战针锋相对，现场气氛紧张万分，原因是主持人撒贝宁看到董艳珍在前一轮的分组挑选中将足迹人筛除，最终留下的五名挑战助理中并没有足迹人后，认为董艳珍挑战失败，以下是播出视频的实录：

当董艳珍对最后五名筛选对象产生疑虑，又回到足迹面前观察分析时，主持人撒贝宁说：董警官似乎在这五个留下的人选当中，也产生了疑虑。这样，董警官来，咱们掌声有请董警官回到我们舞台中间。非常遗憾地告诉您……

（主持人话未说完，挑战者抢话）

董艳珍（以下简称董）：我想让她们重新走。

主：能不能重新走啊，这个因为我们挑战的规则，稍后我们再商议。但是……

评委李昌钰教授插话：等一等，等一等。

主：我先告诉董警官一个比较遗憾的……

董：我还没有找完。

主：但是现在已经挑战结束了！

导演组人员不得不上台来对挑战环节和规则做出调整。此时撒贝宁就必须组织好语言来应对这一变化，协调好现场评委、工作人员和观众等人员，同时还要保证这一处理方式能为节目宗旨和播出效果服务。

（二）快

不论是在一档节目中还是一台晚会中，节目主持人“纵览全局”的地位、“统率千军”的身份，决定了他要在最短的时间内对突发情况、不可预知的变化做出最快的调整。例如嘉宾一反常态的回答、在场观众过激的行为、现场表演突发的意外、受访对象的突然举动，等等。一般来说，这些变化不容许主持人和节目主创、编导坐下来慢慢沟通，而是要在几十秒甚至几秒钟的时间内作出反应。2015 年 3 月，湖南卫视《我是歌手》的第三季总决赛第二轮竞演直播现场，歌手孙楠突然宣布退出比赛。面对这一突发状况，主持人汪涵根本没有时间跟后台的编导和大赛组委会领导商量、请示，必须当机立断。汪涵在接受凤凰卫视专访时，对当时的心理过程做了以下描述：

其实老孙（指孙楠）当时举手的那一瞬间，我回头一看他要举手，他要发言。我有可能就意识到肯定会出一个什么状况，因为这么大个直播嘛，上亿的观众在看，在那个节点举手说话。我想应该不是简单的感谢或什么的。职业敏感说有可能会出一些状况，但是不知道会是一个什么样的状况。当他说要退出比赛的时候，我心里咯噔一下，那肯定是生理反应了。但是我想，（我当时）说的每一句话都是人话，所谓人话就是当下最真实的，其实我那一刻所有的反应都是作为制片人、作为主持人的第一反应：就是先让他说，然后我争取一些时间赶快来组织（回应的语言），所以没有打断他。因为其实打断他反倒是一个我个人觉得不大明智的（行为）。因为你打断了他，你根本就没有时间思考了，你反倒听他说完来龙去脉，大家都是成年人了，有可能这种处理方式会温和一点。你要表达意见你先表达，我听完你说的事情我再来表达我的观点，所以当时就没有打断老孙说这些。他说完了以后我的第一反应就是摊上事了。的确是，大直播嘛！但是我心里想，毕竟是我很熟悉的 20 年的舞台，应该也不会有多大问题，再说观众都还在。所以我第一反应就是制片人的反应，先准备一个广告放在那儿，待会儿万一会有什么状况，然后这么说。其实都是在听的过程中，脑子里闪现了几个点，然后再用一些语言把它们串起来。差不多就是那样子。但是不分析不觉得有多厉害。我后来看了别人分析我才觉得，哎，好像还(真)是那么回事……

可以看到，主持人汪涵的思维非常敏捷、反应速度极快。首先是对孙楠“举手发言”这一异常举动的快速判断——绝不是简单的感谢之类；紧接着做出选择——打断还是不打断孙楠的发言，在瞬间做出选择后，利用短短几秒钟不仅调整了自己的心理状态，还在“脑子里闪现了几个点”，接着用流畅的语言将这几点表达出来：

既然我是这个节目的主持人，那接下来，就由我来掌控一下。首先，我要请导播抓紧时间给我准备一个3—5分钟的广告时间，谢谢，我待会要用。接下来，我要说的这段话，有可能只代表我个人的观点，而不代表湖南卫视的立场。我从21岁进入湖南广电，所以我觉得我的很多优点、缺点似乎都打上了湖南广电的很多烙印，包括所谓没事不惹事，事来了也不要怕事，对于一个节目主持人，在这么一场大型直播现场当中，一个顶尖级的歌手，顶梁柱一样的歌手，突然间宣布退出接下来的比赛，我想应该是摊上事了，甚至摊上大事了。但是说实话，我的内心一点都不害怕，因为一个成功的节目，有两个密不可分的主体，除了舞台上的这七位歌手之外，还有电视机前的亿万观众和现场观众，我之所以不害怕，是因为你们，还真诚地、踏踏实实地坐在我的面前，我还可以从各位期待的眼神当中读到你们对接下来每一位要上场的歌手，他们即将要演唱的歌曲的那一份期许，我还可以从各位的姿态当中，感受到你们内心当中那种力量，这种力量足够给楠哥、给红姐、给the one、给李健、给维维、给黄丽玲、给彦斌、给所有的歌手，已经准备好了，会有千万掌声，要送给他们。楠哥，不信，您听！这是我要说的第一层意思。

第二层意思，我想表达的是，我虽然不同意楠哥的一些观点，但是我誓死地捍卫您说话的权利，所以，我刚才听到那一段的时候，并没有试图打断您要说的话，虽然我可以这么做。其实每一位歌手来到这个舞台，都有权利选择我来或者不来，你自然也有权利选择在您认为是对的时刻，依着自己认为对的那份心情做出您要离开的决定。所以，我相信，我们应该尊重一个成熟男人在这一刻作出的决定。当然，我们在这里要提出一个希望和请求，希望您以一个观众的身份继续坐在这个地方，来看你最爱的弟弟妹妹们向歌王的舞台进军，我也相信我们现在500位大众评审已经做好了准备，用掌声来接纳这位不期而至的观众。

接下来，对于我个人，一个主持人不可能有这么快的反应速度，不可能有这么大的权利，来调整接下来因为楠哥的退出而要改变的比赛规则。因为有一个歌手要退出，所以比赛规则要做出相应的改变，所以有请导播在这一刻放3—5分钟的广告，我要跟我们的制作团队，跟我们的领导一起商量，怎么样进行节目和赛制上的相应调整。各位观众朋友,真的千万不要走开,真正精彩的时刻或许会从广告之后再开始。

可以说,这种应对既得益于汪涵多年积累的主持实践经验和心态磨砺,也归功于汪涵担任过其他节目"制片人"的经历——语义学角度上真正的"节目主持人",即"全局性掌控"和"主导性驾驭"。这种角色经历使得他思考和应对的方式都是站在整个节目的高度进行的。然而,这一切如果失去了"快"这个关键,那么如"救火"的"救场"功能也就失去了意义。

(三)准

"准"是对主持人的思维模式的要求。不同于书面文字笔误可以在校对时修改,有声语言的传播若出现口误则是"覆水难收"。语言的准确根基于思维习惯和思维方式的严谨、精准和审慎。这里要指出的是,高校"播音主持专业"在招生时,虽然划分在"艺术类",但其并非严格意义上的"艺术专业"。这门专业的从业者的本质属性并非"艺术工作者"。因此,"主持人具有跳跃性、非逻辑性、艺术式的浪漫的思维模式"的观点是不适宜的。在这个专业中,主持人更本质的属性是大众传媒的工作者,承担着重要的传播任务。尤其是在我国,主持人还是党和人民的喉舌。正因如此,主持人在话筒前、镜头前的语言活动需要建立在准确的思维模式的基础之上。这是一种内在的思维习惯、思维方式:对外部感官信息的接收力求准确无误而非模模糊糊;在知觉信息的搜集、存储和识别上力求系统、清晰和准确而非似是而非;对概念、判断、推理、结论等逻辑过程力求无脱节、无矛盾且精准而非"差不多""勉强凑合";对接收的各类信息力求准确且相互无冲突,创造条件、寻找机会佐证,求证含混不清的部分……总之,与一般人相比,主持人要对所知、所学、所思多几分追问、多几分求实。这种思维方式反映在语言上,则是力求表达准确、清晰和适宜。

(四)新

"新"在主持人的思维活动中具有多层含义,主要体现在:思维角度、思维方式和思维内容等方面。

1. 思维角度新

思维角度新包括观察事物的角度、分析事物的角度和思考的向度等的新颖。习以为常的事物、问题往往不是因为其经常出现、缺少变化而显得平常,而是我们看待这个事物、问题的角度、分析的角度、思考的角度相对固化了。用一句老话来说“世界不缺少美，只是缺少发现美的眼睛”，同样，世界不缺少“新”，只是缺少发现“新”的角度。优秀的记者往往能从看似平常的事件中发现新闻价值；游客往往比当地人更能发现有价值的景致风物、民俗特产；当你时隔多年重温旧居，往往能发现新奇和可爱。这与思考的方向、观察的角度有关。学者陈波在总结我们思维角度陈旧时，认为我们拥有新的思维角度的因素①有：

第一，感知与世界观。随着社会的发展，社会分工越来越细，现实生活模式、习惯等逐渐固化，“使我们的某些感官能力退化了，比如触觉……社会进行分工后，一部分人完全脱离了手工劳作，触觉的感知能力势必减退，在现代城市生活中，人们主要使用视觉和听觉来感知世界，特别是媒体为我们塑造的拟态世界”。而这种感官的偏重，必然导致我们对于事物、信息的接受角度变得单一和固定。另外，我们自幼接受的教育、文化的熏染等，让我们逐步建立了一种世界观，“不同的物质生产方式决定了不同的社会结构，不同的社会文化环境指引人们关注到不同的事物，而这种关注又会使人们对世界产生不同的理解，形成世界观，已经形成的世界观反过来又强化了人们的关注点和社会文化。不同的世界观也会加大感知方式的差异，这又会强化各自的世界观”。世界观的确定是我们认识世界的认知性总结，清晰的世界观会让我们感到对世界认知稳定从而指导清晰的行动和语言，但这种世界观的固化同样会导致我们观察事物角度的恒定、僵化和陈旧。

第二，天赋。直觉、情感、兴趣和思维惰性等心理因素，会影响思维角度的多元和创新。

第三，知识结构中教育背景、经验积累和理论桎梏等，都是使思维角度受限的因素。最典型的中学教育的文理分科后，文科生、理科生由于偏向不同，看待事物、思考问题的角度就会不同。

第四，价值观、规范和符号因素。其中，价值观给人们提供了标准，形成了对事物美丑、优劣等评价的依据。成形的价值观在一定程度上阻碍了我们的探索与对新角度的挖掘。规范是一个社会约定俗成并世代传递的行为法则，规范塑造着我们的言行，也形成了约束，规范的边界可看成是“围挡”。符号作为文化的载体、信息传播的工具，对思维方式的塑造有极其深远的影响。例如符号本身的形式美所形成的审美体验会影响我们对其本义的认知。

第五，媒体和广告传播对我们思维角度的影响。

---

① 陈波.创意思维与表达[M].北京：知识产权出版社，2012：28-51.

今天我们生活在被传媒与广告包围的世界。媒体在传播时对信息有目的、有偏向的取舍，广告内容中极具价值评价的话语和情景等，都深刻地影响着我们的思维方式。

2. 思维方式新

思维方式新，主要指运用多种方法、形式来进行内部思考。同样一个问题，思考方式不同，答案也会有所不同。例如形象的不同、举例的方式、类比的方式、取极限值的方式等。2016 年 2 月 21 日，国务院下发了《中共中央国务院关于进一步加强城市规划建设管理工作的若干意见》，其中一条引起网上热议："新建住宅要推广街区制，原则上不再建设封闭住宅小区。已建成的住宅小区和单位大院要逐步打开，实现内部道路公共化，解决交通路网布局问题，促进土地节约利用。"很多人认为这会让"来路不明的人"随意进出小区，增加了小区的安全隐患，让居民缺乏安全感。但也有网友分析："这是大方向，是好事，有啥担心的。全国目前有几个小区是真正做到了外来人员全登记进入的？有几个小区的保安是 24 小时无死角的？小区大门本来就形同虚设，打不打通变化不大。……如果都打通了，市政统一建设，节约用地，活化道路资源，不就是大家都好了？"小区安全性是否得到提升，是需要长时间数据对比分析才能验证的。这一网友从当下国内绝大多数小区的安全现状出发，描述了大家有目共睹的现实："全国目前有几个小区是真正做到了外来人员全登记进入的？有几个小区的保安是 24 小时无死角的？"得出"打不打通变化不大"的结论。这便使用了形象化的、具象化的思维方式——将抽象的概念活化为具体的现象。

再如，林肯在法庭上为一位用锄头砸死富豪家恶犬的农夫辩护时，有一段精彩的对话：

"被告为什么要打死原告的爱犬？"对方律师责问。

"因为恶犬首先咬人。"林肯回答。

"被告完全可以用锄头柄将它赶走，为何非要打死？"对方又问。

"那恶犬为何不用屁股去咬他？"林肯反问。

对方律师被这一反问问得无言以对，最终农夫被判无罪。林肯在此时运用了类比的思维方式，将锄头的头尾和狗的头尾做对比，把本需要复杂阐述且不一定有良好效果的"正当防卫"话题，说得形象而无可辩驳。

3. 思维内容新

有人说，人一睁眼就开始思维活动。其实不对，夜间做梦，也是人的思维活动。

当前互联网传播终端非常便捷，大众大多是按照网站、手机终端新闻 App 的推荐来阅读。从传播学“议程设置”理论的角度看，大众传媒很大程度上影响了我们对信息重要程度的认知。作为主持人，既要利用大众传媒“议程设置”功能给受众带来的影响，更要在一定程度上摆脱此种“约束”，在资讯获取的内容上有个人见解，在信息广度、深度上做到与众不同，这样才能得到“独特”的社会认知和思维内容。从这一点引申出去，主持人在日常阅读中也需要有结合自身工作性质的选择。白岩松一直被认为是有思想、有独到见解的主持人，长期主持中央电视台新闻评论类节目《焦点访谈》《新闻 1+1》等。他在一次演讲中谈到读书问题时，讲述了自己的体验：

第一种阅读是我今天晚上的工作阅读。因为我现在每天做的《新闻1+1》都是直播，每天中午定选题，每天晚上九点半直播，……(例如)今天晚上要播中国老百姓抢盐了，那我马上就得去研究中国到底有多少种盐矿、中国人平常吃几种咸盐……平常本没有兴趣读这些东西，但今天晚上你要做这个节目，那么你就必须去读……第二种阅读就是职业性阅读。我每天至少要去一次报刊亭，买大量的报纸、杂志，因为我是一个新闻人，我要去捕捉各种媒体里的各种新鲜的东西。那是我的职业，其实也是我的生活方式。第三种阅读，在我看来叫生命式阅读，或者叫生活式阅读。我每天或长或短，一定要读点儿跟眼前没关系的、跟这个时代没关系的、有趣的、有料的、有种的、有方向的，或者说有历史感的等各种各样的杂阅读，人需要这些东西。

三、灵敏而锐利的感觉、知觉

主持人作为有声语言工作者，承担着将视觉、听觉、触觉等多元感官信息用人声来传播的任务。如画家“成竹在胸”一样，主持人在录制前，要对节目整体的运行和推进有“形象”层面的把握，例如广播节目主持人对节目音乐、音效、录音缩混等素材的组合把握，电视节目主持人对现场摄像机机位和灯光的预知，对自己和嘉宾、观众的空间关系把握，对人声、背景声和现场音乐等的配合预估，节目进行时对现场声音、图像、整体氛围的感知和掌控，对嘉宾反应、观众反应的把握，等等。

感觉、知觉等基础形象性神经活跃，思维的形象性、具象性强是主持人极为重要的基础性素养。作为有声语言工作者，主持人的语言传播生动、鲜活、充实和画面感等，直接得益于形象思维的活跃。五官感知的敏锐、形象记忆的活跃和思维过程中形象感的强烈能让一个人的语言生动而鲜活。著名节目主持人赵忠祥做客《在路上》节目时，跟年轻人互动的一段话非常具有代表性。当被问到如何排解生活烦恼，让自己愉快起来时，他说：

这件事我多说几句，可能没有逻辑，说到哪儿算哪儿，可能很混乱，但是第一句一定有一个实际的形象。我在世界上考虑过几个忧伤的面孔，我想最早我没看到屈原，我想他一定是一副忧伤的面孔。我看到过林肯的塑像，我看过俄罗斯的伟大的文学家——高尔基的照片。他们共同的一点就是悲天悯人，而且带有一种非常哀伤的情怀。这种哀伤就像西方人对基督的一种看法。他们对世人的一种痛苦，压在自己的心上，不得解脱。因此，说大了是悲天悯人，说中了是忧国忧民，说小了就是自己那点破事儿吧。但是我总是想一点：人，我不知道有多少种性格，以及有多少种世界观，那么我想用两种比较对立的，黑就是黑，白就是白，那么就是有乐观的，有悲观的。乐观的人，给我最好一种印象的人，我希望你们也都向他学习的人是不存在的，是一个虚拟的，是一个神话当中的人物。（例如）孙悟空，他遇到各种妖魔鬼怪的时候，他都会非常乐观、非常幽默、非常诙谐，他认为自己战无不胜，而且一定能够战胜困难，他永远不会言愁。那么，悲观的人我们都说到了，即为大家都知道的世界名人，还有的人真的一生愁眉苦脸。哎呀，我看到他我都觉得他倒霉了，我看到他一下我都觉很后悔，因为这个信息传递到我心里，带动得我都快乐不起来。于是我就想到了天堂、地狱这两个非常响亮的、天天在我耳边闪着的这样一种信心和概念。我是唯物主义者，我不相信死后有灵，死后有鬼或者有神，死后进地狱或者死后上天堂，我都不相信。我相信现世，但又有点道教的看法，所以我修现在、我修此刻、我修脚下、我修今天。因此，如果我们生活在一个快乐的心境当中，我们充盈着一种幸福感，我们此刻就与天使为伍。如果我一进办公室看到我那个头儿，看到我旁边坐着的那个人，哎哟，我气儿就不打一处来，我回到家里以后饭都不想吃，睡觉我还做噩梦，那我生活在地狱之中。因此，苦海无边回头是岸，快乐起来吧。第二个，你们一定要给自己一个脚踏实地、非常容易满足的愿望。我一个朋友特别幽默，他有一次说今儿晚上我们家改善，吃炸酱面。我说吃炸酱面怎么改善？我们今儿吃宽条的。哎，他的愿望不难实现啊，但是他真的吃起宽条的炸酱面的时候，你知道，北京人多讲究么？北京人叫穷讲究。阔讲究叫奢侈、叫浪费。我们叫穷讲究，炸酱面你得有八个码儿，第一个码儿就是青豆嘴儿你得有。你有么？没有就去买。买完了这么一摆，哎哟，我吃上了。真好，心里特舒服。成本不高，20块钱一家就足够了。你不就满足了么？你很快乐啊。你老看着，哎哟，我这个朋友开大奔，上贵宾楼吃鱼翅去了，哪天轮上我呀？你心里就生气，他算什么，他怎么就比我强啊？而我就不想那个，我就想，他算什么啊，他吃那东西，跟我这青豆嘴儿有可比性吗？于是你就可以快乐起来，你定一个小小的目标，你非常喜欢它，而且非常容易实现，你就会快乐了。第三，你一定要想到有一句谚语，当你没鞋的时候，你正要哭泣的时候，你一定要高兴起来。为什么？因为这个世界上还有没脚的人。你就应该想到，我们身在福中，不管在哪一个阶段，只要我们活着，一息尚存，就是身在福中，就有光明的那一天，只要我们去奋斗。所以你又有什么理由不快乐呢？

这段话，没有任何事先的构思，是脱口而出、顺思而言的。赵忠祥要阐述的三个观点，每一个都不是干巴生硬的，都是有着丰富的形象的：从屈原等人忧伤的面孔到孙悟空乐观积极的不言愁，从吃“宽条炸酱面”的朋友到上贵宾楼吃鱼翅的虚拟人物……在短短的几分钟内，古今中外，现实的、虚拟的人物形象一一呈现：说话者在大脑中不断浮现、联想到的形象通过语言传达到听众耳朵里，激发了听众对形象的想象，进而形成了连续不断的画面感，谈话生动而鲜活。这样的语言，充分体现出了一位优秀主持人内部形象思维的活跃。

四、逻辑性、思辨性强

概念、判断、推理是人类理性地把握世界的逻辑方式，也是抽象地、高度概括地认知世界的方法。逻辑地认知世界能够帮助我们透过现象看到事物的本质和规律。“知性判断侧重于人、事、物、理的真实、可信、具体、细致；理性思辨侧重于人、事、物、理的对立统一、内在联系。”①逻辑性、思辨能力强的主持人可以系统地、层次分明地把握其主持的节目，清楚认知自身的角色、地位和功能，准确判断节目进行的线条、脉络。整体来看，在大众传播中，主持人作为传播主体的理性思辨素养功能体现在四个方面：②

(1)把握传播内容与时代、社会的关系和定位；

(2)把握传播内容与内容之间、形式与形式之间的关系和定位；

(3)把握有声语言内部结构的关系和定位；

(4)整合有声语言逻辑感受和形象感受的关系及定位。

在媒体传受关系、传播形态变革的时代，主持人的逻辑思维、思辨思维能力在主持人综合素养中将会体现得更充分。《中国新闻周刊》主笔、专栏作家杨时旸在《媒体人根本就没有转型的可能性》中说：

媒体人是一种已经确定下来的、恒定的内容生产模式，采访，核实，写作，传播，如此而已。既没有型可转，也根本不需要转什么型。如果说，有一天我们被淘汰，那是因为我们生产的内容不好看，不被需要，而不是我们想办法转型就能拯救的，

①② 金重建.播音创作主体论[M].北京：中国广播电视出版社，2008：89-90.

不被需要的内容转成什么形态都仍然不被需要。而优质内容永恒产生价值。说到底，无论变成什么形态，媒体注定是一门注意力经济和影响力经济。媒体公器如此，如今的“新媒体”作为媒介私器同样如此。所以，本质上讲，就连盈利模式都没什么型可转。无非塑造影响力和吸引注意力，然后把这二者变现。

作为内容的生产者之一，主持人在新的市场关系、竞合关系下，认知自我和内容的主客体关系、自我和受众的传受关系、自我和全媒体形态的种属关系等，都需要逻辑思维素养支撑。唯有这样，主持人才能继续在全媒体时代，保持自身注意力和影响力产生的核心地位。

第四节　主持人的语言活动

一、内部思维、内部言语和外部言语

语言和言语，是两个不同的概念。

语言是一套符号系统。语言以词语为基础单位，并遵循特定的语法规范来组合词语，实现表意、传播、交流功能的符号系统。英语、法语、俄语、汉语……这些都被称作“语言”。汉语普通话作为一门语言，是以北方话为基础方言，以北京语音为基础音，以典范的现代白话文著作为语法规范的现代汉语。语言的单位是“种”“门”等。例如“你会几门外语”，“这种语言的起源很早”。言语，是一门语言在具体的使用中，使用者说出的话、讲出的内容，是具体的语言活动。例如主持人在话筒前说：“亲爱的观众朋友，大家晚上好，欢迎收看这一期的《出彩中国人》。”这是主持人用汉语（语言）在说话（语言活动）。主持人的这段话，叫作言语。

思维和言语活动之间存在着密切的联系。对于思维和言语的关系问题，中外心理学家的观点并不一致。有的认为言语先于思维存在，言语决定思维活动；有的认为两者各自独立，没有必然的联系；有的认为言语就是思维的外化，思维就是言语的内部存在方式；还有的认为言语和思维同时产生但是各自发展，等等。此处我们引用俄国心理学家列夫·维果茨基的研究成果，因为其更符合实际运用和操作的需要。维果茨基在其《思维与语言》一书中通过实验和比较分析皮亚杰等心理学家的研究成果，对“思维（前语言阶段）”“内部言语”“言语思维”“外部言语”的概念进行了区分，梳理了它们之间的关系。他认为思维和语言在起源上不同，但在个体成长的某个阶段逐渐趋于统一，且结合成新的形式。他提出，成年人的思维活动和

语言活动可以分为三部分：内部思维、内部言语（言语思维）和外部言语。

内部思维是一种非言语状态的，如云朵一样的意义团，比如通常我们说的“一闪念”“意象”等模糊的意义。内部的思维更多以物象、意象、念象来存在，其与外部言语的线性化、结构化和清晰化形成本质的、显著的差异。例如当你想“我希望和多年未见的老朋友去附近一家酒馆小饮几杯，他的样子估计变多了，不过那双睿智、机敏而又有几分俏皮的眼睛应该没有任何变化”这样的意思时，在内部思维中，这些“老友”“酒馆”“饮几杯”“变化”“眼睛”等意象是即刻的、整体出现的，而非说出的言语中逐个、有次序、成规范地排列。在你内部思维的意义中，或许还有些意象没有表达出来，或许有些外部言语是内部初始思维时没有，却在表达过程中形成的。因为“思维在转化为言语时经历了许多变化”，在内部思维和外部言语之间存在着“动态的、转移的、不稳定的东西，在词和思维之间波动着”。[①] 这就是言语思维——内部言语。

内部言语是内部思维经过对语言符号的挑选之后，形成的可以称之为缩略性、内生性的语言化思维。内部言语不是外部言语（说出的话语）的意义缩写、机械性缩减，而是一种完全独立的言语功能，具有独特的句法。与外部言语相比，内部言语显得不连贯、不完整，呈现出零散的、省略主语的、动词性（原文为“谓语倾向”）等特性。通俗地说，就是“只言片语”。

外部言语是我们的有声言语部分，是说出的、能够被听觉辨认的话语。

这三者中，相对来看，“内部言语”是最不稳定的，其作为思维到言语的中间状态，存在多环节的过程。这个过程受到外部环境和内部情绪、精神状态等众多因素影响，并随时间流动变化。思维和外部言语相对来说比较稳定，它们或多或少地对应了内部言语的内容。

二、主持人的思维和表达训练途径

主持人的语言同样产生于内部思维、内部言语和外部言语这一过程。因此，主持人的外部语言活动需要从这三个方面去训练和提升，重点是以下几个方面：

（一）加速内部思维的内部言语化

心理学研究表明，人类神经元的发达程度与练习的频率和数量成正比。因此，要加速内部思维的内部言语化，就要通过大量的限时性语言组织练习，强化内部思

① 维果茨基.思维与语言[M].李维，译.北京：北京大学出版社，2010：147.

维言语化的神经组织系统。如果内部思维和内部言语之间有神经通道，那么练习则是让该通道通行空间更大、承载量更多、传输率更高。这种练习除了课堂上规定的之外，更多的是，学生应有意识地在生活中练习“语言思维”——习惯使用较为清晰的内部言语而非内部思维来思考。

（二）丰富和精确内部言语的符号

内部言语的形成过程伴随着我们对语言符号的挑选，即用什么样的语言符号来使内部思维呈现出来，决定了我们外部言语的现实形态。孙艳梅在教学中发现学生在表达练习时普遍存在三类问题：“近义词乱用”“文白不当”“词不达意”。[①]我们需要大量的符号来充实自身的内部符号库，以防在表达中“词穷”；同时我们需要在最短时间内挑选出精确传递信息的符号来表达意义。

丰富和精确符号库的重要方法之一就是大量朗读、朗诵各类书籍。书籍，文字所成，其本身就具备概括性、间接性反映世界的特点。由文字所建构的世界，跟我们的思维有着同质同性的信息呈现。与阅读不同，朗读、朗诵是通过眼、耳、唇、舌等多方面加深神经印记，朗读、朗诵可以帮助我们快速积累语言符号。

（三）多元思维引导外部言语活动

前面提到过，主持人的思维具有多元化的要求，而外部表达也同样需要用多元思维来训练和表述。通过形象化表达、逻辑性表达、发散性表达、劝服性表达等训练，来实现最终语言的多元化。这种多元化并非散乱、随意的，而是服务于一个传播目的、传播任务的。

（四）专业化语言表达过程

主持人专业，既非书斋纯粹之学，亦非梨园纯粹之术，其本身是实践性的专业，但又是融合了广播电视学、语言学、心理学、传播学、社会学等多种学科的专门学问。主持人语言表达的专业性就在于其以语言作为工具和主要工作内容的专业性，是在综合融汇了有关专业的相关知识、理念、方法之后，独立而成的一门专业性语言表达，其核心功能在于信息的准确、有效、艺术传播，其角色独特性在于大众传播中真实性、人际化和主控性的传播主体。

---

① 孙艳梅.即兴口语教学中“择词训练”有感[M]//播音主持艺术：14.北京：中国传媒大学出版社，2016：100-102.

第二章 形象思维与表达

第一节 理论部分

一、形象思维及其特性

（一）形象思维概念

昨晚，我梦见自己又回到了曼陀丽庄园。恍惚中，我站在那扇通往车道的大铁门前，好一会儿被挡在门外进不去。铁门上挂着把大锁，还系了根铁链。我在梦里大声叫唤看门人，却没人答应。于是我就凑近身子，隔着门上生锈的铁条朝里张望，这才明白曼陀丽已是座阒寂无人的空宅。

烟囱不再飘起袅袅青烟。一扇扇小花格窗凄凉地洞开着。这时，我突然像所有的梦中人一样，不知从哪儿获得了超自然的神力，幽灵般飘过面前的障碍物。车道在我眼前伸展开去，蜿蜒曲折，依稀如旧。但是待我向前走去，就觉察到车道已起了变化：它显得又狭窄又荒僻，不再是我们熟悉的那个模样。我一时感到迷惑不解，但当我低下头去避开一根低垂摇曳的树枝时，才发现了变化的来由。原来自然界已恢复了本来的面目，渐渐把她细长的手指顽强而偷偷摸摸地伸到车道上来了。即使在过去，树林对车道来说，也始终是个威胁，如今则终于赢得胜利，黑压压、势不可挡地向着车道两侧边沿逼近。榉树伸开的白色肢体，互相紧紧偎依，枝条交叉错杂，形成奇特的拥抱，在我头顶构成一个形似教堂拱道的穹隆……

这是英国女作家达夫妮·杜·穆里埃的代表作《蝴蝶梦》开篇的两段话，作者描述了在梦里见到的一系列视觉图景。梦境也是一种思维活动，现代心理学认为梦境其实是平时留存在大脑中的印记在夜晚被激活的现象。研究发现，平时外界的各种信息会通过脑电波对人脑形成刺激，连续的刺激会形成神经元上神经突触结构的改变，形成长久记忆。梦境是最能让人感受到自我大脑中留存的形象性信息的一种方式，除了视觉信息，还有来自听觉、触觉、嗅觉和味觉等的信息。形象思维便是大脑对留存在大脑中形象性信息的组织和加工过程。杨鼎春对形象思维这样定义："形象思维是在对形象信息传递的客观形象体系进行感受储存的基础上，结合主观的认识和情感进行识别，并用一定的手段形式和工具创造、描述形象的一种基本思维形式。"①

（二）形象思维过程

形象思维是人类思维活动的基础，也是人类认识世界的起点。形象思维的信息接收环节的生理基础是我们的形象感觉器官——眼、耳、鼻、舌、口、肤。周围的各种信息刺激我们的感觉器官后，神经刺激被人体的生理机能进行"编码"，成为神经信号，进入大脑中，成为可以被大脑识别、存储、处理和提取的信号。例如光波进入人眼，在视网膜上形成印记，这些印记被"编码"后形成神经信号进入大脑，成为心理学所说的"表象"——保存在记忆中的外界事物的基本形象。我们在进行视觉形象思维时，运用的原始材料便是这些存储于大脑中的"表象"。

"表象"是我们进行形象思维的直接素材，但当我们表达时，"表象"已经成为另一种存在——"意象"，即形象经过理性概括的语言表述，作为描述形象信息的"词语"。这些表述形象的词语，既有概念的抽象性，也有建立在具体表象基础上的形象性，是"意象"的物质存在形式。例如：

红苹果、酥油茶、黄土地

这些描述形象的词语既有对现实事物的性质、种属的抽象性概括成分，也有其对应的具体实际物，既不是像"希望""奸诈""未来"一类纯粹抽象的概念，也不是具体的实在物，而是一种抽象和形象的结合。

所以，要清晰理解在我们所做的形象思维和表达练习中间，从实际事物到形成的言语之间，有多个环节、多次转换。要得到形象生动、准确清晰的形象信息表达，就要优化这些环节。

---

① 杨鼎春.形象思维学[M].北京：中国科学技术大学出版社，1997：13.

（三）形象思维的特性

1. 动态多环节

形象思维过程，不是静态的、直接的过程，也不是绝对客观的、“镜像”生成的过程，而是继起性的连续过程。在感受的主体（我们自己）对客观事物进行体验、感受时，从形象性信息刺激到最终形成感受主体的形象思维的过程中，有诸多动态环节。在这个连续的过程中，思维主体不断进行形象性信息的处理，调整感官活动，整合形象性信息。例如，当你面对一个装满了可乐的玻璃杯，从颜色、形状、质地、距离等视觉信息的刺激中，你会迅速开始储存、识别和反应：

这是一大杯冰镇可乐。

也许，你感觉从看到实际物到作出判断，再到说出这一句形象性描述话语，只是一瞬间。实际上，这里面包含着诸多复杂的形象识别到意象判断的过程。例如，如果这个观察者是清朝初年的人，他的识别结果可能是这样的：

这是一大杯带着好些小泡泡的汤药。

这种多环节的动态的思维过程在这种情况下最为明显：当我们对形象进行观察之后，在自我的意象系统中找不到与之对应的词语。例如，在经过反复细致的观察之后，你只能描述出这个东西的外形、质地、色泽，经过触碰也能说出其分量、手感，还能闻到其气味，但就是不知道怎么称呼，这就说明了形象和意象之间的环节没有被打通。

2. 形象性基础

形象思维的材料是感官印记，是形象体系在人脑中的存储。形象思维的素材，必须是客观事物形象，经过人的“接收器”——五官（眼、耳、鼻、舌、肤）接受之后，储存在大脑中的物象。如果仅仅是一些没有形象性基础的词语，我们不可能进行有效的形象性思维。例如，面对一个识字能力足够但从未体验过现代科技文明的人，一篇描写“高智能电梯公寓”的文章中形象的描述：交互式曲面液晶屏幕、高敏热感应电梯、脑电波接受分析器……对他来说无疑如同天书。虽然文字都认识，但就是看不明白。这同时也告诉我们，越是清晰、深刻、细致的形象印记，越有利于形象思维的进行。五官的灵敏度和记忆的持久度等生理或心理因素，都影响着形象思维的丰富程度、活跃程度。

3. 主观性

形象性思维过程是因人而异的，由于人在社会属性、心理特征、信息存储等诸多方面的差异，同样的形象在不同体验主体的形象思维过程中，会呈现出不同的状态。这在传播学中被称为“选择性接触”。传播学研究发现，人在对信息的接触、认知、记忆和接受等一系列思维环节中，具有主观的选择性，并非全盘接受。形象性信息在被主体接触时，同样具有主观能动性。例如，一个美术专业的毕业生和一个播音主持专业的毕业生在接触到陌生人时，前者倾向于对色彩、形状等形象性信息的捕捉，而后者更倾向于对声音、动态类信息的捕捉。

形象思维的主观性是诸多思维差异、思维个性的基础。审视自身的形象性思维习惯和特点，就会对自我感性思维特点、理解分析方式等思维活动特征有更深的理解。

4. 非线性

“非线性”有两层含义：一方面，形象思维本身是立体的、多元的、发散的，并非沿着事物的一个向度、一个角度、一个点进行的。例如，当一位小姑娘拿起商场里的一个玩具熊时，她一边观察、一边抚摸，同时还闻闻玩具熊散发的味道。此时，多路形象性信息同时进入小姑娘的大脑。另一方面，形象思维不同于逻辑思维，其本身具有“跳跃性”。“抽象思维的推理过程是一步一步的，而形象思维的创造与描述过程却常常是大跨度的、跳跃式进行的。”①形象思维本身是不具备逻辑性的，其中没有逻辑链条的约束，也没有所谓“定律”或“规则”的限制，因而各种物象、形象可以自由穿梭、来去自如地在思维过程中出现。

二、主持人与形象思维

作为大众传播者之一的主持人，是媒体传播的信息流终端。编辑、记者的成果，制片人、编导的意图等团队工作的最终体现，都要经由主持人这一关。不论是新闻节目还是娱乐节目、文化节目还是社交节目，不论是广播媒体还是电视媒体，抑或是新媒体，主持人在其中的语言活动都有大量的形象性信息传播。

主持人的语言表达对形象的传递是否“形象”，应该从以下五个维度来考察：

真——真实、准确。选用准确的词语、适当的句式，运用适合的语气、语调、停连、重音等基础性语言技巧，让形象性表述出的形象和现实吻合、贴近，让受众产生身临其境的内心景象和逼真的体验过程。

活——鲜活、灵活。形象性表述中要对描述对象的动态、情态和姿态的把握到位，角度多样立体，让受众产生鲜活生动的形象性感受。

---

① 杨鼎春.形象思维学[M].北京：中国科学技术大学出版社，1997：18.

细——细致、细腻。形象性表述中要观察细致入微、秋毫必现，表达中突出细节、突出精妙，让人产生形象性的冲击感和震撼力，产生情感的激发。

新——新颖、别致。这是形象性思维和表达的高级要求，需要表述者打破已有的思维定式，突破旧有的思维局限，站在新的角度来获取形象性信息，让有声语言传播展现出时代感、个性化和特色。

美——"美"是一种传受的理想状态，我们表述一种对象时，美是最高标准，常常也是理想标准。当一个事物至真至善时，它也就达到"美"的标准了。受众接触大众传媒，既是信息接收活动，也是一次审美活动。所以，当形象性表达能够完全符合受众的预期、满足受众需求时，即可以获得"美"的评价。这种状态也许是一种理想化的状态，但应是我们不断追求的目标。

训练和提升主持人的形象思维能力，不论是对初学者还是对已经在主持工作岗位的人而言，都是一项长期而重要的任务。我国杰出思想家严复对翻译工作提出了"信、达、雅"的标准。主持人作为全社会语言标杆、模范，这个标准也应是我们对其有声语言传播的评判维度。信——准确、真实；达——思路顺畅、逻辑清晰；雅——遣词造句、编码成文优雅别致，让人有美的享受和情感的美好体验。

三、五官形象思维过程

（一）视觉形象思维

1. 视觉形象思维概述

符号学家索绪尔认为，"语言符号系统"是人类建立的庞大而复杂的符号系统之一。语言符号中，能指和所指的对应关系及其变化，形成了人类语言的功能基础。"能指"是语言文字的声音、形象本身，是语言文字呈现出的现实样态，而"所指"则是语言的意义，是能指所承载的含义。

从牙牙学语开始，我们就不断将语言符号和其所指联系起来，并不断强化、熟练这种联系。从视觉思维来讲，我们的视觉形象记忆可以说浩瀚而庞杂，后天通过语文等相关学科的学习，我们可以在日常生活中瞬间挑选出词语，与我们所要表述的视觉形象相对应并且表述出来。视觉信息在人类信息接收和处理中的占比很大，大约有60%，因此，视觉信息的"语言化"（符号化）是我们内部形象思维和外部表达的基础和主体。

从视觉形象到有声语言的过程可以这样概括：

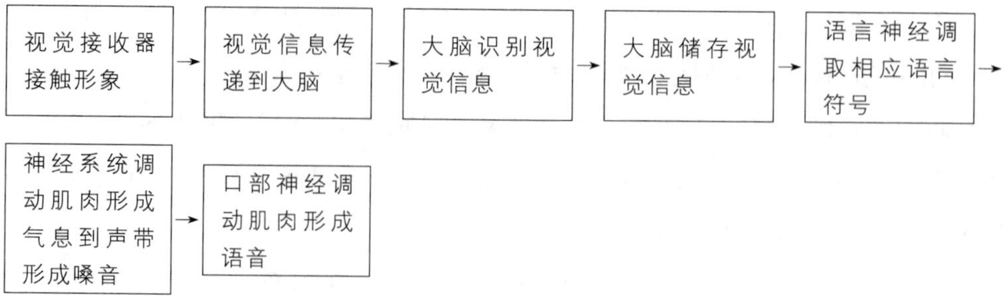

以往看似简单的表达实际上是一个多环节的过程，涉及心理、生理等多系统的多种功能。简单来说，视觉形象思维和表达过程可以分为视觉接触、信息取舍、信息记忆、信息内部编码和外部表达的环节。

主持人形象思维和表达训练的重点在于优化形象思维过程的诸环节，提升“五种能力”：观察力、辨识力、记忆力、编码力和表达力。

(1)观察力——形象思维始端的优化

观察力是视觉信息获取的能力，它不同于单纯的生理能力——视力。视力仅仅是观察力的基础，是生理机能的基础。观察本身是一种带有强烈的个体差异、主观能动性的信息获取活动。观察力是建立在视力之上的，对观察对象的视觉性信息获取的能力。观察的细致度、全面性、层次性、多角度、多元化和准确度等，都是评价观察力的重要指标。观察力是可以经过科学训练得以提升的，两位视力水平相同的人，经过绘画训练的人的观察能力一般优于未经过训练的人。观察的全面性、多元化反映在对视觉性的各类信息的把握，即对形、色、质、态、影五类主要信息的识别和接受能力。

形——观察对象的空间状态，包括长宽高、方圆畸、粗细长短、高矮厚薄等。

色——观察对象的色泽，包括颜色种类和光泽度等。

质——观察对象的质地，包括肉眼可以识别的粗糙、光滑、材质等。

态——观察对象的运动状态，包括动静起伏、松紧张弛等。

影——观察对象的光影，包括阴影明暗、远近隐现等。

良好的观察习惯和观察能力的形成与培养是形象思维的基础，也是主持人语言形象化、生动化和细腻化的基础，主持人思维表达训练的根基成于斯。生活中，要勤于观察、善于观察，从早上窗外的晨曦、花叶的露水到路人的服饰、配饰；从繁忙的街道、路边的早餐摊到琳琅满目的超市货架……对活泼的、生动的、新鲜的各种视觉形象产生观察兴趣。

(2)辨识力——形象思维信息取舍的优化

对于信息的取舍是自发的，原始状态的取舍行为取决于一个人已有的知识素养、社会阅历和性格爱好等因素，不带有公众性、公共性。主持人是大众传媒的一分子，由于特殊的大众传媒的“光环效应”和“话语权效应”，主持人工作中的言行，甚至一部分生活中被大众传媒捕捉到的言行都带有社会效应，这也是白岩松、崔永元、敬一丹等知名主持人的语言常常被当作“至理名言”的原因之一。因此，主持人要注意大众视角、主流价值取舍，从自己狭隘的、私人的圈子走出来，关注那些涉及公众利益、公共事务的形象，塑造自己的公众意识、媒体素养。主持人敬一丹、张绍刚等都表达过自己在上下班时更愿意步行或乘坐公共交通工具的想法，因为那样可以观察到更多民生百态，观察各种人物和社会生活。这正是主持人媒介素养的一种体现。

(3)记忆力——形象思维信息存储的优化

这是形象内部思维过程的基础。我们在进行形象思维时，所用素材都是存储于脑中的视觉形象。心理学家在对小白鼠记忆现象的研究中发现，长期生活在丰富视觉信息中的小白鼠，其神经中的相应组织结构更发达。这一点启示我们，记忆的牢固程度、细致程度和清晰度是可以通过有效训练提升的。记忆力的训练可以随时随地，例如，白天的时候有意识观察和记忆，到了晚上闭目回忆这些景象：今天走过的街道、去过的地方、看到的景物、遇到的人，这些人的衣着外貌、表情举止等。这种日常训练可以使我们的记忆力神经更发达。

(4)编码力——形象思维信息符号化的优化

此处的编码力，是指将词语和具体视觉形象对应的能力——挑选最合适、最准确的词语来指称视觉形象的能力。只有广泛积累和学习各种词语，拥有丰富的词汇量和词句量，加上对语法的熟练运用，才能灵活、准确、富有创造力地选用词语。编码力也是对各种修辞手法的综合运用能力，这种能力起源于一个人的语言学习成型的基础教育、中等教育时期，和我们平时接触的语言文字类作品多少有着直接关系，例如文字类的小说、诗歌、散文，语言类的话剧、相声、小品、评书、影视剧等。

(5)表达力——形象思维信息符号化输出的优化

表达力是对内部编码的呈现能力。气息和嗓音控制、语音的吐字归音、重音停连、节奏语气等的把握等，都属于内部编码的外部呈现力。优秀的内容如果失去了良好的表现，内容本身的美便不可能传达出来，而良好的表达呈现，则会给内容本身增添魅力和色彩。著名节目主持人赵忠祥在一次访谈节目中提到自己的一位朋友在看了《动物世界》解说稿后，有些失望又有些疑惑地告诉赵忠祥，听他播讲《动物世界》时，总会被描述的内容所打动，感觉解说词写得非常有艺术感，令人陶醉。而看到原稿毫无精妙之处，怎么从他口中说出来就变得打动人心了呢？这就是表达力、呈现力对文稿本身的贡献。这一点，在播音员、主持人的普通话语音与发声训练、播音创作等课程中都有系统讲解和训练，在此不再详述。

2. 视觉形象思维与表达训练

(1)平面视觉思维与表达

平面视觉思维是指二维空间中的视觉形象思维和表达，例如画作、照片、宣传画、壁画等都是平面视觉思维和表达练习的素材。通过对这些二维视觉信息的观察、分析和表述，可打通我们的眼、脑、口通道。

平面视觉思维和表达训练要注意以下几点：

①逻辑顺序

一般来说，人们的视觉观察遵循着从上到下、从左到右、从中心到四周、从整体到局部、从主体物到背景的顺序，这是大众普遍的心理规律。在描述训练时要遵循这一规律，主持人要了解和适应这种空间规律，让自己的空间思维逻辑符合大众需求，利于大众传播。

②色彩色调

一般来说，在一幅图画中，越是大的色块越能引起人的注意；在色块面积相当的时候，越是明亮、鲜艳和温暖的色调，越能吸引人的视觉注意；色调对比较大的区域，也是人们容易注意的区域。在色彩观察时也要注意这些区域，因为一幅画的主色调，奠定了一幅画的基调。明亮温暖的色调是一幅画的亮点；色彩对比强的区域也是图画的作者希望观看者注意的地方。所以，色彩的观察不仅仅是视觉的因素，也蕴含着心理因素。

③形状形态

任何图画都包含着不同数量和不同搭配的形状。一般来说，人们对带有规律性布局的形状有着视觉偏好。例如，图中连续出现的房屋柱子、由近及远渐次递增的台阶、排列整齐的军队、起伏有致的山峦等。另外，形状奇特、新颖的部分常常是观察者容易关注的部分。观察和描述时尤其要注意这部分的信息。

④内容信息

从内容的性质来看，人们往往对和自己有关的内容投入更多的关注，例如一位中学生观察一幅画时，会注意图画中的学习、青春、同龄人等相关元素，而一位老妇会对健康、养老、同龄人等元素更加留意。主持人在训练这一方面的观察力时，要从大众传播角度、受众角度找出多元的内容元素，找到大众关注的契合点。

下面，以一幅画为例(见彩图 1)。

对彩图1进行描述的逻辑顺序可以有很多，色彩的、内容的、空间顺序的等，下面以色彩和空间顺序为例：

学生课堂表达案例

麦黄和草绿之中，一抹粉色格外显眼；远处青蓝的天幕下，几处灰色的山村小屋多少有些孤单。

这就是那幅有名的《克里斯蒂娜的世界》。画家安德鲁·怀思笔下的村落没有花红柳绿、山涧清流，有的只是这略带忧伤和孤寂的草丛，以及草丛里一席浅粉色连衣裙的女孩。女孩位于画面的左下方，胳膊细长，腰身单薄，显得纤瘦，脚蹬一双浅蓝色平底鞋，前半身微微立起地趴卧在草丛中，背朝观众看向远方。头发乌黑但蓬乱，在脑后扎成一卷。顺着女孩翘首的方向是由绿而黄的草场，远处隐约停着一辆平板双轮车，车的更远处排开是灰色、墨绿色的单层、三层的乡间楼房。阳光还不错，青蓝天幕下一切都映衬出清晰的倒影。

有人说这位女孩是在守望家乡的静谧和安详，有人说女孩是在孤单中渴望团聚的欢畅。这黄绿色的草场，这粉红的衣裳，也许，只有画家才知道，女孩心中的思绪、眸中的渴望。

这段描述，从大色块入手，将最先映入观众眼帘的色调呈现出来，接着依次描述较小的色块，其中凸显了黄绿色草丛中的一抹粉红，这样较为强烈的色差，体现出画家想要传递的重要信息。接着较为详细地描述了女孩的衣着和身姿，以及其凝望的远方景色。最后以一种略带开放式的方式结尾，引发听众的遐想。描述中讲到了画家没有将画中人物的正面呈现给观众，而是用女孩孤独的背影、蓬乱的头发、空旷的草场和孤独的楼房等意象含蓄而隐约地传递出一种淡淡的伤感。如果结合画家当时的创作背景——安德鲁·怀思怀着丧子之痛创作此画，自身有着离群索居的性格，下面这段讲述是比较到位的：

学生课堂表达案例

最先闯入我视线的，是这位有着孤独背影的少女，她处在画面中心偏左下方的位置，在画面的最顶部，青蓝的天空下，是三五间散落的村舍，灰蓝或墨绿。占据着画面大半部分的是两三尺高的草丛，上半部麦黄，越往下面越发地显出草绿色。少女斜卧在草丛中，上半身显出努力直起的样子，纤细的手臂用力地支撑着身体向前，好似在爬行。她的脚上一双浅蓝色平底鞋显得有些脏了，腰间一根黑色的细腰带下是粉红色连衣裙，头发散乱地扎起来，在脑后盘成一卷。

这是我们很熟悉的画作——《克里斯蒂娜的世界》。画面中的少女带着明显的病态，在这片广阔而空旷的草场上被山风吹拂，孤单无助。奋力向上的身姿传递出渴望与期待，与画面右上方的车辙一齐伸向远方，消失在天幕之下。

这段描述，从画面的中部位置开始，之后由上至下、由远及近，主体落在画面的局部细节上。之后，又从中心伸向画面远方。这样的空间逻辑顺畅，符合大众的视觉移动顺序，层次感较强。在讲述的结尾处点题，同时也留有想象余地。

（2）三维视觉形象

相对平面视觉形象，三维视觉形象是立体的物件，各种顺序、逻辑关系、观察规律除了遵循平面二维的左右、上下、中心局部关系外，还有从前到后、从外到内、从大到小等观察顺序。

这种维度的变化对观察行为的影响还表现在另外两个方面：首先是从单一角度，变为“多视角”：在不同的视角下，一个物件、一个实物的形状是不同的。即便是一个浑圆球体，从不同的角度观察，也会因为光线的变化而呈现出不同的阴影、光泽。因此，在三维视觉形象思维和表达练习时，要注意视角选取——别致、新颖、出其不意。这种视角选取的思维训练，是对讲述者思维方式、思维能力的优化。打破原有视角、探求独特侧面来观察事物，对主持人观察世界、认识世界和新闻评述、热点话题评述等有着潜移默化的作用。同时，还要注重建立“环境意识”——任何物品、人物的存在都不是孤立真空的，其所居的环境、所处的空间状态，对其外貌的展现都有影响。主持人在观察和表达时，要注意到这一件物品、这一个人物所处的环境对其外形、色泽、光亮等视觉信息产生的影响。

下面，以一个钱包为例：

学生课堂表达案例

手中是一个棕褐色的皮质钱包，正方的外形和其他男士钱包没有太大差别。从光滑细腻的钱包表面可以看到横竖交错的皮纹，在阳光的照射下有如千沟万壑的平原。钱包的正面右下方，大写英文字母“FEGER”呈现出阴文的立体感，字母浓重的黑色让钱包显出沉稳的气质。钱包边沿的针脚细密规整，针脚外沿是一圈精致的胶状包边，颜色略深，让钱包看上去更加尊贵。

展开这一个棕色的钱包，里面的结构平淡无奇：左边的相片夹，右边的卡槽都是中规中矩的设计。但是当你细看，在右边卡槽的下方有一排立体而隽永的英文手写体字母，经过浮雕式处理，流畅中显得灵动活泼，顿时让钱包有了生气。

钱包的纸币存放部位一共两层，空间不是那么宽松，看起来只能存放少量的纸币。也许有人会觉得这是设计的失误，我却不这么认为。“互联网＋”时代，人们大多使用网络支付或刷卡支付，更多的纸币是一种负担。所以，我觉得这恰好是钱包设计者对时代变化、支付方式的回应。

对一个钱包的描述选取了三个视角：合拢、展开和侧面。讲述注意到了环境因素：阳光照射；从合拢状态到展开，感觉到了视角的运动，而每一个视角都抓住了钱包的特点和亮点，尤其是对侧面角度的描绘，结合了当今科技发展给人们支付行为带来的变化，给人耳目一新的感觉。

此练习可以借用携带到课堂的实物来进行，例如钥匙串、水杯、钢笔、文具袋、书本、钱包、首饰……

（3）四维时空视觉形象

当一个实物在时间轴上开始变化，就形成了我们观察的四维空间。世间万物只有在时间的维度下，才是真实、鲜活的。较之于前面两项练习，四维时空的观察，更侧重于在时间的流变中，观察对象的视觉变化。

四维时空视觉形象的观察中，“态”的观察是重点之一，训练运用准确传神的词句来描述观察对象的运动状态、变化形态以及变化中的姿态、情态等。

学生表达案例·老屋

老屋四围的杂草已经有一两尺，清灰伴着墨绿在晨风里摇曳，跳跃在期间的片片枯叶如蝶、如雀。此时，伫立在老屋前的我竟然有一丝伤感。就在五年前，祖母还每天在屋前的石凳上和邻居说家常，从容的眉宇随着说话轻轻上扬或缓缓下沉，偶尔的一笑牵动了脸上岁月的印痕，身上青布衣衫和灰色夹袄干净而规整。

后来一条高级公路穿过小村，村里的主要街道逐渐被填埋，乡邻也先后搬走，祖母跟随我们进了城里，腿脚不太方便的祖母不喜欢下楼，常常坐在阳台，凝望楼下熙熙攘攘的街道。仍旧是她常穿的青布衣衫和灰色夹袄，没有了乡邻的低声细语，没有了吹过瓦上青草的微风，祖母的脸上常常是久久的宁静，只是极偶尔嘴角的一点咬动。我知道，她是陷入了长久的回忆，回忆那居住了半个多世纪的老屋，回忆那陪伴了几十年的邻伴。

学生表达案例·四季校园

对于一个生活、学习、休闲基本都在方圆十里之内的我来说，四季的表情都集中在了校园之中。春回大地的校园，风和日丽、人清气爽。学校老教学楼周围的大花园里，各种叫不出名字的花开始孕育怒放的生命，嫩绿的树叶开始从各种树木上钻出来，长廊上的颜色也开始渐渐由灰黑变得青翠。然而我觉得此时最显眼的不是花红柳绿、莺飞草长，而是同学们各式鲜艳新潮的衣服，有些同学已经耐不住性子，尽管春寒料峭，他们还是在阳光明媚的下午换上了薄薄的单衣，跳跃的身影在校园里比花木更显生意盎然。

夏天的校园多了几分慵懒，尤其是午间时分，阳光在没精打采的树叶上释放热量，地面腾起的热浪烘烤着每一栋楼、每一棵草，躺在草坪树荫下午休的同学时不时扇着扇子，眯着眼睛打盹儿。偶尔见到几位路过的同学，打着遮阳伞、躲着太阳慢慢走过。一位同学鬓角渗出的汗水打湿了脸颊，她用手臂拭去汗水，眉头轻轻一皱、嘴角微微咧开。一阵风吹来，树叶上似乎有千万个精灵闪烁跳舞。夏日的傍晚，整个校园恢复了生机，操场上的足球撒野似的起落，篮球场上挂着汗珠的队友来回穿梭。这时就连体育场周围的道路上都这一群、那一簇地分散着踢毽子、打羽毛球的同学们。

每年的9月，校园树叶渐黄、花草渐枯，清凉的风吹得空气也清朗了许多，瑟瑟寒意使每个教室的窗户都紧闭着。尽管大地开始失去生机，但每年的这个时节校园却是异常热闹。9月初，五湖四海的新同学及其家长涌入校园，学校的道路上、食堂里常常能看到穿着清新、得体的新生，有的与家长一起，有的独自一人，提着包、背着行李，用一种兴奋、新奇的表情打量着校园。而校园的宿舍区、迎新区则挤满了各种商家，书籍用具、电脑手机、生活用品等把宿舍区的道路装扮得五彩缤纷，迎新区到处是各个院系的海报、展板和棚架，更是显得热闹非凡。接下来的半个月，操场上每天有军训的队伍喊声震天，迷彩色形成了一道道风景线。10月，学校各个社团的各种活动开始密集登台，话剧社、诵读社、演讲社、书画社、街舞社……让原本萧瑟的秋天变得异彩纷呈、热热闹闹。

冬天的校园最引人注目的是早晨。校园里的路灯把晨曦照亮，宿舍楼里投射出的灯光穿透了弥漫的晨雾，显得美轮美奂。从宿舍里穿梭而出的身影从头到脚裹得严严实实的，毛茸茸的耳罩、柔软细腻的围巾、厚实的口罩、羽绒服遮盖着大半个身子，一双双花色各样的棉鞋走在微微结冰的路面上，发出嚓嚓的响声。天还未亮，校园里就已经开始活跃，各种晨练的同学口中呼出阵阵白气，路灯下三三两两地走动着。如果下一场雪，校园更是美极了。路边的万年青被整齐地盖上一层“棉花被”；草坪上留下各种脚印，伸向远方；同学们在雪地里掷雪球、拍照；布满雾气的窗户上写着各种文字、画着各种花纹。雪后的阳光又给了校园一层温暖的金色。

这就是我印象中的校园四季，我怀念的四季校园。

四维时空视觉思维训练，能培养主持人“发展变化”的意识，养成历史地看问题、分析问题的习惯。

3. 视觉信息思维和表达中的“镜头意识”

在摄像中，“镜头”指摄像机从开始拍摄到停止拍摄之间的画面。电影、电视都是用镜头来记录和讲述的。不同的取景角度、取景大小和镜头运动方式等，反映出拍摄者不同的艺术构思和叙述主张。我们在视觉形象思维过程中，可以借鉴这样一种镜头化的观察和思维方式，我们称之为“镜头意识”。

取景角度——观察角度，摄像的取景有平拍、俯拍和仰拍之分，拍摄方向分为正面角度、侧面角度、斜侧角度、背面角度等。观察的角度亦然。

取景距离——取景的远近形成了不同的景别：远景、全景、中景、近景、特写、大特写等。不同的观察距离可以让被观察对象呈现出不同的细腻度和气势感。

镜头运动——镜头的运动一般分为“推、拉、摇、移、跟、甩”六种。六种不同的镜头运动可以表达出不同的情绪、目的和意图。我们的形象观察可以将双眼视作镜头，借鉴不同的镜头运动方式来观察事物，获得别致的视觉体验，丰富形象思维。

“镜头意识”并非在我们视觉体验之外建立一套观察习惯，而是通过对镜头感的强化，建立起观察的画面感，让“表象”在大脑中更加清晰具体，让“意象”的形象基础更加丰富饱满。同时镜头意识也提醒我们注意观察的逻辑性、层次性和次序感，镜头拍摄是以画面形式呈现的，每一段拍摄画面都有明确的“起幅”和“落幅”（运动镜头开始的画面和结束的画面）以及中间的运动过程，每一段画面又跟前后画面有逻辑性、次序性的承接关系，整体的一组画面显得有层次感。我们在观察、思维和表达的时候要注意我们为观众呈现出的画面是有层次感、有前后次序和逻辑性的。在表达中，可运用一些语词来强化这种层次关系，例如：“在楼下面”“在花坛的西侧”“从中间往两边看”“平行的视角看杯子”等。

徐志摩在《我所知道的康桥》一文中，有一段景物的描写，镜头感比较明显：

静极了，这朝来水溶溶的大道，只远处牛奶车的铃声，点缀这周遭的沉默。顺着这大道走去，走到尽头，再转入林子里的小径，往烟雾浓密处走去，头顶是交枝的榆荫，透露着漠楞楞的曙色；再往前走去，走尽这林子，当前是平坦的原野，望见了村舍，初青的麦田，更远三两个馒头形的小山掩住了一条通道。天边是雾茫茫的，尖尖的黑影是近村的教寺。

此段描述犹如作者用镜头的“推拉摇移”运动，用近景、中景、远景、特写等来引领我们“看到”剑桥大学的景致。

（二）五官的其他形象思维训练

视觉、听觉、肤觉、味觉、嗅觉共同构成了我们人类的“五觉”。五觉是我们认识和感受外部世界的通道，这些感官接收的感性信息构成了我们对外部世界的感性认知。

1. 听觉信息的捕捉、记忆和表达

听觉的辨认是靠人耳这一感觉器官进行的，音高、音强、音长和音色是我们辨认声音的物理指标。听觉信息的捕捉和表达要注意的是取舍和选词准确。由于人类听觉的生理特性，声音信息几乎是所有信息中最难以“拒绝”的。虽然耳朵没有关闭的功能，但是我们的听觉器官却有一定的“选择”能力——“注意”的心理效应。心理学研究发现，“追随耳”和“非追随耳”在同一时间内，接收到的信息量差别很大，当我们注意地听一种声音或一个音源时，其他的声响会被我们的听觉系统“过滤”掉，不被接受。

双耳分听实验

在一项实验中，彻里(Cherry，1953)给被试验者的两耳同时呈现两种材料，让被试验者大声追随从一个耳朵里听到的材料，并检查被试验者从另一耳所获得的信息。前者称为追随耳，后者称为非追随耳。结果发现，被试验者从非追随耳得到的信息很少，当原来使用的英文材料改用法文或德文呈现时，或者将课文颠倒时，被试验者也不易发现。这个实验说明，从追随耳进入的信息，由于受到注意，因而得到进一步加工、处理；而从非追随耳进入的信息，由于没有受到注意，因此，不被人们所接受。①

其实，当我们明确注意某种声音时，其他的声音虽然也传到耳朵里，但并不被我们编码、储存。心理学认为我们大脑可以直接加工的材料是外部刺激神经之后引起的神经冲动，如果信号进入感觉器官却没有引起神经冲动，则不能被人脑识别且记忆，这种从外部刺激到神经信号的过程被称之为感觉的“编码”，也就是我们通常所说的“听而不闻”现象。

因此，对声音信息的经验、记忆和描述，可用“捕捉”一词表示。这是一种对某一类或几类声音进行追随，排除其他声音刺激之后的神经冲动。正因为这种捕捉

---

① 彭聃龄.普通心理学[M].4版.北京：北京师范大学出版社，2012：222.

能力，是一种关系到生理机能的能力素养，所以可以通过练习来强化、优化这种“听”的能力。表述时，首先，不仅要抓住声音的特点，更要选取能让听众听得懂，产生共鸣的词语和表达方式；其次，要注意听觉信息和视觉形象的相通性，使用形象生动、准确鲜明的词语来表达；最后，注意表达的层次感、次序性，将声音的方位、远近等空间逻辑理顺。下面列举几篇描写声音、音响的段落，体会声音的形象性、画面感和语言化的过程。

千呼万唤始出来，犹抱琵琶半遮面。转轴拨弦三两声，未成曲调先有情。
弦弦掩抑声声思，似诉平生不得志。低眉信手续续弹，说尽心中无限事。
轻拢慢捻抹复挑，初为霓裳后六幺。大弦嘈嘈如急雨，小弦切切如私语。
嘈嘈切切错杂弹，大珠小珠落玉盘。间关莺语花底滑，幽咽泉流冰下难。
冰泉冷涩弦凝绝，凝绝不通声暂歇。别有幽愁暗恨生，此时无声胜有声。
银瓶乍破水浆迸，铁骑突出刀枪鸣。曲终收拨当心画，四弦一声如裂帛。
东船西舫悄无言，唯见江心秋月白。

——〔唐〕白居易《琵琶行》节选

昵昵儿女语，恩怨相尔汝。
划然变轩昂，勇士赴敌场。
浮云柳絮无根蒂，天地阔远随飞扬。
喧啾百鸟群，忽见孤凤皇。
跻攀分寸不可上，失势一落千丈强。
嗟余有两耳，未省听丝篁。
自闻颖师弹，起坐在一旁。
推手遽止之，湿衣泪滂滂。
颖乎尔诚能，无以冰炭置我肠！

——〔唐〕韩愈《听颖师弹琴》

客有吹洞箫者，倚歌而和之。其声呜呜然，如怨如慕，如泣如诉；余音袅袅，不绝如缕。舞幽壑之潜蛟，泣孤舟之嫠妇。

——〔宋〕苏轼《前赤壁赋》节选

遥闻深巷中犬吠，便有妇人惊觉欠伸，其夫呓语。既而儿醒，大啼。夫亦醒。妇抚儿乳，儿含乳啼，妇拍而呜之。又一大儿醒，絮絮不止。当是时，妇手拍儿声，口中呜声，儿含乳啼声，大儿初醒声，夫叱大儿声，一时齐发，众妙毕备。满坐宾客无不伸颈，侧目，微笑，默叹，以为妙绝。

未几，夫齁声起，妇拍儿亦渐拍渐止。微闻有鼠作作索索，盆器倾侧，妇梦中咳嗽。宾客意少舒，稍稍正坐。

忽一人大呼"火起"，夫起大呼，妇亦起大呼。两儿齐哭。俄而百千人大呼，百千儿哭，百千犬吠。中间力拉崩倒之声，火爆声，呼呼风声，百千齐作；又夹百千求救声，曳屋许许声，抢夺声，泼水声。凡所应有，无所不有。虽人有百手，手有百指，不能指其一端；人有百口，口有百舌，不能名其一处也。于是宾客无不变色离席，奋袖出臂，两股战战，几欲先走。

忽然抚尺一下，群响毕绝。撤屏视之，一人、一桌、一椅、一扇、一抚尺而已。

——〔清〕林嗣环《口技》节选

忽羯鼓一声，歌喉遽发，字字清脆，声声宛转，如新莺出谷，乳燕归巢。每句七字，每段数十句，或缓或急，忽高忽低；其中转腔换调之处，百变不穷，觉一切歌曲腔调俱出其下，以为观止矣。

……

王小玉便启朱唇，发皓齿，唱了几句书儿。声音初不甚大，只觉入耳有说不出来的妙境：五脏六腑里，像熨斗熨过，无一处不伏贴；三万六千个毛孔，像吃了人参果，无一个毛孔不畅快。唱了十数句之后，渐渐地越唱越高，忽然拔了一个尖儿，像一线钢丝抛入天际，不禁暗暗叫绝。哪知他于那极高的地方，尚能回环转折。几啭之后，又高一层，接连有三四叠，节节高起。恍如由傲来峰西面攀登泰山的景象：初看傲来峰削壁千仞，以为上与天通；及至翻到傲来峰顶，才见扇子崖更在傲来峰上；及至翻到扇子崖，又见南天门更在扇子崖上：愈翻愈险，愈险愈奇。那王小玉唱到极高的三四叠后，陡然一落，又极力骋其千回百折的精神，如一条飞蛇在黄山三十六峰半中腰里盘旋穿插。顷刻之间，周匝数遍。从此以后，愈唱愈低，愈低愈细，那声音渐渐地就听不见了。

——〔清〕刘鹗《老残游记》节选

进入了声音的世界，我的身心如鱼得水。莫扎特使我觉得左右逢源，俯拾即是，行云流水。柴可夫斯基给我以深沉、忧郁而又翩翩潇洒的美。贝多芬则以他的严谨、雍容、博大、丰赡使我五体投地得喘不过气来。肖邦的钢琴协奏曲如春潮，如月华，如鲜花灿烂，如水银泻地。听了他的作品我会觉得自己更年轻，更聪明，更自信。所有他们的作品都给我一种神圣，一种清明，一种灵魂沐浴的通畅爽洁，一种对于人生价值包括人生的一切困扰和痛苦的代价的理解和肯定。

——王蒙《在声音的世界里》节选

大自然的宽阔是最佳的音响设备。想象那一队一队的雄蝉敛翅踞在不同的树梢端，像交响乐团各自站在舞台上一般。只要有只蝉起个音，接着声音就纷纷出了笼。它们各以最美的音色献给你，字字都是真心话，句句来自丹田。它们有鲜明的节奏感，不同的韵律表示不同的心情。它们有时合唱有时齐唱，也有独唱，包括和音，高低分明。它们不需要指挥也无需歌谱，它们是天生的歌者。歌声如行云如流水，让人了却忧虑，幽游其中。又如澎涛又如骇浪，拍打着你心底沉淀的情绪，顷刻间，你便觉得那蝉声宛如狂浪淘沙般地攫走了你紧紧扯在手里的轻愁。蝉声的急促，在最高涨的音符处突地戛然而止，更像一篇锦绣文章被猛然撕裂，散落一地的铿锵字句，掷地如金石声，而后寂寂寥寥成了断简残篇，徒留给人一些怅惘、一些感伤。

——简桢《夏之绝句》节选

2. 肤觉、嗅觉、味觉等感受和表达

肤觉(通常所说的触觉)信息是由分布在人体皮肤中的各种触点来感受的。心理学家将肤觉分为“冷、温、痛、触”四大类感受能力。肤觉主要包括人体肌肤对冷热、触压、疼痛、震动、材质等的感受。肤觉可以认识事物的软硬、粗细、长短、轻重、钝锐等多种性质。

味觉是我们口腔内肌肤所独有的感受能力，凡是能溶于水的物质都是味觉感官的适宜刺激。过去我们通常认为只有舌头是味觉的接收器，其实除了舌头，咽壁、会厌和颚都分布着数量不等的味蕾，这些都可以感受到味道，形成人的味觉感受。嗅觉信息是靠人鼻腔内“嗅膜”组织里的“嗅细胞”来接受的。[①]

这一类形象信息，被称为“辅助形象信息”，这是由于这三类信息“不能离开视听信息而单独存在，主要起到辅助性的形象信息作用”。[②]

四、形象性信息的记忆和表达

较之于视觉信息的现场编码表达来说，视觉形象信息的记忆和表达不仅仅是增加了“记忆”这一环节。学者李传龙对形象思维的过程研究中提出“只有感性认识才能和客观世界直接发生联系。……如果说感觉、知觉、表象这一类感性认识是人类认识的初级阶段，那么思维则是人类认识的高级阶段”。[③] 感性认识的结果才是形象思维的基础。感性认识在大脑中的留存被提取，我们称之为形象信息的回忆。心理学认为，回忆是有选择性的，并非对过去事物的“简单再现”。由于生理性

① 曹日昌.普通心理学[M].北京：人民教育出版社，2004：147-153.

② 杨春鼎.形象思维学[M].北京：中国科学技术大学出版社，1997：41.

③ 李传龙.形象思维研究[M].北京：中国文联出版公司，1986：33.

遗忘和主观性取舍等因素存在，经过一段时间之后人们的感性认识会发生改变，在记忆的不准确性和后期“想象”因素的作用下，直接看到对象物来表述和经过一段时间后浮现对象物的感性认识，再来进行思维、编码，结果会很不一样。后者融入了更多的主观性重组、叠加甚至不自觉增补的元素。

因此，在这一过程训练中，要尤其注意三个方面：

（一）取舍有度、详略有别

对所观察的对象进行有意识、有重点的形象记忆，在视觉形象信息记忆和表达的过程中，不能面面俱到，否则达不到训练的目的。

（二）层次清晰、逻辑顺畅

在对感性认识素材进行浮现时，注意逻辑顺序和主次关系。人们对自身记忆的复述往往受到形象模糊、形象断裂等状况的影响而抓不住逻辑性，分不清主次关系，在训练中要着重练习。

（三）表达流畅、善用技巧

在对视觉形象进行记忆和表述时，人会不自主地分出大量精力用于回忆，这会影响表述的流畅性和语言的组织，这既是此项训练的难点，也是重点。训练中要强化对“想在说前、边想边说，不露痕迹、一气呵成”能力的提升。

记忆根据保存长度，在心理学中被分为感觉记忆（瞬时记忆）、短时记忆和长时记忆。我们着重训练的是信息经过处理、加工后，具有一定深度的长时记忆。由于短时记忆的时间只有一分钟左右，其记忆的素材无法作为训练的素材。研究表明，新的信息必须与大脑中已有的知识结构建立起一定的联系，作为大脑整体信息系统的一部分，融入已有的知识结构中，才能获得巩固。要形成一分钟以上的长时记忆，我们需要把新的信息分门别类，纳入已有的大脑信息系统内，或者把散乱的、不成系统的信息，归纳整理成一个系统性信息结构。这一过程被称之为长时记忆的“编码”。这对我们的视觉记忆——表达的训练非常有启示：将观察到的各种视觉形象、视觉信息跟我们已有的视觉形象和其他感官信息相联系，并且进行有序的归类、组织，以便我们在短时间内形成“长时记忆”。

视觉形象记忆属于“形象记忆”，“这种记忆所保持的是事物的具体形象，具有鲜明的'直观性'"。[1] 这一特性提示我们在训练时注重直观感受的语言化，并且要加速这种"符号化"过程。

试举一例：课堂上教师给学生展示一个精美的、镶嵌了宝石的首饰盒。在观察时，首先我们注意跟自己已有形象认知体系中的各种形象联系并且进行系统化归类，对这些形象感受按照一定的规律组成新的形象认知框架——从形状、体积、材质、色泽、光影、触感、气味等类别组织归类，依照先外后内、先上后下、先左后右、从前到后、从整体到局部……的逻辑顺序，将信息组成一套形象认知框架。这样形成的视觉形象记忆能够迅速从短时记忆转成长时记忆。

五、各感官形象思维的综合思维与表达

这一部分通过对一个对象物做综合形象的表达练习，来提高形象思维和表达能力。这不是对前一节内容的简单累加，而是统筹优化、去粗取精、形成表达作品的过程，也是对思维的内部编码速度和外部表达效果的提升。此阶段对形象思维的要求有这样几个方面：

（一）抓特点、显亮点

哲学家戈特弗里德·威廉·莱布尼茨曾说过，"世界上没有两片完全相同的树叶"。同样是古建筑，同样是山水风光，同样是猫，每一个具体的个体都既有共性又有特性。共性是其类别、种属的特点，是"这一类""这一种"事物所具有的共同点，而特性是一类事物中具体的一个个体所具有的"独一无二"的外貌、性质等方面。例如只要是"鸟"，就一定有鸟头、鸟身、鸟尾、翅膀以及爪子等结构，而具体的一只，其羽毛花色分布、眼睛、喙、爪子等都具有独一无二的特征。在共性中找出特性，在司空见惯的"相同"中观察、分析，找出"不同"，考验训练主持人的洞察力、分析力。

亮点，是事物特点中引人注意的方面，是一个事物的看点所在。事物的特点有显著和隐晦之分，有有价值与无意义之分。"亮点"的把握，正是主持人对事物特点进行深入比较、分析后的结论，正是在表面的形象思维能力中蕴藏的逻辑分析和理性思维。亮点的选取，带有强烈的主观性质，是一个人对观察物的主观价值判断。主持人作为大众传播媒体的传播者、舆论的反映者和引导者，在做这样的训练时，要注意联系社会主流价值观和大众主要的价值取舍。

---

① 叶奕乾，等.普通心理学[M].上海：华东师范大学出版社，2010：109.

（二）巧开头、善结尾

一段开场白也好，一段编后语也好，主持人的语言作为有声语言传播艺术，要注意传播规律对主持人语言的要求。一个别致、有吸引力的开头，是有声语言传播带给人的“第一印象”，也是抓住观众、留住观众的必备能力。结尾要出彩，避免“说到哪儿，就到哪儿结束”的无设计感的结尾。心理学上的“近因效应”便是指传播中居于信息单元尾部的信息往往给人留下深刻印记。

例如描述云南的风景名胜滇池，这样的开篇并没有错：“在云南，我游历过滇池，一望无际的湖面……”但是太过平常，丝毫不能引起听众、观众的兴趣。若尝试着换一种开头呢？

下面摘选部分学生课堂练习案例：

例 1

自来水、雨水、矿泉水，我们每个人对水都不陌生，但当 16 亿立方米的庞大水量以一种少女般清纯曼妙的姿态静卧在高原上时，就不得不令人惊叹了。滇池，就这样神奇地存在了千年……

例 2

“五百里滇池，奔来眼底。披襟岸帻，喜茫茫空阔无边！”这是写在昆明大观楼上的天下第一长联中，上联的开篇两句话。相传这幅长联的作者孙髯翁当年登上昆明楼，滇池漾漾碧波和周围俊美的景色让孙髯翁感到非常兴奋，提笔写下了这 180 字的长联……

例 3

提到彩云之南，提到四季如春，你会立刻想到魅力无限的云南，想到花团锦簇的昆明，当然，你也一定会想到滇池。中国的大小湖泊数以千计，但滇池绝对是最令人神往、让人遐想的湖泊之一……

例 4

古语说“智者乐水，仁者乐山”，如水一样灵活、变通的智慧和如山一样的博大、深厚应该是我国古代追求、崇尚的一种境界。在中国有一个地方，可以让我们同时感受这两种境界，那就是云南。在云南，在云南的西山脚下，滇池平静如处子，夜晚听着水波，看着西山的夜月，你的心真的会变得平静和开阔……

这些开头都比较巧妙，一改那种四平八稳、平常无奇的句式、语式，让人想继续听下去，这样就达到了“巧开头”的要求。

别致、新颖、有吸引力的处理方法有很多，可以从句法、句式、词句、次序、角度、结构等多方面思考。可以学习借鉴下列做法：

(1)将对象物的特点、亮点之一放在开篇。

(2)对人们司空见惯的现象或认为理应如此的想法提出质疑，以引起人们的思考和兴趣。

(3)突破惯常的完整句子，以“画面切换”式描述开头。

(4)以强烈反差、明显对比的内容开头。

(5)替换常用的词句、句式结构、次序结构。

(三)结构好、脉络清

此部分的表达练习长度以2分钟为宜，字数在400－600字之间。表达中要围绕着主线，有合理的详略布局。注意讲述的层次性：每一个层次内部及其之间的逻辑关系和承接顺序。有声语言具有“稍纵即逝”“过耳不留”的特点，不像书面语言那样可以重复品读，因此口语的表达要注重层次之间的前后承接，突出上下文之间的联系，这样才易于听众把握住主持人所说话语的整体内容。

(四)语言顺、有配合

在进行表达练习时，一开始就要注意克服“无稿件说话”时多余的填充性语气词和心理无意识语气词，如“嗯”“这个”“那个”“然后”“那么”等。这些对于表达没有任何意义的语词不仅会降低信息的含量，更会降低语言表达的艺术感。同时也要注意表达中的磕绊和口误。对语言表达的外部形式要求，要引起我们的高度重视。张颂教授很重视广播电视语言的“规格感”，对“口语至上”的观点作了分析，指出“大量业余的主持人涌向话筒，语言传播的规格降低了，语音不准、用词不当、语法不通、语流不畅的现象相当普遍……在种种意见中，这种‘口语至上’的观点比较突出。这种观点，有意无意地贬低了书面语言以至文学语言，有意无意地推崇日常口语，好像书面语言连同日常口语平起平坐的资格都没有了”。谈到该问题时，张颂也同时引述了语言学家罗常培、吕叔湘的观点：“我们必须把语言巨匠们对语言的丰富和发展所作出的贡献，和不受约束的无缰之马在语言使用上的捣乱行为严格区别开来。”①

诚然，这种情况在无稿件说话、即兴表达训练初期不可避免，但是语言具有习惯性，如果在初期不严格控制，这种表达中的“斑点”就会成为习惯。因此，训练时

---

① 张颂.播音主持艺术论[M].北京：中国传媒大学出版社，2015：376.

可以放慢语速,严防这些“斑点”出现,让流畅的表达成为习惯。

语言表达中,不论是有稿还是无稿,都应该有基础的元素:停连重音、语气节奏、对象感、交流感等。这种表达艺术的基础元素是一种语言习惯,同样需要从初期培养。

在有声语言的表达过程中,伴随着除了声音信号之外的多元信息:表情变化、手势动作和肢体语的配合。主持人在节目实践中,尤其要避免格式化的微笑和程式化的手势,主持人是以人际性传播者的身份,个性化、真实化地出现在镜头中的,真实、活跃、恰当的手势语和面部表情动作能够帮助其优化传播效果。在思维和表达训练的开始,就要注重对多元化输出、声音和表情等的协调配合训练,避免表情内容分离、手势刻板、肢体僵化。

第二节　练习部分

一、视觉形象表达练习

(一)平面视觉表达练习

1. 素材选取

平面视觉形象的思维表达练习可选素材广泛,古今中外的各类画作、平面广告画、各类摄影作品等都可以作为练习素材。

2. 基本要求

平面视觉形象的表达首先要对练习素材进行全面、仔细的观察,从整体和局部、结构和色调、内容和风格等多方面把握素材;其次需要结合自己已有知识积累,借助一定信息手段了解素材的相关背景材料,加深和优化对素材的把握;再次,在描述和表达中理清思绪、注意次序、控制好语速,心平气和地讲述,边想边说、想好再说,保证内部思维编码快于外部表达活动;最后,每篇表达根据素材内容情况,篇幅在1—3分钟不等。

(1)名画系列(见彩图2至图23)

(2)广告图系列(见彩图24至图31)

(3)摄影作品系列(见彩图32至图40)

(二)三维视觉表达练习

1. 素材选取

三维视觉的表达练习通常选取较容易转换视角的中小型物件,日常生活、学习、通讯、娱乐时接触到的物件都可以作为练习物。此外,尽可能选取色彩、材质、结构等相对丰富的物件。

2. 基本要求

语言流畅、准确、清晰,一段话的失误(如"嗯""啊"、磕绊等)控制在三处以内;注意讲述时的语态、体态和表情等,展现出良好的讲述状态。

(1)物件观察和表达素材参考

钢笔、手机、水杯、钥匙串、挎包、配饰、小包装盒、文具袋、手套、钱夹子、纽扣、眼镜、裁纸刀……

(2)人物观察与表达

这组练习有不同的形式可以训练:

第一种,同学 2—3 人一组,相互观察,描述自己看到的这个同学的外貌、衣着等视觉信息。

第二种,同学依次上台,对台下某一位同学进行描述,事先并不说出自己描述的人名,让大家一起猜测其描述的人物,评价其观察的效果和表达的状态。

第三种,2—4 人同时观察一位同学,要求每一位所使用的词语、句子不能相同或高度相似,旨在训练观察多样化角度、多元化语言使用和创新表达。

(3)景物观察与表达

选取校园中或校外的公园、景区、集贸市场等场景、区域,进行观察和表述,此项训练的重点在于视觉信息的记忆和表达。第一次室外观察,由教师带领,并指导学生对庞杂、纷繁的场景有选择性地、重点明确地进行观察和记忆。之后,学生分组进行,2—3 人一组,到不同区域进行观察,注意信息的取舍、重点的突出。

(三)四维视觉表达练习

四维视觉表达练习的要求除了前面表达练习的要求外,还要注意对时间先后次序的表达,适时地用词句体现出时间逻辑关系。

1. 人物运动状态

从教室中选择一位同学,进行一系列活动,例如:

倒水——喝水——被烫着了；

进门——落座——打瞌睡；

听课——睡着了——惊醒；

考试——作弊——遮掩；

等人——不耐烦——走掉了……

注意在观察中选取典型细节、抓住运动的过程特点。例如，一个人的眼睛在不同情境下的运动和变化特点；一个人的手指动作怎样随着活动而出现细微变化；一个人的嘴巴怎么变化等。

2. 视频片段描述训练

选取一段1—2分钟的视频，看两到三遍后，描述看到的情景。注意观察这一段视频中主体的运动变化、环境的变化、光影的变化等。

视频内容在选择上尽可能多元化，例如，山水景色变化、人物特写镜头、赛事场景、动物运动、城市街景、行业场景（理发店、汽修厂、采矿场、杂货铺）等。

二、听觉形象表达练习

听觉的表达练习要着重注意两点：

第一，对于拟声词的运用和声音描述性、比喻性词语的选取和使用。

第二，将一段或一组声音进行整体把握，并结合细节描述，立体再现这段/组声音信息的全貌。

（一）多种类声音捕捉和表达练习

（1）对一段交响乐中所有有关“情绪”“环境”等不同类别的声音进行描述。

（2）描述一段大街上随意录制的实况音响。

（3）描述一段大自然音响中的景物、动物等。

（4）描述一段唱段的人声，如歌唱、曲艺等作品的选段。

（5）听完一段集市上的各种叫卖声后，描述你听到了哪些买卖，各在什么方位。

（二）单一种类声音捕捉和表达练习

（1）录制一段清晨马路上的声音，捕捉某一类声音的出现、消失、再出现等变化。

（2）用准确、形象的词语描述一段独奏曲。

(3)描述一段自然音响中,风声、雷声、蛙鸣、波涛等声音。

(4)描述一段交响乐中某种乐器的演奏情况。

三、综合形象思维表达练习

(一)事件描述

(1)讲述往事、趣事,或一段印象深刻的经历等。

(2)复述影视剧、情景剧、小品中的某个片段、故事、场景。

(二)电视购物节目商品推介

在电视购物节目中,怎样抓住商品特点、亮点,用生动、形象的语言推介产品,考验主持人的形象信息描述技能。

模拟电视购物节目的产品推介环节,对所售商品进行描述和推介。

(三)旅游节目外景主持

选取学校所在地一处外景地,如公园、景区等场所,模拟主持一档旅游节目,随走随说,沿途展现旅游地的风貌、景色、人物和游览感受。

第三章　想象和联想思维与表达

第一节　理论部分

一、想象思维及其特性

（一）想象思维和主持人传播

1. 想象思维概述

想象，是在大脑中完成对“象”的重现，是对形象性信息的浮现。其实质是对大脑中留存的形象性信息的再加工、再处理。其中“消极想象”是对已有的形象信息单一的回想过程，一般等同于“回忆”。“积极想象”则是对已有形象印记重新排列组合的思维过程。积极想象要以消极想象为基础，否则我们便不可能对已有的思维材料重组排列，进而产生积极想象。

想象的所有素材都是客观现实在大脑中的留存，我们不可能创造任何东西，想象的创造性在于“创造性重组”——利用现有材料的再加工、再处理，而非在大脑里创造出新的物质或存在物的印记。积极想象是人类思维能动性的体现之一，跟机械地、被动地、一成不变地反映客观事物不同。积极想象要求我们对大脑中的形象有目的、有规律、有逻辑地重新组合排列，衍生出有别于客观世界形象的对象物。想象基于现实生活、现实形象，但又超越现实已有的形象，在形象的外形、结构、性质、运动方式和时空等多方面进行无限制的变化。想象力不仅是我们适应社会生存、应对生活的一种能力，更是进行文学艺术创作必备的、核心的、极为重要的一种素养和能力。不少思想家、文学家、艺术家和哲学家都对想象和创作、想象和文学艺术的关系有过精彩的论述：

戴望舒：诗是由真实经过想象而出来的，不单是真实，亦不单是想象。

冯骥才：它（艺术）应该是你的心和你的想象初恋，那个瞬间，所有的汗毛口都是张开的，内心充满了感动。

朗加明：丰富的想象力来源于饱满的创新激情，当一个人的创新激情处于高潮时，我们常常会发现他会有一位“恋人”经常形影相随，这位“恋人”便是灵感。

赵鑫珊：想象力是能动的知识，是创造力和智慧的必要背景。

莫泊桑：大艺术家就是那些将个人的想象力强加给全人类的人。

哥　雅：缺乏智慧的幻想会产生怪物，与智慧结合的幻想是艺术之母和奇迹之源。

冈察洛夫：想象永远是艺术家的手段……

杜　威：想象力是结合艺术品里一切因素的能力，它把各个不同的因素塑造成一个整体。

高尔基：艺术是靠想象力而存在的。

2. 主持人的想象思维和表达意义

虽然主持人的工作不同于创作一篇小说、一幅画作或话剧的剧本那样的艺术创作、文学创作，但想象思维素养和表达同样必不可少。

主持人在节目中不仅仅是语言的发出者，也是语言的接受者。这一点尤其体现在访谈类节目、综艺节目和真人秀节目等现场互动性强、内容生成性强的节目中。在这些节目中，主持人的语言活动不仅立足于节目策划阶段的文稿，还要和现场的、不可预知的许多语言信息产生呼应和交流。在主持人作为听者的交流中，主持人自身的语言解码能力制约了主持人对信息接收的准确度、生动度和活跃度。尤其是主持人对形象类信息的“还原”程度，会影响主持人对说者意思的把握和自身情感的激发。我们在很多优秀的访谈类节目主持人身上都能看到这种素养，他们对访谈嘉宾所讲述的故事能身临其境、感同身受，对这些讲述所做出的回应，无论是在情感上、语言上还是在动作姿态上，都给人以舒适、和谐的视听享受。这就是主持人想象思维活跃的体现：主持人在大脑内部，将语言性信息转化为生理性信息，刺激大脑皮层，调取与之相应的形象性画面、体验，丰富的形象性印记形成情感迸发点和内部语言编码根据。越是想象力丰富、活跃和细腻的主持人，越能带动节目现场进入某种氛围，帮助节目达到预期的传播效果。

作为有声语言工作者，主持人的语言魅力是职业能力和专业素养之一。尤其是在综艺类节目中，主持人语言的活跃度、生动性等，在极大程度上依赖于其想象思维的状态。没有想象力的语言是呆板、乏味的。司空见惯的事物不会引起人们的注意，同样，没有想象力的语言也无法吸引受众。语言新颖别致跟想象力的丰富有密切关系，别出心裁却又扣合主题的想象性语词，可以让主持增色不少。在访谈类节目中，人物对话、交流构成其主要的视听内容，单一的场景、简单的画面元素让访谈类节目容易流于单调、乏味。主持人若能使用富于想象力的语言就能让现场活跃生动起来，《艺术人生》《鲁豫有约》等节目就很注意这一点，例如赵忠祥做客《鲁豫有约》的一期节目中，主持人鲁豫聊到赵忠祥主持奥运会时说：

我当时还想，您要是用解说《动物世界》的方式，比如说来解说博尔特赛跑：他向着终点冲去了，什么的……

这种奇妙的想象加上鲁豫模仿的语气，引来赵忠祥和观众的笑声和掌声，访谈气氛非常活跃，成为整个节目中的一个亮点。

（二）想象思维分类

1. 人物形象想象

主持人的工作性质决定了其所有的节目中，少不了“人”这个要素。人们所关注的、所在意的、会产生兴趣的，都是跟自己，或者说跟“人类”的方方面面有着直接或间接关系的信息。因此，即便是以原始森林中的动物、自然风光等为传播主体的节目，也带有某种“人格”“人情”元素在其中，其拍摄取舍、内容安排都或多或少跟人类的繁衍生息有联系。更不用说将关注点直接放在人类社会的节目了，不论是从《焦点访谈》到《今日说法》，还是从《星光大道》到《中国好声音》……几乎所有的主持类节目，都是围绕着人类生活、工作、学习、休闲等诸多方面进行设计、策划和摄制的。

人物形象，不仅仅指人物的“外在”形象，也指由人物的外貌、言语、行动，以及由这些传递出的一个人内在思想、性格、脾气、好恶等诸多元素构成的“综合形象”。这就要求主持人对人的外貌、行为、情感、思想、性格等诸多元素，要有意识地观察、记忆和思考。

人物形象想象和表达的关键有三点：材料选取的讲究、组合的新颖、词句选择的别致。例如，语言大师钱钟书在《围城》中，对人物形象的刻画虽寥寥数笔，却神形兼备：

孩子不足两岁，塌鼻子眼睛两条斜缝，眉毛高高在上，跟眼睛远隔得彼此要害相思病，活像画报上讽刺画里中国人的脸。

唐小姐妩媚端正的圆脸，有两个浅酒窝。天生着一般女人要花钱费时、调脂和粉来仿造的好脸色，新鲜得使人见了忘掉口渴而又嘴馋，仿佛是好水果。她眼睛并不顶大，可是灵活温柔，反衬的许多女人的大眼睛只像政治家讲的大话，大而无当。……她头发没烫，眉毛不镊，口红也没有擦，似乎安心遵守天生的限制，不要弥补造化的缺陷。

一个是长相不讨人喜欢的小孩、一个是天然去雕饰的素颜美女，在我们的形象素材中并不缺乏这样的原始材料，也不缺乏可以想象的空间，关键在于言语的选取，钱钟书摒弃了老套的表述方式和形容描写，独辟蹊径、妙笔生花。巴尔扎克曾说："第一个把美女比作鲜花的人是天才，第二个是庸才，第三个则是蠢才。"表达要言人之所未言，方能吸引受众。

在人物形象的想象方面，古今中外名著中有许多堪称完美的重组新形象：《西游记》中，由人性、神性和动物性组合而成的孙悟空、猪八戒；《巴黎圣母院》中"面丑"和"心美"结合的卡西莫多；《悲惨世界》中令人敬重却又叹息的苦役犯、市长冉阿让……这些人物形象以其典型化、集中化和特质化著称，又以其合理的思想、言行逻辑而成立。

学生练习例稿：

邻家男孩

雨伞一样的头发盖住粉红的脸蛋儿，那种粉红就像是新摘的水蜜桃上铺了一层薄薄的蜡。黑珍珠一般的眼睛配着折扇一样的睫毛，一眨眼睛都听得到响声儿。不大的鼻子稍稍翘起，带着几分小骄傲。一张小嘴就像刚吃过樱桃，还留着那一抹晶亮的红。咧嘴一笑，两颗悄悄逃走的门牙空出一段调皮的空隙。即便这样，他说话也不漏风，声音清脆的嗓音要比三月间的柳叶儿更亮、更鲜！

这是我邻居家的小孩儿，住我家楼上。每次他下楼来玩，先听到一串不着调的歌声，然后是鞋底和楼梯碰撞出的快节奏无序的打击乐，接着才透过窗户看到一个小身影嗖的一下，蹿出去了。他和院子里另外几个年龄相仿的孩子玩得最好，而且威望最高，经常看到他带着其他小孩子做游戏，就像一个将军指挥战士们："这次你来，上一次你都输了，快点儿！"

有一次我下午回家刚巧他和几个孩子在院子里，接下来发生的一幕让我改变了以前对他的稚气、顽童的印象。见他们几个或坐或趴在院子中心的花台旁，有一个孩子似乎刚刚哭过，手里还拿着一个好像是摔坏的遥控汽车。他，此时站得直直的，对着另一个坐着的小孩儿说话。有几句我听清了："你回去给你爸爸说，买一个新的赔给孙斌。你弄坏的你要赔，谁弄坏的谁就要负责。我们都去给你爸爸说，你是不小心弄坏的，你爸爸就不会打你了。"

这小孩儿，看着不大点儿，居然这么有责任感，还懂得团结大家的力量来解围。如果说三岁看老，那我真感觉这是一位未来的领袖人才！

总的来说，人物形象的重组性现象需注意以下几方面要求：

(1)符合现实逻辑合理性原则

此处的人物形象练习，要遵循"逻辑合理性"原则——符合逻辑，具有顺畅的前后逻辑关系，真实可信。需要注意的是，这一点和文学创作中的"现实主义"流派不同。前者指的是所想象的形象令人信服，强调不违背人的思维逻辑、前后关系，后者是一种创作主张、文艺思潮，主张对现实不加任何夸张、虚构的"写实主义"。现实逻辑合理性的规定，表面上看是对观察能力和记忆力的训练，实则是对包括心理、行动、言语等在内的训练。

(2)具有鲜明的特点

人物形象的想象最忌千人一面、刻板僵化。现实生活中的人，在很多方面都有自己的特点，从外貌到性格、从言语到行为。人物形象想象需要我们注意观察所遇到的各种人物的特点。特点是区别于同类的"独有性""特异性"。有些人的特点鲜明，有些人的特点隐蔽，这就要求我们善于从细微处着眼，去发现和抓取人物最鲜明的特点。例如对人物外貌的观察中，经常会遗漏眉毛的眉形、眉色、眉毛的疏密等平时不太会注意的细节。通过类似细微处观察训练，可以强化和优化我们对细节的观察力。同时，从观察到描述，又能提升我们言语的准确度和词语的丰富度。

在人物访谈、事件访谈、综艺娱乐等节目中，都涉及主持人对节目中人物的观察和分析能力。在《艺术人生》《鲁豫有约》《对话》《实话实说》《面对面》《可凡倾听》《非常静距离》等人物访谈节目中，主持人如能在极短的时间内对访谈嘉宾、现场观众的特点进行准确分析、抓取，并能生动表达，往往能调动嘉宾的情绪，引发观众的共鸣，成为节目的亮点。

(3)具有一定的目的性

文学作品都具有一定的"主题"，而"目的"是主题中的核心要素。"目的"指引着创作者取舍材料、组织内容和架构篇目。人物形象的想象过程，并非"意识流"状的散乱无序，而是要为想象确定一个目的：作者表达这种形象的目的是什么？是讽刺、揭露、讴歌、赞美、警醒还是推崇？人物形象的背后，是一种思想、一种观点、一种判断，透过人物的形象来表达作者内心的情感，这是人物形象想象的关键。

作为一个多重形象的集合体——想象的人物形象是想象者在大脑中不断取舍信息后组合而成的形象体，决定我们取舍的标准就是“表达目的”。只有目的明确的想象过程才是有意义的，才会和受众产生共鸣，或者激起受众的反对，总之是“有反应”的。

(4)具体鲜活、可信度高

当我们去想象一个人物时，要从实际生活出发，防止“脸谱化”的人物形象，摒弃“格式化”的语言，拒绝“腔调化”的说话。这种思维模式、思维角度对主持工作具有深远、重要的影响——只有这种思维模式、思维角度外化为一个主持人的有声语言、副语言时，才会有“亲和力”，它在很大程度上决定着主持人的提问角度以及互动语言的用语、语调、语气等因素。今天，麦克卢汉预言的“地球村”已经悄然出现，人际传播借助新媒体技术变得异常活跃，人们可以在微信、微博等社交平台上即时互访、互评、交互信息。从演艺明星到商界巨子，其个人形象逐渐在公众视野中变得丰满、鲜活。以往的“单面人”变得多面、多元。在当前这个回归“真实”的时代，主持人在节目中对人物的全面理解、全面准备，影响着主持人对“人”真实性的理解与传播，也决定着该节目的成败。

《半边天》主持人张越曾参与过《我爱我家》《临时家庭》等剧的编剧，这两部反映平凡人的日常生活却又亮点频出的经典之作，恰恰是对人、社会、人际关系细心观察后浓缩了深刻思考的作品。张越将这种关注和思考带进了《半边天》，于是我们看到了一档语言质朴、情感真挚、视角亲切、深入人心的节目。

2. 景物形象想象

(1)景物想象思维的素材

景物想象思维训练是对我们大脑中已有的景物记忆素材加工、重组的训练。景物记忆素材来自各种途径，主要分为直接接触和间接接触两大类。

直接接触的景物是我们亲身游历过的。这些景物既可以是名胜古迹、高山大河等著名景点，也可以是乡间一隅、城市一角等无名之地；既可以是楼亭阁轩、路桥堤坝等人造景致，也可以是大漠落日、森林湖泊等自然景观；既可以是长城故宫、都江堰等雄伟建筑，也可以是村间小屋、田间池塘之类的朴素小景。总的来说，直接接触的景物素材具有感官多元化、信息印记强、视角个性化等特点。

间接接触的景物，大多是各类媒体传播的景物形象，包括传统的影视、杂志、报纸、书籍、张贴画、广告牌等。网络媒体兴起后，海量的音视频内容为我们无限拓展了景物素材接触的可能，百度等功能强大的搜索引擎让信息搜索的指向性更加明确。但信息单元化、清晰度低、视角不可变、信息完整度差等却是间接接触的景物素材的缺陷。

在进行景物形象想象时要注意综合运用这两类景物素材，尤其要做到有机组合：

①将直接接触的景物素材信息的多元化、全方位感官信息合理叠加到间接接触的景物信息上，使之丰满、鲜活；

②使用间接接触信息的丰富性来有效补充直接接触信息的局限和不足；

③在同类别景物素材中，运用间接接触和直接接触信息的契合点，将二者结合成完整、丰满、立体的图景。

文学家在自己的作品中，对景物的虚构能力很强，充分体现了空间感和镜头感：

首善之区的西城的一条马路上，这时候什么扰攘也没有。火焰焰的太阳虽然还未直照，但路上的沙土仿佛已是闪烁地生光；酷热满和在空气里面，到处发挥着盛夏的威力。许多狗都拖出舌头来，连树上的乌老鸦也张着嘴喘气。

——鲁迅《示众》

西方红灼灼的光闪烁着，海水染成紫色，太阳足有一个脸盆大，起初盖着黄红色的云，有时露出两道红来，仿佛火神怒目睁两眼，向人间狠视般，但没有几分钟那道红线化为一道，那彩霞如彗星般散在西北角上，那火盆般的太阳已经到了水平线上，一霎眼那太阳已如狮子滚绣球般，打个转身沉向海底去了。

——庐隐《海滨故人》

进门是个小院，妇人住的是塌剩下的两间厢房。院子一大部分是瓦砾。在她的门前种着一棚黄瓜，几行玉米。窗下还有十几棵晚香玉。几根朽坏的梁木横在瓜棚底下，大概是她家最高贵的坐处。

——许地山《春桃》

(2)景物想象的训练

景物想象的训练，是对我们的空间观察能力、空间逻辑感受、镜头化思维、场控能力等的综合训练。

①景物想象不是单纯的景物组合，而是沿着时间坐标，结合环境因素的多元感官信息想象的组合练习。

②景物想象不能缺少“情感”的带入，正所谓“触景生情”。景物的想象需要“情

景交融”的表达，将所想象、描述的景物赋予个人的情感、思考。

③景物类素材的加工、组合、表达，要注意空间次序，如高低、远近、内外、上下等的关系。当我们为听众呈现一幕或几幕场景时，空间次序的清晰保证了听众认知过程的准确性。方位、空间的限定词使用的多少、取舍，是景物想象思维练习的重点之一。同时，对所表达景物的合理布局也很重要，孰先孰后、详略安排是有规律的。有声语言传播的“稍纵即逝”特性，让听众没有机会重复回味或分析文本。表达者在进行表述时，“受众感”“对象感”的建立要素之一，便是关注和尊重听众的感受，使其听上去顺畅且清晰。

④景物的想象过程，要体现出表达者寓于其中的目的。完整的景物想象表达，是围绕一定的表达目的展开的，要体现出一定的整体性、设计感和主题性。

（三）物体、物件的想象和表达

物体、物件的想象练习要注意使用多种重组方式，同时也要注重物品细节的浮现、重组和表达；物体、物件的想象练习也是对词语丰富度和准确度的训练，对细节的关注，如颜色、形状、质感等的表述，是对我们内部语言词汇是否丰富和清晰的考验。

物体、物件的想象素材种类繁多，此时要梳理自我的记忆系统，调出尽可能多的形象信息，结合理性知识来展开联想。

物体、物件的想象可以从多方面切入，比如：

1. 外形、外貌上的重组

现实生活中的小物件有：青蛙外形的闹钟、娃娃外形的手机壳、酒盅样子的花盆、烟盒外形的口香糖、圆珠笔外形的打火机；大物件有：鳄鱼外形的轿车、水蜜桃样子的沙发、轮船外形的酒店、贝壳外形的剧院……这些都是设计者“奇思妙想”后的成果。将不同的外形加以组合，可以诞生出新的外形的物品。

在外形重组的想象思维练习中，我们要大胆突破已有的思维框架和思维束缚，进行东西南北、古今中外、上下横纵等广泛联系、构想，借此来活跃、丰富我们的形象想象思维活动。

学生课堂作业摘录：

台　灯

出现在我眼前的这个小盆栽，厚厚的叶片嫩绿而饱满，如同储蓄了琼浆一般。

深褐色的主干延伸到咖啡色的泥土中，另一端分开三个枝丫，嫩叶就丛生在枝丫上，如同伞柄撑起一把小伞。花盆精美而别致，八棱的外形像是水晶做的，透过无数隆起像水珠一般的盆墙，可以看到里面松软的泥土。最让我感到奇怪的是花盆一侧延伸出一条透明的电线，电线上一个小红点开关吸引了我。我好奇地拨动开关，这盆栽的所有叶片瞬间成了绿宝石，透出翠绿的柔光，而花盆则变成了橙色的水晶灯，两种光芒混合成了甜甜的光晕蒙盖在这盆栽外，可爱至极！

原来这是一款创意台灯。仲夏时分，将它放在阳台，灯下一张圆桌、四杯清茶，谈天说地，真是令人向往！

2. 属性和功能上的重组

属性是事物本身所固有的性质，是物质必然的、基本的、不可分离的特性，又是事物某个方面质的表现。一定质的事物常表现出多种属性，属性也有“本质属性”和“非本质属性”之分。通俗地说，“属性”是我们对事物内在特点、性质等的抽象把握、概括性描述，是我们认识事物和分辨事物的依据。例如，“苹果是一种不寒不燥且富含多种营养的水果”，这个判断表述，揭示了苹果的种类——水果、中药药性分类——性平、食用价值和营养价值高等内在性质。一般限定词越多的属性判断表述，越能准确界定一个事物。人类的认知水平越发展，对一个事物的属性认知就越丰富。

功能是一个事物的功用和能效，多指为人所用的有用性。功能取决于事物的属性和外部形式，属性是功能最基础最稳定的决定因素。例如，优质铝材具有强度高、韧性大、耐侵蚀、耐高温、质量轻等属性，因此其被广泛用于航空领域；法国梧桐具有树冠宽阔、叶片宽大、耐寒耐暑、抗空气污染强、吸附有毒有害气体、生长迅速、耐修剪等诸多属性，因此被我国各大城市用于街道绿化；电动自行车具有省力节能、成本低廉、便携性较强和非机动车等属性，因此被广泛用于上班族代步和中老年人出行等。属性、功能的重组、叠合、创新，往往成为科技创新、技术进步的动力，例如，玻璃在我们的认知中具有透光度高、绝缘性好、耐高温、耐腐蚀、硬度高、弹性差且易碎等重要属性，因而广泛用于日用器皿、建筑装饰、家具器具等。凡是需要柔韧度、形变等属性的领域，玻璃都“望而却步”，但“柔性玻璃”的问世，改变了这一现状。“柔性玻璃”结合了塑料的弹性、柔性，又有着玻璃的高透光度、高硬度，“柔性玻璃”则是属性重组的产物。

属性的重组想象训练有助于我们养成深入了解事物的习惯，也能锻炼我们的逻辑思维能力。训练时，可从简单的、常见的事物开始，逐步提升难度。

学生回课作业案例：

懂你的地板

棉花、木头和钢铁，三种看似不相干的材料，经过现代科技的融合，成了兼具导热、保暖、亲和力强、环保性高的“记忆可变木”。这种木头能像钢铁一样热胀冷缩，如棉花一样具有保暖功能，有着木头的天然亲和力和亲肤性。作为全新地板的替代品，“记忆可变木”地板是一款真正的“懂你的地板”！

炎炎夏日，“懂你的地板”感受高温之后，膨胀拉伸，千万的木纹空隙可以透过空气，阻隔水分，同时由于钢铁性能的融合，使其具有良好的导热性，脚掌接触地板时你会感觉丝丝凉意，或坐或躺，要比凉席更加舒服。

到了冬天，“懂你的地板”感受低温，自然紧缩，棉花性能被挤压出木纹空隙，浮于木地板基层之上，此时脚踩上去能感觉稍微的柔性，最重要的是不像其他木地板那样冰凉，而是如同踩在薄棉垫上，带着暖意！

这样的地板不仅冬暖夏凉，而且还有很高的强度和韧性。当一个十公斤的铅球从一米多高的地方落下、砸在地板上，钢棉的融合性能吸收动量同时恢复形变，在地板上不会留下任何痕迹。使用十年，你也很难在地板上找到划痕。

怎么样？这款“懂你的地板”确实强大吧！

3. 时空上的重组

物体、物件总是存在于一定的时空之下，并跟周围产生种种联系。其外形、色泽、结构等与当时当地的大众审美心理、生活方式、自然社会环境等相适应，其材质、功能等和当时的科学技术、社会生产力水平等相符合。当一个物体跨越空间、穿越时间时，许多不可思议的现象就会发生。例如，汽车是现代工业文明的成果，其运行也是在现代社会之中，需要与之匹配的社会环境和认知心理。一旦汽车运行的时空离开现代社会，其表现形态、人们对其的认知和理解也会发生改变。当一辆汽车来到还是封建制农业文明社会时，境遇会怎样呢？

慈禧太后与进入紫禁城的汽车

世界上第一辆汽车是由卡尔·本茨在1886年发明的，直到15年后，第一辆汽车才进入中国。由于当时中国还没有废除帝制，这第一辆车自然要属于拥有至高权力的慈禧太后。这还要从慈禧的66岁生日庆典说起。

为讨慈禧太后欢心，满朝文武可谓挖空心思，在拍马屁上高人一等的袁世凯不知从哪花了很高的价钱，买来了一辆杜里埃牌汽车送给慈禧作为生日礼物。

据考证，这车是由美国马萨诸塞州的一对兄弟设计并手工制作而成的，该车是黑色木制车厢、两轴四轮、实心橡胶轮胎、木制辐条、敞篷式古典汽车，车厢内设两排坐席，前排是司机席，后排是乘客席。在车头两侧装有两盏铜质车灯，而在车厢上方由四根支竿支起了一个车篷，在车篷的四周缀有黄色丝穗，乍看上去酷似一驾昔日的四轮马车。

慈禧见后对这辆车甚是好奇，她还从来没有见过不用马拉就能跑的车子，她令在场的外国司机进行演示，当看到这辆车真的轰隆隆地跑起来的时候甚是高兴，可见袁世凯的银子没有白花。原来为慈禧驾驭马车的车夫经外国司机培训就成了中国第一个有驾照的司机。

但是坐惯了轿子的慈禧，在一次去颐和园游玩的时候决定乘坐这辆不需要马拉的轿子。车出紫禁城后，慈禧发现给他开车的司机竟然坐到了第一排，她只能在第二排，她觉得很没面子，于是要求司机跪着开车。

这下可好，原本需要脚来踩的油门和刹车根本没法控制，结果车子在路上东倒西歪，险象环生，差点酿成大祸。慈禧在众人的劝说下只好改回更加舒适的十六台大轿，可以想象这辆汽车的命运，就是被永远打入冷宫，也正因为如此，这辆弥足珍贵的汽车才得以保留到现在。

——摘自搜狐·汽车·车文化 ·文化人物

物体、物件的跨时空组合，不仅要对物品本身由外到内、由表及里的信息有所掌握，还要对所处的当下时空和所跨越的时空有所把握，才能将物体、物件与新的时空的诸多方面建立起合情合理的联系。物体、物件的跨时空重组提醒我们在想象时要注意系统性思维，注重想象的立体性和事物之间的关联性。

（四）动物形象想象

在中国古代小说中，有很多描写动物的杰作，体现出作者对动物形象、动态等的丰富且逼真的想象能力，例如吴承恩在《西游记》中，对猴群的各种玩态就有一番简洁、生动的描述，好似镜头快速切换：

一朝天气炎热，与猴群避暑，都在松阴之下玩耍。你看他一个个：跳树攀枝，采花觅果；抛弹子，邷么儿；跑沙窝，砌宝塔；赶蜻蜓，扑八蜡；参老天，拜菩萨；扯葛藤，编草帓；捉虱子，咬又掐；理毛衣，剔指甲；挨的挨，擦的擦；推的推，压的压；扯的扯，拉的拉。青松林下任他顽，绿水涧边随洗濯。

如果说吴承恩是对现存已有的动物形象做想象描述的话，施耐庵则是充分发挥了自己的想象，将现实中几乎不可能发生的“人打虎”描述得活灵活现：

说时迟，那时快，武松见大虫扑来，只一闪，闪在大虫背后。那大虫背后看人最难，便把前爪搭在地下，把腰胯一掀，掀将起来。武松只一闪，闪在一边。大虫见掀他不着，吼一声，却似半天里起个霹雳，震得那山冈也动；把这铁棒也似虎尾倒竖起来，只一剪，武松却又闪在一边。原来那大虫拿人，只是一扑，一掀，一剪，三般捉不着时，气性先自没了一半。那大虫又剪不着，再吼了一声，一兜兜将回来。

武松见那大虫复翻身回来，双手抡起哨棒，尽平生气力，只一棒，从半空劈将下来。只听得一声响，簌簌地将那树连枝带叶劈脸打将下来。定睛看时，一棒劈不着大虫。原来打急了，正打在枯树上，把那条哨棒折做两截，只拿得一半在手里。那大虫咆哮，性发起来，翻身又只一扑，扑将来。

对施耐庵的这种想象和创作，后世有两种说法：一种是施耐庵几经周折，写不好“武松打虎”片段，一日他听到门外狗狂吠不止，出门一看原来是一个醉汉正和一条恶犬搏斗。那醉汉一把揪住恶犬的脖子，用拳头朝着狗头捶打了十几下，恶犬毙命。而后施耐庵又搬了一条长凳子放在堂屋当中，一只手按住长凳，想象按凳状态和内心感受，之后完成了这段精彩的“打虎”。另外一种是：施耐庵为了写虎经常到猎户家中去，与有打虎经验的猎户交朋友，猎户把猎取的野兽及兽皮、兽骨给他看。施耐庵边看边问，从中了解到许多关于老虎的习性、动作、神态，以及猎户和老虎搏斗的详细情况；他还跟着猎户到深山老林里去打猎，观察老虎发狂、挣扎的场面，之后根据丰富的观察资料写下了精彩的打虎场景。

不管是说法一还是说法二，都体现出了施耐庵观察—记忆—重组—创新的积极想象过程。不论是恶犬和醉汉的搏斗还是山中老虎的实景，都是想象的现实材料。只有经过有意识的、多次的观察，才能在大脑中留存下“形象”。

动物的想象思维和表达主要需注意以下几点：

(1)想象是建立在动物自身形象基础上的，必须符合动物的普遍规律，非拟人更非神话故事；

(2)想象的基础，仍旧是生活的积累和记忆的调取；

(3)善于在个性中找到共性，描绘出这一类动物最大的特点，同时也要善于在共性中凸显个性，注意留心动物的特点、细节和独特个性；

(4)注意求新求变，不落窠臼，要将大家熟知的动物形象巧妙组合出新意。

(五)社会事件、现象想象

“社”字最早是指“土地之神”。在古代，将“土地神”和祭祀土地神的地方、日子、祭礼都称为“社”。社既是祭祀的地方也是公众聚会的场所。会,即“汇”,意为聚集、汇聚。“社会”一词,通俗地说,就是人群聚集而成的整体。更科学的界定则是由有一定联系、相互依存的人们组成的超乎个人的、有机的整体。

社会有大小之分,一个家属院,甚至一个班级,就是一个“小社会”,一个国家则是一个“大社会”。社会也有时间坐标上的划分,从最早的原始社会、后来的奴隶社会到今天的资本主义社会、社会主义社会。社会是人类活动、关系的综合,也是人类和自然的分界点。

社会生活包罗万象、方方面面,我们此处提到的社会事件、现象想象,主要是在人的社会交往过程中、人与人之间的互动中产生的事件、形成的现象的想象和表达。同时,此处的社会事件、现象,并非指个人之间、微观领域里的人际交往事件或现象,而是在一定空间和规模条件下的、具有典型意义的事件、代表性现象。大众传媒的重要功能之一是“环境监测”功能,是对社会方方面面的守望和报道,实质就是对社会中带有典型性、代表性、普遍性事件、现象的报道。主持人作为大众传媒的一员,必须具备社会意识——对社会生活的关注与思考,对社会种种热点和焦点的关注和思考。

想象的过程其实也是认知的过程。前面提到过,想象的基础是已有的认知素材。我们对社会的经济现象、文化现象、政治现象、环境现象、教育现象、科技现象、军事现象等想象的前提是了解。我们在进行想象时,需要对这些现象的相关内容有所了解和把握,使之成为我们想象的素材、依据,同时又要发现其中的规律性、法则性的内容,使得想象能够出乎意料却又在情理之中。

社会事件、现象的想象和表达,既可以是一件具体的事件,有人物、情节、场景、结局,也可以是一种现象,虽没有具体的人物事件和详细的经过,但是有想象性的情况概括、个别代表性场景的描述等,还可以是事件和现象的结合——典型事件和普遍现象的结合。

1. 当今社会

对于当下社会事件、现象的想象,重点是对热点、焦点、争议点的想象。这样的练习一方面可以促进自己对相关现象事件的认知,另一方面也可以促发思考和分析。想象思维的背后,其实潜藏着观点、主张和立场,在描述新的情节、关系、趋势和人物时,反映了一个人的价值观、世界观等隐性信息。因而,我们对当今社会的事件、现象的想象和表达也反映了我们对当今社会的认知和理解。

学生表达例稿：

中国式过马路的完结

“凑够一群人就可以走了，与红绿灯无关。”这句话大家应该再熟悉不过了。有人认为这种集体违规有法不责众的心理根源，也有人认为这是国人向来法制观念不强的表现。我倒认为这是管理力度和违法代价的问题。由于管理上偏于松散、行人闯红灯违法后没有付出什么代价，所以才屡禁不止。有人说那么多行人闯红灯酿成交通事故，造成伤亡的例子难道不是代价么？可相比之下毕竟是少数。不足以引起大家的重视。难道这种行人集体闯红灯的行为就不可能杜绝了么？

不，现在我们可以说这个问题马上就要解决，国家交通管理部门已经在全国试点，一线、二线和三线城市都有试点，效果非常好。

这是一套集管理和处罚于一体的行人交通管理系统。在每一个有红绿灯的路口，交通部门都架设了行人交通行为管理系统，这一系统由警告声光装置、隐形的喷头、精确识别定位装置和喷洒剂罐等组成。喷头被设置在十字路口两侧、斑马线、斑马线外围等多个行人可能行经的区域，从地面、空中等立体式铺设。喷洒剂喷溅到衣服上时，是一种无色无味、无害无刺激的化学试剂，但暴露在空气中约5分钟后，就会显现出颜色。当十字路口的红灯亮起后，这套系统便启动，如果有行人闯红灯，精确识别定位装置就被触发，此时至少会有一个喷头悄悄瞄准闯红灯的行人。与此同时，警告声光装置也会被触发，在十字路两边亮起警示灯并且发出“您已闯红灯，请退回”的语音警告。五秒钟内行人如果退回人行道，喷洒装置则不会启动。如果此时行人还要硬闯，喷头则会喷出化学试剂。五分钟后，行人的衣服上则会出现特征鲜明的“闯红灯标记”。这种颜色标记在八个小时后便自行消退，对衣服和人没有任何危害。当地的交通部门做了相应的规定，凡是衣服上有如此标记的行人，交警可以按照规定进行经济处罚，不接受处罚者，可以拘留24小时。除此之外，公交车、地铁、的士等公共交通车辆对有如此标记的人员必须拒载，否则会面临严厉处罚。

这样一来，行人闯一次红灯就将自己困在大街上，基本只能步行回家，而且还会面临经济处罚。

这种事先预警、事后处罚且违法必究的管理和处罚措施在试点城市施行后很有效果，施行的前三个月通过各种媒体和户外宣传让大众对其有所了解并逐步熟悉。大家纷纷表示，在如此疏而不漏的管理和严格处罚下，自己肯定会严格遵守，因为为了抢那数秒钟而付出那么大代价实在不值得。

2. 未来景象

对未来社会景象、事件的想象一直是科幻类小说、影视作品的主要内容和重要题材。面对未来的种种可能性，我们可以想象的素材、角度、范围是很广泛的，从日常生活、学习、工作和娱乐的场景、事件的想象，到对科学技术的进步发展、人类生产方式的变革、全球经济交往的新状态、世界军事力量的改变等宏观现象的畅想，都能够启发我们关注事物发展和变化的内在规律，整合我们对社会发展的认知。

学生练习例稿：

网络生存

生活在网络时代的我们，购物、学习、社交、娱乐等都和互联网密不可分。大家知道吗？多年以后我们的网络生活将是另一番景象：互联网“亿兆电频网”的全覆盖，让我们随时随地可以上网，而网络终端不再是手机、笔记本，而是被镶嵌在家具、内墙、公交、办公室等各种方便触及的平面上，接入指令就是我们的指纹和基因密码——只要你想上网了，手指点击身边的墙面、公交车上的窗户玻璃、路上的公共平板页面就可以，强大的数据处理交换中心立即识别你的身份，进入你个性化的程序系统。那时候，我们中间的很多人可以减少到单位的次数，文件的处理、会议的组织都可交给互联网，学生和教师在家里就能利用全模拟环境来上课，仿佛就在一个教室。

二、联想思维

（一）联想思维机制

彩图 41 是齐白石 91 岁时的一幅画作。当时老舍到齐白石家中做客，请齐白石以《次实君溪边步月韵》中“蛙声十里出山泉”这一句为题作画。这句诗所描写的蛙声如何用视觉去表现？齐白石经过几天的认真思考，画成了《蛙声十里出山泉》。

这幅画作者运用了“联想思维”来进行创作，画中没有青蛙的形象，但蝌蚪的出现令人联想到了青蛙和蛙声阵阵。当然，这幅画可以触发的联想不仅仅限于青蛙的形象和蛙声的听觉感受，还有泉水的哗哗声、山间鸟鸣蝉噪、山泉的清凉（肤觉）、溪流青苔的气味，进而让人联想到自己童年时河中捉鱼摸虾、岸边嬉闹玩耍，甚或是晚间躺在祖母家的凉席上听风声和雨声等记忆。

联想机制是人脑的一种神经触发机制。人类的神经元通过突触相互连接，立体地结成纵深交错的神经网，当一种信息通过感官进入人脑后，引起神经元兴奋，通过脑电波传到相应区域进行信息处理。由于神经网络交错，每一次信息刺激，都会触发以往的信息存储记忆，这便是人类的联想机制。联想思维是一种由此及彼、举一反三的思维过程，其核心机制是“触发”——从一个点延伸、推及另外的内容。这种触发既有一对一触发，也有一对多触发，既有单层触发，也有多层连续触发。

一对一模式：触发信息——A

一对多模式：触发信息——A

——B

——C

——……

一对多的多层触发：触发信息

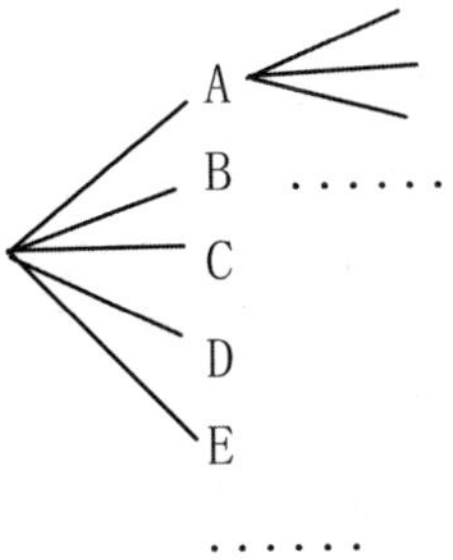

联想思维和想象思维有相似相通的方面，但也有机制和内容的不同：第一，和主观目的明确的想象或漫无目的的幻想等不同，联想是由外部刺激引发的想象思维活动，有一定的触发依据，信息刺激和被触发信息之间在某一方面或多方面存在一定的对应关系。第二，狭义的想象思维着重于对“象”——具体事物、感官信息的浮现或重构，而联想的内容不仅包括此类信息，还包括对理性、逻辑性内容的触发，例如因果关系的联想、两个相关概念的联想、两种类似或相对的陈述结构的联想等。例如：从“世界不缺少美，只是缺少发现美的眼睛”联想到“世界不缺少机会，只是缺少善于抓住机会的心智和实力”。第三，广义的想象包括联想这一思维机制。

联想思维的丰富度、活跃度取决于一个人内在记忆存储量和神经元的活跃度。记忆存储量越大、清晰度越高，被触发的概率就越大。影视剧演员在表演时，需要让台词触发自己内心丰富的形象和各类感官的感性记忆，联想到更多的能够帮助自己真实体验人物内心、塑造人物形象的情景和感觉。因而表演专业要求学生在平时多注意积累生活、记忆生活。走上职业岗位的演员在接到演出任务、塑造人物前，要有针对性地“体验生活”，其实就是为了专门积累某一方面的感性材料和形象记忆。此外，一个人越是主动联想、打通联想的触发通道，其联想机制也就越容易被触发、越方便运用。神经元同人体其他组织系统一样，遵循“用进废退”的规律，越是积极使用联想这一机制，其神经元的突触就会越发达，发达的突触之间的生物电信号传递就越通畅。这也就解释了为什么处在某专业领域的人在面对与专业相关的信息时，有着比一般人更高的联想触发机能。

（二）联想思维机制类型

联想的触发机制大致分为以下几大类：

1. 相似相仿机制

当外部刺激在形式、内容、材料、性质、结构等方面与主体某些记忆相似或相近时，容易激发联想活动。白居易听闻琵琶女伤情吟唱后，想到自己的相似经历，发出了“同是天涯沦落人”之叹；《白杨礼赞》中，茅盾从白杨树的“朴质，严肃，坚强不屈”，联想到了“傲然挺立的守卫他们家乡的哨兵”和“在华北平原纵横决荡用血写出新中国历史的那种精神和意志”；南海仲裁案后美国狼狈撤兵，让我们联想到毛泽东同志的著名论断“一切反动派都是纸老虎”；2016 年 7 月底，北京野生动物园内游客不听规劝违规下车，酿成苦果，让人们联想到此前一系列因为违规行为而造成的安全事件……这些都是相似性、相仿性的联想，也是最常见的联想。

《庄子·轮扁斫轮》一文就与相似联想有关：

桓公读书于堂上，轮扁斫轮于堂下，释椎凿而上，问桓公曰：“敢问公之所读者，何言邪？”公曰：“圣人之言也。”曰：“圣人在乎？”公曰：“已死矣。”曰：“然则君之所读者，古人之糟粕已夫！”桓公曰：“寡人读书，轮人安得议乎！有说则可，无说则死！”轮扁曰：“臣也以臣之事观之。斫轮，徐则甘而不固，疾则苦而不入。不徐不疾，得之于手而应于心。口不能言，有数存焉于其间。臣不能以喻臣之子，臣之子亦不能受之于臣，是以行年七十而老斫轮。古之人与其不可传也死矣，然则君之所读者，古人之糟粕已夫！”

齐国的工匠从自身经验传授、手艺传承的经历和感悟，联想到古时圣人作文传世时，想必也是“口不能言，有数存焉于其间”，解释得合情合理，最终获得了齐桓公的认可，免于罪责。

相似相仿联想是一种思维方式、一种心理机制，是比较基础性的人类心理特点，由此衍生出许多专门学科的具体现象。例如修辞学中各种形式的“比喻”——明喻、借喻、隐喻等，其心理基础就是一种相似相仿联想。看到青年人朝气蓬勃，想到朝阳，因为同样地光芒四射、活力无限；看到蜡烛燃烧自己、照亮别人，想到教师，因为同样地默默发光，奉献自己；我们称见多识广、知识渊博的人为“百度”（隐喻），因为不懂的都可以问他。除此之外,语言学中的近义词、艺术表现中的象征等也都以相似相仿联想为心理基础。主持人思维和语言中,常常运用到相似相仿的思维方式,比较典型的例子就是《金星脱口秀》中主持人金星和嘉宾的聊天方式,例如在访谈孟非一期节目中,金星和孟非的对话:

金星:(主持了六年多《非诚勿扰》)天天美女如云这么晃来晃去的,(对爱人的)忠心怎么把握住的?

孟非:我给你打个比方你就懂了,你有在银行工作的朋友,你问那个出纳,他天天数那么多钱,他把哪张带回去试试。

(观众笑)

孟非:他每天数那么多,哪张也不是他的。

金星:但是他沾过唾沫,噗——沾一下手。

(观众大笑)

孟非:沾唾沫数钱,这也是作死,多脏啊!

……

金星:(对观众)那天他让我上他的《非诚勿扰》,我说咱们改个规矩,女嘉宾站那儿不准超过12期。12期一定让她走人,对吧。咱们算了一下,12期60个男嘉宾了,还没看上你的话,这个女嘉宾也一定是有问题的,你老挑别人。

孟非:对啊,我也伺候不了你了,虽然我们是做服务类节目的,是吧。我上80道菜你都不满意,那算了,你换别家吃去吧。

……

在第一段对话中,孟非运用了相似相仿这一思维方式,举了一个例子,巧妙幽默地回答了金星的提问;在第二段对话中,又用了一个隐喻来表达其对某类女嘉宾的评价,形象生动、意味悠长。

2. 相关相连机制

这种机制中,联想物和触发物之间存在着性质、功能、种属等方面一种或多种的关联。例如看到手机,就想到微信、网购和夜读;听到汽车急促鸣笛,就联想到交通堵塞或突发情况;闻到花香,就想到蝴蝶、春水和风筝;看到一部曾经看过的电影,就想起了陪自己看这部电影的同学等。相关相连机制的联想是综合性的联想机制,这种激发是有多种综合因素的,不是单一的,但这种联想机制支撑起了我们丰富的思维、语言活动,是发散思维重要的心理基础之一。

如果做更进一步的理解，一切联想都可以看成是广义上的“相关相连”——相似、对比、因果、相近等等。此处的“相关相连”是除去了相似、对比、因果、相近等典型的关联、关系之外的相关性关系，很多潜在的、灵感性的、跳跃式的联系性都可以归入相关相连的联想机制。另外，一些个性化的、非普遍意义上的相关性也属这个范畴。例如历史上著名的牛顿和苹果的故事中，落下的苹果让牛顿联想到了力学原理，进而创立了“万有引力”学说。这是一个极其个性化的联想触发，联想主体特殊的阅历经验、知识背景、工种职业等是联想触发的关键。

凤凰卫视的《锵锵三人行》是一档比较有代表性的谈话节目，其开放的话题空间、自由的语言方式和略带论辩性的交流模式等，让节目带有极强的真实感、在场感。在这档节目中，三位参与者的内部思维活动都非常活跃，其联想性体现得淋漓尽致。换言之，如果这档节目失去了思维的联想、迸发、延展、关联和突破，节目的特色、亮点也就没有了。例如在 2015 年 3 月 26 日这期节目中，话题沿着这样的路径延展开来：热映电影《灰姑娘》——女权主义者对电影的“过分解读”——“灰姑娘”这类故事在全球范围的普遍存在——日本的“另类文学流派”——“弱势群体梦”——文学中的“假恶丑”现象——人性的两面——嘉宾王蒙正在关注的内地中文、英文水平的差距现象——对母语学习和外语学习之间关系的理解。

3. 对比机制

对比性的联想是一类较为特别的联想，外部刺激和被激发物之间存在着性质、形式、内容、过程等方面的相对、相反关系，激发人的联想。这一类联想往往产生别致抑或富有文艺色彩的结果。创办于 1995 年 1 月的《中国青年报》“冰点特稿”栏目(《冰点周刊》前身)，便是运用这种对比联想机制娴熟的典型例子，避开明星、精英、事件等新闻热点，进入相反的方面：平民视角下的世间百态，挖掘平凡生活中的不平凡之事。对比联想能使我们的语言增添趣味、拥有张力、富于变化、体现睿智。例如，张大千在抗日战争胜利后的一次送别宴会上与京剧艺术家梅兰芳相遇，张大千向梅兰芳举杯敬酒说：“梅先生，你是君子，我是小人，我先敬你一杯。”一句话让大家疑惑不已。张大千忙笑着解释：“你是君子，唱戏动口；我是小人，画画动手。”张大千从自己和梅兰芳擅长的艺术形式，联想到俗语中的对应现象，信手拈来、妙语生花。

还有一个例子。孙中山从日本留学回国后，一次路过武昌总督府，想会见两广总督张之洞，便写了一张便条，让守门人传了进去。张之洞见条子上写的是：“学者孙中山求见张之洞兄”，便问：“什么人?”当差的答道：“一个书生。”张之洞不大高兴，提笔在便条上写："持三字帖，见一品官，白衣尚敢称兄弟？"守门人把条子交给孙中山。孙中山一看，也在便条上写："行千里路，读万卷书，布衣也可傲王侯。"守门人又把条子传了进去，张之洞一看，"啊"了一声，连忙说："请！"

对比联想与前两种联想不同，其在一定层面上潜藏着对事物、问题的深入认知和理性思考，它借助发现事物的本质、洞察问题的多面性，进而联想到其相对、相反的方面。

4. 因果缘由机制

因果关系是人的经验世界和逻辑世界中十分重要的一种事物关系，因果关系也是一种多元的、综合的、复杂的关系。在很多深入的研究和讨论中，研究者发现，因果关系其实并非单一的一因一果，大多数情况下是一因多果和多因一果的。具有生活经验的人更容易感受到生活中事物的因果联系、继起关系，看到乌云就会想到暴雨；看到一个人鬼鬼祟祟就会联想到偷窃；感觉到空调温度太低就会联想到感冒等。各行业专业人员因为其接受的专业学习和训练，对某些外行发现不了的内在联系会有更准确、更深入的认识，使得其在某些方面的联想触发更为灵敏、内容更为丰富。例如，中医大夫看到一个人脸色黑青、眼睛浑浊，会联想到肝肾不佳；一个从事刑侦工作的警察听到一个人语言逻辑有明显问题，会联想到通缉犯、嫌疑犯；一个专业驯兽师看到老虎的步态、听到其呼吸，会想到之后的训练状态；经验丰富的司机看到前车的行进状态，能联想到超车时可能出现的状况等。

很大一部分的因果联想更倾向于逻辑思维层面的联想活动，这源于对事物内部联系的认识和经验积累。

5. 接近贴近机制

接近贴近机制是指触发物在某一个或多个层面上与联想物存在接近、贴近关系。空间、时间、人物关系等接近时，容易触发人的联想思维。例如，在商场里看到一款熟悉的台灯，会想到写字台上摆放的其他物品；听到一首儿歌，会联想起儿时的生活；一个仿古的首饰盒让人联想起古装、文言文和古曲等。

《再别康桥》中，作者从河畔的柳树，联想到河水、河中的水草，接着想到河边树荫、彩虹，再接着联想到撑船放歌……这一串在空间上接近的景物不断地激起作者的回忆，形成"移步换景"的美感和视像层出不穷的饱满感，让最终情感的抒发有一种"温柔"喷涌的魅力。主持人张越在做客《非常静距离》时，谈到自己1997年辞职之后的两年事业空档期，常与朋友聊天，经常会有将聊天内容录制下来做成访谈节目的想法。正是因为平常与朋友的聊天内容和聊天形式与张越曾经做过的访谈节目相近，才触发了这样的联想，才有了后来其重返《半边天》节目，主持深度人物访谈节目《半边天·张越访谈》。

接近性联想常常体现为一种系统性思维过程：关系的接近让我们往往将处于一定圈层中的事物作为一个系统看待，在联想过程中形成“多层多点触发”，联想到整个系统的诸多元素。例如，谈到家乡的某道菜肴，我们就会联想到家乡的饮食习惯、佐料、烹饪方法、口味习惯，又发散到气候、地域、经济特点对饮食文化的影响，进而发散到饮食文化和人文气质、地域文化的多种关系等，这样的内容放在饮食类节目、旅游类节目中都是很好的话题流动结构。

上述五种联想机制在实践中是灵活使用的，常常交织混合，别出新意。下面是一则学生课堂的练习：

吸尘器

人类的发明总是和我们的好恶分不开。我们喜欢光明，电灯诞生了；我们拒绝油烟，发明了油烟机；我们渴望舒适，太师椅被沙发取代；我们厌恶灰尘，于是制造了吸尘器。吸尘器利用内置的风扇将带有灰尘的空气吸进去，过滤网将灰尘留在吸尘器内部，将干净的空气排出。这样的原理在生活中非常普遍，从净水处理机器到豆浆机滤网——过滤，是一个筛选的过程、一个有所抛弃有所保留的过程，目的是让我们的所得更加干净、纯粹。在我们今天的生活中，信息大潮铺天盖地，我们缺少的，正是一台信息吸尘器，将那些不利于身心的信息灰尘挡在耳目之外，留下营养充足、利于学习工作的信息资讯。当然了，信息中的灰尘是百害无一利的，但实际生活中的灰尘却不尽是害处。试想如果有一台超级大的吸尘器将地球上空气中的灰尘都过滤了，我们就再也听不到那句“落霞与孤鹜齐飞”的美文，欣赏不到五彩祥云、七彩虹桥。不仅如此，空气中没有了灰尘，人类和其他一切动植物都会被暴露在强烈的紫外线照射中，湖泊河流中蒸发的水分将不再化为雨雪冰霜，生命也将枯竭。所以，不要小看一台吸尘器，其中蕴藏着如此多的道理，保持积极的思考，我们就能从平常中发现惊喜。

第二节　练习部分

一、人和物的想象与表达

总体要求：

第一，总体长度在3分钟左右，整体结构相对完整，中心较为明确。

第二，人物形象饱满、生动、具体，特点突出；物件形象整体和局部结合，细节清晰。

第三，人和物的想象需要必要的情节发展来推动，情节想象时注重逻辑关系合理、层次清晰。

（一）人物想象

(1)办公室好人

(2) 天才游医

(3) 神秘的来客

(4) 全能快递员

(5) 网吧老板

(6) 烦心的邻居

(7) 温暖的警察

(8) 远方的亲人

(9) 新生代民工

(10) 迷人的新疆姑娘

(11) ……

（二）人和物综合想象

(1)校长的钢笔

(2)班主任的皮鞋

(3)书摊主和他的轮椅

(4)一位交警和他的黄手帕

(5)交通协管员手里的小红旗

(6)爷爷的茶壶

(7)手机和他的聋哑主人

(8)富商的随身本

(9)一副眼镜和他主人的三十年相伴

(10)惯偷和他的假面

(11)……

二、景物、动物的综合想象

景物、动物的综合想象练习，重点注意三个方面：

第一，景别和视角的变化，突出动态和观察角度的变换。

第二，景物、动物的和谐、相映，相互烘托和体现。

第三，通过动物外在形象，刻画内在的性情，立体化塑造动物形象；在拟人化的动物想象中寻找人性和动物性、形的契合点。

(1)秋晨的麻雀

(2)湖面、白鹤与远山

(3)广场上的猫先生

(4)贫民窟里的小鸭

(5)校园里的松鼠兄弟

(6)住“豪宅”的流浪犬

(7)猴山里来了新主人

(8)暮色中耕牛归来

(9)竹林里快活的小公鸡

(10)废墟上守候的忠犬

(11)……

三、画作想象与表达

彩图 42 至图 50 是抽象画，请围绕画作展开想象、联想，做一段 3 分钟左右的表达。

四、社会事件、现象的想象

社会事件、现象的想象需把握以下重点：

第一，和之前的想象练习不同，社会事件、现象的想象需要有“叙事”的能力和技巧，要注重对事件情节、人物关系和各种情景的表述，整体性展现。

第二，事件的完整性、矛盾冲突的设置、现象的细节等，是这一组练习的难点，练习时尤其要注意，让故事生动、有吸引力。

(1)助人为乐不再蒙冤

(2)县城里的奇案

(3)一位流浪猫的救星

(4)高人一招解决“低头”顽疾

(5)“路怒症”的另一种景象

(6)国足冲关成功的背后

(7)小区垃圾堆不见了

(8)交通拥堵过去式

(9)看门人离开后

(10)校园靓丽美景

(11)……

五、实物联想表达练习

从至少两个角度和两层触发，对下列常见事物进行联想和表达。此处仅列举部分联想物，具体练习时以实际需求为准。

(一)生活日用类

雨伞　茶杯　木梳　纸卷　插座　晾衣架　钥匙　手电筒　药瓶
酒盅　棉被　顶针　豆浆机　铁锅　炒勺　吸尘器　熨斗　擀面杖
高脚杯　眼镜　拐杖　腕表　牙刷

(二)学习用品类

钢笔　橡皮擦　尺子　圆规　铅笔刀　书包　鼠标　iPad　录音笔
笔记本　课本　订书机　计算器　墨水瓶　固体胶棒

(三)交通工具类

自行车　牛车　直升机　潜水艇　地铁　公交车
越野汽车　胶囊列车　独轮车　电动自行车　远洋巨轮　小帆船
小型巴士　人力三轮

（四）娱乐器具类

旋转木马 秋千 过山车 碰碰车 游艇 观光车
KTV 房间 麻将 扑克 围棋 军棋 钓鱼竿 羽毛球拍
篮球架 跷跷板 摇摇马 遥控车 风筝 旱冰鞋 竹蜻蜓

（五）饮食物品类

鸭梨 菠萝 西红柿 葡萄 苹果 橙子 胡萝卜 冬瓜 茄子
豆角 圆白菜 莲藕 黄豆 菜花

（六）服饰衣物类

西服 中山装 旗袍 兜肚 燕尾服 迷彩服 比基尼
牛仔裤 高跟鞋 拖鞋 大头皮鞋 人字布鞋 红色围脖 鸭舌帽
披风 袈裟 道袍 羽绒服 粉色衬衣 金色领带 青布长袍
金项链 钻戒 耳钉 翡翠手镯 玉扳指 珍珠项链 皮带

六、音响音乐联想

听觉是信息源重要的一部分，音响音乐的联想发散，训练我们打通听觉和其他感官的连接，训练听觉感知的灵敏度。训练时注意结合形象思维中听觉部分的练习。音乐的联想、发散和表达练习，不需要拘泥于某些音乐本身主题，尽可能有独到的联想和发散思维表达，突出新意、个性和创造性。此处教师可以根据需要使用教材所提供的音乐音响，也可以自备相关音乐音响。

（一）自然界音响类

鸟鸣 虫噪 瀑布 溪流 动物吼叫 风吹树林 雨滴
雷鸣 落雪声 冰雹声 海浪声

（二）城市音响类

车辆来往声响 建筑工地声响 机场声响 火车站声响 学校声响
公寓楼道声响

（三）音乐联想

1. 民乐类

《梁祝》 《平湖秋月》 《十面埋伏》 《二泉映月》 《高山流水》
《渔樵问答》 《胡笳十八拍》《广陵散》 《平沙落雁》 《梅花三弄》

2. 国外交响曲目

贝多芬的《c小调第五交响曲·命运》和《d小调第九交响曲·合唱》、海顿的《G大调第九十四交响曲·惊愕》、莫扎特的《g小调第四十交响曲》、勃拉姆斯的《c小调第一交响曲》、柴可夫斯基的《b小调第六交响曲·悲怆》和《D大调弦乐四重奏》第二乐章（如歌的行板）、德沃夏克的《e小调第九交响曲·自新大陆》、马勒的《大地之歌》、西贝柳斯的《D大调第二交响曲》、肖斯塔科维奇《d小调第五交响曲·革命》等。

七、抽象概念和表述联想表达练习

抽象的概念往往会激发我们形象的联想，此处要求我们根据概念进行联想发散，展现出动静结合、形象丰富的图景。

（一）抽象概念类

一般来说，形容词、副词是对一类状态的高度概括，相对于名词、动词来说比较抽象。下列形容词、副词和部分名词是我们经常使用的，没有具体的形象感，也没有特定对应的实际状况，是一种高度概括和抽象的表述。请根据这些概念做联想—发散练习，做一段2分钟以内的即兴表述。

虔诚、和善、机警、苍老、勤奋、忠厚、缘分、飘逸、土气、坚韧、胆怯、气度、潜能、奢侈、高贵、随性、幸福人生、友谊无价、飞扬跋扈、惴惴不安、冷冷清清、活力四射、相逢何必曾相识

（二）俗语谚语类

谦受益，满招损。
祸兮福之所倚，福兮祸之所伏。
人无远虑，必有近忧。
富贵不能淫，贫贱不能移，威武不能屈。

生于忧患，死于安乐。

吃一堑，长一智。

你和时间开玩笑，它却对你很认真。

知识不是自然的恩赐，而是经验的硕果。

智者通权达变，愚者刚愎自用。

好处着手，坏处着想。

师傅领进门，修行在个人。

朋友千个不多，冤家半个不可。

八、多对象联想

请使用不同的联想机制，将给出的概念组成一段话，做到有形象感、有逻辑性、结构合理、详略得当、情理交融。

金山　拐杖　耻辱

烟袋　凉席　温柔

拱桥　弹簧　超脱

愚蠢　茶叶　马鞍

海岛　米粥　希望

创意　录音　风扇

江堤　相机　厨师

嫉妒　蒸笼　皮鞋

飞驰　桌布　山冈

酒盅　机翼　绝妙

猴子　木桶　辉煌

九、综合命题表达

(1)一种语言的社会

(2)与海鸥的约会

(3)他们住在海底

(4)城市停电的一周

(5)人类进化出的翅膀

(6)对话麻雀

(7)城际超高速公交网

(8)人体嵌入式手机的隐患

(9)一堂课的游戏

(10)山村一晚

(11)……

第四章 逻辑思维与表达

第一节 理论部分

一、逻辑和逻辑思维

(一)逻辑概述

“逻辑”一词最早来源于古典希腊语“logos”(“罗格斯”)。最初的意思是“词语”或“言语”,后来逐渐演变为“规律”“秩序”“思想”等含义。逻辑是指潜藏于客观世界中的本质联系、客观规律和普遍法则,如普遍现象和典型代表,原因和结果的规律性联系,事件的前后继起关系,事物之间的种、属、类的层级关系等。作为认知主体,人类通过对这一系列关系、规律的认知,形成了一整套逻辑关系表述、逻辑规律界定和逻辑形式描述,形成了现代的逻辑学。逻辑学是我们认知世界的依据和理论。

(二)逻辑思维

逻辑关系是事物表面现象之下的根本性联系,客观逻辑现象、逻辑关系被人们所观察、认知、分析、总结和抽象提升,形成一系列逻辑形式,并在人的思维中反映出来,进而形成我们的逻辑思维。逻辑思维是人类特有的思维形式,超越了事物的具体形态、具体感觉和知觉层面的思维形式,是由具体到抽象、由个别到一般。逻辑思维具有抽象性、概括性、概念化等特点。

逻辑思维能让我们从纷繁的事物中迅速掌握问题的核心、内在矛盾和一般规律，分辨表里高下、异同真伪和显隐多寡，整理出层次秩序、脉络勾连和主次详略。因而，逻辑思维能帮助我们看到潜藏于事物之中的隐秘的相互作用关系、运动规律，窥一斑而知全豹。通过练习逻辑的推理，可以使我们增强预见性、洞察力和甄别力。例如，著名的伽利略自由落体实验纠正了近两千年的谬论，伽利略在其著作中运用逻辑推理的方式，揭示了亚里士多德提出的自由落体定律存在的逻辑矛盾。

在《关于两门新科学的对话》[①]这本书中，伽利略假设有两个石头，根据亚里士多德的理论：物体自由落体时，下落速度和质量成正比。那么，重的石头的下落速度就要比轻的石头快。在这个前提下，伽利略开始推论：

（为方便描述，把重的石头称为石头A，轻的称为石头B）

假如把A和B两块石头捆在一起，其下落速度相对于单个的A是快还是慢？

第一种推理：

大前提：自由落体时，物体质量与速度成正比——越重的速度越快，越轻的速度越慢。

小前提：A、B两块石头捆起来的一个整体，比单独A石头重。

结论：石头A、B捆起来后，下落速度比A快。

第二种推理：

大前提：自由落体时，物体质量与速度成正比——越重的速度越快，越轻的速度越慢。

小前提：由于石头B下落速度本来比A慢，A、B捆绑之后，B会拖慢A原来的速度。

结论：石头A、B捆起来后，下落速度比A慢。

同样的前提推出了两个结论，推理过程没有错误，那么造成这种情况的原因只可能是前提错误。

可以看到，逻辑推理给之前的实际验证做了一个事物间关系上的理性回应，揭示出之前论断的根本性谬误。逻辑思维在很多学科和领域都被广泛应用，例如在众所周知的达尔文的《物种的起源》、马克思的《资本论》、毛泽东的《论持久战》中，都显示出其强大的认知能力、解释能力、揭示能力和预见能力。这些著作的共同点是作者运用逻辑推理的方式预估了未能证实的过去和不可预见的将来。

---

① 武际可.打开近代科学之门的对话——力学杂谈之十八，介绍伽利略的《关于两门新科学的对话》[J].力学与实践，2006(5)：90-91.

二、逻辑思维中的要素

（一）概念

在逻辑思维中，人类得以抽象地、概括地认知和把握世界。人们将具体的、不可穷尽的一类事物、现象、思想、情感、感受等特点提炼出来，并赋予其一定的称呼，形成我们认知和把握世界的“概念”，这是逻辑思维的起点。概念和具体言语的结合，使我们对事物的认知结果通过语言进行传播和交流。“概念”的出现，让我们得以摆脱现存具体的事物、现象去思考和表达。有了概念性的思维，人类的大脑活动水平便有了质的飞跃。心理学家研究发现，人类在从婴儿到儿童的发育阶段，将周围事物赋予名称、形成概念性的思考，是一次飞跃。在这种飞跃的前期，人类与“黑猩猩”有着非常相似的行为模式，被称为“黑猩猩期”，①这个时期是人类的“前语言阶段”。而当儿童发现事物都有自己的名称、概念时，其词汇量迅速增加，其思维当中出现“理性成分”。可以说，作为理性思维、逻辑思维起点的概念，构成了我们整个逻辑思维的基础，是建造逻辑思维大厦的砖瓦。

对概念的认知，有以下几个方面需要注意：

1.“实际表述”“内涵”“外延”

“概念”一般由两部分组成，可以称之为“实际表述”和“内涵意义”。虽然在不同语言中，概念的现实表达形式不同，但其内涵意义是基本一致的。不同语言间的翻译要注意一点，即找到两种语言在表达同一个内涵意义时，具体表达形式的差别，进而加以总结和归纳，形成可供后人学习的材料。概念的准确、清晰、明了是思维本身准确、清晰、明了的基础。已故红学研究专家周汝昌先生在一次题为“唐诗宋词鉴赏”的讲座中，花费了很长时间来探讨“鉴赏”这个概念的含义。

传统逻辑学中，“外延”是指由所有具备此种内涵意义的事物构成的一类对象物。例如，计算机的外延既有笔记本电脑、台式电脑、平板电脑等常见的计算机，还有植入各种电器控制其运行的微电脑、放置在各类交通工具中帮助驾驶者操作的安装着特定程序的电脑等。

概念的产生和发展，有着深刻的时代烙印，不论其实际表述还是内涵意义，都体现着时代的特征和发展变化。在不同的时代，同样的实际表述可能会有截然不同的内涵意义和与之对应的外延；同样的内涵意义在不同的时代也可能有不同的

① 维果茨基.思维与语言[M].李维，译.北京：北京大学出版社，2010.

实际表述。例如"车"这个概念,在中国古代几千年漫长的时间里一般都指由高大的四蹄类动物牵引的、有两个轮子的交通工具:马车、牛车、羊车、驴车等;而到了清末,自行车、汽车、火车等事物的出现,改变了以往"车"的单一内涵,其外延扩大很多;再到今天,"车"的概念中,已经不能再将是否有轮子作为其内涵界定的标准,例如磁悬浮列车、"胶囊列车"都是没有轮子的。诸如此类的例子不胜枚举。

在概念的使用和传播中,空间和文化环境的变化都会引起概念内涵的变化,不同的地域、国家和地区,同样的实际表述所对应的内涵意义会有差别。这是因为"概念是以范畴的形式存在大脑中的。具有共同特征的一类概念形成了一个集合,这个集合代表着一类概念的总和"①。人们生活的环境不同,其经历就相异。由此导致了存于大脑中的认知结果存在差异。例如生活在发达国家的城市居民和生活在较为落后国家的城市居民,在对"贫穷"这个概念的把握上就会存在较大差异。生活在俄罗斯北部奥伊米亚康的人和中国南方,如广东的居民,对"寒冷"这个概念内涵的理解是大相径庭的。夫妻二人由于来自不同家庭文化的原生家庭,对于很多概念的内涵意义的理解是有出入的,例如对于"干净整洁""节省节约""关心体贴""相互照顾"等概念的内涵理解。这种概念内涵理解的差异常常会导致婚姻内的矛盾冲突。

因而,不同对话主体就必须意识到在使用同一概念时,会有各种因素导致双方对概念的理解不同,沟通障碍也会在所难免。

2. 主持人对"概念"的把握

作为有着示范效应的大众传媒的终端传播者——主持人,其语言中体现出的对于概念内涵的认知水平,影响着受众认知的准确性。这种示范效应越大,越是考验着主持人对"概念"内涵把握的准确度和清晰度。由于主持人总是在一定的语境下、一定的地域文化和时空背景下进行语言传播,所以要格外重视多种因素对概念内涵的影响,做到传播准确、适宜。

当下新媒体发展迅猛,很多词语概念的内涵也在具体使用中发生着变化,同时也有不少新词语、新概念出现。这当中有些已经被大众认可和广泛使用,例如"点赞""朋友圈"等网络词语便是例子,中共中央总书记习近平同志在2015年新年讲话中使用到了这些词。因此在新媒体环境下,主持人更要有"概念"意识。

首先,在日常的生活、学习中要注重对概念内涵的准确清晰的把握,学习一定的逻辑学基础知识,形成一种清晰化、准确化的认知习惯,保持对语言文字使用的

① 杨玉芳.心理语言学[M].北京:科学出版社,2015:157.

严谨态度。

其次，主持人平时对常见的内涵相近、有交叉、容易混淆的概念要有学习和积累的习惯，才能够较为准确地把握这一类概念。

最后，主持人对不断发展变化的语言环境，对出现的新的概念，要有正确的认知和分析，要敏锐发现和谨慎使用。

（二）命题

随着人类理性认知的发展，对事物的多种属性、存在状态以及概念和概念之间、属性和属性之间关系的认识的不断深化和细化，要求人们在逻辑思维层形成与之对应的表述结构：命题。

命题一般由三个部分构成：主词、联词和谓词。例如：

高考并非唯一的成才之路。

“高考”是主词，“并非”是联词，“唯一的成才之路”是谓词。命题体现了表达主体对表述对象的一方面或多方面情况（如状态、属性等）的判断，同时也揭示了不同概念之间的关系。再如：

握手是人类文明发展到一定阶段的产物。

这个命题中，对“握手”这个概念做了判断：是人类的文明进程达到某个水平后出现的行为。其中，揭示了“握手”行为和“人类文明”两个概念之间的内在关系，体现了我们对“握手”这个行为的性质的认知。

命题在实际表述中，一般以陈述语句出现，对客观世界作出判断。作为构成人类理性认知体系的重要元素，命题是编织人类认知体系立体网络的“千丝万缕”。命题有真假之分，符合客观实际的是真命题，不符合客观实际的是假命题。

从逻辑思维层面看，一个人掌握的真命题越多、形式越多样、涉及面越广、命题的范围层级越丰富，其对世界的认知程度相对来说就会越高，其表达世界、传播世界的能力也就越强。从语言传播角度看，命题首先体现了传播者对其表述对象的理性认知程度，反映了传播者对客观现实的认知状态。其次，外化为语言的命题，反映出表达者对语言中词汇、语法、句法等的驾驭程度，词汇积累越丰富、语法句法运用越熟练的人，可以用不同的表现形式来传递同一个命题内容。

（三）推理

推理是建立在对概念、命题熟练掌握基础上的逻辑思维活动，是人类发现未知世界的重要思维工具。人类文明历程中无数重要的科学发现、科技发明和技术突破，都依赖于严密的逻辑推理和逻辑论证。如果说“命题”是人们对客观世界的直接逻辑思维反应，那么“推理”则是人类思维活动突破现实时空局限、创造性运用规律反映客观世界和深入发掘客观规律的表现。推理是从已知的“前提”，推论出“结论”的思维过程。其借助已知的命题，遵循一定的推理规律、推导规则，得出结论。

常见的推理方式有演绎推理、归纳推理、类比推理以及综合性逻辑推理如因果推理等。

1. 演绎推理

(1)演绎推理的概念

演绎推理是一种从普遍性命题推出特殊性命题的思维过程。其形式基本以“三段论”为主：推理由一个大前提、一个小前提和一个结论组成。“三段论”也可以理解为是两个根据、一个结论的推理方式。如：

例一：

大前提——学校为在校的所有学生提供免费避暑药物。

小前提——李东是在校学生。

结　论——因此，学校为李东提供了免费避暑药物。

例二：

大前提——世间万物都是和周围事物有普遍联系的。

小前提——这棵树是世间万物之一。

结　论——可见，这棵树和周围事物是有普遍联系的。

例三：

大前提——本次考试没有人及格。

小前提——刘涛参加了此次考试。

结　论——因而，刘涛也没有及格。

从上述三个例子不难看出，“大前提”一般描述的都是普遍性的内容，是“面”上的情况表述，是一种规律，或是一个整体情况等，而“小前提”则是个体的、个别的、具体的情况描述。当小前提表述的情况可以被大前提所包含、确证的时候，就可以得出相应的结论。

(2)演绎推理常见谬误

当逻辑正确时，直言三段论是一种比较严密，结论真实度、可靠度高的推理思维。但是当推理过程违反了逻辑规则，就会出现推理错误。常见的有以下几类：

①中项不周延

“中项”指的是在大前提和小前提中都出现的一个概念，将大项和小项中另外两个不同概念连接起来，进而推导出结论。中项不会在结论中出现，但是在论证推理中，却起着关键的“联系”作用。例如：

所有快递公司都是为寄件人提供服务的。

顺丰公司是一家快递公司。

因此，顺丰公司是为寄件人提供服务的。

“快递公司”这个概念在大前提和小前提中都出现了，将“顺丰公司”和“为寄件人提供服务”这两项连接起来，完成推理。

“周延”是逻辑学术语，指的是一个概念被完全断定或完全覆盖，这个概念所涉及的所有成员、全部外延都被断定了。一般用“所有”“全部”“没有”“不是”“都”等限定词来对中项进行“周延”断定。如果中项没有被这样断定，仅仅是一部分、绝大部分外延被断定，这个三段论推理就会出现谬误。同样是上述例子，如果换成“大部分快递公司”，那么结论就会不准确，这就叫“中项不周延”，例如：

例一：

绝大部分哺乳动物都是胎生的。

鸭嘴兽是哺乳动物。

因而，鸭嘴兽也是胎生的。

例二：

改革开放以后出生的人大多没有受穷受苦的经历，不怎么能体会到节约的意义。

张晓刚是改革开放后出生的人。

所以，张晓刚是不能体会到节约的意义的。

②大项不当周延

“大项”是在三段论推理中，出现在大前提和结论中的一个概念，通过中项与小前提中的“小项”联系起来。例如：

自然灾害的威胁是难以避免的。

洪水是一种自然灾害。

因此，洪水的威胁是难以避免的。

其中，“难以避免”是大项，出现在大前提中，通过“自然灾害”这个中项，与“洪水”这个小项联系起来。

在一个推理中，大项如果在前提中没有被全部定义，而在结论中被全部定义了，就出现了大项不周延的逻辑错误。例如：

戴着红色袖套的都是逃难者。

街对面那个老人没有戴红色袖套。

因此,街对面那个老人也一定不是逃难者。

作为大项的"逃难者",在大前提中没有被全部定义——我们只知道逃难者中,有一部分是戴红袖套的,但不知道这是不是逃难者的全部,而结论却将"逃难者"周延了。如果这个推理在大项中被全部定义了,结论中就可以周延:

逃难者都戴着红色的袖套。

街对面那个老人没有戴红色袖套。

因此,街对面那个老人也一定不是逃难者。

此时,结论就是成立的,是真命题。

再举一个大项不当周延的例子:

所有的基督徒都是有神论者。

没有一个佛教徒是基督徒。

因此,佛教徒不是有神论者。

③小项不当周延

"小项"是在三段论推理中出现在小前提中的概念。如果在前提中,小项没有周延,那么在结论中小项也不能周延。例如:

考试通过的同学就可以获得夏令营的入营资格。

只有勤奋学习才能通过考试。

所以,勤奋学习就可以进入夏令营。

此处的"勤奋学习"即为小项。在小前提中,勤奋学习并没有被完全定义——勤奋学习只是必要条件,而非充分条件。而结论中,小项被周延,因而结论出现了谬误。

中项不周延、大项和小项不当周延——总的规则就是:前后概念的界定、范围的限定不一致。这一系列的逻辑问题,解决的是思维的一致性、概念和命题的一致性的问题,是对集合数量、范围的清晰表述和准确把握。这也是后面将要讲到的逻辑学重要的定律之一:同一律。

(3)假言三段论和选言三段论

①假言三段论

在演绎推理中,有直言三段论、假言三段论和选言三段论。上述提到的三个例子都是直言三段论,在命题表述时,不存在假设的情况,是陈述式的语句,其所描绘的情况都是确定的。思维形式中还有一种很重要的形式:假言。例如我们经常表达的“如果……那么……”“假如……就……”等语言形式。这种思维形式放在演绎推理的三段论中，形成了假言三段论。当大前提和小前提都是假言模式时，为纯粹假言三段论；当小前提是陈述语句时，则为混合假言三段论。

例如纯粹假言三段论：

如果英国公投“脱欧”成功，那么A股市场就会受到冲击。

假如A股受到冲击，刘东的股票就会跌，造成经济损失。

因此，如果英国“脱欧”成功，就会给刘东造成经济损失。

例如混合假言三段论：

假如气温大幅度下降，地里的庄稼就会面临危险。

气温大幅度下降了。

因此，地里庄稼面临着危险。

假言三段论主要运用在对“未来”事实、现象等的推论中，对未发生的结果的推测。但是，由于结果绝大多数情况下都是多种因素综合作用的结果，而假言三段论中一般只考察到一方面因素和结果的逻辑链条。因此在做这方面未知情况的推理时要注意一般规律和特殊情况，在表述时注意用词尺度和限定性词语的合理使用。

②选言三段论

选言三段论是一种“非此即彼”、二者选一的思维模式。在大命题中出现两种情况，这两种情况相互没有任何交集，小前提则确定或否定其中一种情况，进而得出结论。

例一：

要么他是经过乔装打扮的中情局工作人员，要么只是一个普通商贩。

他是一个普通商贩。

因此，他不是中情局工作人员。

例二：

今天筹备组组长的选举结果只可能是李军或者王伟。

王伟落选。

因此，李军当选了。

选言三段论使用时注重对实际表述对象的分析，“非此即彼”的情况并不能涵盖所有社会生活和自然界事物、现象。在“你中有我、我中有你”的情况下，就不适合使用选言三段论。

2. 归纳推理

(1)归纳推理的概念

归纳推理是从具体的、个别现象，推论出一般规律、普遍共性的思维过程。这种思维方式跟演绎推理恰好相反，是在观察、分析一定数量的个案的情况下，总结其共性进而推出一般性结论。著名的“狼来了”的故事，就是一个典型的归纳推理的思维过程：那些前两次被说谎的小孩子骗了的山民，再次听到小孩的呼救时，认为他肯定是说谎。山民的思维过程为：由过去每次小孩呼救都是说谎的这个具体现象，推论出小孩呼救就是说谎的一般规律。因此，当再次听到小孩呼救时，归纳推理得出的“小孩呼救就是说谎”结论，指导了山民作出判断并选择行动——不去营救。生活中我们每天都要用到大量归纳推理，但在我们大脑中极少有清晰完整的推理过程。例如，一个经常因为睡懒觉迟到的学生，被老师归纳为“他迟到就是睡懒觉造成的”这个一般性结论。当这个学生再次迟到时，老师会认定他又睡懒觉了——即便这次他是病了或有其他原因。

(2)归纳推理的分类

归纳推理一般分为完全归纳和不完全归纳(简单枚举)。完全归纳是将所有的具体案例全部归纳，从而得出推论的推理过程，由于完全归纳推理是对所有具体情况的考察，因此得出的结论是确定的，不存在概率性。在实际生活中，我们的思维过程、表达过程中用到的归纳推理基本都属于不完全归纳(简单枚举)。这种推理，仅仅根据某一类对象中部分事物的属性判断，推论全部对象都具备此类属性。例如，当我们发现年初下雨时，这个路口被淹了，而上个月下雨这个路口又有积水，我们就会得出结论：这个路口只要下雨就会被淹。因而下一次遇到雨天，你可能就绕道走了。不完全归纳推理广泛运用于科学研究中，尤其是对科学研究的假说提出阶段尤为重要，例如医学研究中，科学家发现了一种提取自植物中的活性成分对几种肿瘤细胞的分裂复制有良好的抑制作用，在不完全归纳推理的思维下，会认为这种活性成分具有抗癌作用——对所有种类癌细胞的分裂复制都有良好的抑制作用(假说)。形成了这种假说后，进一步进行大量的科学实验，将目前已经发现的癌细胞用于活性成分的抗癌实验，没有发现一个反例，因此得出“此活性成分可以用于肿瘤、癌症患者的治疗康复”。由于癌细胞种类我们尚不能完全探索出，因此这个结论的得出实质上也是不完全归纳推理的过程。

归纳推理的思维模式为我们生活、工作、学习、研究提供了方法和途径，没有这样的思维模式，我们几乎不能生活：气象部门通过归纳推理的方式，预测天气变化；

我们根据以往的经历判断出行道路的畅通和安全与否；经济学家通过对以往各种具体经济现象的归纳总结，得出种种经济学规律，帮助国家决策和指导民众经济行为。现代科学思维模式中，归纳思维是极为重要的核心之一，科学家通过观察大量的实际案例、具体现象后，归纳这些现象中的共同规律和一般性质，进而提出一种假说性结论，之后通过实验论证这种假说的可靠性，最后得出科学的结论。

同时要看到除了“完全归纳”外，归纳推理都是从以往发生的、现存的高概率现象中推出结论，本身是有概率性的。因而，归纳推理本身是一种不绝对确定性推理。当我们把归纳推理绝对化的时候，就会犯“绝对化归纳”的推理谬误。

归纳推理的非绝对性、非静止性也解释了为何随着时间的推移，以往的一些科学定论会被一些新的发现修正甚至完全推翻，或是由于人类认知水平的提升发现了以往未曾发现的现象，抑或是由于以往未曾出现的一些具体现象，改变了人们对一些规律的认知。但是只要认识到了这种非绝对性、不确定性，这种思维模式就是可靠的。在哲学上我们称之为“相对真理”——任何一个科学定论都不是绝对的、一成不变的，只是在相对的一个时空中，可以成为人类思考和行为的指导；随着认知的进步，一些定论会发生变化或被修正。这其实就是方法论的逻辑根源。

3. 类比推理

类比推理是一种建立在两种事物相似性基础上的思维模式，这种推理的基础是两种事物在内容、性质、内在结构等方面存在相似性。类比推理的思维模式在生活、工作、学习等领域非常普遍，很多时候我们并未意识到正在使用这种思维模式。生活中经常用于励志的一句话是“他也是人，你也是人。他可以做到，你同样可以做到！”此处的“他”和“你”之间，在“人”这个概念上的相似性极高——同样是人，因而产生这样的推理。在《思维》一书中，有这样一句话：“并且，也许其中最大的障碍是：我们试图使用我们的大脑来理解我们的大脑。这就像一把钳子试图夹住自己一样。”①这里用类比推理的逻辑过程，告诉读者：我们对思维、心理学的研究，其实是一项几乎不可能的事情，目前的相关研究始终面临着一个无法逾越的鸿沟——人类大脑不可分割的主客体关系带来的心理学、思维学研究限制。

类比推理的可靠性和可信度的高低取决于两个事物间的相似程度和同质化程度的高低。当两种事物的同质化、相似度不高时，类比推理结论就可能出现错误，这就是“弱类比推理”（也叫不当类比、牵强类比）。网络上曾流传这样一则笑话：

一对夫妻离婚争孩子，老婆理直气壮地说：“孩子从我肚子里出来的，当然归

---

① 卡比，古德帕斯特.思维[M].韩广忠，译.北京：中国人民大学出版社，2013：2.

我！”老公说：“笑话！简直是胡说八道。取款机里取出来的钱能归取款机吗？”妻子顿时无言以对。

老公这个推理乍听似有些道理，但一经分析可知，其逻辑错误就在于使用了弱类比。母亲和孩子的关系，当然不能与取款机和钱款的关系相比，两者在属性、原理、机制等诸多方面没有丝毫相似或相通之处。弱类比推理的两个事物，往往在个别方面显得相似、相近，很容易让人产生“还算合理”的假象。学者徐贲关于弱类比推理有一段较为精彩的表述：

类比并没有正确与错误之分，只是相比之物间的类似关系有远有近而已。一般来说，关系近的就会显得比较合理，而关系远的则会显得牵强附会，因而暴露出谬误来。没有绝对正确或绝对谬误的类比，一方面，无论关系多远，没有两件事物的类比是完全不可能的；另一方面，无论关系多近，类比的两件事物都不可能合二为一。①

4. 因果推理（论证）

因果思维过程是多种逻辑推理方法的综合运用，在实际生活中我们不只用一种思维模式来解决实际问题。事物的原因是多样的，结果也是多样的，绝对的一因一果实际上是不存在的。“我们的世界并不同于以线性方式串联起来的多米诺骨牌，一起事件只能引起另一起事件，也就是说，每起事件都不是由唯一的另一起事件所导致的。”②因此，在因果推理中要把握住主要和次要、内在和外在、必要和充分、偶然和必然、根本和触发等因果类别。

因果推理中有一种典型的逻辑谬误：因果倒置。原因是引起结果的要素、动力、根据和条件，而结果则是原因产生的结果、后果。两者在逻辑上不能颠倒。

为“养情人”致“贪腐”是因果倒置

“我对自己犯下的罪行认罪伏法，对检察机关的指控全部认罪，感谢检察机关对我的教育和挽救！”2015年8月19日，江苏省淮安市中级法院公开开庭审理南京市溧水区原区委书记姜明重婚、受贿案。姜明还称，其之所以贪腐是因为要养“外面的家”经济压力很大。

虽然，姜明养“外面的家”并非光彩之事，更不是贪腐的正当理由，但是总归为其贪腐找到了“借口”，是因为女人才让其在仕途中慢慢走偏，逐渐沦陷。如果用此

---

① 类比是一种怎样的“说理”[EB/OL].(2013-12-20)[2016-08-15].http://www.infzm.com/content/96844.

② 平克.思想本质[M].张旭红，梅德明，译.杭州：浙江人民出版社，2015：252.

来解释其的贪腐之路，笔者认为是避重就轻。

姜明包养情人看似作风问题，实则可以“以小见大”。一方面，一个人的某一行为定是其脑子所思、心里所想、再做出的行动，并且一个人的身心是一个整体，其所有的行为可以看成有机统一体，那么其出现作风问题，一定是“心已坏”，所以必定会出现贪腐问题，即便是二者不在同一时间出现，因为“坏心眼”肯定“干不出好事”。

另一方面，其自身也应该明白，包养情人的花费是巨大的，并且还想“家妻”与“情人”兼得，那金钱的压力更是巨大，但是其却义无反顾地和情人在一起，说明其早就为自己找好了“后路”，也就是早就谋划过“财源滚滚”的方法，只是可能尚存一丝对法纪的敬畏，到万不得已才出手而已。

所以，如果用女人来解释姜明误入歧途，是因果倒置，是忽略了其贪腐的本源。其实所有落马官员，无论他们编出多少贪腐理由，比如为了回馈家庭，为了年迈的父母，为了幼年的子女，为了平衡已失衡的内心等等，归根结底还是没有守住内心的底线，如果底线失守，贪腐之事也是顺理成章的。

试想一下，如果官员信念如金，有着正确的价值观和人生目标，怎么会将“权钱”之事“看在眼里，放在心里”？对于父母、子女、妻子最好的回报是陪伴，对于心理失衡，最好的解决办法是从人民群众的认可与满意度“扳回一局”。但是姜明及一些贪腐官员却没有这样做，因为他们打心里没有想过，或者想过却不愿意这样做。所以，“治腐”“防腐”的解决办法还在于官员“严于律己、严以修身、严以用权”。①

三、逻辑规律和常见逻辑错误

（一）逻辑规律

逻辑的基本规律有同一律、矛盾律和排中律三种。

1. 同一律

同一律，顾名思义，是在思维和表达的过程中，前后内容中的概念、命题要一致，推理过程要保持前后的一致性。如果违背了同一律法则，就会出现“偷换概念”“混淆概念”“转移论题”和“偷换论题”的逻辑问题。例如，“台独”势力就经常用“远亲近邻”“邻里关系”等概念来替代“分裂祖国”“台湾独立”，混淆视听。

① 为“养情人”致“贪腐”是因果倒置[EB/OL].(2016-01-05)[2016-08-23].http://opinion.newssc.org/system/20160105/000636521.html.

2. 矛盾律

矛盾律，是指相互对立的命题中必有其一是真命题。例如：“张三是一个清清白白的、无罪的人”和“张三是曾经有过一些劣迹的人”这两个命题之间，必有其一是真命题，另外一个则是伪命题。要注意，逻辑中矛盾律所指的“矛盾”不同于辩证法中的“矛盾”。辩证法中的矛盾是指事物的两面性对立统一于一个整体，两面性的矛盾运动推动了事物的发展变化。

违反了矛盾律就会犯“自相矛盾”的逻辑错误，这是一种在表述中，概念和概念之间、命题和命题之间相互冲突、对立的情况。例如：

我从没有过问此事，只是前段时间侧面打听了一下。

这菜我根本没吃，就是尝了一点。

其实我们并不是拒绝您的申请，只是觉得您目前的申请理由尚不具备，希望您下次再考虑。

上述表达中前后表述的概念表象不同，但实质是一样的，前后出现了矛盾的说法。

3. 排中律

排中律是“二选一”的思维规律，即相互矛盾的、对立的事物之间没有第三种情况。例如，“在今天，主张婚姻父母包办、媒妁之言的思想是进步的，还是退步的”。回答要么进步，要么退步。不可能说既是进步的也是退步的，或者两者都不是。这就犯了排中律。当然，如果现实生活中确实存在两种以上情况的，则不适用于排中律，例如，“我既不支持也不反对此事，保持中间态度”。

（二）其他常见逻辑错误

1. 混淆概念和偷换概念

“混淆概念”是指在概念的使用中，将实际表述相近但内涵意义不同的两个概念视作同样的意义。例如，医学上的“抑菌”和“杀菌”是两个不同的概念，“抑菌”只是抑制细菌扩展以及繁殖，并没有彻底杀死细菌的效果；“杀菌”则是深入细菌原殖地彻底铲除细菌，并能发挥一定免疫作用，不易再次复发。如果在医学类节目中，主持人混淆了这两个词，就会贻笑大方，甚至误导观众。另一种情况是将两个或多个内涵意义相近、相似的概念混为一谈，例如“表演者”和“演员”，这两个概念有相似之处，但“演员”的概念较之于“表演者”更为正式、职业化和专业化。在一些特定的语境下，两者不能互换。

"偷换概念"是另一种逻辑错误，也是混淆概念的一种表现，是在表述中利用看似相同的概念替换了原来的概念，使内涵意义或者外延发生了变化，从而导致概念所指的实际内容、概念的适用范围等发生改变。来看几个偷换概念的例子：

我真羡慕隔壁刘姐她老公，在大学工作，谁不知道大学教师的待遇好，工作还很自由。

你再也不能喝酒了，报纸上都说了，酗酒会损坏身体，严重的还要命！

这个县的治安环境很好，已经五年没有凶杀案和盗窃案了。

你这样说就不对了，我并没有偷你的东西，只是借用一下，你不能因为我没告诉你就说我是偷窃啊！

这个屋子采光不错，白天不用开灯也能看得见。

这些例句里，偷换概念是比较明显的：在大学工作不等于大学教师；喝酒不等于酗酒；没有凶杀和盗窃不等于社会治安好；借和偷有明确的界限，不能混淆；不开灯能看见不等于采光好。

生活中，偷换概念的现象也不少，例如，2014 年天津某大学的一个研究团队抛出所谓"方便面比包子还营养"的论调，就是典型的偷换概念。用"三大营养素"偷换了"人体必需营养要素"概念，仅仅从脂肪、蛋白质和碳水化合物的指标比较，得出方便面是营养充足的健康食品，甚至超过了包子。再如，不少商家打出"买一赠一"的促销策略也是利用了偷换概念的方法，前后两个"一"的概念意义大不相同，前者是买的一件商品，后者是一件别的物品（价值往往远远低于所购买的商品）。

2. 同语反复和循环定义

同语反复是指在命题中，概念的表述内容直接包含了被定义的概念本身，同一概念词语反复出现在定义项和被定义项。例如：

宏伟是指宏伟壮丽的景象。

大众传播，就是面向大众进行传播的行为。

同语反复的逻辑错误延伸出的逻辑谬误就是循环定义：用 A 定义 B，又用 B 来定义 A，或者更多的反复项，如：用 A 定义 B，用 B 定义 C，用 C 又定义 A 等。例如：

新闻，是新近发生的事实的报道。报道，就是对新闻事实的传播行为。

气血不足是中医对人身体运行状态失常的一种症状表述，指的是气虚、血虚、气血亏损。中医所谓的"虚"，也就是不足的意思，气虚血虚就会形成气血不足的症状。

同语反复、循环定义使表述看似对概念、定义做了解释、阐述，但实际上并没有真正说清楚。

3. 不当并列

不当并列是对事物之间从属、并列、交叉、对立等关系的认知不明、混用。在列举、分类时，标准混乱。例如，我们以年龄层次为标准的话，可以将人群分为婴儿、幼儿、儿童、少年、青年、中年和老年。在这个并列中，若加入了父辈、祖辈，则是将辈分的标准混入了年龄层标准。青年、中年和老年都可以称父辈，父辈不是一个绝对的年龄层，而是相对的辈分关系称呼。

不当并列是一种较常见的逻辑谬误，其受制于表述者对事物的认知程度。当人们对事物认知不清时，很难察觉这种逻辑谬误。反之，符合逻辑的概念并列，显示了表达者对一个事物性质、种属关系等的全面、深刻、准确的认知，来看下面这个例子：

“原生态唱法”：带着争议，黯然退场[①]（节选）

停办一届的CCTV青年歌手电视大奖赛(以下简称“青歌赛”)，正在紧锣密鼓地进行半决赛，即将“重燃战火”。日前，组委会公布了第15届青歌赛新规则，取消了原生态组和合唱组，保留了美声组、民族组、流行组。这一举动，让“变脸”后的青歌赛还没正式登场，就引发了诸多关注。

……

2006年，第12届青歌赛首次增设“原生态唱法”，把原生态从民族唱法中单列出来。此举在当时一度引发争议。支持者认为，这样做既能为民族民间文化提供一个展示平台，又能让来自大山、村寨里的歌手出人头地。不过，也有人提出，原生态唱法是没有办法放在一起比赛的，因为没有统一的标准。

歌唱家李谷一就曾表达对“原生态唱法”这个概念的看法：“最初我们界定的原生态唱法，是未经学校学习的、原始的唱法，但现在很多来比赛的‘原生态’歌手，都是经过包装的。那么，这个名字还成立吗？”

此番争议持续了整整7年。如今，“原生态”要离开青歌赛的舞台了，各界声音还是不绝于耳，真是带着热议登台亮相，又带着热议黯然退场。

组委会：并不是彻底屏蔽“原生态”领域。

---

① “原生态唱法”：带着争议，黯然退场[EB/OL].(2013-03-22)[2016-08-22]. http://music.chnart.com/index.php?m=content&c=index&a=show&catid=48&id=7906.

对于今年青歌赛取消原生态唱法的原因，青歌赛的总导演秦新民做出了解释。他认为，首先，原生态民歌资源是不可再生的，相对有限。从增设“原生态唱法”到现在的几届青歌赛，选手对原生态民歌的各种形态都已经展示得差不多了。此外，各种非遗展演以及央视音乐频道、《星光大道》节目等，都是展示原生态音乐很好的平台。因此，青歌赛在这方面的作用可以弱化了。

……

今年取消“原生态唱法”，并不是彻底屏蔽了这个领域。秦新民表示：“取消原生态组并非是排斥‘原生态唱法’选手，因为就唱法分类而言，民族唱法本身就包括原生态唱法的内容，因此，民族唱法组的比赛设了相应的环节，要求选手掌握所代表省份的民间歌曲并演唱。”

4. 转移论题

转移论题的逻辑错误和偷换概念在原理上有相似之处，都是避开原有的关注内容，将话题转移到另外的方面。转移论题是指在思维过程中用另一个相近、相似但不相同的论题替换了原有的论题。来看这样一个报道：①

浙江某造纸企业位于春江街道裕丰村。企业因涉嫌不正常使用水污染处理设施，拟被处罚款 100 万元，是历年来富阳罚款额度最高的企业。

今年 61 岁的陈××经营这家企业已经有 9 年。2006 年，他的企业建好了污泥回用设施，而且污泥的利用率较高。

“这次违法行为如果查实，我也心甘情愿受到处罚，毕竟环保是大问题，关系到子孙后代的幸福。”陈××说。

陈××说，无论结果怎么样，对企业来说，都是一个深刻的教训。作为一家造纸企业，不仅要讲经济效益，更要注重社会效益，这样才能促进企业的可持续发展。“按照全市要求，至 2015 年，我的造纸企业也将面临着整治提升，但只要造纸企业生存一天，就要做好一天的环保工作，避免对环境造成破坏。”

从当事人的回答看，似乎已回应了记者的采访并做了积极正面的表态，但深究下去可以发现其出现了转移论题的逻辑问题。从新闻报道来看，被采访人回答的重点应该是回应其具体的违法排放行为及产生原因，并提出具体整改措施。但当事人的回答避开了这些实质性问题，谈论的是空泛的环保意义、概念模糊的整改措施。因为，众所周知的环保意义和一家企业环保具体措施缺漏、经济和社会效益同

---

① 3 家污染企业接受采访 造纸企业生存一天 就要做好一天环保[EB/OL].(2013-08-21)[2016-08-22]. http://fynews.com.cn/html/2013/08/21/082824843.htm.

时注重的企业大原则和一家造纸企业具体整改计划、落实步骤，并不是同一个论题。

四、主持人逻辑思维

主持人的语言活动是围绕两条主线展开的：节目驾驭和信息传播。这两条主线决定了主持人的角色特点：节目的驾驭者和媒体传播者。这两个角色特点决定了主持人的语言主要是工具性的。工具性的核心是达到传播目的和播出预期，这就要求主持人必须有较强的逻辑性，尤其是在新闻类节目中，主持人的语言更是需要逻辑严密、条理清晰。

主持人需要形成逻辑思维的基本意识，在表达中体现逻辑性和思辨性。主持人应该从传统形式逻辑入手，建立“概念”“命题”和“推理”的意识，从逻辑思维角度观察并分析日常语言活动和大众传媒的语言现象，形成逻辑分析和思维习惯。在此基础上，增强思维的条理性、逻辑性，进而形成逻辑清晰、条理分明、具有逻辑力量的语言表达能力。

第二节　案例分析

语言中的逻辑性体现为用语上选择了准确的、清晰的概念，对所提及、描述的对象界定清晰、命题准确，在叙述事物、理性推导时，尊重事物发展变化的规律，在论证、说明一个道理、一种现象、一件事物时，前后概念一致，推理合规。因此，一篇逻辑严密的文章、一次逻辑性强的谈话、一段逻辑关系紧密的演讲有着很强的说服力，让读者、听众甚至反对者难以反驳。古今中外，在政治、经济、文化等各个领域都出现过语言表达逻辑性、说服力强的名家。

开国领袖毛泽东同志留下的诸多著作、演讲都体现出较强的逻辑能力，在此摘录其《论持久战》的“驳亡国论”中的一段作简要分析：

（一三）亡国论者看到敌我强弱对比一个因素，从前就说“抗战必亡”，现在又说“再战必亡”。如果我们仅仅说，敌人虽强，但是小国，中国虽弱，但是大国，是不足以折服他们的。他们可以搬出元朝灭宋、清朝灭明的历史证据，证明小而强的国家能够灭亡大而弱的国家，而且是落后的灭亡进步的。如果我们说，这是古代，不足为据，他们又可以搬出英灭印度的事实，证明小而强的资本主义国家能够灭亡大而弱的落后国家。所以还须提出其他的根据，才能把一切亡国论者的口封住，使他们心服，而使一切从事宣传工作的人们得到充足的论据去说服还不明白和还不坚定的人们，巩固其抗战的信心。

……

（十五）我们的战争不是任何别的战争，乃是中日两国在二十世纪三十年代进行的战争。在我们的敌人方面，首先，它是快要死亡的帝国主义，它已处于退步时代，不但和英灭印度时期英国还处于资本主义的进步时代不相同，就是和二十年前第一次世界大战时的日本也不相同。此次战争发动于世界帝国主义首先是法西斯国家大崩溃的前夜，敌人也正是为了这一点才举行这个带最后挣扎性的冒险战争。所以，战争的结果，灭亡的不会是中国而是日本帝国主义的统治集团，这是无可逃避的必然性。再则，当日本举行战争的时候，正是世界各国或者已经遭遇战争或者快要遭遇战争的时候，大家都正在或准备着为反抗野蛮侵略而战，中国这个国家又是同世界多数国家和多数人民利害相关的，这就是日本已经引起并还要加深地引起世界多数国家和多数人民的反对的根源。

（十六）中国方面呢？它已经不能和别的任何历史时期相比较。半殖民地和半封建社会是它的特点，所以被称为弱国。但是在同时，它又处于历史上进步的时代，这就是足以战胜日本的主要根据。所谓抗日战争是进步的，不是说普通一般的进步，不是说阿比西尼亚抗意战争的那种进步，也不是说太平天国或辛亥革命的那种进步，而是说今天中国的进步。今天中国的进步在什么地方呢？在于它已经不是完全的封建国家，已经有了资本主义，有了资产阶级和无产阶级，有了已经觉悟或正在觉悟的广大人民，有了共产党，有了政治上进步的军队即共产党领导的中国红军，有了数十年革命的传统经验，特别是中国共产党成立以来的十七年的经验。这些经验，教育了中国的人民，教育了中国的政党，今天恰好作了团结抗日的基础。如果说，在俄国，没有一九〇五年的经验就不会有一九一七年的胜利；那末，我们也可以说，如果没有十七年以来的经验，也将不会有抗日的胜利。这是国内的条件。

可以看到，毛泽东在一开始就利用持亡国论者用到的归纳推理、类比推理的方法来证实自己观点的可能性，这样的表述展示出其语言的逻辑力量。接下来的一段话中，开头便对当时正在进行的抗日战争做了概念清晰、描述科学的界定，提出了“我们的战争不是任何别的战争，乃是中日两国在二十世纪三十年代进行的战争”的命题。这一个命题明确了此次战争的特殊性，并在其后详细论述了这个概念的特殊内涵：这个特殊的时代背景，直接决定了日本国家的性质、国际形势和中国的性质等。在具体的论述中，恰当的概念、清晰准确的命题、严密的推理都使得演讲透出强大的说服力。例如对“二十世纪三十年的日本”这个概念的特殊内涵的揭示:“它是快要死亡的帝国主义,它已处于退步时代,不但和英灭印度时期英国还处于资本主义的进步时代不相同,就是和二十年前第一次世界大战时的日本也不相同。”并对“二十世纪三十年的中国”这个概念内涵进行了阐述:“今天中国的进步在什么地方呢?在于它已经不是完全的封建国家,已经有了资本主义,有了资产阶级和无产阶级,有了已经觉悟或正在觉悟的广大人民,有了共产党,有了政治上进步的军队即共产党领导的中国红军,有了数十年革命的传统经验,特别是中国共产党成立以来的十七年的经验。”这使得听众明白:虽然国家名字未变,概念的内涵已经随着时间变化而发生了巨大的变化,进而不能用以往的案例来做今天结论的根据。这种对同一概念不同内涵的逻辑表述也体现在其对“进步”这个概念的内涵分析上。

上述案例是相对独立的一段文字的内在逻辑。在访谈类节目和新闻采访中,记者、主持人的思维逻辑链条很多时候是隐性的、不易察觉的,但能推动主持人和嘉宾的沟通以达到节目的预期目的。崔永元曾在《小崔会客》节目《专访重庆市常务副市长黄奇帆》一集中,现场邀请了王姓农民工父子俩。在经济不景气时期,重庆整体就业状况不佳,主持人和常务副市长就区域经济整体情况、就业等问题展开访谈,此时请上农民工父子的目的就是从一个“点”来看问题,之后和这两位嘉宾的谈话就很重要,主持人既要对访谈的内容、话题有所掌控,起到推进节目、反映实际问题的目的,又要显得自然、轻松和有趣。来看崔永元和其中农民工儿子的一段对话实录,这段对话前,父亲介绍了他们目前的打工情况:从广州回到重庆找不到工作,一家四口都待业在家。之后,崔永元把话题转向儿子王端海:

崔永元(以下简称崔):王先生让儿子说两句行吗?要不然他像雕塑似的。(观众笑声,气氛活跃起来)你找了什么工作了?(对王端海)

王端海(以下简称王):我现在就想创业而已。

崔:你是因为没找到工作才想创业的?

王:不是。

崔:我摸你的底啊。(现场出现笑声)

王:我想找个工作,但找工作现在不实际。

崔:不是那么容易的啊。

王:对,因为受到金融危机影响,不是很理想。

崔:你想创什么业?

王:我现在就想在北京做餐饮业。

崔:你最大的困难是什么?

王：最大的困难就是资金问题。

崔：哦……倒是问题不太大(观众笑声)，你是一点儿资金都没有，是吗？

王：我自己有点儿，但是不够。

崔：有多少？

王：至少有三万多块吧。

崔：有三万多块……是要自己做一个独门独院的餐馆，是么？

王：也不能那样讲，也许还得看自己实力有多大。

崔：你试着找了吗？在北京市场找了吗？

王：我曾经来过北京。

崔：你手艺怎么样？

王：学习过。

崔：学过多长时间？

王：大概在二十多天左右。

崔：二十多天，嗯……我还学过四十多天呢。(观众笑，鼓掌)你考察没有考察过？你肯定是要开川菜馆，对不对？

王：对！

崔：一猜就准啊(观众笑)，北京的川菜馆特别多，有名的都特别多。你怎么跟人竞争呢？(停顿一小会儿)为什么不想回到重庆去创业，到那儿去开个川菜馆？

王：因为我们那边的人在北京开餐饮业非常容易，因为每个在这边开餐饮业的都赚到钱了。

崔：得了吧，赚到钱的回家跟你说，没赚钱的都不好意思回去了，是吧？(面对观众)

这一段对话看似漫不经心，甚至会让我们觉得崔永元似乎有点轻视农民工小王的意思。但其实不然，这段对话在后面黄奇帆对政府政策的解释中，起到了重要的作用，看似针对一个人，实则针对广大重庆农民工。来分析这段对话中的逻辑性表现：

崔永元在这段对话中，首先通过几个对话，对问题的起点做了命题梳理：王端海创业并非主动，而是被动的。在崔永元的思维过程中其实有一个潜在的演绎推理过程：

大前提：一般来说，迫于无奈的计划和行动，都会存在条件不足、考虑不周的问题。

小前提：王端海创业并非主动，而是被动的。

结论：因而，一般情况下王端海的创业是条件不充足、考虑不周的。

在这种潜在推论的指引下，崔永元接着询问王端海的创业意向，得到的回答是："在北京做餐饮业。"这一个动机中，"北京""餐饮业"两个概念其实内涵很丰富：北京，作为经济、政治、文化中心，在和商业相连的内涵中包含了"创业机会多、地缘优势明显、各类资源丰富、辐射力强"等，但同时也有"人力和土地成本高、行业能手多、行业饱和度高、竞争大"等重要元素；而"餐饮业"概念则包含着"有相当的技术含量、前期投入较高、行业存在相当盈利风险、行业竞争激烈"等。

当问题进行到此，又出现一个潜在的演绎推理，并且是一个选言三段论：

大前提：王端海要么准备充分、考虑周全，具备在北京做餐饮的优势，要么准备不充分、考虑欠妥，有很多在北京开店的劣势。

小前提：一般情况下王端海创业是条件不充足、考虑不周全的。

结论：因此，王端海有很多在北京开店的劣势。

正是在这样的潜在逻辑推理结论下，崔永元将接下来的问题引入逻辑链条——开店的劣势："你最大的困难是什么？"王端海的回答涉及了劣势的主要方面之一：启动资金。这是所有创业者需要面对的关键瓶颈之一。接下来的询问，依旧紧扣逻辑链条：资金既然不够，那么能力是否具备？崔永元接着问："你手艺怎么样？"对于王端海的回答，崔永元没有直接评论，而是用了一个半开玩笑的对比："我还学过四十多天呢。"既达到了点评目的，又制造了幽默气氛。然而对话并没有就此打住，紧接着出现了两个潜在逻辑推理：

第一个直言三段论：

大前提：人在做事时，都有一定的动机、原因。

小前提：王端海是人，他准备做一件事。

结论：因而，王端海做这件事背后一定有动机、原因。

第二个选言三段论：

大前提：希望在北京开店的人，要么资金雄厚、技术能力高，要么就是有别的原因。

小前提：王端海没有雄厚资金也没有过硬的技术能力，但他却想在北京开店。

结论：因此，王端海一定有别的原因，促使其想在北京开店。

上述推理，引出了崔永元的最后一个问题：是什么原因促使王端海要在北京开店，而不选择竞争和投入相对较小的家乡？接下来，王端海的回答恰好犯了一个逻辑错误：他错误使用了归纳推理，一方面只列举了单方面的具体案例——成功的例子，另一方面将归纳推理的结论绝对化、确定化。这样得出的结论显然不可靠，因而崔永元又用了半开玩笑的回应,揭示了王端海思维中的谬误:“得了吧,赚到钱的回家跟你说,没赚钱的都不好意思回去了,是吧。”

至此,这段对话之于整体节目的意义已经达到,即从一个个体的心态,反映出具有代表性、普遍性的现象:目前重庆的一部分打工者在对“创业”的思考上其实是欠妥的,有些想法是偏颇的、不成熟的。这段对话不仅给广大观众展示了一些微观经济生活中的问题,也为之后黄奇帆副市长的政府决策解读做好了铺垫。

其实,每一次成功的、效果良好的访谈、采访背后,都潜藏着丰富的逻辑思维过程,正是这种严密的逻辑推理让访谈节目变得富有魅力、使人信服和耐人寻味。或许崔永元本人在做节目时,并没有意识到自己思维过程中进行了诸项推理,但其潜意识当中是一定存在的,否则逻辑链条就会断裂,访谈的内在关系也会被打破,访谈本身就显得漫无目的或是不知所云。

第三节 练习部分

一、总体要求

(1)“概念”的内涵把握准确,具体语言选择恰当,表达正确。

(2)“命题”真实,表述流畅、简洁、清晰,限定词选择适宜。

(3)“推理”的逻辑形式正确,逻辑结构相对完整;推理中起连接作用的词语运用得当;能够熟练运用多种推理方式对问题进行说明和论述。

(4)整体表达具有形象性基础、情感基础,做到“形理并举”“形理交融”。

二、练习部分

(一)概念辨析

比较分析下列每组概念的异同。表达时注意语言简明、准确,注重对概念内涵和外延的清晰表述,以及对表达内容层次关系的处理和整体结构的把握。

训练材料参考:

两词辨析组

(1)反应、反映　(2)前途、前程　(3)嘲笑、嘲弄　(4)协调、谐调

(5)战斗、战役　(6)矫正、校正　(7)兴趣、乐趣　(8)胜利、凯旋

(9)国家、国度　(10)旅游、旅行　(11)盈利、营利　(12)权利、权力
(13)颁布、公布　(14)贡献、奉献　(15)法制、法治　(16)后悔、懊悔
(17)感触、感悟　(18)安然、安稳　(19)沉醉、陶醉　(20)开拓、开创
(21)气魄、气势　(22)消逝、消失　(23)爱戴、拥戴　(24)骚扰、搅扰

三词辨析组

(1)媒体、媒介、传媒 (2)新闻、资讯、消息 (3)歧视、偏见、成见
(4)考察、调查、考查 (5)恐怖、恐惧、恐慌 (6)讨论、探讨、商讨
(7)顽强、刚强、坚强 (8)蔑视、藐视、轻视 (9)纠纷、瓜葛、纷争
(10)掂量、衡量、估量 (11)传递、传播、传达 (12)辨别、辨认、辨析
(13)安详、慈祥、祥和 (14)编辑、编纂、编撰 (15)非常、特别、十分
(16)讲述、陈述、叙述 (17)抚养、抚育、供养 (18)甘愿、情愿、愿意
(19)霸道、蛮横、强横 (20)急躁、浮躁、暴躁 (21)徘徊、踟蹰、彷徨
(22)商量、商议、协商 (23)探索、探究、探寻 (24)温柔、温和、温顺

四词辨析组

(1)手段、伎俩、把戏、阴谋 (2)安慰、安抚、抚慰、慰问
(3)沉思、深思、寻思、神思 (4)艰苦、坚苦、艰辛、艰难
(5)伫立、矗立、屹立、耸立 (6)阻止、阻挠、阻碍、阻拦
(7)体制、机制、制度、规制 (8)贮藏、贮存、储藏、储蓄
(9)吸收、吸纳、吸取、汲取 (10)莽撞、鲁莽、粗鲁、冲动

(二)因果关系推理和表达

1. 一因多果

对一种原因可能或是现实中已经造成的结果做分析，进行相对全面的分析和总结。在分析结果时，注意题目给出的限定条件，在符合生活逻辑、情理逻辑的前提下，可以做合理推测。

(1)学校取消夜间熄灯限电。

(2)泳池的水被污染。

(3)新的地铁站开通。

(4)一个城市连续停电三天。

(5)警察在执行任务时丢失了一把手枪。

(6)大学校园多了一个“单身角”。

(7)国家取消对“网约车”的限制。

(8)就业取消“文凭”限制，改为试用一年。

(9)班长在考试时被发现作弊。

(10)某城市雾霾指数达到500，严重污染。

(11)……

2. 多因一果

对造成结果的多种原因做逻辑推理，找出各方面可能的原因，并给出合理的解释、论证。

(1)现在18岁到35岁的青年人，购物比例中，网购已经占到了60%以上。

(2)网络游戏让众多青少年荒废学业、事业。

(3)据调查，近十年来，80后离婚率逐年上升，居高不下。

(4)知名人士的一些原本是隐私的问题，受到大众心安理得的窥探。

(5)过年红包、婚礼送礼等数额相互攀比，数额越来越高，已经成为负担。

(6)相比20世纪90年代，青年人更多选择进入体制内。

(7)“北、上、广、深”四个一线城市的生活成本高、交通拥堵严重、落户难，但诸多的问题仍旧挡不住外来人口的增加。据悉，2015年北京常住人口突破2170万，常住外来人口增速明显。

(8)……

(三)因果关系接龙练习

凡事都有因必有果。一种原因其实又是另一个原因的结果，如此循环往复，构成现实世界。在这个练习中，采用课堂因果接龙的形式，练习对事物产生、发展、变化原因的分析和表达，注重使用逻辑推理对因果关系进行分析。

因果接龙练习中要注意，事物产生的原因是多种多样的，有主要次要、直接间接、本质表面、内部外部、客观主观等多种划分的依据，分析和表达时要注意用词用语准确。

每一组因果接龙以3—5人为宜。因果接龙训练题目参考：

(1)“非典”时期，多家超市的食盐被抢购一空。

(2)我国大学生报考公务员的热度持续不减。

(3)虽然有假货、仿品存在，大家依旧热衷于网购。

(4)虽然有了微信、微博、网络，但是纸质书的畅销势头仍旧没有多大影响。

(5) 网红、网络主播兴起，不少不相识的网友甚至愿意出重金给他们送礼物。

(6) ……

(四)简单逻辑推理和表达

请就下列表述做出判断，并简述理由，注意推理的缜密和用语的简练。

(1)一个小偷行窃时被发现，在逃跑中慌不择路，跳入河中。河道两岸有数百人围观，但是由于知道其是小偷，便无人救助，甚至还有人喊活该、淹死他等，最终由于无人救助，小偷溺亡，这个结局你怎么看？

(2)屠呦呦获得诺贝尔奖之后，在国内外引起强烈反响。请分析屠呦呦的获奖对国内民众的相关观念会有什么影响，为什么？

(3)上海、大连等地出现了比一般车位大的"女性停车位"，这是否为性别歧视？为什么？如果不是，你怎么评价？

(4)为什么各地各类选美比赛几乎是"女性"选美，男性极少？

(5)天灾面前，公布若干知名企业的捐款数额，对捐款少、未捐款的企业进行舆论谴责、言论声讨，这种行为是一种典型的"道德绑架"。

(6)女性傍大款的行为应该被社会舆论谴责吗？

(7)失物如手机、钱包、电脑等被捡到后，失主被要求支付一定数额的酬劳，合理吗？

(8)……

(五)命题表达

此处的命题表达，内容以理论推导为主，可以有适当的实例。表达时，充分运用逻辑的推理，强化思辨性语言特色。

(1) 我为什么参加班长竞选？

(2) 何为"优秀学生"？

(3) "象牙塔"还依旧坚固吗？

(4) "偷懒"不一定都是坏事。

(5) "少壮不努力，老大徒伤悲"是完全正确的吗？

(6) 生活的幸福取决于什么？

(7) 价廉物美的东西是否存在？

(8) 学习是一种常态，没有学习意识的人会很快退出社会发展潮流。

(9) ……

（六）案例分析和表达

（1）故事

免费啤酒

有一个旅行者经过长途跋涉，又饥又渴，步履艰难地走进了一家酒店。

“老板，请问夹肉面包多少钱一份？”

“五先令一份，先生！”

“请给我拿两份。”老板给了旅行者两份夹肉面包。

旅行者又问：“请问，黑啤酒多少钱一瓶？”

“十先令一瓶，先生！”

“现在我感到渴比饿厉害，我想用两份夹肉面包换一瓶黑啤酒可以吗？老板。”

“当然可以。”老板爽快地说。

老板收起了面包，拿来一瓶黑啤酒，旅行者一饮而尽，嘴巴一擦，然后背起背包就要离开。

老板急忙叫住他，客气地说：“先生……”

旅行者打断了老板的话，不耐烦地说：“难道非要我在这里住下？”

“不，先生，您还没有付啤酒钱呢？”

“我不是用夹肉面包换的吗？”

“可是面包钱您也没付啊，先生！”

“我没有吃你的面包，为什么要我付面包的钱啊？”

“是啊，他没有吃我的面包。”老板想，一时竟找不出对方的差错，听任旅行者扬长而去。

请分析这则故事里，旅行者和老板的对话有什么样的逻辑谬误没被发现，导致了老板听任旅行者扬长而去。做一段完整的、逻辑顺畅、表达准确清晰的口语表达。

（2）请在《福尔摩斯探案集》的“回忆录系列”“冒险史系列”“归来记”“新探案”四个部分中，任选一个故事，例如《银色马》《红发会》《三角墙山庄》等，熟悉故事经过，重点分析福尔摩斯对案件的推理过程。之后结合逻辑推理方法、规律，用自己的语言将福尔摩斯的案件分析过程叙述出来。

（3）选择一档访谈节目或脱口秀节目，截取一段对话，分析主持人的逻辑思维过程并表达出来。

（七）新闻评辩

新闻评辩训练是就具有典型意义的新闻事实、新闻现象进行评价、辩论的思维和表达训练，考察和检验对信息掌握的准确度、对事实关系把握的清晰度和对新闻相关事物间逻辑关系梳理的透彻度。通过正反方同学的评辩，达到全面、透彻、清晰地分析一则信息、一个事实、一种现象、一种观点的目的，提升理性思辨能力和语言组织表达能力。

练习方法：2—3 人一组，组成评辩组，每次评辩两组人参加。两组同学针对一条新闻事实、一种新闻现象或舆论观点，分别持支持、赞同、拥护或反对、拒绝、否定的态度，分出正负两组。每一组同学首先对新闻进行评论，然后两组就对方和我方观点开始辩论。评辩时的辩论以“自由辩论”形式为主，与一般辩论赛不同的是：

◇ 双方没有固定时间限定，不存在超时规定。

◇ 发言先后顺序不固定，可以由任何一方首先发言。

◇ 论辩不设置裁判、主席，教师在其中主要做引导、提醒和答疑工作，例如及时纠正某些学生的认知错误、对某些信息错误或遗漏做及时补充等。

◇ 评辩目的不是压倒对方、取胜，而是通过两方的论辩，达到对问题深入、透彻、全面分析的目的。因而论辩结果可能是一方说服另一方，也可能是双方都认可对方观点，同时也保留自己的观点，还可能是双方通过论辩达成新的共识，有别于之前所持观点。

◇ 在评价和辩论阶段，重点是清楚表述逻辑推理过程，注重对相关概念、命题和推理的清晰、准确表达。

材料一

深圳 6 平方米“鸽子笼”叫卖 88 万元

《深圳晚报》讯（记者 程安逸）日前，深圳现 6 平方米小户型的消息被不少媒体曝光，该消息受到诸多质疑。昨日，网络曝出深圳 6 平方米“鸽子笼”户型样板间对外开放，价格 88 万的精装级小户型号称“中国空前，深圳绝版”。《深圳晚报》记者了解到，6 平方米小户型真的存在，而且连房产证都有！

据悉，这个神奇的楼盘叫侨城尚寓，它位于南山区华侨城沙河东路与新中路交汇处，楼盘的地理位置不错，距离地铁 1 号线白石洲站不远，且周边楼盘均为豪宅。

根据之前的报道，该栋楼盘共有 168 套公寓，以 35 平方米和 45 平方米户型为主。最奇葩的是，楼盘从 6 楼到 15 楼，几乎每一层楼都有一套面积大约 6.61 平方米的极小户型。每一套的单位面积还有一定差别，比如6.61平方米、6.74平方米、6.68平方米、7.48平方米不等，最小的竟然只有5.73平方米。

针对许多网友对“6平方米房子根本不可能办理房产证”的质疑，记者了解到，售卖的6平方米小户型确有红本房产证。房产证登记信息显示：这套房子实际产权面积是6.68平方米，1998年的土地使用权证，70年产权，属于标准的限购限贷住宅类产品。该售楼处销售员解释，如今的政策是，如果一套房小于20平方米，产权登记中心有权拒绝发证。但这9套房，每一套都有红本房产证。

《深圳晚报》记者日前向深圳市规土委南山管理局证实，该项目为深圳市某资本有限公司向个人业主购买，经重新装修后再向社会销售，该房地产买卖行为属于房地产市场三级转让行为，即俗称的二手房交易，不属违规行为。

——摘自《深圳晚报》2016年9月25日08版社会新闻

训练提示：

该新闻正反方观点可以作如下划分：

正方：欢迎这样的商品房，因为其给一般收入人群圆了有房梦，缓解了购房压力，同时高效利用了土地。

反方：不该建如此商品房，一方面不适合长期居住，容易造成心理压抑性疾病；另一方面，居住密度增加会给原本就人满为患的城市带来更大的人口压力。

材料二

齐鲁网9月23日讯　前天下午3点左右，济南一辆公交上上来了一名抱着狗的乘客。但由于公交公司有规定，不能携带宠物上车，车上的司机便对男子进行制止。

据《101》报道，司机劝阻没有起作用，男子执意抱狗上车，并在座位上坐了下来。男子的这一行为引起很多乘客的不满。男子先是与其他乘客争执了几句，又返回座位上。

突然，男子做出了一个惊人的举动——他突然跪倒在地，向乘客磕了三个头。边磕头边说：对不起，它比孩子还好。但男子的这一举动并没有得到乘客的谅解，有乘客再次提出了反对，建议让男子打车。最终在乘客的反对下，男子再次下跪磕头，随后下车。

据了解，济南公交公司有明确规定：禁止乘客携带动物上车。

济南公交七公司三队负责人赵传营说，希望以后大家在乘车的时候，遵照规定，也尊重其他人的健康与安全，以后上车的时候，希望不要带着宠物上车。

——《济南一男子抱狗坐公交 遭乘客反对后向乘客下跪》，http://news.iqilu.com/shandong/yuanchuang/2016/0923/3057102.shtml

材料三

高考658分 填志愿与老爸起分歧出走

随着高考成绩的揭晓，各地考生和家长纷纷投入“高考志愿填报大战”。家住大渡口的考生小张（化名）最近就特别苦恼，虽然考出658的高分，但为了填报自己中意的学校与父亲发生分歧，最后竟然选择离家出走。好在父亲报警及时，在外流浪了一夜的小张在轻轨站被找到。昨日，《重庆时报》记者从大渡口警方了解到，仅上周就接到不少于5起类似报警。警方提醒，家长与考生填报志愿遇分歧时一定要“冷思考”，避免酿成悲剧。

考高分却起了争执

6月28日早上8点，跃进村派出所值班室来了一位中年人，一进门就大声地让民警快点帮他找孩子。说完，他一直抱怨自己干吗要这么冲动。

民警经过仔细询问才知道，中年男子姓张，儿子小张今年19岁，刚参加完高考，理科成绩658分。儿子考高分，本是让人高兴的事，但父子俩却在高考填报志愿时起了分歧。

父亲老张倾向东南大学，小张希望报考西安一所大学，谁也劝服不了谁。6月27日晚，老张带着小张到朋友家去“取经”，本来是想让小张拓宽下思路，以便选择合适的学校，但小张很是反感，也表现得非常抗拒。

回家后，意见不同的两人再次因为填报志愿的问题发生争吵，这时哈尔滨某大学招生办的老师给小张打电话，欢迎小张报考该校。小张正在气头上，直接回复“我才不去你们那傻学校”。听到小张这样回答招生老师的话，老张是彻底被激怒了，一气之下老张就直接将儿子按在床上开打。没打几下，小张就趁父亲不注意跑了。

彻夜未归 父亲求助警方寻人

刚开始老张也不觉得会出什么事，小张算是典型的乖学生，不上网不早恋，成绩还挺好，想着过会儿他肯定能回来。没想到，当日过了12点，儿子还是没回家，这下夫妻俩着急了，而儿子的手机、眼镜都放在家里，身上也没多少钱，外面还下着雨。

夫妻俩一夜没睡，把能想到的亲戚朋友和认识的家长都问了，还是没有儿子的消息。6月28日是高考填报志愿的最后一天，如果再找不到儿子，那儿子这些年的努力就都全废了。

一大早，老张就跑到派出所，希望民警能够帮助他找回儿子。民警让老张立即给孩子的班主任打电话，让班主任在班级群里发布信息，寻求帮助。9点多，妻子打来电话，说儿子已经回家了。

原来，小张在同学群里看到父亲正在寻找自己，也意识到自己有些冲动，在老师同学的劝说下，这才回到家中。

最终他如愿填报了中意的大学

事后，小张告诉民警，负气从家里出走后，身上没有带好多钱，又没有手机，只能在街上瞎逛。后来，他沿着轻轨线路直接就走到了杨家坪，困了就在路边的椅子上躺着睡了一觉。

"谢天谢地，没事就好。"听到儿子在外头露宿街头，老张后怕不已，意识到幸亏儿子没发生意外，不然后悔都来不及。

昨日，大渡口跃进村派出所民警茅新新告诉《重庆时报》记者，看到父子俩都已经释怀后，民警又结合自己考大学时候的亲身经历，与小张分享了填志愿应该注意的事项，以及如何选专业和如何规划自己的人生方向。同时，民警还劝说老张，学校重要，专业重要，但孩子的兴趣和天赋更重要。最终，小张如愿报考了西安一所大学。

大渡口一周至少5个类似报警

高考结束后，特别是考试成绩公布以后，这种因填志愿或者是否明年再考，是否继续读书等引发的家庭矛盾明显增加。据大渡口警方不完全统计，仅仅上周就接到不少于5起类似的报警，考得好的要离家出走，考得不好的也要离家出走，最根本的原因就是两代人的沟通存在问题。

民警提醒家长朋友，高考学生大都是成年人，已经具有完整独立的意识。家长在与孩子的沟通过程中一定要注意方式和方法，否则极易引起孩子的逆反心理，造成不良后果。同时，民警也希望孩子们不要太任性，多理解和体谅父母。

——摘自新浪新闻，http://news.sina.com.cn/o/2016－07－05/doc－ifxtrwtu9892729.shtml

材料四

高考后毕业生忙"变脸"

毕业生敢在脸上"动刀"

北京清华长庚医院医美中心主任李薇薇近期的出诊时间几乎都排满了。在她接待的患者中，很大一部分都是十七八岁的高中毕业生，还有一些在校大学生。"近两年低龄化倾向非常明显，很多学生都是父母带着来的。"李薇薇告诉《北京晨报》记者，以前整形的艺校生居多，现在范围明显扩大了，一般学校非艺术类的考生都会来。

高中毕业生选择最多的是需要“动刀”的项目，最受欢迎的是做双眼皮，大概占到了七成左右；其次是隆鼻、开刀植入假体，约占两到三成。而大学生则更偏向于微整，勇于在脸上“动刀”的相对较少，打瘦脸针、皮肤美白、鼻部注射玻尿酸是他们的最爱。

另外一个新趋势就是不少男生比女生还爱美。高考刚结束，一些男生拿着小镜子就来了，瘦脸、隆鼻一样都不落，花样美男太多，国字脸已不再受欢迎。李薇薇说，有些孩子接受不了削骨手术，多半选择注射。“这些孩子的共性就是爱照镜子，往往是一帮孩子组团来，或者先派个先锋当‘小白鼠’试验，看效果好，同学朋友纷纷效仿。”另外，脱毛也是暑期中非常受欢迎的项目。

留学生“飞回国”微整形

国内毕业生忙修容，在国外留学的也没闲着。据李薇薇介绍，每年暑期和三、四月的春假，都会带来一波回国微整形潮。由于国内的整形美容费用大大低于国外，部分项目至少相差三倍左右，算上机票还不及国外整形费用的一半。低廉的价格吸引了留学生，一般以 16 岁以上的学生居多。

这两年韩式整形风靡，很多人盲目迷信韩医。而韩医在韩国仅有两千人左右，能来中国执业的就更少。一些中介公司的炒作更加神话了韩式整形。作为从业多年的专家，李薇薇认为，目前我国只要是正规整形医院的技术并不会比韩医差，国内的三甲医院没有精力和人力来投入到营销和宣传方面，不过医生的态度和服务沟通方面的确不如韩国。

美白针基本不合法

另外，微商的产品以低价作为吸引力，有些学生贪图便宜，买了产品后甚至接受由没有任何资质的人员在宾馆进行操作。采访中，李薇薇讲述了她的一名小患者花 500 元在淘宝买了两针玻尿酸，并根据产品自带的视频介绍，自己对镜子打了鼻头和下巴。结果过了两年仍不能吸收，女孩来就医，最后只能开刀，取出来的填充物都是白色晶体。“就像豆腐里撒了一把沙子，开刀也不能保证取干净，而‘豆腐’也毁了。注射的物质还有可能会在体内游走，甚至更坏的影响目前还不确知。”

“美白针在国内基本没有合法的，它实际上是一种保肝药，该药的副作用是美白，这个卖点就被炒作起来了。”而正规的医院是不会使用这种非法手段的，医院里的美白一般是通过激光类和水光注射。

李薇薇认为，一方面相关部门需要加强对微商的监管。更重要的是年轻人也要擦亮眼，首选有资质的医疗机构，例如挂牌整形美容医院、美容门诊部、公立医院整形美容科基本都没有问题，而一些打擦边球的美容会所、个人工作室就要警惕，多数都不具备任何资质，有些甚至是发型师转行来“打针”，一旦出现问题则后患无穷。

——摘自《北京晨报》2016 年 6 月 28 日

第五章 发散思维与表达

第一节 理论部分

一、发散思维概述

（一）发散思维的概念

1. 发散思维

发散思维是联想思维的一种，发散思维具有多元性、多维度结构，属于复杂的、难度较高的联想思维。如彩图 51 所示，发散思维是一种“多线条式立体网状”的联想思维，犹如树枝分叉、烟花怒放。

发散性思维的训练着重培养思维活跃度、丰富度、宽广度、链接速度和精度等。发散思维能从对象物的不同属性、不同角度、不同方式做触类旁通的“波及式”“链接式”“相通式”联想发散。

2. 发散思维的原理

从宏观的哲学层面看，任何事物都不是孤立存在于世界的，其自身与其他事物有着直接或间接、表面或本质、紧密或松散的联系。发散思维需要的就是发现这些联系，并将其精准、有序地表述出来。例如，一株草—鸡兔牛羊—豺狗虎狼—细菌微生物等的发散就是大自然中“食物链”关系的发散性思考；再如，从一滴雨珠到物质三态，到人类文明史的进程中蒸汽机的变革性影响，再到今天新一轮信息技术革命带来的全球化加速、商业形态变革、生存方式变革等。这其中的物理、社会、经济、新闻传播等规律性的联系都是发散思维的突破口。

从人类的思维特点看，在人对外部事物接触、归纳、抽象和界定、推理过程中形成的与之前的形象类似、近似性联系，种种事物间抽象的联系，概念间的相似、相通性联系，时间坐标中继起性联系等，都是发散思维的源头和方向。

发散思维离不开重要的、基础的心理过程——联想。联想的过程本就是客观事物的现实联系性在人脑中的反映。可以说，发散思维是从一点向着不同方向进行的多环节联想的过程。

（二）发散思维的特点

1. 多感官性

多感官性是发散思维在感觉神经上的立体发散。发散思维不是人类某一感官的单一运用，而是多感官的综合运用。在思维发散过程中，既要全面调动感官信息，还要打通不同感官之间的通道。文学理论中有“通感”与之类似。比较典型的通感表述运用的是东汉马融的《长笛赋》：

尔乃听声类形，状似流水，又象飞鸿。列子曰：伯牙鼓琴，志在流水。钟子期曰：洋洋乎若江河。琴道曰：伯夷操，似鸿雁之音。泛滥溥漠，浩浩洋洋。泛滥，任波摇荡之貌。说文曰：泛，滥也。上林赋曰：泛淫泛滥。溥漠，以翮抚水之貌，谓飞鸿之状也。

这种感官通感的发散，能够帮助我们跨越单一感觉局限，产生立体的形象和体验。例如：

请列举食盐的尽可能多的用途。

食盐放在硬塑料瓶里可以制作乐器——沙锤，因此看到食盐的晶莹剔透的颗粒，似乎听到了“沙锤”的沙沙声。这便是视觉和听觉相通产生的发散联想。

2. 开放性

发散思维是一种外向性的思维，需要思考者在思维起点的基础上，向外部做多维的联系、延伸，触类旁通思考。开放性和专业性是相对的思考模式，专业性重点强调研究和思考的内化与纵深，是对一个专业性问题的内在各个层面的研究和回答；开放性侧重于一个事物、问题与外部其他领域、事物、问题的接壤、关联。

开放性需要思考者对各类领域都有一定的涉猎，关注生活的各方面信息。这样才能扩展发散思维的触发面，建立多向度的发散思维放射辐。鲁班因被锯齿草割伤而发明锯子，凯库勒在梦中见到咬住自己尾巴的蛇而发现了苯元素的分子式等历史上的经典案例，都是由于思考者对其发散向度的领域非常熟悉，才能产生这样的触发。

在《王刚讲故事》栏目的《是谁咬伤人》这一期节目中，主持人王刚对当事人伤口的描述，尤其就伤口部位特点的描述，做了这样的发散联系：

这虎口啊，在中医上讲它是一个穴位之所在，一般我们管这儿叫合谷。像我这样用拇指使劲儿这么一掐、一捏，会有点疼甚至还有点麻。你说这地方要是被什么东西给咬上一口，那恐怕就不得了了。可话又说回来了，就算是再疼，你说这帮人也不至于带着病人冲进医院就大喊救命啊，难道说这咬人者身份不一般？！

3. 创新性

发散思维本身，是多向度的思维，要求突破传统单一向度、固化的思维模式，摆脱原有思维框架的束缚，鼓励创新，将以往从未展开过的思维路径打通。

4. 鲜活性

正因为发散思维的外向和创新，使其显现出鲜明的活力。发散思维永远没有固定的“答案”，每一次过程都应是鲜活的。发散思维的重点不在于答案、结论，而是在发散的过程中，思维显现出的新鲜度、活跃度和创新力。

5. 跳跃性

与逻辑思维的环环相扣不同，发散思维要求思维过程具有一定的跳跃性，忌讳按部就班、循规蹈矩地思考问题。很多生理信号的触发、脑电波的传递和激发并非遵循逻辑推理，因此，发散思维不需要严格意义上的逻辑推理，也不需要讲清楚由此及彼的清晰、精确的原因、道理，而是从感觉、知觉到理性认知层面相互穿插、交错跳跃、多点切入、立体发散，横纵联系，呈现出多点、多元、多面、多向的特点和立体交叉、散射状的特征。

（三）发散思维的途径

正因为发散思维是一种多环节、多层次、多角度的联想思维，其发散的途径也遵循如此的规律。人类认知在各个层次都具有发散的可能和途径，从最低层次的感觉开始到知觉再到理性思维层面，都可以发散出去。

1. 感觉、知觉层面发散

感觉、知觉发散是感官类信息、感官认知的触发和联想，主要是五官捕捉思维发散点（具体事物或抽象问题都可以是发散思维的发散点）的感官信息和基础性感性认知信息，通过这些信息的触发而联想形成的发散，称之为感觉、知觉层面发散。

（1）形状发散

形状发散，是指事物的外形、状态的相似、相通、相近的多层联想激发。例如，一株藤蔓缠绕的参天古木，其形状让人想到自深渊中飞天的蛟龙、大地上蜿蜒纵横的江河、现代都市中交错密布的大小公路，还想到面对难题大脑中混乱不堪的思绪等。

（2）结构发散

结构是指组成事物整体的各部分的搭配和安排。事物都有结构，结构往往是构成事物特点、性能、外观等的重要因素，同样构成元素的事物也会由于结构的不同而产生巨大的变化。例如，硬度很小、比较常见的石墨和硬度极大、含量很少的钻石，其构成元素都是碳，二者的区别是碳元素的结构方式不同；古时士兵打仗时的编排、队列结构称为“兵阵”，战术主要是靠阵型实现的，兵队的结构很大程度上决定了战斗力的高低和胜负的结果。

认识事物的结构是比形态更深一层的认知实践，体现了一个人的综合、分析等思维能力。结构发散的触发，需要思考者对思考对象的结构有清晰、准确、全面的把握。

（3）色泽发散

色泽发散包括两方面：颜色和光泽的信息。

实际物的颜色、光泽的发散途径，例如正红色：太阳、火焰、气球、宫墙、花朵、中国结、血液、颜料、印章、国旗……

光泽度的发散，如反光强烈的平面：镜面、湖面、冰雪、玻璃墙、钻石、水晶、汽车、油脂、钢板……

除了上述感官形象外，还有气味、运动状态等的发散。

2. 理性思维层面发散

（1）时间坐标发散

事物都存在于一定的时间中，都有其历史、现状和将来，有其出现、发展、兴盛和消退的过程。正向、逆向和横向的三维时间向度是一个事物在时间坐标上发散的途径。例如，说到手机，最早可以追溯到烽火狼烟、飞鸽传书，未来可以联想到其发展为极易便携、功能涵盖几乎所有网络化生存方面的互联超级终端，而横向共时性的发散可以联想到各种品牌、大小、款式、材质、档次、功能定位、价格的手机。

时间坐标的互联是重要的发散性思维途径，通过历时性和共时性的通道，可以在不同时间轴上触发其他途径的发散。例如，当我们由手机想到烽火狼烟时，又可以联想到“烽火戏诸侯”的典故，又由诸侯制度想到封建政治体制和君臣关系、社会规制等。

(2)逻辑关系发散

逻辑关系发散，主要指人类逻辑关系感受的发散。例如因果关系、递进关系、并列关系、转折关系、条件关系、种属关系、点面关系、主次关系、正反两面、偶然和必然、演绎推理、归纳推理等多种逻辑性感受的关系途径。逻辑性发散多用于对事物的抽象性、理性发散思考，从与发散点本身形成因果关系、递进关系等逻辑性关系的向度进行发散。例如，当谈到某部电影热映的话题时，可以进行因果关系发散——电影火爆的种种原因，包括表面的、深层的、时代的、社会环境的、经济的、文化的等；正反两面发散——口碑与票房的两极分化；点面关系发散——某部电影的火爆和时下整体电影市场的关系；并列关系发散——其他同类影片的情况和电影主创在这之后进一步的计划。

逻辑关系发散是主持人发散思维中极其重要的一种思维素养，直接决定了我们观察问题、分析问题的能力。尤其是在新闻资讯类、访谈类节目的主持中，对新闻事实的采访、报道和评议是否能有宽视野、广角度、细视点，很大程度上由逻辑性发散思维的高下决定。例如，在央视《面对面》节目《胡方斌：“撕心”的抉择》这一期中，节目专访心内科专家胡方斌，他在手术期间突发心脏病，一度危及生命。主持人董倩在访谈时，就此事做了多种逻辑性发散，生动、立体地展现了一位医德高尚、医术过硬的医生在紧急关头的所思、所为。现摘录其中一段，访谈中发散思维部分用带括弧和下划线的文字标注。

董倩(以下简称“董”)：7月4号那天您是早就知道这台手术还是临时被叫过去的？

胡方斌(以下简称“胡”)：临时被叫过去的。我在家里睡觉呢，我手机就是放在枕边的，电话就过来了，说胡主任你马上回医院。

董：几点？

胡：6点钟左右吧。说有一个心梗病人需要你过来。我就立马起来。

董：6点多就开始做手术？

胡：对的。

董：这是一个常态么？(<u>偶然和必然关系发散</u>)

胡：心肌梗死发病是不定时的。

董：它不挑时间？

胡：它是任何时间，只要我医院里收到心肌梗死（病人）了，他就随时打电话给我。还有更早的时间，我有凌晨1点，凌晨2点钟、3点钟。6点钟已经算是不错的时间，天已经亮了。

董：那也就意味着您平时晚上休息是不保证的。（归纳推理的逻辑发散）

胡：365天你是不能关机的，每天24小时你都是待机状态的，随时待命的状态。只要医院需要你，你随时要回去的。

董：那我的理解是，不是所有的心脏手术都需要您去做，恐怕危重病人会找到您，您是作为一个很有经验的医生去处理的。（主次关系、轻重缓急关系的发散）

胡：嗯，对。这个病人还是很危急的，堵的血管是非常大的血管，重要的血管，几乎是最重的一种心肌梗死。

董：这就要求您越快越好。这种手术您的预判一般需要多少时间？

胡：这种手术一般就是30分钟左右。

（短片：一开始手术进行顺利，但当手术进行到最关键时刻，胡方斌自己出现了身体的症状。）

董：什么症状？

胡：我就发现自己非常胸闷、胸痛，是那种持续性的，不间断不停顿的，而且开始冒汗。

董：以往出现过么？（时间坐标发散）

胡：我从来没有出现过这种症状，这时候我就知道坏事了，我估计我的心脏有点问题了。我就是干这行的，我成天就是诊断心梗、诊断夹层、诊断肺栓塞啊，诊断这种胸痛的。我就知道我不是胃痛，不是肋间神经痛，不是心脏之外的（问题）。

董：出现那种情况会不会影响到当时做手术啊？（因果逻辑发散）

胡：我是有点站不住，但是我撑在那个台子上面，有一种窒息感，有时候无法用语言形容。那种感觉人生中不想再有第二次。

董：因为刚才您说了，那种痛苦很难用语言去表述了。如果从保护自己的角度你应该怎么做？（问题的正反两方面发散）

胡：假如说有替代的医生上来，那我肯定应该下去休息，尽早地确定诊断，接受治疗。但是那个时候的病人，我把他的血栓抽通以后，他血管开通了一部分以后，病人的情况更差了。他本身的心跳是60次，突然变成15次了，血压也掉下来了，病人也有点不清楚了，喊他名字也叫不醒他了，你马上得急救他。因为有一个我们叫再灌注心律失常，这是特别危险的时候。在我们心肌梗死中，经常就说惊心动魄的时候就在这一刻，刚开通的这一刻。这个时候是最危险的时候。

董：就说在平时的手术中，在日常的手术中，这一刻就是最惊心动魄的时候。

胡：哎，对对对！

董：但是那一天出现了两个惊心动魄。

胡：是、是。

董：那种时候，您可以有几种选择？（条件关系发散）

胡：我觉得我没有选择。因为这时候是病人最危险的时候。

董：那你同样也是危险的时候。

胡：但是我自己判断，那个病人可能更危险。我看到当时他可能更需要，因为他当时已经做到一半了。我还没有被确诊，我只是估计、怀疑。

董：但是身体这个东西，有的时候是人觉得有自信，也不见得就能够……

胡：当时我也是有侥幸，我的侥幸的话我自己判断，我可能是那种心梗，或者夹层撕裂。心梗你看病人都可以撑3个小时，他可以3个小时再做治疗。那我刚发病，我再撑个15分钟，我再等30分钟，再做治疗的话……

董：我们从一个自私的角度去看这个问题，就是不管从事什么职业，比方说医生这个职业，就是要去救人，对吧？（正反发散）

胡：对啊，我们天职就是治病救人。

董：但是这个救人，是在自己是正常的、安全的情况下。

胡：因为那个病人61岁，我才49岁。我想我比他年轻，我身体状况比他好，我可能熬得时间比他长。我想我能够坚持住，我有侥幸心理。

董：但事实，后面的事实……（转折发散）

胡：其实是比他更差，更危险。

董：实际上你是在赌。

胡：我也是在赌，在赌一把。

(3)社会分工、社会事业层面发散

社会文明越是发达，社会分工则越细化，这种细化本身也为我们发散思维提供了可能。不同的分类依据、标准下，社会事业、职业呈现出不同的类别、层次。

众所周知，从宏观层面，我们可将社会事业分为第一产业、第二产业、第三产业。按照马克思政治经济学原理，也可以将社会事业沿着政治、经济、文化、社会等向度来做划分，政治又可以细分为政治事务、政治制度、政治机构、从政者，政治事务又可以再细分为内政、外交、军事等。

这种多通道的建立，让我们在社会分工、社会事业分层向度做思维发散时，可以出现几乎无限的发散空间。例如，在回答钢铁降价的影响这一问题时，我们可以从农业、林业、汽车业、建筑业、运输业、军事、航空航天等多种行业中发散，形成立体、丰富的思维表达。

二、主持人思维的发散性

主持人有声语言活动中情景再现的真实度、细腻度和丰富程度取决于联想触发程度的高低。主持稿可以触发主持人的联想机制，形成形象，这种想象是典型的联想过程而非随意的想象。联想思维中，神经元之间的触发度越高，能够调取的大脑记忆越多，我们的情景再现才会越真实、越丰富。

对象感、交流感的建立取决于联想思维的活跃度。对象感是主持人在话筒、镜头前极为必要的素养。如果主持人把本应活跃、生动、有互动性的话，说得像缺乏感情的"念稿"或孤芳自赏的"朗诵"，就是缺乏对受众联想的表现，不能将平时见过的受众场景、受众形象和主持活动联想起来，或是联想不充分、不具体、不生动。

主持人需要对周围事物有积极的联想、主动的发散、敏捷的关联、另类的延展。主持人发散思维是有着强烈目的性、鲜明个性和清晰层次性的，和生活中随性的、散乱的、消极的联想触发不同，主持人思维和表达有工具性的一面，需要为节目服务、为传播服务。

主持人联想思维的重要性也体现在各类节目中：综艺节目主持最忌刻板无生气，即兴和鲜活的语言尤其重要，这需要由此及彼、触类旁通的活跃联想思维，周涛、董卿、孟非、伊一、华少、何炅、窦文涛等人在主持时都能触景而发、随遇而言。可以说，活跃且积极的联想活动是综艺节目主持人必备的素养之一。访谈节目主持的语言活跃度、新鲜感和真实感取决于联想的积极性。优秀的主持人在做嘉宾访谈，尤其是专访时，其联想是积极的，往往被嘉宾一句话、一个动作或是当天的服饰激发，进而提出具有新意、亮点的问题，契合访谈气氛、内容，能够提升访谈的真实感、新鲜度，使节目更有吸引力。新闻节目也不能离开联想，否则节目会失去活力。白岩松在新闻述评中常常举一反三地联想到很多相关事实、相似信息，使节目视野开阔、信息饱满；敬一丹在节目中也常运用到联想思维，使其报道摆脱就事论事的局限。

第二节 练习部分

一、基础练习

（一）视觉形象发散

选择图 5-1 中的一个符号、图形，赋予尽可能多的含义，组织一段 3 分钟左右的表达。

图 5-1

（二）功能发散

尽可能多地举出下列物品的用途。

口红、手绢、铅笔、钥匙、吸管、木桶、A4 纸、铁钉、酒精、曲别针、啤酒瓶、红砖头、湿巾纸、竹筷子、啤酒瓶、圆珠笔、塑料袋

（三）数字发散

就下列数字组合可能表达的含义，做发散性思考和表达。

22　19　0000　12321　101　56　82　99　11111　110　001

为下列等式提供尽可能多的答案，并讲出理由。

1＋1＝？　2＋2＝？　10＋1＝？　2×1＝？　10×10＝？

（四）问题解决方案发散

为下面的实际问题提供尽可能多的解决方案。

（1）家住三楼，家中下水道又堵塞了，老旧的铸铁管经常如此，如何解决？

（2）去往另一座城市的机票没了，但是你必须在两天内赶到，去签署一份重要的合同。

（3）图书馆阅览室有位同学总是发出噪音，但又不是很大，可以有哪些方法制止？

（4）自家的猫蹿上大树树梢，却又不敢下来了，怎么办？

（5）自己不喜欢的男/女孩子拼命追自己，自己不愿意接受，怎么拒绝？

（6）去帮助朋友主持婚礼，到了现场才发现没有带自己那套主持西服，怎么办？

（7）微信朋友圈里一位朋友把自己屏蔽了，但自己却不知道原因，怎样找到原因能最没有"副作用"？

（8）……

二、运用练习

（一）话题设计

就典型新闻事件、社会现象、话题做访谈话题、专访话题设计。设计话题时，注意考虑访谈对象、访谈环境等因素。

1. 社会现象类参考选题

（1）低头族

（2）"中国造"渐成时尚

（3）"堵城"越来越多

（4）水污染

（5）各类养生节目扎堆电视

（6）中国的"五一""国庆"等"婚礼节"

（7）中学内学生的校园暴力

（8）服装、家居用品等实体店大量关停，部分店铺采用线上线下结合销售

（9）中国的高铁产业在国外突破性发展，多个国家大量订购

(10) 传统媒体影响力有减弱趋势,全媒体传播成为趋势

2. 新闻事件类参考选题

(1)陈光标冰桶挑战相关报道

背景材料:

2014年由美国波士顿学院(Boston College)前棒球选手发起的ALS冰桶挑战(ALS Ice Bucket Challenge)风靡全球,各界大佬纷纷湿身挑战。

ALS冰桶挑战赛简称冰桶挑战赛或冰桶挑战,要求参与者在网络上发布自己被冰水浇遍全身的视频内容,然后该参与者便可以要求其他人来参与这一活动。活动规定,被邀请者要么在24小时内接受挑战,要么就选择为对抗"肌肉萎缩性侧索硬化症"捐出100美元。

该活动旨在让更多人知道被称为渐冻人的罕见疾病,同时也达到募款帮助治疗的目的。目前冰桶挑战赛在全美科技界大佬、职业运动员中风靡。仅在美国就有170万人参与挑战,250万人捐款,总金额达1.15亿美元,这可能是为某种疾病或紧急情况捐助最多的款项。目前已扩散至中国,科技界大佬纷纷响应。

【事件真相】

2014年8月22日,陈光标发微博称"陈光标坐垃圾桶挑战冰桶纪录",高调宣扬自己在0℃以下的冰水内浸泡了至少30分钟,称若有人能超越他就捐款100万,有效期6天。

之后湖南性保健医院院长,医学界泰斗文德元第一时间警告网友:"0℃左右的冰水中浸泡5分钟将致不育。"然而,这一言论随后被很多网友视为危言耸听之语。在天涯、猫扑、凯迪等论坛上,陈光标的粉丝甚至联合发布了声讨文德元的声明。可文院长表示,自己会对自己的言论负责。

2014年9月10日,文德元在湖南性保健研究所附属医院的实验室内举行小白鼠冰桶实验,小白鼠在−0.12度的冰水中浸泡不到5分钟便失去生命体征。文德元质疑陈光标,称"在冰水混合物中浸泡5分钟铁定不育",揭穿其"冰桶挑战"的把戏。

2015年3月陈光标接受媒体采访,承认其在微博上放出的两段冰桶挑战视频并非真实的冰水浸泡。陈光标称,运来的一大车冰块和往头上浇的冰块都是真的,但桶里事先放了一半热水,温度在50度左右,自己双腿烫得通红,大家看视频都以为是冻的,其实是烫的。

——摘自百度百科《陈光标"冰桶挑战"事件》

(2)明星吸毒事件相关新闻

据央视新闻消息,台湾演员柯震东因在京吸毒已被北京警方控制,网传其吸毒被抓情况属实,目前此案正在进一步审理中。之后经北京警方证实,台湾演员柯震东上周因在京吸毒已被控制,此外,和柯震东一起被控制的还有一名陈姓男子(房祖名),经初步审查,柯震东、房祖名对吸食毒品的违法行为供认不讳。警方随后在房祖名住所内缴获毒品大麻100余克。

17日晚,有传台湾男艺人柯震东在内地吸毒被捕,网友徐航在微博发文称,"柯震东吸毒被抓了,我爸审了一宿,等着看新闻啊",之后该消息被四处转发。18日,央视、京华时报(微博)等多家媒体证实台湾演员柯震东因吸毒在北京被警方控制的消息,并称目前该案正在进一步审理之中。

随后,北京警方发微博通报了该事件细节。2014年8月初,北京市公安局禁毒总队通过群众举报获悉,一孙姓男子在京有涉毒嫌疑。经调查,禁毒总队会同东城分局于8月14日,在东城区将孙某(男,36岁,北京人,助理),陈某某(男,32岁,香港人,演员,尿检呈大麻类阳性),柯某某(男,23岁,台湾人,演员,尿检呈大麻类阳性)等多名涉毒人员查获。

经初步审查,陈某某、柯某某对吸食毒品大麻的违法行为供认不讳。警方随后在陈某某住所内缴获毒品大麻100余克。警方连续工作,于次日凌晨在西城区一小区内将涉嫌向陈某某贩卖毒品的犯罪嫌疑人宋某某(男,33岁,北京人,无业,尿检呈冰毒、大麻类阳性)抓获,并当场缴获毒品大麻11克。

目前,陈某某因涉嫌容留他人吸毒罪,孙某、宋某某因涉嫌贩卖毒品罪被东城分局依法刑事拘留,柯某某因吸食毒品被东城分局依法行政拘留。此案正在进一步审理中。

8月18日晚,柯震东所在经纪公司群星瑞智国际娱乐股份有限公司发表声明,表示全公司上下非常痛心,旗下艺人柯震东辜负粉丝的喜爱,公司也责无旁贷,真诚地说对不起。在声明中,发稿人柴智屏写道:

"今天下午我在北京律师的陪同之下,去了北京东城拘留所,电脑里没有柯震东的任何资料,我抱着一丝希望相信是误传而离开。在这些过程中,我所得到的有关柯震东的消息,跟大家一样,从内地各大媒体,被'证实'柯震东已被拘提。

"直到今晚6点半,接到公安机关电话,告知将会以违反《中华人民共和国治安管理处罚法》,被行政拘留14天,很快就可以让直系家属探视。听闻此事,几近崩溃!

"拖延了一天非常抱歉,我们是柯震东事业上的家人,在他事业成长之中疏忽了他的生活教育，一直期许他能自律自爱，但是他却做出错误的行为，最坏的示范。全公司上下与家人都非常痛心，现在证实，他真的犯了错，就该承受法律的责任，但身为艺人的他，漠视了社会大众的期待，辜负了家人与公司对他的爱，伤了支持他、爱护他的影迷们的心，年少轻狂不是借口，虽然我们完全无法原谅他的行为，但我们对柯震东的错误责无旁贷，请让我们向社会大众郑重地道歉，说一声对不起！现在心中只剩遗憾！"

——摘自网易新闻《柯震东吸毒被抓》

(3)香格里拉大火相关报道

英国作家詹姆斯·希尔顿的著名小说《消失的地平线》让这个世界诞生了一个美丽的名字香格里拉。1997 年，云南省宣布，世人寻觅的香格里拉就在中甸县。2001 年 12 月 17 日经国务院批准，中甸县更名为香格里拉县。2014 年 1 月 11 日凌晨的火灾，却让香格里拉美丽的独克宗古城三分之二的建筑从地平面上消失。

独克宗古城是中国保存得最好、最大的藏民居群，而且是茶马古道的枢纽。城内最老的建筑是约有 380 多年历史的阿布老屋。1 月 11 日凌晨，独克宗古城突发大火，造成古城仓房、金龙、北门三个社区 246 户居民的 343 栋房屋受灾，此次火灾除造成房屋、商铺、基础设施等受灾外，还造成部分文物、唐卡等佛教文化艺术品被烧毁。如今，一周的时间过去了，曾经繁华美丽的古城变成了一片废墟，加上春节临近，整个古城有生气的只有废墟堆里冒出来的青烟。受灾的商户们在一堆堆的废墟里寻找可用的物品和重建的希望。

"前段时间还装修了一下，不幸却赶上了这火灾，损失也在百万。"商户汪女士说，她在火灾后的第 3 天从北京赶到了古城。两年前，她们家在古城的南边租买了一套老房子，将其改造成了一个酒吧。和汪女士一样，这里的大部分商户都是外地人。

来自北京的小丽开的摩托之家客栈幸免于难，她的客栈位于古城的最南边。据介绍，火灾当晚，她心急如焚，时时与还在古城的朋友打电话，听说火势很猛，快要烧到她家时，"心真的凉了"，大火最终在她家门口被扑灭了。她第二天就买了从北京到迪庆的机票。来到古城的小丽打理完自家的房子后，这些天在古城也没闲着，为尚未到达此地的其他朋友打理被毁坏的房屋，帮助其他房屋被毁坏的朋友办理租房事宜。

和小丽家一墙之隔的阿娇家却没有在此次火灾中幸免。当天起火时，她正好在屋子里，火灾发生时还出去看了一下火情，觉得不会烧到她们家，便什么也没拿，只是将狗绳解开。没想到最后家却被烧了个精光。阿娇说她两年前来到古城，办了一家油画画坊。租房加上装修的钱都是朋友那儿借来的。这次的不幸，让她感到焦虑和不安。但不管如何，她是不想离开独克宗古城的，她喜欢这里。但大火将她的数百幅绘画全部烧毁，未来租房和装修的资金还是未知数。所以希望政府能多给一些帮助，帮助她们这些受灾的外地租户重新振作起来。

此次火灾也让深爱这里的游客惋惜不已，资深驴友“冰块里 de 鱼儿”网上写道，几年前他到独克宗旅游时就被这座古城的古朴深深吸引，可惜这场火灾毁掉了独克宗的大半风貌，自己也只能通过查看过去拍摄的照片和街景地图来缅怀曾经到过的古城。月光城、四方街、皮匠坡等独克宗古镇的风景原貌，目前只能在网络街景地图上追忆一下了。

——摘自搜狐新闻《云南香格里拉古城大火毁掉 2/3 建筑》

(4)内地男童香港街头小便事件相关新闻

据凤凰视频 4 月 21 日消息，网上一则视频显示，一对内地夫妻带着孩子在香港街头小便，被路过的两男一女阻止，双方发生冲突。从网上公布的视频看，双方相互指责，两名男青年均手持摄像设备，另一只手还拉住婴儿车，不允许内地夫妻离开，等候警察，还指着内地夫妻说“你莫走”。

凤凰卫视记者、主持人闾丘露薇当天中午在个人认证微博上称，孩子当街便溺，有路人拍照，遭孩子父亲抢走相机和记忆卡，孩子母亲打了路人一耳光。片中白衣青年看不过眼报警，并且阻止夫妻离开，双方争执，青年遭人用婴儿车推撞。警察到场调查后，父亲无条件释放，母亲涉嫌袭击被捕，准保释，5 月中需到警局报到。

但有网民的说法与她大不相同：“内地夫妻带着两岁的女儿在香港旅游，因为女儿尿急，夫妇俩在商业街的厕所排队未果，妈妈拿出纸尿裤在街头给女儿接尿。虽然并没有弄湿路面，但有三两个香港年轻人还是对着小便的女童拍照。”内地夫妇要求删除摄有女儿隐私部位的照片未果才引发冲突。

【事件真相】

香港警务处公共关系科当值新闻主任 4 月 23 日接受新华社记者电话采访，还原了 4 月 15 日在旺角发生的内地幼童小便事件经过。警方强调，网上传说这名 2 岁幼童是女孩的消息并不准确，该幼童其实是男孩。

警方调查发现，内地夫妻让 2 岁的儿子当街小便，引起路过的王姓男子不满，拿出智能手机拍照，叶姓男子发现后前去制止，并抢其手机，夺记忆卡。吴姓男子见到这一场面，想去阻止叶姓男子，付姓女子则用婴儿车去推撞吴姓男子。

警方表示，叶姓男子因为抢别人手机涉嫌盗窃、付姓女子因为用车撞人涉嫌袭击被警方带走。经调查，叶姓男子被无条件释放，付姓女子则获保释，需要5月中再来香港跟警方报到。

警方表示，在他们的调查资料里，不存在付姓女子打路人耳光的情节。

23日，凤凰卫视时事评论员杜平在节目中表示，母亲在情急之下让小孩在公共场所小便，固然不雅，但两个香港青年冲着撒尿儿童拍照是"令人不齿"的，"因为他们以维护香港秩序的高尚名义，却故意侵犯了别人的隐私"。他同样在评论中指出，"恶意利用港陆摩擦更应受到谴责"。

——《一年丨盘点2014年八大反转新闻》之《大陆男童香港街头撒尿》，http://www.guancha.cn/GuanZhe/2014_12_31_304903_2.shtml，2014年12月31日

(5)屠呦呦获得诺贝尔奖相关新闻

昨天下午，屠呦呦获得诺贝尔生理学或医学奖的消息传出后不久，一则"热烈祝贺北大校友屠呦呦获诺贝尔生理医学奖"的消息就迅速在"北京大学""北京大学招生办"等多个北大官方微信公众号传播。

消息称，1951年，屠呦呦考入北京大学医学院(现为北京大学医学部)，选择药物学系生药学专业为第一志愿。

早在2011年9月，屠呦呦获得被誉为诺贝尔奖"风向标"的拉斯克奖之前，北京大学生命科学学院前任院长饶毅就高度评价过屠呦呦的研究工作：屠呦呦在青蒿素的发现过程中起了关键作用，因为她的研究组第一个用乙醚提取青蒿，并证实了青蒿粗提物的高效抗疟作用。

北大发布的消息称："恭喜北大校友屠呦呦获得2015年诺贝尔奖，成为第一位获得诺贝尔科学奖项的本土中国科学家、第一位获得诺贝尔生理医学奖的华人科学家。"

屠呦呦，1930年生于浙江宁波。"呦呦鹿鸣，食野之苹"，《诗经·小雅》中的名句寄托了屠呦呦父母对她的美好期待。

1951年，屠呦呦考入北京大学医学院(现为北京大学医学部)，选择药物学系生药学专业为第一志愿。她认为生药专业最可能接近探索具有悠久历史的中医药领域，符合自己的志趣和理想。在大学4年期间，屠呦呦努力学习，取得了优异成绩。在专业课程中，她尤其对植物化学、本草学和植物分类学有着极大的兴趣。

1955年，屠呦呦大学毕业，分配到卫生部直属的中医研究院(现中国中医研究院)工作。1969年，屠呦呦所在的中医研究院接到了一个"中草药抗疟"的研发任务，代号523，成了当时研究防治疟疾新药项目的代号。屠呦呦加入了中医药协作组，与军事医学科学院的研究人员一同查阅历代医药记载，挑选其中出现频率较高

的抗疟疾药方，并实验这些药方的效果。1971年下半年，屠呦呦由用乙醇提取改为用沸点比乙醇低的乙醚提取，1971年10月4日成功提取到青蒿中性提取物，获得对鼠疟、猴疟疟原虫100%的抑制率。1977年，她首次以“青蒿素结构研究协作组”名义撰写的论文《一种新型的倍半萜内酯——青蒿素》发表于《科学通报》，引起世界各国的密切关注。1980年屠呦呦被聘为硕士生导师，2001年被聘为博士生导师。她多年从事中药和中西药结合研究，突出贡献是创制新型抗疟药——青蒿素和双氢青蒿素。

2011年9月，屠呦呦获得被誉为诺贝尔奖“风向标”的拉斯克奖。这是中国生物医学界当时获得的世界级最高大奖。屠呦呦填补了华人十年未获此奖的空白，也成了第一位在中国独立完成研究的获奖者。

因为没有博士学位、留洋背景和院士头衔，屠呦呦被当时的媒体报道称为“三无”科学家。获得拉斯克奖后，几十年如一日潜心科研、默默无闻的屠呦呦一时间名满天下，当时已81岁的屠呦呦首次在国内公开亮相。

在当时的采访中，屠呦呦表示：“青蒿素的发现，不是一个人的成绩，是团队共同努力的成果，很多同志都参与这项研究，都作出了贡献。这也是中医药走向世界的一项荣誉。”

屠呦呦曾向媒体介绍，研究的难点在对青蒿科属的选择上，到底应该是哪种植物、提取方法上也需要突破。后来，屠呦呦受葛洪《肘后备急方》中“青蒿一握，水一升渍，绞取汁服”的启发，改进了提取方法，采用乙醚冷浸法低温提取，最终获得成功。

——摘自网易新闻《屠呦呦获得诺贝尔奖　被称为“三无”科学家》，2015年10月6日

(6)北京八达岭动物园游客违规下车致死伤事件相关新闻

《北京晨报》现场新闻(记者 张静雅) 昨天，《北京晨报》记者来到八达岭野生动物园看到，时值中秋园内观光的游客不少，停车场内已经停满了车。记者进入园区后，看到不少乘客在等待坐观光车。

7月23日，八达岭野生动物园发生女子在猛兽区下车被老虎袭击致一死一伤事件，该园关门，暂停营业。8月25日，八达岭野生动物园恢复营业，但猛兽区暂停自驾车游览，游客只能乘坐园方的大巴车进入猛兽区。近日，八达岭野生动物园猛兽区改造完成，在道路两旁架设了电网，重新开放游客的自驾车游览，但发生老虎伤人事件的东北虎园仍处于关闭状态。

昨天，《北京晨报》记者上了游览车后，园区内的熊、老虎等猛兽不时出现在车外。车内游客纷纷站起来拍照留念。在猛兽区内可以看到多处提示牌，上面写着

"禁止下车"等字样。车子行驶一圈约半小时，游客们再下车到别的园区进行游览。陪着孩子来观光的游客王先生说，因为带着小孩就选择了乘坐观光车，等到东北虎园开放了再自驾来参观。

记者注意到，也有一些游客已能自驾车进入猛兽区，发现孟加拉虎园、白虎园和熊园内已架设了电网，从大门处开始一直贯穿整个猛兽区，电网就架在供车辆行驶的道路两旁。路边还有提示牌，写着"有电网，驾车注意安全"的警示语。在每种猛兽的园区都设置有大门，游客车辆必须听园方的安排才能进入。

八达岭野生动物园工作人员曹先生说，游客数量和往年持平，园区在半个月前在猛兽区完成了电网安装，园方为了防止出现猛兽伤人事件，不但对游客反复提醒，增加数十块标语提示牌，而且在车行道的马路两边铺装了电网，改造完成之后，在一周之前开放了猛兽区自驾游。发生老虎伤人事件的东北虎园仍挂着"禁止参观，暂停开放"的牌子，其他猛兽区均能自驾车游览。"有想看东北虎的游客，可以在固定动物表演处观看，这里有两只东北虎，但均被关在笼子内"。

对于东北虎园何时开放，曹先生表示，现在仍在与伤者家属接触，处理相关事宜，等完全结束之后才会开放该区域，目前时间尚不确定。

——摘自《北京晨报》之《八达岭野生动物园恢复自驾　东北虎园仍未开放》

(7)大理景区闹婚相关新闻

9 月 29 日，云南大理有位网友在网上发帖称，在 28 日大理市崇圣寺三塔景区外发生了一起"裸体婚闹"事件，迅速引起网友们的关注。照片中一名男子裸体站在人群中，用一件围胸遮住下体，然后手里拿着一根香蕉喂一名女子。另一张照片中两名男子被绑在树上，身边有很多黑色、红色以及黄色的污渍，旁边还有不少蛋壳。不难理解，这两名男子之前遭到一阵"狂风暴雨"般的袭击。而在这场婚闹的围观群众中，还有一名小女孩。据了解，图片中赤身裸体的男子是新郎官，被绑在树上的男子是新郎和伴郎，被泼墨、砸鸡蛋后，新郎和伴郎来到崇圣寺外的水池边放鞭炮并清洗身体。据了解，大理市崇圣寺是国务院首批公布的全国重点文物保护单位，属于国家 5A 级景区。根据《中华人民共和国治安管理处罚法》第四十四条规定，在公共场所故意裸露身体，情节恶劣的，处五日以上十日以下拘留。对此事件，景区管理处已经反映给了上级，目前具体情况正在了解中。

——摘自大河网《大理景区现"裸体闹婚"　新郎被赤身泼墨扔鸡蛋》

(8)上海"学区房"买卖纠纷相关新闻

据介绍，2015 年 12 月底，张小姐酝酿着置换一套学区房，很快相中了李阿姨名下一套位于广中路的房屋，双方签订了《房屋买卖协议》，张小姐支付 5 万元定金。2016年1月初，双方签订了正式的《上海市房地产买卖合同》，约定转让价款共计295万元，于2016年2月22日前办理转让过户手续，张小姐贷款175万元，约在2016年3月25日到账。此后张小姐先后共计支付购房款118万元。2016年2月15日，张小姐告诉李阿姨由于银行贷款审批手续烦琐，过户时间要拖延至3月，对此李阿姨发函催告张小姐，务必于2016年3月5日前凭银行贷款合同向交易中心申请办理过户手续，或以现金方式支付剩余房款175万元。

在等待贷款审核通过的短短半个月，房价突飞猛涨，同小区同房型的房价涨到了330万元。2016年3月4日，张小姐的贷款审核通过，立即通知李阿姨去办理过户手续，但李阿姨以双方未谈妥赔偿方案为由拒绝。此后张小姐只能发书面催告函，但李阿姨收到催告函后仍没有去办理，无奈之下张小姐起诉至法院，要求李阿姨协助办理房屋产权过户登记手续并支付逾期办理的滞纳金。

李阿姨表示双方原本约定于2016年2月22日前办理过户手续，原告贷款不足的，应于过户当日以现金方式补足，而张小姐未按约付款，没有赔偿其承诺赔偿的约定过户日至实际过户日期间的房屋差价。

法院审理后认为，李阿姨于2016年2月28日书面催告张小姐于2016年3月5日前凭银行贷款合同向交易中心申请办理过户手续，或以现金方式支付175万元房款。该催告函表明李阿姨同意延期至2016年3月5日前办理过户手续。2016年3月4日张小姐贷款申请获银行审核通过并于当日告知李阿姨，之后，对于张小姐要求李阿姨协助过户的请求，李阿姨以双方未谈妥赔偿方案为由拒绝，缺乏依据。

有法律人士指出，卖方因为房子涨价便想中途毁约的心情可以理解，但是一旦这么做了，就可能需要承担相应的法律责任。一般来说，房屋交易合同中都会注明，若是由于交易双方中一方的个人行为造成交易无法继续履行的，履行合约的一方可以向违约的一方提出解除合同，并且追究其法律责任，而违约的那一方不但要把已收取的违约金返还给对方，还要依法赔偿对方的损失。如此一来，即使你真的如愿没有将房子继续出售出去，但是一样为自己带来了麻烦。

——摘自金羊网《新上海一学区房半个月涨了35万　卖方反悔被起诉》

（二）漫画发散

根据下列漫画，发散到社会生活的各个方面，做一段3分钟左右的漫画述评。

（三）户外即兴口语表达——节目主持

要求：选择校内的食堂、操场、学校大门口，校外的公园、街心花园、农贸市场、十字路口、名胜古迹等信息量大、容易出现话语点的地方，就地取材，寻找联想触发点，面对摄像机组织一段话语或是一段即兴节目主持的开场，节目类型、主题为开放式的。

（四）即兴访谈节目练习

要求：2—3 位同学一组，采用近期发生的新闻事件、热点话题，或者校园学习生活中具有典型性、代表性的话题、现象做谈话的主题或是引子，进行 10—15 分钟的访谈类节目。节目进行时要尽可能将话题发散出去，避免就事论事，在发散中不断制造话题亮点。

第六章 批判性思维与表达

第一节 理论部分

一、“批判”和“批判性思维”

（一）何为“批判”

“批判”一词在《现代汉语词典》中的解释是“对错误的思想、言论或行为做系统的分析，加以否定”[①]的过程。下列三句话中的“批判”都是此意：

（1）在两岸关系问题上，一切企图分裂祖国、变相“台独”的观点和言论都必须加以批判。

（2）我们既要批判唯心主义，也要批判机械的唯物主义。

（3）在1957年反右运动中，不少党的忠诚干部和爱国知识分子被错误地批判、打倒，给国家发展和社会进步带来了巨大的损失。

除此之外，“批判”还有“分析判别，评论好坏”[②]的意思，例如下面两句话：

（1）对于传统文化，我们要批判地接受，去其糟粕，取其精华。

（2）对待今天的中西方交流，我们要有批判的眼光，不能一味喝彩叫好，也不能全盘否定。

对于“批判”的两层含义，可以这样来理解：批判是对某一主张、观点、见解和个体或群体行为，进行逻辑性分析、理性梳理，并给出优劣、是非判定的过程。从宏观

---

①② 中国社会科学院语言研究所词典编辑室.现代汉语词典[M].7版.北京：商务印书馆，2016：990.

层面看，"批判"在人的思维层面，是一种逻辑思维过程，诉诸人的理性思考。"批判"和"评论""评定""判定"等词有相似一面，但"批判"更为严谨、理性，结论也更具有说服力、公信力，使用的语境更正式、庄重。

（二）批判性思维

批判性思维，指的是一种思维能力，更是一种思维习惯、思维意识。较早提出这一概念的是美国伊利诺伊大学的罗伯特·恩尼斯(Robert Ennis) 教授，他认为"批判性思维是理性的、反思性的思维，其目的在于决定我们的信念和行动"[①]。也有学者这样表述：

显然，它不是盲目的行动或反应。教育者们普遍认为，批判性思维不是任凭各种诱惑的摆布，不是轻易受情感、贪欲、无缘考虑、愚蠢偏见等的干扰；批判性思维的目标在于作出明智的决定、得出正确的结论，让我们进一步明确这个概念。存在一种思维：它让我们形成意见、作出判断、作出决定、形成结论。同时还存在另一种思维——批判性思维，它批判前一种思维，让前述思考过程接受理性评估。可以说，批判性思维是对思维展开的思维，我们进行批判性思维是为了考量我们自己(或者他人)的思维是否符合逻辑、是否符合好的标准。[②]

这两种界定指出了批判性思维的本质。更通俗地说，批判性思维是一种对"首次思维"过程和结果的再分析、再推理的过程——反思。这种思维过程可以解决相信什么、应该怎么做，且能给出符合逻辑、科学合理的根据、理由。

（三）批判性思维的特质

批判性思维具有六种主要的特质，分别是独立性、清晰性、一致性、完整性、客观性和公益性。

1. 独立性

批判性思维要求思考者对待事物、面对问题时能够坚持独立思考、独立分析的原则，不依赖现有结论，不屈从主流，不迷信所谓权威，不盲从世俗风潮，不被外力所左右，具有反思和质疑的精神。

2. 清晰性

批判性思维的思路清晰，脉络、层次、环节明确，不存在逻辑错误和概念模糊、

---

① 翟晋玉.批判性思维是素质教育的核心部件[J].教师月刊，2015(1).

② 摩尔，帕克.批判性思维[M].朱素梅，译.北京：机械工业出版社，2016：2.

推理混乱的表述。

3. 一致性

批判性思维严格遵循标准、概念、描述对象、内涵、时空环境影响等多方面的一致性。一致性是保证整个思维过程连贯、有意义的基础。

4. 完整性

批判性思维要求思考者全面、细致考量所掌握的材料，尽可能不遗漏细节，对做出的结论负责。

5. 客观性

批判性思维要求思考者养成理性分析的认知习惯，站在客观立场，保持审慎态度，坚持理性原则，善于运用逻辑的方法来分析和思考问题。

6. 公益性

批判性思维体现出一种不徇私利、不谋私情的公益性原则，其目的不是得出一个满足某方利益的结论，而是找到合理、科学、符合实际的结论，提供理性的行动建议。

（四）批判性思维的必要性

1. 纠偏作用

亚里士多德曾说过："人是理性的动物。"但这种理性的存在并没有否定人的感性思维模式。大量的非理性因素导致了结论、判断、表达和分析过程本身常常存在不合理、不可续的成分。例如，立场倾向、利害关系、情绪性决断、喜好偏向等原因使结论出现偏差甚至完全错误。批判性思维正是在对首次思维的反思、审视中，找出非理性的、偏颇的、存在谬误的内容并加以纠正。

2. 适应发展

随着人类科学发展、认知能力的不断进步，以往一些说法、结论的理由、根据、具体时空等支撑要素发生了变化。若放弃批判意识，也就放弃了获得正确结论的可能。

3. 适应环境

在现代传播环境下，被处理加工的信息在数量和形式上都呈现出爆炸性增长。不论是传统大众媒体还是新兴媒体，都容易存在报道不实和信息虚假的情况。此情况的发生，对传统媒体而言，原因在于把关不严、核实不力、程序缺失或是受利益关系影响;对新兴媒体而言,则是因为信息源考证难、信息发布难度小、自媒体监管机制不健全等因素。要解决这一问题,媒体人在从事信息采编、传播的过程中,需要强化批判意识、提升批判思维能力;同时作为信息受众(社会中的每一个人),面对海量的信息时更要有批判意识。

2015 年 9 月初,安徽省亳州市利辛县女子李娟在男友养狗场里被咬伤住院。在住院 40 天左右时,由于缺钱支付医药费,其男友张宏宇向当地一家媒体谎称自己女友因为救被狗追咬的女孩受伤,希望社会关注和资金帮助。此事经当地纸媒报道后被大量转载,从各大门户网站到微博、微信等人际社交媒体都开始关注这一事件,短短五天时间张宏宇就收到了 80 余万元捐款。但是从 10 月 20 号开始,事件发生逆转,开始有报道称根据警方周边走访调查和急救车人员的反映,伤者"见义勇为"的可能性变得越来越小。后经警方进一步调查,李娟确非见义勇为,而是在男友家被自家的狗咬伤住院。张宏宇后来也公开承认了欺骗媒体的行为,同时向公众道歉。

——《利辛被恶犬咬伤女子男友:"犬口救童"是编造的》,2015 年 10 月 21 日,http://ah.anhuinews.com/system/2015/10/21/006994258.shtml

从上述事件中,可以明显看出媒体从业人员本身缺乏批判意识,在没有调查核实的情况下,轻率地相信新闻爆料人提供的信息;转载媒体也有失察之责,对所转载报道没有"把关",在一无目击证人、二无警方取证调查、三无记者核实的情况下,轻信转载传播。在这个事件中,任何具有批判意识的人都会反思:其一,大路上解救两位被狗追咬女孩,应该有一番追逐、喊叫,会引起附近人的注意;其二,被追咬女孩在哪里,为何只字未提?其三,为何事发 40 余天了,当事人才想起求助媒体,而非当地职能部门?在此事件中,救助弱势、帮助危难的冲动和热情,影响受众对较为明显的信息缺失、内容残缺的报道作出理性判断。作为受众,对媒体,尤其是相对主流的门户网站的报道,以及传统的纸质媒体的报道,不应该"照单全收"。在阅读新闻时,受众不应该被媒体权威性蒙蔽,而是要持有一种谨慎的态度,积极地进行批判思维。

二、批判性思维的障碍

《批判性思维训练手册》一书中提到批判性思维存在六个方面的障碍:①

(1)对"批判"的含义理解有误:"有人认为批判就是给出负面评价……这是对

① 科特雷尔.批判性思维训练手册[M].李天竹,译.北京:北京大学出版社,2012:12-14.

于批判这个概念的误解。”“批判意味着既指出正面也指出负面，既指出有效之处也指出无效之处。”

(2)高估自我推理能力。

(3)缺乏方法、策略或练习。

(4)情感方面因素：“情感经常会阻碍我们将问题思考清楚。情感因素可以增强或者削弱一个论点的力量，尤其是当情感取代了具有说服力的推理和证据时。”

(5)将获取的信息当成理解。

(6)不够关注细节。批判性思维需要准确和精确，因此需要非常注意细节。对问题产生背景了解得过于笼统，可能会得出偏颇甚至偏激的结论。

上述六个方面，提出了阻碍批判性思维形成、批判性意识建立的主要因素，但是过于笼统，不具有操作性。接下来，笔者将更系统地梳理这些阻碍因素。

(一)刻板印象和思维定式

1. 刻板印象

刻板印象是指人在经历了之前的接触、了解后，对某人、某物、某事形成的一种固定僵化的判断，同时也指用旧有的观点来思考和解决现在的问题。例如，李某家附近街道上有一个流浪汉，常常捡人们丢弃的废旧物品变卖，偶尔也小偷小摸。李某对此人的印象是穷困潦倒、好吃懒做且手脚不干净。一次李某回家发现早上晾晒的被子不见了，他便认定是那个流浪汉干的。这一判断是非理性的，没有任何实际依据，仅凭借刻板印象就得出结论。下列一些表述也是刻板印象的体现：

旅游区的商家都很坑人。

身上有文身的人都有着坏习气，行为不正。

穿着整洁、高贵的人要比杂乱、土气的人富有。

眼睛大的人都很聪明。

长着苔藓的石头都很滑。

2. 思维定式

和刻板印象相近的是思维定式，这是人们在长期的经验中形成的思维固定方式。一方面，思维定式对我们节省精力、时间，保持高效率有重要意义。生活中有大部分行动、判断需要我们以熟悉、惯性的思维去应对。例如，上班回家、出门买菜、驾驶汽车、洗衣做饭等重复性的活动，不需要我们重复思考。另一方面，思维定式也成了批判性思维的障碍。当我们遇到与之前相似的问题或现象但并不完全相同时，思维定式常常引导我们做出“不假思索”“习惯性”的判断。例如，当我们看到一则新闻标题《城管和商贩发生纠纷，商贩不治身亡》，大多数人的第一反应为“肯定又是城管暴力执法，应该严惩”。这种心理反应本身，就是思维定式的结果。其实，在产生“暴力执法”的结论时，并没有做任何符合逻辑的推理，甚至没有任何依据。事实真相可能是城管执法时始终保持克制，商贩首先动刀，城管是正当防卫。在打斗中，商贩不慎摔倒在地，手中的刀正好扎到自己的要害部位，不治身亡。

3. 刻板印象、思维定式的内在推理

刻板印象和思维定式都是凭借以往经验，根据归纳推理得出的断言，来对新的情况、问题、现象做判断、下结论的思维方式，其内在思维的三段论推理是这样的：

大前提：此人/此物/此情况过往是如此的/属于这个性质。

小前提：这一次情况，也是此人/此物/此情况。

结论：这次结果仍旧是这样的。

其中，大前提就是刻板印象、思维定式的特征。这个推理的理由，明显无法支持结论：以往的情况和现在的情况一样么？如果仅仅是相似，那么两者之间的相似性有多强？结论的准确度有多高？这些支撑结论的关键理由并没有在这个推理中出现。

（二）从众心理

心理学实验发现，人在群体压力下，当自己的思维过程、判断结论、行为等跟周围人不同时，很容易放弃思考，盲目跟从大多数人的意见。生活中，我们常常听到这样的说法：“我觉得是这样的，因为大家都这么说！”这就是从众心理。

从众心理的内在逻辑过程一般有一个大前提、一个未被说出的假定：

大多数人赞同的意见就是对的。

在这样的大前提下，断定任何被大多数人认可、认定的都是对的。2003年“非典”时期的食盐、板蓝根、食用醋等抢购事件，就是大多数人缺乏批判意识，只凭借“大多数人都这样做”的根据采取行动的典型例子。人们在旅游区里购买没有多少实用价值的纪念品的行为也是源于这样的推理——因为大家都买了，所以我也应该买。

从众心理的产生根源可以追溯至人类早期的群居生活。在群体生活状态下，个人总是避免和周围大多数人的意见、行为相悖，否则会被孤立，进而导致生存危机。这样的心理习惯长期延续下来，在家庭生活、社群生活中，不断被强化，形成了一种心理习惯。有时候众人的结论确实比个人更加全面和正确，此时，从众心理的益处就体现出来了，但这也是从众效应最危险的一面——当个人跟从大多数人放弃了质疑、反思时，谬论和偏误就有了存在的空间。更可怕的是，那些理性的分析和结论会受到排挤，在更多非理性因素的综合作用下，错误的结论和行为会呈现压倒趋势，占据主流。当下网络中对一些新闻事件、热点话题的评论往往呈现如此现象：骂声四起时，理性的分析被压缩甚至失声。关于这一点，《乌合之众》这本研究群体心理的书籍有过详述。

（三）群体本位

在对一些观点、结论、问题做判断时，人们往往被自身所在的群体性质所影响，大多倾向于对属于自己群体人员的言论作正面评价，对不属于自己群体的作负面判断。《锵锵三人行》2016 年 7 月 25 日这一期节目中，在谈到香港和内地的受众观点不同时，嘉宾马家辉说道：

可是不管什么意见，当他觉得是香港人讲出来的时候，就一定觉得你是别有用心、挖苦啊什么的。然后我也经常跟朋友说嘛，我讲一些话，因为我马家辉讲的，香港人讲的，（内地的受众就会说）瞧不起，挖苦。假如是我们内地的，比方说媒体、学术界的老师讲的话，哇，不得了（模仿相关评论和语气），知识分子啊，有良心啊！有批判力，有反省，了不起……

面对同样的意见，出自内地人和香港人之口，引起的反馈迥异，这是一种典型的群体本位偏见心理。这种心理非常普遍，面对相同的结论、判断，人往往认可“自己人”说的，而否定“外人”说的。

（四）晕轮效应和权威压力

晕轮效应由美国心理学家凯利提出，又称光环效应。当人或物在某一方面十分出色、优秀时，其他方面也会给人留下较好的印象，人们会给予正面的，甚至极高的评价。生活中，凡是在外表、学历、职位、社会地位、经济实力某一方面高出众人的人，很容易在周围人心中产生晕轮效应，即心理上对这一类人产生一种强烈的认同倾向，似乎其某一方面的光辉可以照射到其他各方面，使得整个人似乎都被光辉所笼罩，让人感觉眩晕后辨认不清其他的缺陷。“一俊遮百丑”，说的就是这个意思。

在晕轮效应的作用下，人们容易失去批判意识。流行已久的“明星代言”便是典型例子，广告商不惜重金邀请时下人气较旺的一线明星来为自己的商品“背书”，于是出现了一些有趣的现象：常饰演正面角色的明星告诉我们哪一款保健品专为中国人定制；喜剧明星告诉我们哪种药物治疗孩子感冒最有效；歌手向我们建议哪种矿泉水最优质……不一而足。这些现象司空见惯，我们不知不觉地被这种光环效应所影响，消费者每每谈及时总爱说："这个牌子应该不错啊，×××都给他做广告！"

然而，在批判意识下，我们要反思：这些代言人传播的结论是否可靠？如何验证其话语的真实性、可信度？

与晕轮效应有着较高相似度的是权威压力，其强调能力、水平、实力等技术层面的高度。但和晕轮效应最根本的不同是，权威压力更强调"权"。这种"权"是经过验证后被认可的、合法的、具有较高公信力的"权"，例如，某领域的教授、知名专家，某方面的获奖者、遴选出的精英人士，在某方面经验丰富、作出过重大贡献的人士等。他们在各自领域的正确性、可靠度经过了数次公开的、大范围的检验，得到了广泛认可，因此，他们获得了一种被认可、有较高公信力的"权力"——被尊重和被服从的权力。当听到某人、某观点是这一领域的权威时，我们往往会产生一种"认可压力"，似乎质疑权威就等于质疑或否定了认可、确立这种权威的广大人群、相关机构，于是人们产生了盲从权威的心理习惯。此外，权威压力的来源不仅限于人，主流媒体、历史悠久的机构、实力极强的组织等都会被我们当作权威。它们作出的主张、判断往往被解读为这一领域不可置疑的结论。

我们必须认识到，世界上不存在绝对意义上的权威——任何结论、推理和判定，都不能保证百分之百精确，都是可以质疑的。批判意识提醒我们，只有不断完善的理论和观点，只有不断接近真理的判断，没有绝对的定论。

在晕轮效应和权威压力的综合影响下，还会产生一种倾向：泛权威。生活中不乏这样的例子：一位被称为国学大师的人在谈论经济、社会、政治时，也被看作是权威的论断；一位机械方面的专家被邀请谈论经济现象，一位著名的艺术家关于教育理念的观点被认为是金玉良言。人们认为，既然是专家，其作出的所有判断和结论都值得相信，却忽视了权威是有界限的。泛权威的现象告诉我们，任何没有合理、充分且明确理由支撑的结论，都应该被质疑。

（五）情绪推论

对于人类的情绪种类，一直有"七情"一说，具体的类别在医学界、宗教界和心理学界各有标准。一般来说，情绪分为"喜、怒、哀、恐、悲、惊、忧"七种。当然，人类情感之复杂远不止这些，还有羡慕、同情、骄傲、内疚等。在我们对事情作出判断时，有一些情绪会干扰推理的合理性。

1. 愤怒

这是一种常见的情感推论,"在实际并没有理由时误以为已经获悉了愤怒的理由"。[①] 这种情绪推论的表现是将引起情绪愤怒本身当作了结论的依据。可以表述为:"这件事错了,因为让我很生气!"由愤怒的情绪推论导致误判和盲目做结论,其产生的根源有很多,自私、偏见、狭隘、自负等。例如夫妻之间,丈夫因为妻子没有照顾好孩子而愤怒,指责妻子时间分配不合理、对家庭关心不够。此时丈夫结论的理由就是这件事让丈夫很恼火,而更深的根源或许是自私。理性分析时可以发现,妻子已经花费了大量的时间和精力照顾家庭,而丈夫则相反,更多的时间用在了工作和应酬上。

2. 同情

同情的对象一般发生在与自己相比相对弱势的人群中。当我们对某人产生同情心理时往往自动放弃理性推论,而是使用情感推论,例如"他是如此可怜,他应该得到这些",或者"他值得同情,即便犯了法也应该原谅或从轻判罪"等。同情心理在当下的一些真人秀电视节目中表现得较为明显,选手的支持率往往与其身世的凄惨程度呈正相关,而非比赛的本质——才艺实力。从理性层面分析,生活经历坎坷的选手并不必然地证明其才艺实力更好。观众对他们的支持是因为同情导致了结论的偏差。

3. 妒忌

与同情的情绪相反,妒忌会强化我们对问题负面性质的判定。妒忌心理的根源是己所不得而他得,妒忌的对象不一定是各方面优于自我的,但一定是在被妒忌的方面胜于自我的。此时在进行推论判断时,自我会无理由地强化被妒忌方的不足、缺憾和错误。

4. 自负

自负也是一种影响自我评价的情绪,自负的心理会让我们过度地相信自我判断,例如对理由的过度相信,对推理正确的判断过于主观等。

三、批判性思维的关键——发现问题

(一)发现问题

批判性思维针对的是思考本身,是关于思考的思考,目的是发现思考、推理过

---

① 摩尔,帕克.批判性思维[M].朱素梅,译.北京:机械工业出版社,2016:125.

程中导致结论不可信的谬误等。批判性思维的核心是发现问题、纠正问题和指导判断，其中发现问题是我们批判性思维训练的首要任务。批判性思维是运用科学的方法、严密的逻辑推理、客观规律等，对批判对象进行分析，找出问题所在。

发现问题本身也是推理过程，同时也是解决问题的一部分。例如面对一篇新闻评论，我们要找出其逻辑谬误、推理失当、用语错误等问题，从问题点入手，找出错误的性质、问题的根源。

（二）问题类别

一般来说，常见的谬误、失当主要包括：

1. 表述层面

对于思维内容的表达、推理过程的表述，要求清晰、准确。一些表述的常见问题会影响到论述的可信度，甚至影响到推理过程的合理程度。表述层面常见的问题有语义模糊、语义歧义、用语极端和不当夸张。

（1）语义模糊

语义模糊在表述中表现为听者不能通过语言较为明确地知晓所指的具体内容。

首先要指出的是，作为一种符号系统，语言本身具有"与生俱来"的模糊性。我们使用语言来指称事物时，语言不可能绝对清晰和精确。哲学家莱布尼茨说过世界上没有两片完全相同的树叶，我们也无法为每一个具体事物起一个独特的名字，只会在需要时使用一些限定词。例如，当我们明确指向立在林中的某棵树时，可能会使用"距离溪水最近的""树干有些残损的""树下有一片小蘑菇的""树冠不大""小土包的南边""树皮带一些浅黄的"等限定词。与实际的这棵树相比，我们的语言总是模糊的。尤其当实际物差别很细小、很微弱时，我们很难纯粹地使用语言来予以描述。

语言作为符号，本身具有的模糊性是理论层面、绝对意义上的。我们这里所指的模糊性是指语言使用中因过于含混不清、模棱两可、词句残缺导致的理解困难，是一种理解层面、交流层面的表意不清。例如：

今天富人过度享受了社会福利待遇。

这句话中，"富人""过度""社会福利待遇"等都过于抽象，使人在理解和思考时，不能明确其所指对象，"富人"的标准是收入、存款还是社会阶层、职业背景？如何界定这句命题中的"富人"？什么样的福利待遇算是"过度"？"社会福利待遇"具体指哪些方面？是医疗福利、受教育福利还是社会保障福利？这种命题本身不能作为理由、前提，因为其表述的意思不可确定。

新京报网在2016年6月5日发表了一篇京衡律师集团律师邓学平的评论《追责涉医失实报道，关键在标准细化》，文章对5月19日公布的《福建省医疗纠纷预防与处理办法》中的一些用语提出了个人看法，认为这些词语语义模糊、模棱两可，很难作为具体实施的依据。以下文字摘自该评论：

日前，福建省政府以政府令的形式向社会公布了《福建省医疗纠纷预防与处理办法》。引人注目的是，《办法》中有两条是关于媒体报道的，其中一条规定"新闻媒体或者记者对真相未明、调查结果尚未公布的医患纠纷作失实报道，或者报道中煽动对立情绪，造成严重社会不良影响和后果的，依照国家有关规定追究责任"。

……

但上述《办法》中，有些表述仍存在模棱两可的地方，亟须更充分地解释。比如，报道"失实"的界定标准是什么？主体是谁？要知道，媒体报道的及时性和准确性之间存在张力。有些失实报道涉及编造事实，易给出"失实"定性；还有些则是因事件调查和公开总处在滞后、缺位状态，报道只能在情况不明朗、信息不对称之下做出，"失实"难以界定。

又如，何为"煽动对立情绪"？在很多人看来，媒体本身不生产医疗纠纷，只是医疗纠纷的搬运工。确实有些报道是在制造噱头、加剧撕裂，但更多地将医疗纠纷从局部的私密状态搬运到大众视野后，未必会"煽动对立情绪"，反而会促使大家思考医疗纠纷产生的根源，以减少纠纷发生。因而就此明晰标准，很有必要。

还有，怎样才算"造成严重社会不良影响和后果"？通常而言，媒体进行新闻报道是种特殊活动，关系到宪法规定的监督、批评权，还涉及公众知情权。追究其法律责任，需对多重因素综合考量，如报道前是否进行了必要核实，是否在主观上存在直接的恶意、是否与损害结果之间存在必然的因果联系等。按照刑法中的诽谤罪、民法中的侵权等内涵外延，当故意造谣诽谤或严重不负责任时，报道失实才应承担法律责任。"严重不良影响"若无细化界定，可能会为不正当干预新闻报道活动提供不合理的依据。

确实如文中提到的，诸如"失实""煽动对立情绪""造成严重社会不良影响和后果"等表述，这些概念本身就具有相当的抽象性，在具体执行时，难以作为参考依据。

用语模糊，既可能是无意之举，也可能是故意为之。

①无意的语义模糊

无意的语义模糊是指说话者在表述时，对语句的清晰性、准确性缺乏全面细致的考虑，没有顾及接受者的理解能力，这就容易形成无意之中的语义模糊。造成非有意之举的语义模糊一般有三种情况：

第一，表述者自己对其使用的抽象度较高、概括性较大、模棱两可的词语含义未做过周密的思考，尚未明确其准确含义。

第二，表述者单方面认为语言的确切含义已经为接收方所共享。此处要补充一点符号学的知识：语言作为传受的工具，存在编码者和译码者之间的“意义共享”规则，如果一篇文章的受众和作者拥有同样的知识、经验背景，那么对这些目标受众来说，没有问题的表述，对外圈层人来说可能会产生语义模糊。例如父亲对孩子说：“你再这样混下去，我可没办法养你的！”此处“混”的含义在家庭以外的人看来似乎很模糊，但是父子之间可以明确传递意义。

第三，表述本身形成的语义模糊。一些词语在句子结构、前后词语组合中，可以有多重解释，如果表述者未注意到这一点，不调整词语加以明确限定，就可能出现语义模糊、含混不清的情况；表述时的一些句子结构也容易造成语义模糊。

需要注意的是，汉语中有相当数量的词语，本身就具有一定的模糊性，例如肥胖、高挑、雄浑、粗大、遥远、高度、上游、里面。在文学中的语义模糊甚至有特殊的功能，如审美、含蓄、礼貌、灵活等。在批判性思维中，我们不排斥这类词语的运用，但要记住，语义明确的最终目的是使传受双方能够明确无误地传递信息、交流沟通。

②有意的语义模糊

有意的语义模糊是表述者带有明确目的的行为。究其原因，主要有以下五个方面：规避敏感，弱化冲突；给出区间，提高准确性；留出余地，方便进退；人际关系润滑，表达情感；营造气氛，产生艺术审美效果。

第一，规避敏感，弱化冲突。

在有声语言传播中，当遇到一些涉及敏感的或不能泄露机密信息的问题，但又不能不回答时，表达者往往用一些模糊性词语来回应，既不失礼貌又避免尴尬。此时有意的语义模糊起到了规避敏感、弱化冲突的作用。“你懂的”原本只是网络用语，但2014年“两会”新闻发布会上被发言人使用，这三个字瞬间成为大家街谈巷议的话题。

在2014年“两会”的新闻发布会上，《南华早报》记者向新闻发言人吕新华提问：

“我们注意到现在外面有很多关于前中央政治局委员周永康的一些消息和报道，我不知道发言人对这个事情有没有什么可以透露的？”

吕新华：“实际上，我和你一样，从个别媒体上得到了一些信息，那么我大致上这样说一说，2013 年中纪委监察部对涉嫌违法违纪的中管干部结案和处理的已经有 31 人，部分是部级干部。我们严肃查处一些干部，包括高级干部严重违法违纪的问题，向全党全社会表明，我们所说的不论是什么人，不论其职位有多高，只要是触犯了党纪国法，都要受到严肃的追查和严厉的惩处，绝不是一句空话。我只能回答成这样了，你懂的。”

以习近平为总书记的新一届党和国家领导集体，正在进行一场事关党和国家存亡的“反腐大战”。而在整个“反腐”战略中，何时、何种场合、通过何种渠道来宣布某一特大反腐战绩，都有慎重的考虑和缜密的安排，越是这种牵一发而动全身的关键时刻，越是不能有任何意外。因此在相关部门未正式发布相关消息前，作为新闻发言人绝不能就此事作任何正式的、实质性的回应。更何况在这样一种场合，吕新华任何带有明确性质的语言一经出口，就有可能造成巨大的风波，形成不可逆转的局面。但作为新闻发言人不能拒绝回答人民关切的问题，更不能生硬斥责记者不懂政策、瞎提问。因此，针对记者的提问，他作了看似清晰、实则模糊的回答，而看似没有回答，却又仿佛回答了。尤其是最后那句“你懂的”，更是隐晦地传递了令人欣慰的信息：首先，你懂的，说明我们都心照不宣，党和政府与人民群众是始终站在一起的；其次，大家所关注的也是我们所重点处理的，结果肯定会让人民群众满意，这才是你我都懂的；最后，你们应该知道，有些话我不能说，但我们想法大体是一致的，你们要问的问题，其实你们大致已经猜到答案了。

第二，给出区间，提高准确性。

模糊语义还能让一些表述更加准确，例如，火车到达郑州站的时间是 23:30，那么怎么算是准点到达？是以火车头进站为准、以车轮停下那一瞬间计时为准，还是以乘客刚下地的时间为准？时差在 1 秒内还是 5 秒或 10 秒内算是准点？实际交流中，对太多这样不可能精确表述也没有必要精确的情况，我们就用一些模糊的词语给出一个区间，这会让表述本身更加贴近现实，更加准确。例如一点、左右、两丈许、几乎、差不多、基本上等词语的修饰。

第三，留出余地，方便进退。

在语言表达中，还会出现有些话不便、不允许或不可能说得太死，但又不得不作出表达的情况。例如，病人问大夫自己的病多久能好、乘客问出租车司机几点能到、顾客问电脑什么时间可以修好等，此时用一个模糊性的回答，既表达了意思，又留出了余地，方便进退。

第四，人际关系润滑，表达情感。

模糊语义在人际交往的表达中常常起到润滑剂的作用，表达情绪、营造气氛，避免交流尴尬。下面是两位邻居在楼下相遇时的一段对话：

张：老李，才下班啊？

李：哦，刚出去走走，活动活动。

张：哎，最近我怎么没见你家老爷子呢？前一阵还经常出来下个棋什么的。

李：哎呀，老毛病了，就那点事，养几天就好了。

张：哦，得注意啊，空了还是带去大医院好好看看。

李：是，是，你去哪儿啊？

张：我出去办个事儿。

李：哦，那回见啊！改天上我家喝茶。

张：好，回头聊。

这段对话看似说了很多，但有效信息极少。两人用到的都是模糊的词语：走走、活动活动、老毛病、就那点事、大医院、办个事儿、改天……在这典型的中国式寒暄中，双方一般不会就某一个问题深究下去，例如，父亲得的什么病？病名是什么？多严重？既然这些信息双方都不需要搞明白，那为什么又要问？其实双方聊天的实质性内容并不重要，"聊上几句"行为本身才是关键，是一种人际交往的情感、关系表达。邻居见面不能形同路人，但又没有必要交流实质性问题，那就用无关痛痒、模糊不清的寒暄来替代，既彼此融洽、不显得生分，又不耽误时间，表达了彼此的关切。这种语义模糊可能发生在任何场合、任何关系的交流之间：领导和下属、亲戚朋友、师生同学，甚至政治首脑外交活动中等。

第五，营造气氛，产生艺术审美效果。

模糊语义在文学中的运用是非常普遍的，能起到营造氛围、形成意境、产生艺术审美的效果。艺术家运用现实世界有形或无形的各种材料，通过艺术家自有的、主观的观念、思想、感情，构建起了另一个"幻象"。这种"幻象"既有可触可见的雕塑、建筑、绘画，也有不可触不可见但可以意会的文学形象。文学中的形象、场景、情感等有时需要若隐若现地体现出来，制造出能够激起读者想象的"幻象"。文学中的艺术体验是超越于本体的情感经验，文学形象的塑造是要摆脱读者对本体的束缚，产生"出离"的思想状态。此时的一些词句若是过于清晰、明确，就可能使文学形象变得死板、僵化，失去艺术审美的效果。例如《红楼梦》第三回中，很多人物的描写语义都是相对模糊的，但丝毫没有影响读者对人物形象的审美体验，例如对黛玉进入贾府后见到的三位姑娘的描写，用的均是带有模糊性的词语：第一个“肌肤微丰，身材合中，腮凝新荔，鼻腻鹅脂，温柔沉默，观之可亲”；第二个“削肩细腰，长挑身材，鸭蛋脸儿，俊眼修眉，顾盼神飞，文彩精华，见之忘俗”；第三个“身量未足，形容尚小”。

头上戴着金丝八宝攒珠髻，绾着朝阳五凤挂珠钗；项上带着赤金盘螭璎珞圈；裙边系着豆绿宫绦双鱼比目玫瑰佩；身上穿着缕金百蝶穿花大红洋缎窄裉袄，外罩五彩刻丝石青银鼠褂；下着翡翠撒花洋绉裙。一双丹凤三角眼，两弯柳叶吊梢眉，身量苗条，体格风骚，粉面含春威不露，丹唇未启笑先闻。

这是林黛玉第一次见到王熙凤时的一段描写，借黛玉之眼看到的王熙凤，衣着配饰部分是清晰实在的描摹，面容身段部分则是带有模糊性的描写，一实一虚，相辅相成。

(2)语义歧义

“歧”指不同、不一致以及岔道的意思。歧义指的是一个词语、一句话可以做不同的理解。在语言传播中，准确的含义是交流的基础，当词句出现歧义时，接收者无法准确把握传播者的意图，这样的表述也就不能被推论、被判定。世界上现有的语言中，构成句子的词语含义常常是多种而非单一的。汉语普通话的字、词也是如此，一字多义、一词多解的现象很普遍，这是容易造成歧义的客观因素之一。词语在构成句子之后，词语之间、分句之间、句子之间组合不当，是造成歧义的主观原因，也是主要原因。

原欠款 10 000 元 还欠款 3000 元

“原欠款 10 000 元，还欠款 3000 元”，见到这样的借条，该怎么读呢？西安的一对好朋友就因为这张借条闹起了纠纷，一个说 1 万元还了 3000 元，还剩 7000 元，另一个则说 1 万元还了 7000 元，还剩 3000 元。

——摘自 2016 年 2 月 27 日《华商报》

“还”在汉语中一词多音多义，放在此处若不加限定，便很容易产生歧义。

又例如，腾讯新闻网 2016 年 8 月 18 日的一则标题《男子怀疑女友出轨打跑对方 为逼现身发假通缉令》标题中的“对方”放在此处，很容易让读者认为被打跑的是第三者，而实际上是指男子的女友。这则新闻是腾讯网转载扬子晚报网的新闻《为逼女友现身男子朋友圈发假“通缉令” 致女友名誉受损不敢出门》。相比之下，扬子晚报网的标题表述清晰、明确，不会产生歧义。

上述两个例子是词语多解造成的歧义。来看下面这个例子：

中国主张所有核武器国家明确承诺全面、彻底销毁核武器，并承诺停止研发新型核武器，降低核武器在国家安全政策中的作用。

这句话摘自中国 2009 年 1 月发布的《国防白皮书》，白皮书一经发布在当时引起了不小的误解，网上立即出现了质疑中国“自废武功”的评论，后来国防专家出面澄清，中国并未承诺停止研发新型核武器。造成语义误解的关键在于此句的标点符号欠斟酌造成了句子的多解。实质上文章要表达的意思是这样的：

中国主张：所有核武器国家明确承诺全面、彻底销毁核武器，并承诺停止研发新型核武器，降低核武器在国家安全政策中的作用。①

(3)用语极端

汉语中有一部分形容词是“极限词”。这一类词语表示在程度、层次、属性中的极致状态。从严格的逻辑层面看，这种词语是“完全归纳推理”的结论性表述。使用极限词的命题要为真，其前提是不遗漏描述对象中的任何一个样本。例如，经过对全校高三年级 438 名同学期末考试成绩的统计、排名，得出“高三某位同学期末考试总分全校最高”的结论。此处命题使用了极限词“最”，这是一个真命题。但如果是统计了 437 名同学，结论中便不能使用“最”这个极限词。

在实际语言使用中，很多表述并不是用于科学论证、严格推理，这部分极限词并不表示精确的结论，不代表完全归纳推理的结果，只是一种“夸张”修辞。这在传受之间形成了表述和理解的默契，并不在批判性思维的分析范畴——表述者并不对这个命题的真伪负责，读者也不会追究是否运用了完全归纳推理。例如余秋雨在《遥远的绝响》中说道：“这是中国文化史上最黑暗的日子之一，居然还有太阳。”此处的“最”字，其实并不是告诉读者他已对中国文化史开始后的每一天的情况做了完全归纳和分析后得出这个结论。同样，读者也明白，这是一种修辞，表现当时文化气氛压抑、文化空气令人窒息的沉闷。

广告商为了博得消费者的眼球、引起大众的关注，特别喜欢使用极限词来表达，虽然一定程度上消费者有能力辨别真伪，但为了避免误导和欺骗，国家还是立法制止这一行为，2015 年 9 月新的《广告法》出台，其中对常见的极限词做了梳理，明令广告商禁止使用，此处摘录部分内容：②

①与“最”有关

最、最佳、最具、最爱、最赚、最优、最优秀、最好、最大、最大程度、最高、最高级、

---

① 董毓.批判性思维原理和方法——走向新的认知和实践[M].北京：高等教育出版社，2010：135.

② 新广告法资料：极限词（违禁词）汇总[EB/OL].(2015-10-07)[2016-09-05].http://www.ad－cn.net/read/4476.html.

最高端、最奢侈、最低、最低级、最低价、最底、最便宜、史上最低价、最流行、最受欢迎、最时尚、最聚拢、最符合、最舒适、最先、最先进、最先进科学、最先进加工工艺、最先享受、最后、最后一波、最新、最新技术、最新科学

②与“一”有关

第一、中国第一、全网第一、销量第一、排名第一、唯一、第一品牌、NO.1、TOP.1、独一无二、全国第一、一流、一天、仅此一次(一款)、最后一波、全国×大品牌之一

③与“首/家/国”有关

首个、首选、独家、独家配方、首发、全网首发、全国首发、首家、全网首家、全国首家、××网独家、××网首发、首次、首款、全国销量冠军、国家级产品、国家(国家免检)、国家领导人、填补国内空白、中国驰名(驰名商标)、国际品质

④与“级/极”有关

国家级、国家级产品、全球级、宇宙级、世界级、顶级(顶尖/尖端)、顶级工艺、顶级享受、高级、极品、极佳(绝佳/绝对)、终极、极致

⑤与“虚假”有关

史无前例、前无古人、永久、万能、祖传、特效、无敌、纯天然、100%、高档、正品、真皮、超赚、精确

⑥与“权威”有关

老字号、中国驰名商标、特供、专供、专家推荐、质量免检、无需国家质量检测、免抽检、国家××领导人推荐、国家××机关推荐、使用人民币图样(央行批准除外)

还有一种情况,虽然没有使用极限词,但句子表述的意思带有极限、极端的含义,也会造成用语极端。来看下列例句:

世界上没有哪款手机有这款性价比高了。

换言之,这款手机性价比全球第一。在批判性思维中,这样的隐性极限表达,更要注意。其实,判断一个具有语义极端化现象的表述是否为真,要看其是否拿出了理由,进行了全样本的归纳,做出了科学的推理。

(4)不当夸张

夸张是一种修辞手法,一般运用于文学艺术领域。夸张作为一种修辞手法,不需要有理由的支撑,因为不用遵循理性原则,只要达到增强感染力、渲染氛围等目的即可。除文学艺术领域之外,当表达内容具有工具性、实用性、可操作性时,文字、语言表述都需要实事求是、与实际相符。例如,在新闻传播、法律、金融、商业、军事、教育等领域中,使用夸张就会造成脱离事实、不严谨的谬误,甚至涉嫌误导、

诈骗的违法行为。中国经济网 2014 年 8 月 28 日报道了题为《八成消费者网购遇夸大宣传 存信任危机》的新闻，列举了多种网络购物中涉嫌夸大其词的宣传语言。诸如此类表述中的程度描述、责权描述、功效描述等与受众实际利益相关的情况，夸张就不再可以作为修辞看待，而是涉及欺骗、误导的违法行为。

2. 推理层面

推理层面的谬误常常是导致结论不当、错误的主要原因，常见的推理层面谬误有：假设不当、偷换概念、偏移话题、片面举证、稻草人谬误、绝对化归纳、弱类比推理、以错制错、人言混淆、虚假两难、滑坡论证、错置举证责任、既有事实举证等。其中，偷换概念、绝对化归纳和弱类比推理在“逻辑思维与表达”部分已有阐述，此处不再讲解。

（1）假设不当

每一个命题本身从逻辑思维过程看，也都是一个结论，是由更上一级推理得出的，例如：

大前提：教师的使命是教书育人。

小前提：这位老师教学懒散、育人失范。

结论：这位老师辱没教师使命，需要提出严肃批评。

这个推理中，大小前提都是命题，在这里作为理由使用。其本身也是一个结论，“教师的使命是教书育人”是可以被论证的；同样，当我们做出这位教师“教学懒散、育人失范”的结论后也是得到论证的。但此处都没有说出这两个概念的支撑性理由。在逻辑思维中，未被说出的，使推理的前提成立的条件、理由、依据，称之为“假设”。推理过程中，只有当未被说出的假设成立时，推理本身才能成立。在实际表述中，一些谬论的得出恰恰是因为假设不当。

一个住户家里名贵字画失窃后到警察局报案。由于涉案金额巨大，公安局组成了专案组开展侦破行动。但由于案犯反侦察能力强，屋内留下的痕迹很少，加之当晚案发之后下起了雷雨，逃跑踪迹被破坏，且小区监控系统正巧在维修，办案人员经过一个多月的努力仍没有任何进展。失窃住户见迟迟未能破案，到公安局发泄不满，对办案民警说：“你作为一个警察，连小偷都抓不到，还配不配当警察?!”

针对这种情况，公安人员可能一时找不到言语回答，甚至内心还要承受巨大的压力。这句话乍一听，似乎有道理。但运用批判性思维推理，反思其内在依据就会发现这种推断犯了假设不当的推理错误。其推理过程是这样的：

大前提：只要有一次没有完成职责，就是绝对的失职。

小前提：抓捕小偷，是警察的职责所在。

结论：因此，作为一个警察这次没有抓到小偷，就是绝对失职，自然就不配当警察。

很明显，这个推理的大前提是假命题，因此得出的结论是假的。这个大前提之所以是假的，是因为其假设不符合现实。

大前提：局部可以决定全局，只要有一点问题，就可以否定全部。

小前提：没有完成职责，是职能人的失职行为。

结论：因此，只要有一次没有完成职责，就是绝对的失职。

假设不当的推理结果往往看似正确，却难以让人信服，或者明明觉得不合理，又找不出理由反驳，此时就要善于挖掘命题的假设，找出其推理的荒谬之处。

(2)偏移话题

偏移话题是指在表述中，用另外的话题替代了之前的话题，避开原有的论点、概念，转移了注意力。逻辑学上用“转移论题”“红鲱鱼效应”来表述。红鲱鱼的气味很浓烈，在猎狗追踪时如果在路上有一只红鲱鱼拖过，就会干扰猎狗的追踪，猎狗很可能偏离之前的路径，循着红鲱鱼的气味跑。“红鲱鱼效应”是指在表述时，用一种更加具有吸引力、刺激性、感染力的话题、论点来引开视线、干扰原有议题的行为，回避对表述方不利的话题。

(3)片面举证

片面举证经常出现在归纳论证的推理中，指忽视现实中理由、根据的全面性、对称性，仅仅采用一部分论据推理得出结论。片面举证有以下几种典型情况：

①以点概面

从一件事、一个人的一方面性质估算出整体的性质的推理，则为以点概面。“盲人摸象”的故事，就是以点概面的典型。中国俗语“一竿子打翻一船人”也有这样的含义。这种逻辑谬误不仅会影响人们对事物的客观、理性认知，对群体造成不良的影响，还容易产生社会对立情绪，破坏和谐氛围。当下大部分新闻网站设置了“评论”版块，读者可以在这个版块发表自己的看法。从这些评论中，我们可以发现不少以点概面的结论，有些不仅偏激甚至幼稚可笑。腾讯新闻网 2016 年 8 月 18 日转载了一条《23 岁大学毕业生用打印机造千万假币 自己修版调色》的新闻，在评论页面，最热门的评论是：“看到没？现在的大学生毕业就干这种活，读书有用还是没用?”令人担忧的是，此评论在短短 4 天就收到了 17 585 条点赞和 1655 条回复。笔者对回复粗略统计后发现，指出这条评论以点概面、不合理的回复仅有 10%左右。在评论页面左上角“文明上网理性发言”的字样和这条评论形成了鲜明对比。

②以偏概全

以偏概全是指表述者仅列举一部分根据和理由，有意或无意地遮盖了性质相反或相异的根据、理由而进行的推理、判断，没有做到平衡举证、全面考量。有意掩盖部分论据，主要是因为表述者有明确的目的，故意选取有利于自己观点的论据，不提及那些无益于其观点的论据、理由。而无意遮盖的原因则是因为：一方面在人的认知活动中，源于客观的条件所限，认知主体并未意识到自己对认知对象的结论其实是基于不完全的、不平衡的、带有强烈偏向的依据的；另一方面，由于“选择性接收”的心理因素存在，人们在接触信息时，总是倾向于接触、记忆那些符合自身既有观点、主张和喜好的信息，这种潜在的心理因素也往往让我们下结论时出现以偏概全的逻辑谬误。

来看一个非常具有现实针对性的例子：

长久以来，西方国家采用了各种信息手段，让不少中国人无意识地犯了以偏概全的逻辑推理谬误。这样一种观点较为普遍地存在于我们的生活中：“西方国家就是民主、自由、美德的标杆，西方社会各方面都比中国好，而相比之下中国是不民主的、不自由的，方方面面存在很多问题。”这里要指出，虽然是结论错误，但错不在国人。旅法作家边芹在《谁在导演世界》中以亲身经历和大量的事实告诉读者：西方媒体，掌控了信息源和解释权，精心设计的传媒报道，导致了我们对西方社会认知的偏误。[①] 复旦大学特聘教授、中国发展模式研究中心主任张维为在演讲《中国信心》时说道：

我在西方生活了20多年，所以西方的很多忽悠我是不会上当的，因为我在那里生活过……我走了100多个国家以后，我自己有一个很强烈的感觉，中国已经取得这么大的进步，我自己发觉我们相当大的一个人群……这些人不自信，总觉得还有一个非常理想的彼岸世界，就是西方，特别是美国。一次我在上海一个大学里讲课，讲中国崛起。一个青年教师提了一个颇为尖锐的问题。他说张老师啊，听完你的讲座，给人感觉好像中国人生活得都很幸福，但是为什么还有那么多人要求移民呢？你能不能劝他们不要移民，待在中国？我也笑了，我说你这个问题问对人了。我说我不做这样的傻事情，我鼓励他移民。因为我做过一个小小的研究，至少70%的人，出国之后会变得更加爱国。……一出国就爱国，这个效果比党的教育还要好。

在这个演讲中，张维为教授从宏观和微观层面对中美做了比较，列举了若干数

---

① 边芹.谁在导演世界[M].北京：中央编译出版社，2013：45-56.

据，给听众展示了一个并不是那么美好的西方和正在崛起、成就斐然的中国。“一出国就爱国”揭示了我们误判的根源——以片面信息，得出结论。

要注意一点，片面举证并非在任何时候都不科学、不可信，片面举证结论的可靠性取决于所举出的根据、个案、局部和整体的同质性程度高低。同质性越高，推理的结论就越可靠。例如，当你想知道一杯水的温度，你只需要触碰一下水面就可以了。水面那一点接触到我们手指的水，是整杯水的小部分，但跟整杯水有高度的同质性，由此推论出的整杯水的温度是可靠的。在药物临床试验中，往往找一定数量不同年龄、性别、体质和地域的人群来做药物临床效果分析，这群人相对于人类整体是局部，但其内部结构、运行方式、机能性质等和人类整体有极高的同质性，因而得出的药物效果、毒性、代谢参数等具有较高的可靠性。

（4）稻草人谬误

稻草人谬误是一种类似于“转移论题”的逻辑谬误，是不相关逻辑谬误的一种。稻草人谬误的推理前提与结论之间并不存在逻辑关联。稻草人通常是用在田野间来吓唬偷吃粮食、破坏庄稼的鸟雀的。逻辑学中的“稻草人”有特殊的引申含义，指的是表述者不直接针对话题谈论，而是提出一个与原有话题相近、相似、有些关联但本质不同的话题，并通过论证这个话题，来达到论证原有话题的目的。新提出的话题就如同按照人的模样复制的一个“稻草人”，稻草人当然要比原有的人更容易打倒。表面上，这个“稻草人”被打倒了，似乎原有的话题也就被理由充足地论证了。来看这个例子：

甲：看你把垃圾扔得到处都是，快捡起来。

乙：怎么了？如果没有我们这样的人，清洁工不就下岗了！

一个是个人道德、功德范畴的命题，一个是清洁工职责、工作任务的命题，两方面不存在关联性，仅仅是表面联系。上面的这个稻草人谬误似乎很容易被识破，下面的例子就比较具有迷惑性了：

甲：我自小就喜欢下雨天，不管是大雨还是小雨。

乙：你知道每次下大雨时交通事故发生率会上升多少么？一下雨出门有多不方便么？还喜欢下雨，我看你是脑子进水了。

雨天出行不便、交通事故频发，这一点逻辑判断没有问题。而喜欢雨的人，绝不会喜欢交通不便，更不会喜欢看到交通事故。也许他是喜欢雨的酣畅淋漓和朦胧缥缈，也许是喜欢“知时节”的好雨。但是，乙的命题很容易引起共鸣，毕竟多数人都有过因下雨而导致的糟糕经历。这个“稻草人”很容易就被击倒了，甚至连甲也会认为自己的喜欢可能真的不妥。

(5)以错制错

2015年5月发生在四川省成都市的一起案件引起全国关注：

男司机张某在四川省成都市娇子立交附近将女司机卢某的车逼停后，将卢某从车内强行拖出，拳打脚踢。这一段视频在网上快速扩散，张某立刻成为众矢之的。

事发不久张某行车记录仪记录的事发前的视频也被发到网上。视频显示：女司机在高速行驶的三环路主路上不顾后方张某的车，突然变道驶往三环路辅道，险些酿成事故。随后张某也驾车驶向辅道。在此过程中，张某驾驶时比较明显带着情绪，鸣笛并有意从后方别车。之后，两车在三环路辅道上有过两次并行，期间张某辱骂卢某。从视频看出，张某随后开始别车，卢某甚至被逼到非机动车道，情况一度很危险。

这段视频在网上发布后舆论随即转向，认为是女司机危险驾驶在先，甚至有些"就该痛打，才有记性"的偏激评论。之后女司机卢某的个人资料被陆续爆出，一些疑似作风不良、道德欠缺的信息被公布到网上。舆论对女司机的谴责也随之更甚。最终案件以张某犯故意伤害罪告终。

不论是当事人张某，还是为张某打抱不平的网友，都犯了"以错制错"的逻辑推理。错误的内在心理表述为：

因为你错了，所以我如此做就是对的，应该的。

在日常生活中，这样的逻辑推理谬误是常见的：

因为你在公交车上踩了我的脚没有赔礼道歉，我打你一耳光就是对的。

邻居夜半放音乐吵到了我休息，所以我第二天往他家门口扔垃圾没错。

小偷被抓住后，被众人捆在树上脱光衣服，拳打脚踢、泼污水。大家认为这种惩罚是对的。

……

在分析这种逻辑谬误时，我们要思考：犯错方的言语、行为应不应该受罚，使用什么惩罚方式；惩罚力度应该如何把握……这些问题判定的主体是谁？实施的主体又是谁？当法律、道德等社会规制规定的不具备制错权的人，对犯错主体进行责罚、伤害时，制错行为本身的性质和犯错人的言行之间，实际上并不存在论证关系。换句话说：制错行为，并不因为犯错人的行为而变得合理、合法。在上述案例中，女司机卢某的不当驾驶行为，应该由交警出面按照相关条例、法规作出处理；张某对卢某的别车、殴打行为并不因为卢某的过错，就变得正当、合法。

要清楚地看到，"以错制错"的逻辑推理谬误的根源是一种诉诸非理性的"报复心理”和“复仇心理”，实施的行为并非等同于歹徒袭击时做出的正当防卫，或是阻止犯错行为而进行的有效控制。

(6)人言混淆

人言混淆在逻辑学上是指“诉诸人身”的谬误，是对表述主体的表述内容和主体个人特征区分不清、错误等。一个人的性格、修为、品行等的正误不能等同于其具体语言的正误。一个杀人犯说：“人的生命是神圣的，是崇高的，是绝不能轻易夺去的。”我们不能因为其杀过人就认为这句话是错的。当然，这是一个极端的、典型的例子。生活中我们却常有类似的、不明显的人言混淆的逻辑谬误：

一位常年熬夜、作息不规律的人劝其朋友少熬夜，对身体不好。朋友反嘲：“你还不是一样，还说我。”

班里一位思维有些古怪的同学，上课发言时常常还没有说话就引来一阵哄笑，大家对其回答内容不屑一顾。

经常听到这样的说法：“他的话都当回事儿啊?！看他那副德性，把自己爱人都打跑了！”

“他曾经为我们村捐了那么多钱修路，是个能人、好人，他的意见没问题的，应该采纳。”

从一个人的特征、性质和之前的言行，去断定现在表述的合理性和正确性，就是人言混淆的特点。推理者将个人特征因素作为推理的依据和理由，推论其表述本身的合理性、可信度。成语“五十步笑百步”一直以来被看作是不合理、荒唐的行为，在两方错误不分上下时，常被指出问题的一方反驳时使用。其实从逻辑层面而言，这个表述是有问题的，撤退逃跑五十步的行为是可以被讥笑、责罚的，但不能因为这个人行为的错误，就认为其指出另一个人逃跑的断言也是错误的。

人言混淆的逻辑谬误提醒我们，对任何一种观点、主张、看法、见解的判断，要就事论事，要严格遵循逻辑推理的原则，不能因人废言，也不能因人纳言，任何将结论的正误根据诉诸人身的逻辑推理都是无效推理。

(7)虚假两难

问题的解决方案、解答方法往往是多样的，在“虚假两难”中，表述者回避了多元的解决方案，仅仅列举出两个极端选项，让对方感觉二者只能选其一。除非表述者能够从逻辑上，提供充足理由、根据证明一个问题的答案除此之外再无其他，否则，就会犯虚假两难的谬误。例如：

同事因为一点误会吵了起来，其中一位找到小李评理：“你说，这事我俩到底谁的错，他明明没道理！”小李想了一下说：“我觉得吧，他没错。”同事一听火冒三丈：

“哦，那是我错了！”小李接着说：“你也没错。”同事两眼一瞪：“哟！你会说话啊，和事佬啊，和稀泥吗？！”

这个同事做的就是虚假两难推理：要么 a，要么 b，如不是 a，一定是 b。其实，还有其他情况，例如两人都没错，仅仅是误会。再如：

丈夫对妻子说，咱不能要孩子，不然，你辞职带孩子，你愿意么？

丈夫此处也是做了一个假两难推理：要么不生孩子，二人忙工作，要么生孩子，妻子必须辞职来抚养，二者选其一。实际上呢？还可以请双方父母帮忙、找保姆、推后几年等一方工作不那么紧张了再生等，都是可以考虑的解决方案。

虚假两难是一种辩论和说服手段，迫使对方沿着自己设定的路线思考和决断。广告在这方面体现得比较典型，采用画面或者语言来形成一个虚假两难的推理，让消费者感觉只有使用该产品才能避免其提到的极端情况。例如某保健品的广告，先给出种种由于极度缺乏营养摄入、微量元素、矿物质而导致的情况，诸如生病、体虚、神经组织异常、面容憔悴等，然后画外音问你：“这些，你愿意么？”接着介绍该保健品不仅能预防营养缺乏、补充微量元素和矿物质，还能延年益寿、提高免疫力等。这种内容组合，让你产生必须服用，否则会成为画面中那些亚健康的人的感觉。其实除了购买该保健品之外，还有很多别的选择，如合理膳食、调整作息、调节情绪、增加补益类食材的摄入，达到食疗养生的功效，或者购买其他牌子的保健品。

此处要区分另一个看似相似的逻辑概念“两难推理”（二难推理）。两难推理是由两个充分的假言命题和一个选言命题为前提组成的推理。例如：

一条渡船上，一位少妇和一个和尚相向而坐。少妇发现和尚在看他，生气地说：“出家人还六根不净，盯着妇人家看。”

和尚听罢，只能闭上眼睛。

妇人见状，提高嗓门又说：“哼，真不知羞耻，不仅看，还闭着眼睛想！”

此处，少妇其实用了一个两难推理：

假言命题：如果和尚看我，就是六根不净；

如果和尚闭着眼睛，就是想我，也是六根不净；

选言命题：或者看我，或者闭眼睛，

结论：所以和尚六根不净。

正如上面的例子，两难推理往往将对方陷入一种进退维谷、左右为难的境地。

要破解这种看似为难的命题，并不是没有办法。第一，可以看两个假言命题是否成立，只要通过推理证明任何一条假言命题不成立，那么这个两难推理也就失去了合理性。在上述例子中，和尚可以反问妇人，如何证明闭眼就是想她。妇人不能做合理解释，那么结论也就不攻自破了。第二，可以指出推理本身的谬误。第三，举出一个相反的两难推理来反驳。这种方法由于思辨性强、能显示出逻辑思维特有的魅力，常被作为辩论的思路和逻辑思维训练的方法。下列是一个比较经典的两难命题：

万能的上帝能造出自己搬不动的石头么？

这个命题可用标准的两难推理表述：

假言命题：如果上帝能造出自己搬不动的石头，那么他就不是万能的，因为有一个石头他搬不动。

如果上帝不能造出自己搬不动的石头，他就不是万能的，因为他连一个石头都造不出。

选言命题：要么，他可以造出，要么，他造不出。

结论：所以，上帝不是万能的。

我们可以用一句包含两难推理的话破解这个推理：

上帝是万能的，面对一件事，他既可以让自己能做到，也让自己做不到。

因此，上帝可以造一个自己搬不动的石头，因为他是万能的。面对搬动石头这件事，他可以让自己做不到，也可以让自己做得到。

下例也是一个著名的两难命题推理：

一个探险者误闯了食人族。食人族部落规定，凡是误闯者在死前有机会说一句话，如果此话为真就被斩首，如果为假就被绞死。之前所有闯入者都难逃这两种死法之一。这个探险者思考了一会儿，说出了这样一句话。这句话让食人族首领无法根据他们的规定，判断究竟该怎样处死这个外来客，只能释放了他，最终探险者凭借机智挽救了自己的生命。

在这个命题中，

假言命题：假如说真话，被斩首；

假如说假话，被绞死。

选言命题：你说的话，要么是真话，要么是假话。

结论：所以，你要么被斩首，要么被绞死。（总之，死路一条）

探险者说的是："我说的是假话。"

(8)滑坡论证

"滑坡论证"是推论者用可能性关系，推论出下一种可能，并由此形成的连环式推论。我们知道，任何一个可能都只是概率性的，并非事实，但在滑坡论证中，可能性似乎成了必然性，概率性被忽视，最终推论出的结果实际上发生的概率并非人们所想的那样，因为任何一个可能环节都有可能停止，造成结果的因素很多，并非滑坡论证中所提到的单一的原因。下面是一篇小学三年级的学生作文，曾被戏称为“神作文”。①

时间过得真快，一下就到半期考了，现在已经开始紧张的复习了，我必须要开始努力了，因为我如果不努力，成绩就上不去，我成绩上不去就会被家长骂，我被家长骂，就会失去信心，失去信心就会读不好书，读不好书就不能毕业，不能毕业就会找不到好工作，找不到好工作就赚不了钱，赚不了钱就会没钱纳税，没钱纳税，国家就难发工资给老师，老师领不到工资就会没心情教学，没心情教学，就会影响我们祖国的未来，影响了祖国的未来，中国就难以腾飞，中华民族就会退化成野蛮的民族。中华民族成了野蛮的民族，美国就会怀疑我国有大规模杀伤性武器，我国有大规模杀伤性武器，美国就会向中国开战，第三次世界大战就会爆发，第三次世界大战爆发，其中一方必定会实力不足，实力不足就会动用核武器，动用核武器就会破坏自然环境，自然环境被破坏，大气层就会破个大洞，大气层破个大洞地球温度就会上升，两极冰山就会融化，冰山融化，地球水位就会上升，地球水位上升，全人类就会被淹死。因为这关系到全人类的生命财产安全，所以我要在就剩下的几天里好好复习，考好成绩，不让悲剧发生。

可以看出，这位同学有丰富的联想和活跃的发散思维能力。此处不能过于严苛地指责小学三年级学生的思维不够严密、合理，但可以从这篇习作中看到典型的滑坡论证的思维模式，其中每一次推论都是建立在可能性基础上的，每一环节都可能发生，但也可能因为别的原因终止。要知道，对于这种推理的结论，我们不可以必然地认定其绝不可能发生。更要认识到，最终那个结论的谬误程度与每一个推理环节的可能性程度成反比，中间环节的可能性越小，结论的谬误程度就越大。

值得一提的是著名的“蝴蝶效应”。在这个假设中，气象学家省去了中间复杂的推理和科学阐释，仅仅将引发要素和最终结论展示出来：亚马逊雨林一只蝴蝶的翅膀偶尔振动，也许两周后就会引起美国得克萨斯州的一场龙卷风。蝴蝶效应之所以不被认为非逻辑推理谬误，是因为表述者仅仅认为这是一种假设和可能。这种可能即便实现率低到十万分之一，可能本身也是成立的。因此，判定一个表述是否犯了滑坡论证的逻辑谬误，既要看一系列推论环节有无谬误，也要看表述者如何看待其结论。

---

① 小学生作文走红：不努力学习会致人类灭亡［EB/OL］.（2012-11-19）［2016-08-23］. http://society.huanqiu.com/oddnews/2012—11/3289067.html.

(9)错置举证责任

先看一则对话：

妻子：孩子发烧了，就怪你昨天晚上让他出去玩受了凉！

丈夫：哦，你凭什么说是昨晚上出去玩造成的？

妻子：那你怎么证明不是因为昨晚上出去玩着凉的？

妻子认为是丈夫带孩子晚上出去玩，造成了孩子着凉发烧。丈夫请妻子举证，证明其判断是合理的。但妻子却把举证的责任推给丈夫，让他给出理由说明并非他的责任。当举证的责任被分配给反对结论的一方时，即为错置举证责任。首先给出命题的一方，有着举证其判断是正确的责任，应先给出理由证明其判断为真。但实际上，我们往往被误导，认为自己需要证明对方判断不真实。

再如下列对话中，同事A也犯了错置举证责任的逻辑谬误：

同事A：你拿了我的手机。

同事B：凭什么说是我拿了？

同事A：那你怎么证明不是你拿了？

(10)既有事实举证

既有事实举证指的是在论证时，列举已有的类似或相同实例，以此为根据推出结论的有效性。既有事实举证一般分为历时性和共时性两种。

历时性既有事实举证，是一种"以往都如此，因而现在也应如此"的推理。一些学者称之为"诉诸传统"的谬误。人类总是在不断总结过去，借鉴以往来审视今天的所作所为。在有着悠久灿烂历史的中国，更有一种思维惯性：传统历来如此，我们的先人延续了成百上千年的东西，一定是对的。这种思维惯性来自对历史的尊重、骄傲和怀念。越是历史悠久的城市、疆域，遇到问题后，诉诸传统的思维模式就显得越常见。"历来如此"成语的背后，隐含着这样一层意思：现在如此的合理性，是过去如此赋予的。在逻辑推理上，这是不合理的伪命题。

四川省成都市2013年统计，电动自行车保有量超500万辆，是市民出行的主要交通工具。鉴于每年因为电动自行车超速、违章等引起的交通事故逐渐上升，且其中八成是超标电动车，成都市公安局交通管理局在2014年底向市民发出了《关于电动自行车集中登记核发牌证的通告》，通告规定："自2015年1月1日起，本市电动自行车所有人应当依法申请登记，取得本市电动自行车牌证或临时通行证；悬挂外地号牌的电动自行车需在本市行政区域内行驶的，应当按照要求换领本市的电动自行车牌证或者临时通行证后，方可上道路行驶。"通告还对电动自行车时速、重量、轴距等指标做了上限规定。

由上述资料可以看出，去年是这样做的，今年不一定能这样做；过去的传统如此，今天则不一定也要如此。这才是应有的与时俱进、具体情况具体分析的理性态度。

共时性的既有事实举证，是一种“其他人都如此，理应如此”的逻辑推理谬误。逻辑学上也称之为“诉诸大多数”的谬误。国内的“哄抢”事件就是这种共时性既有事实举证的心理成为行为合理性根据之一的体现：大家都在抢，我抢也没错。

以上分析了10种常见的逻辑推理谬误，当然这并非全部。在批判性思维的学习和训练中，也许还会遇到新的逻辑谬误，但只要抓住理性判断、合理推论、清晰准确等逻辑推理的基础性要求，就不难发现问题之所在。

四、批判性思维的内部过程和表达：方法和策略

批判性思维的运用落实在书面文字上，一般体现为论文的形式。我们一方面借鉴批判性文章的构思和写作方法，一方面按照有声语言表达的传播规律进行批判性思维的表达练习。

（一）认知批判对象

批判性思维的第一步是对批判对象全面、客观、详细、深入地认知和分析。与一般的文章阅读不同，从批判思维角度去理解一段讲话、一篇文章或是一个音视频资料的内部逻辑过程、推理过程，重点放在对逻辑性框架的挖掘、思维脉络的梳理上，将内部的分析“骨架”勾勒出来。在此过程中，要如同“庖丁解牛”一般，找准关节点，把握正确路径，沿着经络向下延伸，剔除与逻辑框架不相关的冗余信息，用简练、清晰、准确的语言对说理、推论的过程进行描述。尤其要弄清楚以下几个问题：

（1）批判对象谈的是什么问题？一个还是多个？

（2）所谈问题之间有什么样的关系？

（3）围绕一个或多个问题，批判对象开展了怎样的论述？前提是什么？结论是什么？

（4）论述中有哪些环节？分别都用到了哪些推理的方法？

（5）批判对象关于问题的最终观点、核心论点是什么？

除了对批判对象本身的认知外，还要对批判对象的背景信息有所了解，以便更准确、客观地理解和把握批判对象。例如文章作者的身份、处境和写作目的，视频制作的机构性质、播放对象、目的诉求等。这些信息往往给我们很多提示。

（二）明确批判目的，找出问题所在

总的来说，批判的目的是为找到更好、更准确的结论和行动依据。在具体进行批判思维分析时，是针对具体的内容而进行的。在分析批判内容时，我们会在认知和分析的环节，找出问题的一些线索性信息，接下来会进入具体的发现问题的推理过程。

1. 从表述层面找出问题

（1）是否存在模糊、含混、歧义、用语极端、不当夸张的情况；

（2）是否存在语序颠倒、表意思路不清的情况；

（3）是否存在语法、句法不规范的情况。

2. 从逻辑推理层面找出问题

（1）是否存在假设不当、偷换概念、假设不当、偏移论题、片面举证等常见逻辑谬误；

（2）是否存在归因不当、联系不当的情况（在一些推理谬误中，根据、理由和结论之间不存在实质性因果联系，仅仅是时间前后关系）。例如：

太阳落山，月亮出现。

这是先后时间关系，并不能认为月亮的出现，是因为太阳落山。

再如：

小涛这次一定可以取胜，他的家人和朋友都来现场助威了，他自己也下定了决心要拿第一！

家人朋友到场、自己下定决心，并不能作为理由或是根据，直接支撑小涛能够拿到第一。但如果是这样一些理由，推理则可以成立：

教练对小涛近一段时间训练的表现有很高的评价，预期其拿冠军的可能性极大；

小涛在模拟赛中，成绩一直遥遥领先；

与小涛前年参赛时带伤上阵不同，今年其手臂的伤已经完全愈合。

（3）是否存在其他逻辑性谬误。

（三）形成表述思路

主持人在批判分析时需要形成清晰、准确的表述。分析的过程和结果，不直接等于表达的结果。在具体表达时需要注意以下几方面：

1. 表述的内容安排

口语传播不同于书面文字传播，过耳不留的特性和听觉接受的特点，使得口语传播时语序的处理需要立足于受众的理解力。

第一，批判性思维的表述大多是理性分析，抽象信息比重大、推理过程多、前后关系紧密，因而在表达时需要尽可能采用总—分—总的结构。这种结构有利于听众更好地理解和接受。

第二，在内容的安排上，需要用简单、准确的语言将原有文章、音频、视频的内容予以概括，其中尤其要注意问题方面的表述，必要时在整体内容表述之后，再做重复，以加深印象。

2. 表述的详略处理

批判性思维表述时需遵循以下详略处理的原则：

第一，批判对象的逻辑脉络信息要详细分析和表述，这是批判性思维关注的重点，也是难点；描写性内容、非推理性内容要高度概括，这些信息有时会干扰批判性思维的表达。

第二，多种逻辑谬误出现在一句话中时，要详细分析，不能草率得出结论，表述时需要分门别类、逐条阐释。

第三，有些批判对象的内容较为复杂，容量较大，在做批判性思维表达时，需要取舍。在确定了主要批判方向后，要对主要批判内容详细阐释，其余部分可以提及，甚至忽略不谈。

3. 表述的其他语言技巧处理

（1）逻辑性内容在语言表述时，需要体现客观、理性的语气和语调；

（2）停连和重音的处理，要以听众听清、听懂为目的，在逻辑结构较复杂和信息较为生僻的时候，注意停顿和重音的处理；

（3）注意肢体语的使用，配合有声语言，让抽象的理论形象化、直观化，降低接受信息传播的难度。

第二节　案例部分

在有声语言的交锋中，质疑、举证、推理、结论、反驳等体现得非常充分，同时语言表述问题、逻辑谬误等也有所展现，是我们学习和体验批判性思维具有代表性的案例之一。

美国电影《十二怒汉》(*12 Angry Men*)讲述了12名不同职业，具有不同经历、不同思维方式的人组成的陪审团，讨论一个被指控谋杀的18岁少年是否有罪的故事。多年来，不少学者从心理学、法学、政治学、语言学等角度探讨过这部影片，如《〈十二怒汉〉中大众心理转变的三个特点》《论〈十二怒汉〉的话题控制及语用推理艺术》《从电影〈十二怒汉〉看美国的陪审团制度》等，得出的结论非常具有启发意义。从批判性思维角度看，这部影片有很大的篇幅都贯穿着批判性思维的表述和分析过程、推理过程。在第一轮投票中，11位陪审员都赞同男孩有罪，只有8号陪审员投了反对票。接下来，影片围绕8号陪审员对结论质疑、反思、分析、推理的批判性思维和表达过程，展示了另外11位陪审员如何逐渐改变之前的观点，最终一致同意男孩无罪的过程。

前文讲到过，批判性思维的重点是对推理结果产生的过程进行反思，运用理性的思考和逻辑的推理，找出支撑结论的理由、根据的合理性，目的是使我们获得更好的结论，指导我们的行动。该故事的开始，也是批判性思维的起点：批判意识的存在，让我们不接受未经严密论证、理性推理和逻辑分析的结论，即便面对群体性压力。批判性思维的原则也告诉我们，不能有先入为主、未经分析的主观判断：8号陪审员对判定男孩有罪的结论提出质疑，并对这个结论得出的推理过程提出反思。他在进行批判性思维时，并没有主观预判男孩“无罪”，当其他人不断问他是否真的觉得男孩无罪时，他表达的观点是：

我也不知道他是否无罪，但我认为，还没有得到足够证明其有罪的理由时，我不能轻易判定他是有罪的。所以在没有搞清楚他有罪的理由时，我们不能轻易下结论，必须讨论一下。

这正是批判性思维最为重要的原则性思维模式：在意的不是结论，而是过程是否经得起推敲。做任何一种判定(例如有罪或是无罪)，都需要有合理的、充足的根据。

在接下来的若干轮辩论、争论和投票过程中不断有思维的交锋，在这种交锋中可以看到大量批判性思维的过程。以下是从影片里节选的七个对话片段：

片段一：

10号：(起立，转至台前)等一下，案发时这个女人躺在床上，她睡不着。她热到受不了，你明白吧？她从窗户往外看，看到那孩子将刀子插进他父亲的胸口。时间是12点10分，完全吻合，她是看着那孩子长大的。他家跟她家只隔了一条电车轨道，她目睹他杀人的经过。

8 号：当时刚好有一列电车经过。

10 号：这辆电车上没有乘客，它是要开到市区去的，当时车上的灯光全暗。律师证明了透过电车车窗的确可以看到东西，只要灯光是暗的，你可以看到另一边的景象。

8 号：我想问你一个问题：你不相信那孩子，为什么会相信这个女人呢？她跟他是一样的。

10 号：你以为自己很聪明，对吧？

点评：8 号利用类比推理，要求对方举证，在没有发现男孩和街对面的女人实质性区别时，为什么选择相信女人而不是男孩。

片段二：

6 号：我不知道，打从一开始，我就相信他有罪，我一直在寻找他的犯罪动机。这真的很重要，没有犯罪动机，案子就无法成立。住在那孩子家对面的人在法庭上做出的证词非常有力，何况他们提到死者跟他儿子约 7 点时曾发生过争吵，或许我错了，但我……

11 号：是 8 点才对。

8 号：没错。他们听到了争吵声，却听不清楚到底发生了什么事。他们听到死者打了他儿子两下，他们看到那孩子愤怒地冲出家门，那能证明什么呢？

6 号：那无法证明任何事，那只是事实的一部分。

8 号：你说那证明了凶手有杀人动机，但我觉得这样的动机不够强烈。这孩子常常被打，暴力对他来说是司空见惯的事，我不觉得被打了两个耳光，就足以让他气到去杀人。

点评：8 号陪审员指出了对方的推理谬误——归因不当，即不能将争吵、冲出家门等理由与谋杀联系起来，两者之间没有必然的因果联系。与此同时，他运用了推理假设中的“求异推理假设”反证。求异推理假设是指在为异常情况寻找答案时，排除与往常一样的情况，寻找另一异常情况，并假设前者异常是后者异常的原因。例如：

早上起来发现自己感冒了，你会回忆昨天到今天早晨这段时间你与平时有什么不同经历。当你回忆起来昨天晚上看书时，将空调设定在 24 度，而以往都是 27 度。此时你便会将这两个异常情况相联系，并假设是空调低温引起了你的感冒。

与求异推理假设相对的是求同推理假设，即当你不止一次发现一种情况之后，总有另一种情况发生，这种相同的继起关系会被我们假设为因果联系。例如：

一个小区一个月来连续丢失自行车和电动车。警方破案时走访了附近的居民，从大家的回忆中发现，居民都有些印象，凡是有车丢失的那天几乎都会看到一辆蓝色面包车停在小区不远处。警方随即在车辆管理所查阅城区内蓝色面包车的信息，作为嫌疑车辆逐一排查。

根据这两个假设，8号陪审员质疑：当案发时孩子被打与之前孩子被打的情况没有发生变化时，怎么会出现杀人动机？

片段三：

8号：有六节车厢的电车，要花10秒钟才能通过某一个点。假设那一点就是，发生凶案的房间窗口。在那里一伸手，几乎就可以摸到铁轨。我要问你们一个问题：你们之中有人曾住在铁轨旁边吗？

6号：我刚油漆完一间可以俯视电车线的公寓。

8号：那是什么样的感觉呢？

6号：你是什么意思？

8号：很吵吗？

6号：天啊。那不重要，因为大家都昏沉沉的。

8号：我曾经住在电车线附近，只要有电车通过，噪音大到令人难以忍受，甚至吵得你无法思考。

12号：请你说重点。

8号：我会的，少安毋躁。请回想一下两个证人的证词，把它们拼凑在一起：首先是住在楼下公寓的老人，他听到那孩子说“我要杀了你”，1秒后他听到有人摔倒在地的声音。1秒，是吗？

2号：没错。

8号：第二点，那女人发誓说，当她从窗户往外看时，她透过电车最后两节车厢看到凶案发生的经过。

3号：你到底想说什么？

8号：等一下，我们都同意电车得花10秒钟才能完全通过某一点，或者说每节车厢大概要花两秒。那女人是透过最后两节车厢看到凶案发生的经过，我们可以据此推测死者倒地前电车至少用了6秒通过老人的窗口；老人说他听到被告说“我要杀了你”，1秒后听到有人跌在地上；他听到那孩子说话的同时，电车刚好轰隆隆地经过他家窗口，他不可能听得到男孩说话的声音。

点评：8号陪审员通过两个证词的比照，利用矛盾律指出二者必有一个是伪证。

片段四：

11 号：我有一个问题，假设那个孩子真的杀了人——案发的时间是 12 点 10 分——他是如何被警方逮捕的呢？他回到家是在（翻找）……在 3 点左右，在家里被两名警官逮捕。我的问题是，如果他真的杀了他的父亲，为什么他会在 3 个小时后回到家里？难道他不怕会被逮到吗？

12 号：他是回来拿刀子的，他不想让刀子继续插在死者胸口上。

7 号：（逛到 12 号身后）对，尤其死的人是他老爸。

（12 号对 7 号嬉笑）

4 号：我一点都不觉得好笑，他知道会有人指认出那是他的刀子，他得抢在警察前面拿走刀子。

11 号：如果他知道凶器会被指认出来，案发时他为什么要把它留在现场？

4 号：我们可以假设那孩子杀了父亲后，慌张地逃离现场。他冷静下来后，才发现他把刀子留在了现场。

11 号：这得视你对慌张和冷静的定义来做判断，他必须非常地冷静，才会想到要把刀子的指纹擦干净；同时他必须非常慌张，才会把能成为重要证据的凶器留在现场。那他什么时候感到慌张，又在什么时候冷静下来的呢？

3 号：你投了"有罪"一票，你到底站在哪一边？

11 号：我不必效忠于任何一边，我只是提出了我的疑问。

点评：11 号陪审员首先假定是男孩谋杀了父亲，在案发数小时后又返回来，想拿走凶器。接着利用矛盾律指出，要么男孩慌张逃离、留下了凶器，那就不可能擦掉刀把的指纹；要么男孩非常镇定地擦掉了刀把的指纹，那就不可能在逃离时留下凶器。而此时自相矛盾的现象存在，更加深了案件的疑点，据此证明，假定不能为真。

片段五：

8 号：我是不记得了。（对 1 号）团长先生，我想看看那栋公寓的配置图。

（1 号下场拿配置图）

7 号：为什么我们不叫他们再开一次庭?!（起）

10 号：只有你想看公寓的配置图。（起）

5 号：我也想看。（起）

3 号：我不想再浪费时间了。（起，桌后至 8 号位）

4 号：如果我们要把时间浪费在这些胡言乱语上——

8 号：（走向 4 号）这不是在浪费时间，我想要知道一个跛脚的老人，能不能在

15秒内，从他的房间跑到门口。

3号：是20秒才对。

8号：他说15秒。

3号：他要20秒，你为什么要扭曲事实？

11号：他说15秒。

3号：（怒）他怎么会知道15秒到底是多久？

9号：他说15秒，他非常肯定。

3号：他是个老头子——他的脑袋有一半的时间都不太清楚。他怎么能那么肯定他看到的事都是对的？

（静场，众人看着3号，大家都不做声，3号试图掩饰自己说错话，尴尬地住嘴，坐下）

点评：逻辑推理的“同一律”要求命题的前后一致。3号陪审员在辩论时恰恰违反了同一律的判断：之前有人质疑也许老人看到的不是男孩，3号陪审员认为老人绝对不会看错，即便有这种可能，可能性也极小。而此时在时间问题上，3号陪审员却说“他的脑袋有一半的时间都不太清楚。他怎么能那么肯定他看到的事都是对的？”前后两个命题明显冲突。

片段六：

8号：现在让我们来看看……床铺离房门有12英尺（3.66米），走廊有43英尺（13.1米）长。他得走上12英尺的距离，打开房门……走过43英尺长的走廊，再打开大门，一共只花掉15秒。（对4号）你觉得他办得到吗？

10号：当然可以。

11号：他走起路来非常慢，还要法警来扶他。

10号：你讲的好像这条路很远。

9号：对一个中过风的老人来说，这段路的确很远。

（8号搬椅子准备做实验，先搭门口，众人被吸引）

10号：你在做什么？

8号：我打算亲自试验一下。

3号：什么？你打算试验一下是什么意思？他的律师为什么不那么做？

5号：或许他没有想到这一点。

10号：你是什么意思？这太明显了。

5号：而你就想到了这一点？

10号：听着，聪明的人都不会提出这一点，因为这对他很不利。你觉得呢？

8号：他没有提出这一点，因为那证明了老人在说谎。陪审团不喜欢这样的事，律师会尽量避免发生这种事。

7号：他到底是个什么样的人？

8号：我一直在问这个问题。（对6号）请把那张椅子拿过来给我，好吗？（摆放椅子）我们用这些椅子来代表床，我要量出12英尺的距离。（指着最早搬的椅子）这里就是房门口。

3号：噢，那样真荒谬，你不能那样子重建现场。

11号：我知道答案是什么……

8号：我要走到那道墙边再走回来。

10号：你为什么要浪费大家的时间，把我们困在这里？

5号：根据你的说法，这个部分只花15秒，我们要证明这一点。

（7号吹口哨）

2号：喂，别吹了！

7号：好好好，大天才。

8号：（对4号）你能站在那里当大门么？还记得吗？当时大门上了门链。（对众）谁的手表有秒针？

2号：我的手表有。

（图放下，1号、12号在桌后，2号至台前）

8号：你准备好后就跺脚暗示我，然后开始帮我计时。

7号：我们要来玩比划的游戏吗？（对2号）快点，我们还在等什么？

2号：我得等到秒针归零，才能开始计时。

10号：噢！受不了。

（2号跺脚计时，8号模拟）

10号：快一点，他走起路来的速度比你快两倍。

8号：你要我走快一点？没问题。（走到象征门的4号旁）开锁，打开门，停。

2号：好。

8号：时间是多少？

2号：是……41秒整。

部分众：41秒？（聚，8号舞台正中，5号、7号与他平行，3号在大号区，其余在小号区）

8号：我想这才是真正的事实：案发数小时前，老人听到了争吵声；后来他躺在床上，听到有人倒在地上的声音……然后他听到了尖叫声，拼了老命地跑到大门口;他听到了脚步声,以为是那个孩子。

6号:我想那是有可能的。(6号在8号后)

点评:对批判性思维对象做细致的分析,借助生活常识对细节做比对,发现疑点后用可靠的方式进行验证。因此,不放过细节,不迷信没有根据的判定。

片段七:

7号:我不知道其他人是怎么想的,但我已经厌倦了这种情况。这样子下去是不会有结论的,我已经受够了。我得做出突破,我改变决定了,投"无罪"一票。(台前)

3号、11号:你说什么?

7号:你都听到了,我受够了。(看表)

3号:什么?! 你受够了什么意思? 那不是理由。

7号:听着,你只要搞定你自己就好了,知道吗?

11号:(来到7号面前)他说得对,那不是理由。你到底是什么样的人?你刚刚还投"有罪"一票,赞同其他人的意见——只因为你口袋里的棒球门票。现在你改变了心意,因为你厌倦了这些讨论。

7号:听我说,哥儿们。

11号:(气势压过7号)谁告诉你,你有权这样子玩弄别人的生命?你不在乎……

7号:(起立)等一下,你不能这样对我说话。

11号:我当然可以这样跟你说话。如果你要投"无罪"一票,必须是因为你相信被告的确是无罪的,而不是因为你觉得厌烦;如果你觉得他有罪,你得坚持下去。难道你没有种去做你认为对的事吗 ?

7号:听着……

11号:有罪还是无罪?

7号:我说过了,无罪。

11号:为什么?

7号:喂,我不必……

11号:你非说出来不可,为什么?(逼得7号退)

7号:好吧,我……我不认为他有罪。

8号:我要求再投一次票。

点评:批判性思维的关键是,重点并非答案究竟是什么,而是得到答案的理由、根据。

第三节　练习部分

一、基础练习

（一）指出下列表述存在的逻辑谬误类型和错误推理过程，提供解决办法或纠正途径

（1）人在遭受了巨大痛苦后就会爆发出惊人的能量，你看孙子膑脚而著传世《兵法》，司马迁遭受宫刑而著《史记》，海伦·凯勒在被夺去视力、听力后发愤图强，发表14本著作，成为“20世纪美国十大英雄偶像”之一。

（2）“李阳家暴事件”在持续了3年后仍没有完结。2014年3月7日，李阳前妻Kim在新浪微博上发布了一段李阳的演讲视频。视频中李阳提到了自己家暴的话题，他自称是“家庭暴力的代言人”，并对观众说，“这是中美文化的冲突，8年打一次算什么？总有一天，党和国家会为我平反的，我是做出一件教育美国人的事情”。还称前妻“骂党骂政府”的语言暴力更厉害，“幸好我能忍，如果在美国我一枪就把她崩了”。

（3）这是一段夫妻间的对话。

妻子：我认为我们应该好好谈谈关于你妈妈过来住的问题。

丈夫：你觉得呢？

妻子：要知道，婆媳关系很难处理的，你妈来了指不定会闹出什么来。

丈夫：想多了吧，每次回家都看你们聊不完的话，还能吵起来？

妻子：你不知道，那就一天时间，长了会有磕磕碰碰的。

丈夫：放心吧，我妈这人跟别人相处很好的，心地善良、善解人意。你看他和我爸一辈子没吵过架，他们那小区的街坊邻居相处得都很好。

妻子：那不一样，再好的婆婆都对媳妇有成见的，你不懂么？婆媳矛盾是天生的！

丈夫：行了行了，越说越离谱，还是冤家死对头啊，有那么严重？

妻子：不是那个意思，我是说你妈如果和我们长时间生活在一起，肯定会有些不习惯、看不顺眼的地方的，到时候就都是矛盾。

丈夫：我真觉得你想多了，一家人能有多大个矛盾，要说那也是人民内部矛盾，

呵呵呵。我看你是电视剧看多了，那些婆媳吵架什么的少看点儿，看多了成天疑神疑鬼，没矛盾也看出矛盾来。

妻子：每次跟你说正事，你就这个不在乎、那个无所谓，等遇到事了又着急。不说了！

（二）下列是一些常见的俗语俚语或者被广泛认定的道理，请从批判性思维角度对下列表述进行分析、推理，辨析其是否合理、正确

(1) 没有调查就没有发言权。

(2) 天下没有不是的父母，只有不是的儿女。

(3) 近朱者赤，近墨者黑。

(4) 头回上当，二回心亮。

(5) 时间是一切财富中最宝贵的财富。

(6) 信心、毅力、勇气三者具备，则天下没有做不成的事。

(7) 改变自己是自救，影响别人是救人。

(8) 只要持续地努力，不懈地奋斗，就没有征服不了的东西。

(9) 希望与忧虑是分不开的，从来没有无希望的忧虑，也没有无忧虑的希望。

(10) 钱财如粪土，情义值千金。

二、实例辨析

该部分的辨析材料从两方面获得：教师推荐和学生收集，案例最好能关注时下社会热点和焦点，反映带有普遍意义的新闻、现象。案例可选文字类、音频类、视频类材料，内容需要涉及观点阐述、主张表达、判断推理的部分。

以下是参考案例：

（一）《社会纵横》：狗肉节引发的风波

近年来爱狗人士和狗贩、食狗人士之间的冲突不断升温，关于狗能不能吃、可不可以大规模宰杀等一系列问题逐渐成为社会热点话题。2014 年 6 月，广东卫视《社会纵横》栏目播出了一期名为《狗肉节引发的风波》节目。节目中，爱狗人士代表、支持食用狗肉的代表、媒体观察员和现场观众等，进行了一场大论辩。下列是论辩现场的几段摘录，请运用批判性思维分析这些语言表达中有没有逻辑谬误，如果有，请指出其问题所在。

摘录一：

狗肉经营者：我们认为，牲畜当中牛的贡献是最大的，我们是传统农业大国。那么，你们可以杀牛、杀马，为什么阻止我们杀狗呢？你不吃，你不能代表那么多人。

现场观众：真的不能吃狗肉，因为狗是人类最忠实的朋友。2008 年汶川地震的时候，是谁把那些人从死亡堆里刨出来的？是牛么？不是。当你们回家的时候，迎接你的是一头牛么？不是。玉林我也去了，（主持人：有什么感觉？）非常非常气愤，玉林真的是一个很血腥、很残忍的地方。我们是第一次去玉林，我以后也不想再去了。我们救下来的狗有金毛，有贵妇，有贵宾犬，他们的狗在脖子上还有铃铛。他们刚才说的，说他们只吃肉用犬，不吃宠物狗和警犬，你们当着全国 13 亿观众在胡说八道！你们的良心何在？我想问一下。

摘录二：

主持人：杨大姐，我们这边说吃狗肉是我们的风俗习惯，几千年来都是这样吃过来的，您认为这种风俗习惯能被改变么？

杨晓云（动物保护人士）：能，应该被改变，这是残忍的、血腥的。中国妇女裹脚也是几千年历史，女人盘头也是几千年历史，对吧？现在就根据国情的发展，跟世界接轨，已经都取缔了。为什么吃狗肉就不能被取缔呢？

摘录三：

媒体观察员 A：第一个问题，狗肉该不该吃，他们就没有共识。一般人说狗是人类的好朋友，就不能吃，人怎么能吃好朋友呢？对吧。但是在座的两位女嘉宾，都被狗咬过。这充分证明狗未必是人类的好朋友。再举一些成语啊，狗仗人势、狗急跳墙、狗头军师、拿狗命来。

媒体观察员 B：被狗咬过不代表我讨厌狗，一样的道理，吃狗肉的人，不代表一定吃的是那些宠物狗。中国农业部下面有一本刊物，1998 年创刊的，叫《特种经济动植物》，它向全国征稿，征稿范围第一条，针对一些特种经济的动物，比如说肉用犬。你想，农业部下面的一个全国性刊物，它征稿的范围提到了“肉用犬”这三个字。这三个字怎么来的，可见它这个应该是相关部门，有一个隐形的认可。

摘录四：

媒体观察员 A：一个连人都不尊重的人，一个连人都不放在眼里的人，一个连人都不给他平等交流机会的人，他突然宣布爱狗，大家信么？

(二)关于“安乐死”

下面是几组关于“安乐死”的观点,请分析其推理是否存在问题,为什么?

观点一:安乐死会破坏病患对医疗事业的信任。

医生是我们在生病、虚弱、痛苦时寻求帮助的人,是我们信任的人,是我们寻求健康指导及建议的人,是我们心目中救死扶伤的人。毕竟,他们的首要目标是挽救生命而不是伤害病人。如果你生病时发现,自己信任到足以交托生命的医生竟然实施安乐死,你还会找他看病,遵从他的医嘱吗?如果你询问的是我,我的答案是不会。

只有当我确定医生会尽其所能去治疗、挽救我的生命时,我才会到医院和诊所就诊。我可不希望我的主治大夫是一个认为我会放弃生命的家伙。医生进行大量训练就是为了保证能给病患提供安全且优质的医疗服务。他们还宣誓将竭尽全力治疗病患,可见其职责是帮患者摆脱病痛,而不是让患者告别生命。

安乐死或协助自杀合法化不仅使病患难以信任医疗领域的从业者,还会增加他们的忧虑,尤其是当他们就医的医生竟然在考虑是否要挽救他的生命时。

确实,安乐死或协助自杀会破坏医患之间的信任。

——摘自前十网《安乐死应该被禁止的10个理由》

观点二:安乐死会侵蚀医学研究。

我能理解为什么有些人想自杀。有时候,疼痛远超出人们的承受范围——你宁愿死也不想一遍又一遍地忍受那种剧痛。但是许多人,尤其是那些支持安乐死的人应该意识到,不管是多么严重的疾病,总会有治疗方法的。尽管有一些治疗方式尚未被发现,但随着时间的推移,它们的出现会给疾病的治愈带来希望的曙光。你想想:很多年前,我们没有止痛药、抗生素这些药物,也没有治疗病患的仪器和器材,但由于前瞻性研究和人类对延续生命的极度渴望,我们才会发现这些东西。现在,数百万病患因此受益,甚至有许多人的生命因此得到挽救。

为了发现更有效的药物及疗法,尤其是针对癌症、肝病这样的重症,科学工作者及研发人员应专注于研究。政府也应继续为研究项目提供资金支持,以取得更多有效的成果。如果专注点从治疗疾病转移到安乐死上,研发人员在缓解疼痛方面取得的进展以及为病患提供治疗的初衷都会受到影响。安乐死或许会让那些满怀热情地寻求更佳治疗方案的人感到沮丧,因为多了快速而无痛死亡的选择能让他们迷茫。医生与其他医务人员在提供临终关怀和挽救生命时也不那么用心了,因为他们有了“实施安乐死的合法权利”。

——摘自前十网《安乐死应该被禁止的10个理由》

观点三:安乐死体现了对生命尊严的维护和对生命权的尊重。

安乐死是社会文明进步的一种表现,体现了人道主义的价值追求。人并不仅仅是一个生物人,更重要的是,他是社会人。生命既是神圣的,同时生命更是有质量和价值的。人类生命的尊严就体现在生命的质量和价值上。因身患绝症而没有任何生存的希望,且处于巨大的身心痛苦之中的病患,其生命已无质量可言,对他们来说,维护其生命意味着承受无尽的痛苦,病人的生命尊严在无尽的痛苦中丧失殆尽,更不用说生命的价值了。死亡对于这些病患来说已不是正常人所感受的可怕和悲哀,而是一种快乐和解脱,此时,允许病患以安乐死方式结束自己的生命,体现了人道主义精神,有利于从精神和生理上解除患者的痛苦,维护其生命的尊严,符合人类道德的要求,也是人类文明的进步和必然选择。

——摘自中国法院网《论安乐死的合法化》

第七章 逆向思维、多向度思维与表达

第一节 理论部分

一、逆向思维与多向度思维

(一)逆向思维

1.“逆向思维”的概念

逆向思维,顾名思义,反其道而行之的思维方式、思考角度。逆向思维也叫求异思维,它是站在司空见惯的、似乎已成定论事物的对立面来思考和分析。逆向,与原有的、习惯的、传统的、既定的方向相反。例如主客异位、因果倒推、时间逆转、头尾反向、褒贬置换、大小逆反等,都是逆向。逆向思维便是打破原有的思维定式、思维模式和思维惯性,将存在脑子里的“不能”“不会”“不行”,加上“未必”——未必不能、未必不会、未必不行。

下面列举一些生活中逆向思维的例子:

例一

顾客买了8个苹果放到秤盘上。摊主:“4斤半,18元。”顾客看了看说:“多了,拿出来3个最大的。”摊主说:“3斤半,14块。”顾客想了想,掏出4元钱,把从秤盘里取出的3个苹果装进袋子里拿走了,摊主无奈地看着其走后的背影……

例二

一条美食街上店铺林立,其中有一家的生意怎么都好不起来,虽然店铺的位置、装修都还不错，但似乎由于开店较晚，一时间人气聚不起来。每到饭点，顾客都去了别家。后来一位朋友建议店主，让他取一个好的名字来吸引顾客。店主心想：我这店叫“味来香”还不好么？难道要叫“味道差”就好了。正是这个想法启发了他。第二天店名改了：“最难吃”。没想到这一反其道而行之的招牌名称引来了不少食客，有些顾客进门就说：“我倒想尝尝到底有多难吃！”

例三

家喻户晓的美国动画片《猫和老鼠》是一种典型的逆向思维，将人们意识中的“过街老鼠，人人喊打”和“猫是老鼠的天敌”这种固有思维进行逆转。片中在人们常规思维中处于优势地位的猫，处处受气、屡遭戏弄，而在日常思维中胆小怕事、人见人恨的老鼠却机敏过人、左右逢源，聪颖可爱。

逆向思维并不是思维谬误或者逻辑混乱的思维，与是非颠倒、不辨黑白的错误有本质区别。逆向思维是一种抓住事物内在联系和透过现象看本质的哲学方法，是一种创造性思维。

2.“逆向思维”的哲学基础

第一，唯物辩证法中“一分为二”地看待事物和分析事物，是逆向思维的哲学基础之一。

任何事物总是在对立统一的矛盾运动中不断发展变化的，这是我们对逆向思维哲学层面的理解和把握。古人对一分为二、对立统一事物本质规律的认知很早，公元前 500 多年的老子就说出了：“祸兮福之所倚，福兮祸之所伏。”而“塞翁失马，焉知非福”的典故也可追溯到公元前 100 多年的《淮南子》。不仅如此，古人还认识到了事物两方面的相互转化，例如“大方无隅、大器晚成、大音希声、大象无形”。要敢于打破我们固有的很多看法、观点、说法，正确答案或许就在事物的背面；要看到正反两方面的转化关系，发展地看待事物。但由于思维定式的心理特点存在，我们往往用陈旧模式、习惯的角度去分析和处理问题，这样做的结果是陈词滥调充盈我们的生活。突破的关键，就在于逆向思考。

第二，普遍联系地看待问题，是逆向思维的另一个哲学基础。

世界万物的普遍联系和矛盾的运动律启示我们，万物之间有各种有形或无形的通路，通路本身并非单向而是双向的：能从 A 到 B，也能从 B 到 A。逆向思维往往为我们开辟出新的空间、创造出新的方法，历史上不少科学发明正是逆向思维的结果。英国工程师布斯正是从压缩机把灰尘吹到容器里的反向过程得到启发，发明了吸尘器；法拉第从电磁感应现象中，发现了电流与磁场的相互作用规律，从而获得启发，发明了世界上第一台发电机；汽车大王福特一次偶然的机会看到屠宰场流水线，从整猪被依次解割想到汽车从零件到组装成型，他发明了直至今天汽车工业广泛使用的汽车组装流水线。其实，不仅在科学界如此，各行各业、各个领域都是如此，法国小说家皮埃尔·布尔笔下的《人猿星球》正是逆向思维的文学作品，这部堪称经典的科幻小说从人类统治世界的逆向角度出发，想象未来世界中人退化为动物，而动物中的猿猴进化为高智商生物并统治了地球。

第三，透过现象看本质是逆向思维的哲学核心。

事物的本质可以反映为不同的表象，不同的表象可以体现同一本质。这是辩证唯物主义哲学关于表象和本质关系的经典论述。一个本质属性、关系实质可以表现为正向，也可以表现为负向。逆向思维活动正是透过表象，抓住了事物的本质，并从本质出发看到了不同的表象，由此找到了与之相异的思考路径和解决方案。“司马光砸缸”的历史故事从逆向思维角度分析，最关键的问题，既不是人要从缸里出来，也不是水要从缸里出来，而是人要呼吸。这是问题的重点，只要人保证了呼吸，其他都可以暂缓解决。而实际情况中，司马光选择了与常规表象不一样的解决方式——打破水缸。下面的例子与这种通过现象看本质的思维相似：

自从电梯被发明以来，都是安装在楼层内部。

美国一家酒店由于客流增多需要加装一部电梯。工程师和机械师经过反复测量和规划，结论是：不得不在各个楼层开凿出一个窟窿，然后安装新电梯。当图纸画好，施工准备就绪时，一位清洁工惊讶地说：

“这岂不是要搞得天翻地覆，恐怕整个大厦都要停业。”

“是啊。”工程师无奈地说：“但别无他法，如果不加装电梯，情况恐怕会更糟糕。”

清洁工听后不以为然地说：“要是我，就把电梯装在外面。”

工程师恍然大悟，立即研究新的施工方案，不仅没有影响到大厦的正常运转，还成了将电梯外置的“首创”。

在此事件中，问题的本质是增加大厦客流的上下楼通行能力。有了这个本质认识，解决的方案就绝不仅仅是在“大楼里加装一部电梯”。

透过现象看本质的思维方式可以让我们迅速摆脱传统的、表象性的思维模式的束缚，找到与之不同的解决方向。

（二）多向度思维

1. 多向度思维的内涵

逆向在几何学当中指的是和原有方向呈180度的方向。逆向思维是否真的呈现出几何数值一样的精确角度，我们无从考量，但应该想到，一个问题除了逆向思维角度外，还应该有多向思维角度。多向度思维是指因看待一个问题、一个事物的切入点、角度、方向、深度等的不同，产生的结论、观点、发现便有所差异。需要指出的是，发散思维和多向度思维有相同之处，也有差异。发散思维是一种外向性扩展的思维模式，而多向度思维是一种向内看的思维模式。相对来说，前者更注重事物与外部的多样、多元和多重关系，立足于在系统中观察事物；后者则更多地将事物本身进行拆分、解剖，灌注于内部的清晰结构、内部的系统性关系。

多向度思维正是这样一种思维的主张，不站在既定的、固化的角度看问题、解决问题，而是跳出窠臼，尝试站在新的思维起点上分析问题。

美国导演斯皮尔伯格代表作之一《大白鲨》上映后被美国电影学会提名为有史以来最伟大的电影之一。但很少有人知道这部电影曾差点儿胎死腹中，斯皮尔伯格的导演职业生涯也差点被毁。电影在拍摄时遇到了一个最大的难题：在资金已经花得差不多、预算也超支的情况下，影片的主角——机械鲨鱼难以适应具有独特侵蚀力的海水，出现了难以修复的机械故障和表皮问题。这些问题使影片拍摄陷入困境，机械鲨鱼的行动迟缓、问题不断和噪音巨大成了横在剧组面前难以逾越的难题。最终，斯皮尔伯格跳出了“修复机械鲨鱼”的既定思路，事实证明他是对的。小修小补是徒劳的，花费巨资修理，资金和时间都不允许。此时他回到了问题的实质：我们并非要制造一个行动敏捷、没有故障、活灵活现的巨型鲨鱼，而是要拍摄一部以大白鲨为题材的电影。回到新的思维起点上的斯皮尔伯格想到了惊悚悬疑片大师希区柯克，他让自己站在希区柯克的角度看待这部电影。顿时，斯皮尔伯格灵光一闪，用新的手法回避了大白鲨的大量镜头，而是采用悬疑片的手法，将鲨鱼放置在了一个隐喻的位置，这反而让影片增加了吸引力，正如斯皮尔伯格所说：“你看到的越少，你想到的就越多。因为这能让观众身临其境。”①

这是一个多向度思维的典型，抓住了问题的本质，跳开了容易让人迷惑的问题表象。越是复杂的问题，越有纵横交错的内部关系，这种纵横交错是导致我们被纠缠和限于固化思维的重要原因。哲学当中的矛盾普遍性和多样性告诉我们，事物

① 尼文.人生总会有办法：用逆向思维解决难题[M].长沙：湖南文艺出版社，2015：4.

有主要矛盾、次要矛盾之分，而相对来说，次要矛盾更多、更杂，困扰我们思维灵活性的，往往是次要矛盾。当我们陷入应对次要矛盾的圈子中时，也会思维僵化。再者，人有一种思维习惯，一个问题越是难以解决，我们就越想费力解决它，似乎跟这个问题卯上了，正如我们如果紧盯着一只打碎的杯子力图修复它时，便会无视其他崭新的杯子一样。

2. 多向度思维的策略

下面提供多向度思维的三种策略：

第一种，回到起点。

假如你居住的城市是一座历史悠久的文化名城，也是文化、经济、休闲型城市。你有外省的亲戚来做客，你热情地接待他们，并计划带他们游览几处著名的景点。你提前两周就开始制定出游攻略。但由于一两个月内都正值当地旅游旺季，所有景点旅客爆满，乘车、驾车等出行方式都被否定，即便到了景点，人满为患也是一个令人头疼的问题。此时你一筹莫展，眼看距离亲戚来临的时间只有一周了，还是没有解决的好办法。

如果始终纠结于你遇到的交通拥堵、旅客满员，要想解决这个问题是不可能的。那么，回到问题的起点：接待好亲戚，让他们玩得开心。因为，“去游览几处著名景点”是起点的延伸，解决初始问题的一种好办法，但并非唯一的好办法，更不是唯一的办法。回到起点，你就有了更多方案：改变去游客爆满的传统景点，而是去附近郊区的农家乐、度假村；或者改变出行时间，夜景之下的都市也是不错的选择……

回到起点，让我们避开狭窄的问题通道，从单行道退回到十字路口、退回到岔路口，看看别的道路是否更通畅；回到起点，我们的心境变得开阔，思路重新活跃，我们可以站在更高的视角俯瞰全局；退回起点，是给予我们大脑“重新思考”的机会，也是摆脱从前那种思路的途径。

第二种，从目标出发。

与回到起点不同，从目标出发是一种效果监测的思路。以到目标为出发点，活化思路，激发想象力。邓小平同志在 20 世纪 60 年代初解决经济问题时，引用的四川民间谚语“不管黑猫白猫，抓住老鼠就是好猫”的思维模式就是以目标为出发点的。当时国民经济出现严重问题，多地出现粮荒。小平同志抓住了目标——让人民吃饱饭，让生产恢复正常。这一思维角度，解放了当时“以阶级斗争为纲”的思想桎梏。

从目标出发，是一种解放过程、多向度思考过程的有效方法，正所谓“殊途同归”。当一种思路阻碍我们前进时，实质上是我们潜在地认为过程和结果单一对应，忽视了多种方法和途径对应同一结果的现实情况。

从目标出发，还要抓住目标实质，而非僵化目标。语言的出现使人类文明的发展速度出现了飞跃，但语言的不当使用也会限制我们的思维。作为一种符号系统，语言的实际存在形式只是一种中介，文字、语音的物理形式背后表达的意思，才是语言所要传递的内容。当我们只关注这种表面形式，不去探究其真正含义，不去适时地理解时，就会出现语言不当使用的情况。例如：

一位适龄女青年说：“我一定要在28岁前把自己嫁出去！”

她的目标是“28岁前把自己嫁出去”。这句话表面看，似乎是对自己所做的时间和内容的规划，但如果就字面意思来理解和认定目标，其结局很可能是失败的，因为这是一个单一目标的表述。而婚姻是两个人的事，是一辈子的事，绝非一个时间点、一个事件而已。这样说的女青年，绝不会认为，只要达到“28岁前把自己嫁出去”这个目标就可以了，之后哪怕离婚也行。

其实，这个决定背后表达的含义是：开始把注意力放在婚恋上，及时、尽快找到适合自己的另一半，尽可能在28岁前建立家庭，不耽误后续的生儿育女等事情。

上面女青年的话，只是相对简练的、体现迫切心情的表述而已，并非这一目标真正的表达。

第三种，替换角色。

任何一种角色都有与之相应的思维模式和角度。社会心理学告诉我们，处于人际交往中的个体，在不同的群体中有不同的角色。人在扮演社会角色时，会将社会对该角色的预期作为自己行动的标准加以遵守和规范，这种社会角色行为构成了社会交际中认知的稳定性。例如，在中国传统观念中，父亲是一家之主，主要负责家庭对外事务，养家糊口；妻子则是“相夫教子”，主持家庭内政。一个家庭如果是丈夫围着锅台、孩子转，出入菜市场、杂货店，妻子在外忙事业，就会被看作“不寻常”。不同的社会角色都有其对应的心理状态、思维方式，长期如此便会固化为单一的思维模式。当一个人开始尝试着替换自己的角色时，他会发现很多新的发现和体验，产生新的见解和主张。例如，一位刚刚还在发脾气的父亲，站在孩子角度思考会发现，其实孩子也不无道理；一位表演艺术家在完成作品后的三天，以观众的心态看作品视频时，可能会发现很多问题。

换位思考和替换角色有相似之处，但换位思考更注重关系双方的彼此转换，强

调多角色的转换。来看一个替换角色思考的实例：①

美国一家大型广告公司招聘广告设计师，面试的方式很有意思：让每一位设计师在一张白纸上创作一个自己认为最好的广告方案，然后扔到窗外。谁的方案第一个被人捡起来看，谁就被录用。当其他人开始埋头写写画画时，一位应聘者用了很短的时间就将这张纸扔到了窗外，顿时引起人们的哄抢。原来，他在纸上贴了一张 100 美元的钞票，其他什么也没画。这位设计师之所以胜出，其实就源于他并没有站在“设计师”的本位角色来看待问题，而是把自己换作路人。试想一下，什么样的纸张会在一堆纸张中被没有广告欣赏意识、没有心理准备且认知能力参差、知识水平高低不齐、随机的路人所注意！我们作为一个路人会去注意什么样的纸张呢？答案也许不是唯一的，但“钞票”恐怕在绝大多数国家的路人眼中，都会“一亮”的。

替换角色的实质，是改变了看待事物的角度、心态和思考方式，放弃了原有的很多固定态度、习惯思路和僵化的模式。当我们处于一定的角色中时，往往进行自我暗示。心理学发现，“自我暗示”会直接决定我们的心态、情绪、思考模式和行为方式。例如，当我们认为自己是一个勇敢、进取、优秀的人的时候，我们就会表现出积极、乐观、果敢和无畏的精神状态，在面对问题时，更有信心、更加积极地拓宽思路。当我们暗示自己是一个成绩差、脑子笨、能力不足的人时，面对同样的问题，我们的思路会变得狭窄和单一。这种现象在心理学上叫作“霍布森选择效应”。

1631 年在英国剑桥有一个贩马的商人叫霍布森。他卖马的方式很特别：不论是买还是租他的马，价格都要比市场其他的商贩便宜很多，他允许买主在马圈随意挑选，但是有一点限制：挑出的马必须能通过马圈那个小门。霍布森的马圈里，高大的、健硕的马不少，但是能通过马圈那个小门的，只有营养不良的瘦马和身形矮小的马。最后，买主经过挑选买到的，也都是瘦小、低矮的马。

霍布森效应被认为是人为限制选择范围，造成低选择度和假选择结果的典型案例——大同小异、看似选择实则并无太大差别的选择。霍布森马圈的那道门，被称为“霍布森之门”，后来引申为人们在思考时的自我设限、自我束缚。其实，当我们处于一种角色之中时，在心理上就会出现霍布森选择效应，就会被“霍布森之门”阻挡。

① 张明林.思维风暴[M].沈阳：辽海出版社，2015：22.

二、逆向思维和多向度思维需要注意的问题

（一）角度、思路的创新，不等于逻辑混乱，清晰、顺畅的表达是传播的需要

提到逆向思维、多向度思维，部分人会有打破一切常理、突破一切定律的内在冲动。首先应该肯定这种思维胆量，但同时要指出，逆向思维不等于颠倒黑白、混淆是非，多向度思维也不等于强词夺理、逻辑不清。主持人思维训练的目的是为表达服务，为节目和传播服务。主持人的思维外化后，是要经得起检验、推敲和琢磨的。基本的思路清晰、条理明晰和逻辑顺畅在主持人表达中是必不可少的。因此，我们提出的观点，要言之成理，言之有据。这需要我们对所表述的内容有清晰的把握，断不可“以其昏昏使人昭昭”。内容的逻辑链条是否顺畅、案例是否有说服力、语言是否准确、内容是否完整、观点能否自圆其说等，都需要考虑，要让逆向思维和多向度思维表达使受众感觉“既在意料之外，又在情理之中”。

（二）逆向思维和多向度思维不等于逆流而动

还有一种错误倾向或理解谬误叫逆流而动。逆向不等于逆流，逆向思维也是顺势而行。多向度思维实际上是从陈旧中找到新路、从静止中看到变化、从单一中看到多元。逆向也好、多向也好，并非是离经叛道的思维，其角度虽异，却仍旧观照社会主流，站在积极面，体现大趋势；仍旧高举真善美，鞭挞假恶丑；仍旧坚持正确的导向，把握前进的社会脉搏。这一点在训练时要特别注意，否则就会出现一些奇谈怪论，扰乱视听。

（三）逆向思维和多向度思维是一种独立思考的成果

逆向思维和多向度思维的重点是养成主持人独立思考的习惯和提升独立思考的能力。在训练中，切忌找答案、找参考，要学会在这样的练习中，独立观察、独立分析。独立思考不等于孤立无援、孤军奋战，在思考中，看书、查阅资料，包括与人讨论都是必要的，出发点是吸收和借鉴，为我所用，并非依赖或走捷径。

第二节　案例部分

案例一

2016年6月19日，厦门大学在建南大会堂举行2016届毕业典礼。新闻传播学院邹振东教授作为教师代表发言。不足一刻钟的演讲获得的笑声和掌声达29次。这段视频在网上被誉为"2016最火毕业演讲"。这篇演讲稿确实有别于形式化的、教师口吻式的演讲，体现了在多向度思维的状态下，角色转换、多角度审视的体验和感悟。这种新的角度、新的体验感带来的是耳目一新，是幽默，是平易近人。

下面是演讲全文。

邹振东在厦门大学2016年毕业典礼上的讲话实录

（根据现场视频原文整理）

亲爱的同学们：

每一年的这一个时节，在同样的礼堂，都会有一个老男人或者是资深美女作为导师代表发言。他们念念叨叨，或语重心长讲的一大段话，归结起来就两个字：理想。理想很空，老师很穷，如果要送你们一个不太花钱的礼物，理想就是最好的选择。幸运的是，你们今天遇到的是邹振东教授。他送你们的礼物与众不同，今天他要送你们的不再是理想，而是梦想！

1987年，厦门大学中文系有一位学生名字叫：邹振东，他写了一首情诗，你们想听么？（台下齐声：想！）

如果不曾相许，为什么你会娓娓游入我的梦里？
既然曾经相守，为什么你又要默默从我的瞳仁离去？
都说这便是分别，这便是失恋，这便是匆匆无情、匆匆无语！
都说这便是候鸟一下失落了季节，
那悠悠的音符从轻触芦笛
悠悠吹出去……

这首诗是为厦门大学中文系毕业纪念册写的，后来它成了整个厦门大学1987年毕业的寄语。昨天，你们刷屏的文章：《今晚，我还是厦大的学生啊！》我看到了你们同样的眷恋。老师想告诉你们的是：

昨天是，今天是，永远是厦门大学的学生！

其实对一所大学的真正的眷恋是从收拾行李开始的。30年前,我的眼泪就是在这个时候开始掉的。我多想把整座大学背走,背走我的无忧无虑,可是我痛苦地发现:当岁月潮水般从我脚下退去,我带不走一件行李。其实,这是所有毕业生永恒的情结。轮回到今天,你们同样会追问,当我离开这一所大学时,我可以带走什么?

你会发现:校园带不走,食堂带不走,图书馆带不走,实验室带不走,老师带不走,小师妹……哦,这个好像可以带走。背后有那么多校领导可以作证,无论是小师妹,还是小鲜肉,都不属于厦门大学的固定资产,唯一的麻烦就是,你可能需要等一两年才能把她带走。

一所大学真正改变你的东西,就是你可以带走的东西。那么,你可以从大学带走什么呢?

首先,你可以带走厦门大学的logo。你的未来履历,将永远打上Made in厦大的商标。你未来会填无数的表,厦门大学是除了你的名字和性别,出现频率最高的文字。极端地说,你的名字还可以改,你可以更名;你的性别也可以改,你可以变性,但这一个学历你永远没办法改。未来的任何日子,你都可以骄傲地对厦大说,人家早就是你的人哪!

其次,你可以带走厦门大学的"梦想"——做梦都会想厦大的这个"梦"和"想"。易中天教授说,大学是用来蒸桑拿的,你最重要的任务就是大学熏陶。我的说法是,大学是用来回忆的,未来你做梦,梦见最多的地方,一定是大学。你可以更换人物、更换场景,但是更换不了厦门大学。

还有,老师不能带走,老师的话可以带走。我常说,大学毕业十年后,如果还能记住大学老师的10句话,大学对这个学生的教育就算是成功的。最好的老师有三种:

第一种是递锤子的人,你想要钉钉子,一个老师把锤子递给你,好老师啊!第二种是变手指的,你的人生需要很多黄金,老师让你的手指头变得可以点铁成金——多好的老师啊!第三种是开窗子的,你以为看到了风景的全部,老师帮你打开另一扇窗,你豁然开朗,啊,原来还有另外一个世界——这是最好老师中的最好的老师。厦门大学到处都有这样的最好的老师!万一你在整个大学生涯,都无缘遇到这样的老师,那么在最后一天,也许你看到了。

离开大学,最要紧的是记得开窗子。你未来可能很穷,家徒四壁;也可能很成功,墙上挂满了奖状。无论如何,你都要提醒自己,你看到的不过是四堵墙,那并不是你生活的全部。如果你勇于和善于在墙上开窗,你就会看到一个又一个新的世界。

其实，大学最值得带走的不是知识，而是姿势——看！就是这个 pose——45 度角仰望星空。在大学，100 个人中，99 个人都是抬头看天空的人，难得有一个人低头看地下，这个是出类拔萃的人。一旦毕业出了校门，99 个人都是低头看地下——一方面，竞争非常惨烈；另一方面，诱惑特别多。两个巴掌打下来，不用教你，你自然会懂得面对现实——难得有一个人抬头看天空，他不是疯子就是出类拔萃的人！

其实，对于大学生成功学很简单！那就是无论现实多么残酷，还是多么诱人，把大学的这个 pose 专业保持 30 年，你就赢了！说起来容易，做起来难。那一天看到你们拍毕业照，最后把所有的学士帽、博士帽扔到了天上。你们哈哈大笑，旁边有游客三观碎了一地：知道你们宝宝心里苦，但这么好的帽子，干吗要丢到地上呢？你们别笑，我想问的是：20 年后，你是否还有勇气，把你头上戴的乌纱帽，或者你千辛万苦换来的任何帽子，同样扔到天上去，而且笑声响彻云霄吗？

所以，我有一个百分之一理论：你人生一百次谨小慎微，你要有一次拍案而起；人生一百次放浪形骸，你要认真地爱一次；人生一百次不越雷池一步，也要潇洒走一回！一定要在人生的内存，给自己、给至爱的人，留一个百分之一空间，不随波逐流，哪怕是一个爱称。所以，不要随便叫一个陌生男人“老公”，无论他多么有名，多么有钱！要做到这样的百分之一，我的建议是永远带走和大学的脐带关系。

这种脐带关系，最重要的是一种精神，那就是永远的批判精神。不迷信，不盲从，不崇拜任何东西。永远对现状不满足，永远想改造世界，也永远想拥抱世界上的美好——因为大学培养的是二三十年后国家和人类的领导者和创造者！当你和大学保持这样的脐带关系，你到 50 岁后，还会激荡青春的豪情；就是到 90 岁后，你还有一个不老的灵魂。

你从一所大学可以带走的，就是这所大学最想传播的。所以，一次毕业，就是一次传播！生命最伟大的传播就是细胞分裂，一个 A 细胞完整地分裂出一个“A”细胞。大学最骄傲的传播，就是它的学生毕业。比如今天，一个厦门大学，将复制出成千上万个“小厦门大学”，在世界的每一个角落，传播这所大学的文化和价值！

最后要说的叮嘱，就是常回家看看。其实你懂的，这不过是一句客套话。你们不太可能常回来的，要回来，也是逢五，或者逢十，就像 86 级那一台晚会，那一亿元钱，厦大等了 30 年，30 年啊！

那我们也不妨相约 30 年吧！30 年后，当你们回到厦大，在这个校园汇成广阔的青春潮，记得@我一下，如果那时候，我还能被你们@到。

既然，有一个相识的秋天，有一个分别的夏季，为什么那一个季节，不会如期？

当呜呜咽咽的南曲迷蒙了春江月，敲碎人心的腰鼓裸露出黄土地，跺跺脚，走出去，便有一次喷薄、一种悲怆、一迸血气——迈过这一瞬，我们就已成熟、就拥抱环宇、就顶天立地——未来不可预期，是悲剧还是喜剧？

亲爱的同学们，厦门大学2016毕业站就要到了，请携带好自己的随身物品，比如小师妹，如果她方便携带的话，我们下一次再相逢！

亲爱的同学们，仰天大笑出门去！莫后悔、不犹豫。谢谢！

案例二：成语新解

成语都有词典意义，这是我们对一个成语的传统理解。选取不同的角度、站在不同侧面来理解，就会发现，一个成语其实不仅仅有一种意义，例如："只要功夫深，铁杵磨成针。"常规的理解是指任何事情只要坚持不懈、持之以恒，就能获得成功；也指再困难的事情只要肯吃苦，不断克服困难，就能做成。其实这一件事还可以提炼出很多新的角度，例如：

第一，从笨拙的铁杵到可以绣出人间瑰丽图案的绣花针，铁杵经历了千磨万砺。铁杵蜕变的过程，不正是一个人成才的真实写照吗？若没有经历打磨、雕琢，没有强忍疼痛去除身上的各种粗陋、愚笨，就不能成功、成才。过程是痛苦的，但结局是美好的。

——这是站在"铁杵"的角度。

第二，智慧藏于生活的点滴，留心自会获得启悟。这句话实际出自《方舆胜览》，原文是"磨针溪，在眉州象耳山下。世传李太白读书山中，未成，弃去。过小溪，逢老媪方磨铁杵，问之，曰：'欲作针。'太白感其意，还卒业。媪自言姓武。今溪旁有武氏岩"。可以想到，天天在此磨铁杵的老妇人应该不止李白一个人看见，为何李白悟出了其中的道理？同理，苹果天天掉落，砸中的不止牛顿一人，他却发现了万有引力定律；进入浴缸里洗澡时，水溢出来的远不止阿基米德一人，只有他发现了浮力定律。可以看出，智慧其实潜藏于生活的点滴，有心之人、善思之人才会发现。

——这是站在"李白"的角度。

第三，有人说重复劳动是蠢笨的行为，但正是很多重复的劳动带来了真正的成就。铁杵磨成针，不就是日复一日重复的劳动么？俗话说得好，简单的事情重复做的就是行家，重复的事情坚持做的就是专家。

——这是从"磨杵"这件事的角度上看。

第四，古人为何要花很长时间将铁杵磨成针？因为科技落后。所以，科技的进步带来的是时间的节省、效率的提高，今天的人们一天的成效抵得上过去一年甚至几年的工作成效。如果仅到这一步，只能是一般的思维深度。继续深入下去：人类无时无刻不在追求更快、更高、更好、更舒适，永远没有止境。我们其实只是生活在没有止境的征程上的一个个个体，我们不可能真正地"达成"，因为每次达成之后，还有更高的要求和标准，而真正的人生的从容不是处在一种"没有达成"的状态，而是找到最适合自己的位置，以一种平和心态去面对已有的成绩和未来的发展。或许，这就是真正的幸福。

——这是站在"老妇"的角度。

其实，当我们换一种思路审视成语时，就会有新的发现和观点。

第三节　练习部分

一、"未必"思维

"未必"是不一定的意思。未必思维是一种对已有观点、主张、说法的逆向思考，不是全盘否定已有结论，而是对这种结论进行反思、探讨，找出可能的反例，并加以分析和阐释的思考过程。"未必"思维模式是逆向思维的重要方面。

运用"未必"思维模式命题，并做语言表达。

命题参考：

(1)勤未必能补拙。

(2)懒惰未必是坏事。

(3)苦寒之后，未必是梅香。

(4)专家未必专业，外行未必外行。

(5)覆舟的，未必是水。

(6)"临渊羡鱼，不如归而结网"未必是良策。

(7)"天才"未必是好事。

(8)好心未必是好事。

(9)一羽未必见风向。

(10)……

二、替换角色练习

请尝试站在不同角度去分析、探讨一个问题。

(1) 在城市治理雾霾事件中，对机动车限行措施上，你是：货运司机、有车一族白领、政府环保局人员、农贸市场菜农、新生婴儿父母、幼儿园教师、清洁工人。

(2)面对中小学生减负问题，你是：中学生、中学教师、学生家长、培训机构教师、教辅用书出版商。

(3)在对待“裸婚”问题上，你是：男方父母、女方父母、丈夫、妻子。

(4)面对景点商贩宰客，你是：景区管理工作人员、游客、工商部门、当地附近居民。

(5)大学操场是否对外收费问题上，你是：校内学生、学校管理者、校外锻炼者、附近居民。

(6)公交车上，一位年轻女子面对一位老人要求她让座位的要求没有答应，此时你是：乘客、年轻女子的父母、老人的子女、公交车司机、媒体。

(7)在“网约车新政”的问题上，你是：出租汽车司机、网约车司机、一般乘客、交通警察、出租汽车管理部门。

(8)医生因为连续手术，体力不支喝葡萄糖注射液补充体力，你是：医院其他大夫、护士、患者、媒体、围观网友。

(9)……

三、成语、典故新解

逆向思维、多向度思维的基础是对所思考的事物有从现象到本质的了解，对细节问题可以清楚地把握。因而，要新解成语、典故，前提是对成语和典故的内容十分熟悉并透彻理解，把握事件的来龙去脉。

盲人摸象　买椟还珠　老马识途　纸上谈兵　鸟尽弓藏　井底之蛙

叶公好龙　牛郎织女　狐假虎威　愚公移山　刻舟求剑　塞翁失马

三顾茅庐　商鞅变法　乌江自刎　解铃还需系铃人　不入虎穴，焉得虎子

五十步笑百步　人无远虑，必有近忧　三人行，必有我师　人怕出名猪怕壮

以小人之心度君子之腹　巧妇难为无米之炊

四、观念新解

下面是一些流传较广的观点或认知，请多角度分析，得出新见解。

(1) 一切不以结婚为目的的恋爱都是耍流氓。

(2) 不能让孩子输在起跑线上。

(3) 人往高处走,水往低处流。

(4) “门当户对”产生于封建社会,和现代文明格格不入。

(5) 无商不奸,无官不贪。

(6) 不孝有三,无后为大。

(7) 棍棒之下出孝子。

(8) 父母在,不远游。

(9) ……

五、请对下列新闻事件、新闻评论做逆向、多向度评析

(1)腾讯新闻:女子暴打“小三”后发现认错人 报纸上登文道歉

28 日,龙岩当地《闽西日报》上刊登的一则“道歉书”引发市民关注,一位张女士因“小三”乌龙事件向一位年轻女子道歉。原来,张女士在打“小三”时,竟然认错车号,打错了人。

7 月 17 日晚 8 点半左右,一段“龙岩中山路麒丰门口抓小三”的视频在当地广泛流传。视频中,一辆白色轿车停在路边,一位身穿黑衣的中年女子,一边试图拉拽坐在副驾驶座的年轻女子下车,一边口中喊着“小三”,拉拽过程中,该中年女子不时拳打年轻女子。而年轻女子被拉拽后,一直哭泣呼喊救命,并澄清自己不是“小三”。

随后,一位年轻男子进入画面,年轻女子向男子哭诉中年女子说她是“小三”,随后该男子愤怒地对该中年女子一顿暴打,将其撂倒在地。而后,派出所民警赶到现场处理。

不少市民在现场围观,许多围观群众误以为真的是“原配现场捉小三”。

事发第二天,一位自称当事人的网友,站出来在网上公开澄清,并还原事件真相。该网友称:“我是昨晚的当事人,车子是我自己的,对方认错了车牌,说我老婆是小三,说车子是她老公的,还一直打骂我老婆,当这么多人面说她是小三,我赶回来以后气不过就打了她。后来民警带我们回去协商,对方家人来了以后,也跟我们道了歉,准备协商解决事情。我希望大家将心比心,试问谁的老婆被这样当众殴打和污蔑会一点儿都不生气?希望大家不要再传播视频和不实的信息。”

28 日,这则刊登在报纸上的“道歉书”彻底还原了真相。在道歉书中,一张姓女士表示:“当晚的‘抓小三’乌龙事件是本人糊涂,看错车号、看错人,在情况不明

时就骂车上年轻女子是‘小三’，抢她的包并暴打她。”

张女士表示，在派出所帮助下，她认识到了自身行为的错误，给对方造成人格、名誉、身心健康上的巨大损害，对此深表歉意，并愿意承担相关的法律后果和赔偿。

(2)《新京报》:危险的放生，莫让道德激情左右了理性

现代理念下的放生，不再单纯是放生人士个人意愿问题，更要考虑被放生动物能否适应周边生态、环境，更需要与保护野生动物的理念相对接。

包含毒蛇在内的数百条蛇被放生人士盲目放归山林，几小时后开始陆续出现在乡村道路上。都江堰市玉堂镇水泉村村民为自保集体拿起棍棒，将一条条生命打死。近日媒体报道的这起对公共安全带来危害的放生事件，再次引发社会关注。

“放生”蛇给附近村民的生活带来了困扰与危险，也让“放生”最终变成了一场“杀生”。发生在都江堰的这一幕，可谓是近年来不当放生现象的一个缩影。

放生脱胎于众生平等的慈悲精神和生死轮回的因果观。因为有着宗教理念的加持，放生在不少人眼里似乎被赋予了天然的正确性。至于放生的科学性、注意事项却较少被考虑，这导致在“道德激情”左右下的放生，屡屡引发不良后果。比如今年 4 月，北京怀柔区汤河口镇汤河口村被放生的数百只狐狸，咬死了当地村民家中的大量家禽。

不当放生，不仅与放生的初衷背道而驰，也给自然生态甚至人的居住环境造成了威胁。而在现实中，放生甚至发展出“放—捕—卖—买—放”这样的产业链和恶性循环。有些商家甚至是在接到放生“订单”后再去野外抓捕。如此放生，已经变得毫无意义。

而这些也说明，从科学和法律的角度让放生回归理性已刻不容缓。

具体来看，首先是对于不当放生行为应明确法律边界，同时强化社会的举报监督。当前我国虽有相关法律要求特定物种的放生，必须经过主管部门的论证和授权，但由于法律的碎片化和执行上的不足，并没有对不当放生行为形成有效威慑，也未带来应有的社会教育效果。与之形成鲜明对比的是，在国外，不当放生将面临高额罚款甚至被追究刑事责任。

其次，从放生理念的“进化”来看，有必要强化放生科学与规则的普及力度，让放生文化与保护野生动物的理念相对接，而不只是追求宗教意义上的“福报”。不少放生仅仅是出于个人的“心理安慰”或其他目的，带有较强的功利性，从而不顾放生物种与周遭环境、生态的关系。这样的举动看似是“善行”，实则不过是一种隐蔽的“自私”。所以，在现代意义上的放生，更应该体现为一种保护野生动物的公民责任。比如在遇到野生动物被非法伤害或买卖时，相较于个人买下私自放生，更可取

的方法应是报警，让专业部门来处理。

当单纯的道德激情取代了理性、科学的审视，放生就难免沦为一场自私的冒险——无论是对于被放生的动物，还是放生地的生态与居民都是如此。就此而言，关于放生急需一种社会意义上的“祛魅”，让之真正回到科学与法律的视野下来被重新打量。而前提是，法律的细化与完善，监管部门的主动作为，社会组织的理念宣介。这些都必不可少。

(3)中国新闻网：中国近四成人群有睡眠障碍 心理问题成首因

中新社北京3月21日电（记者 董子畅） 3月21日是“世界睡眠日”。首都医科大学宣武医院神经内科主任医师詹淑琴在接受中新社记者采访时表示，目前，中国有睡眠障碍的人群已经越来越庞大，影响睡眠的因素是多方面的，心理问题是造成睡眠障碍的主要因素，占到50%。

据世界卫生组织调查，在世界范围内约1/3的人有睡眠障碍，中国有各类睡眠障碍的人更是高达38.2%，高于世界27%的比例。目前已明确属于与睡眠障碍相关的疾病多达80余种，失眠是睡眠障碍的一种表现形式。

中国睡眠研究会理事长韩芳告诉记者，中国睡眠疾病患病率很高，第一位的就是失眠。而在有过失眠体验的人群中，达到慢性失眠（长于6个月）的占到百分之十几。

有调查显示，中国24.6%的居民在睡觉这件事上“不及格”，即低于60分。94.1%的公众的睡眠与“良好水平”存在差距。

“失眠可能发生在各个年龄段，但随着年龄的增长，各种疾病的发生以及褪黑素分泌的减少是老年人易多发失眠的主要原因。”韩芳说，随着中国老龄化的不断加剧，失眠率也随之增长。社会节奏的加快、生活方式的改变，也使失眠出现年轻化的趋势。

睡眠是最容易受到心理和社会因素影响的生理功能之一。詹淑琴认为，躯体疾病、心理问题、生活习惯、睡眠环境以及寝具是影响睡眠的5个因素，而心理问题是其中很重要的一环。要通过心理治疗或者认知行为治疗，改变患者对己、对人或对事的看法与态度，以此来改变心理问题。

对此，韩芳也表示，睡眠障碍既是精神心理障碍的重要诱因，又是精神心理疾病的重要症状。改善睡眠应该从改善心理开始。

谈及中国与国际对于睡眠障碍的治疗，詹淑琴认为，在药物治疗方面，国内与国际接轨得很好，只是国内对用药的管控相对严格；在认知行为治疗方面，国外已建立了一套很好的认知行为治疗体系，国内因没有配套的规章制度，在一定程度上影响了其发展。

(4)《京华时报》:取消本科批次,让教育摆脱名校情结

取消本科录取批次,还只是消除高校等级身份的第一步,接下来,应该进一步清理制造学校等级身份的制度,包括985工程、211工程。

17日,"重庆版"高考改革方案公布。据媒体统计,至此全国已有23个省份高考改革方案出炉。这些省份中,文理不分科、外语"一年两考"成为大趋势。此外,多地开始探索合并录取批次。

2014年发布的《国务院关于深化考试招生制度改革的实施意见》提出,要"创造条件逐步取消高校招生录取批次,2015年起在有条件的省份开展录取批次改革试点"。当年,四川省即合并二本三本。2016年起,上海合并一本二本批次,高考录取只有本科批次,而合并二本三本批次的省市包括北京、河北、江西、辽宁、重庆等地。到2017年,浙江和山东将合并一本二本批次。从各地情况看,取消录取批次已成统一行动。这是消除高校等级身份,促进高校平等竞争,让基础教育摆脱名校情结、高考焦虑的重要改革举措,应进一步加大改革力度。

高考按批次录取,虽然在一定时期维持了高考的录取秩序,但也带来了副作用。一是高校在录取中并不公平,后一批次录取的院校,只能等前一批次录取结束后才能录取,这直接导致学校被分为三六九等,贴上身份标签,带来严重的学历歧视问题,安排在最后一批次录取的高职高专,理所当然被视为"差生"才上的学校;二是我国基础教育的名校情结因一本、二本、三本这样的批次划分,越来越浓烈,很多地方的中学都在比拼一本率,而在一些家长看来,只有考上一本院校,才算"考上大学",才有前途。而且,高校为招到更好的生源,还可能公关政府部门,把学校放到前一批次。

从目前的改革节奏看,取消本科批次已成趋势。比如上海,今年的考生在本科批次可填报10所平行志愿院校,这给原来安排在第二批次录取的院校,带来了平等竞争的机会,如果学校办学质量高、有特色,完全可能在一本二本融合后,超过原来的一本院校。而考生在填报志愿时,原来的一本、二本概念也在消除,转而更关注学校本身的办学质量和特色。

2015年,我国高等教育的毛入学率达到40%,2020年将达到50%,进入高等教育普及化时代。到那时,如果学校还被分为三六九等,这是人为地制造教育歧视和教育焦虑,只有让不同类型、不同层次的高校平等竞争,它们才可能都办出一流水平,成为对考生来说都有价值的教育选择。如此,社会舆论才不会把考上所谓一本名校作为学生命运上升的通道,而学生也会根据自己的兴趣、能力和职业发展规

划，选择适合自己的院校。

当然，取消本科录取批次，还只是消除高校等级身份的第一步，接下来，应该进一步清理制造学校等级身份的制度，包括 985 工程、211 工程。这些计划、工程，存在身份固化、制造等级、影响学校平等竞争等弊端。这是值得教育部门重视的问题，取消学校等级身份必须彻底。

(5)央广网：武汉一高校暑期支教课堂上演 T 台秀帮农村孩子树立自信

"抬头，挺胸，收腹，目视前方，面带微笑，1、2、3，走……"20 日，在咸宁市通山县高湖村小学的支教课堂上，来自武昌理工学院的大学生志愿者带领孩子们上演了一场别开生面的"山村 T 台秀"。

据了解，这场"T 台秀"是由来自武昌理工学院的志愿者张舒勤和丁丁为孩子们上的形体与礼仪课，目的是教会孩子们培养优雅的走姿和日常社交礼仪，帮助他们树立自信心。

课后，志愿者张舒勤说："在农村家庭中，因为有些家庭相关意识的缺乏，有些孩子的走姿有些不正确，驼背或者走路脚在地上磨。我希望通过这堂课，能够纠正孩子们一些不正确的走姿、坐姿、站姿，正如古人的训诫'站如松、坐如钟、行如风'，让每个孩子在平时的学习生活中，有一种由内而外的朝气、自信！"

据了解，本次雏鹰圆梦爱心支教行动是由武昌理工学院艺术设计学院团委发起，共组织三支队伍分赴贵州顺宁、武穴梅川、咸宁通山等三地开展爱心支教、农村留守儿童和空巢老人生活现状的社会调研。其中咸宁通山支教团队由该院 7 名大学生志愿者组成，于 7 月 3 日赴咸宁通山县高湖村进行社会实践，在四天调研的基础上，爱心支教课堂于 7 月 8 日正式开课，开设课程除语文、数学、英语及辅导暑假作业等基础课程外，还开设有心理健康教育、防溺水防火防触电安全教育、形体礼仪、绘画、创意思维、手工、声乐等特色课程，受到学生的热烈欢迎和家长的支持与好评。

(6)《新京报》：女性专车为何"两面不讨好"

据报道，郑州市公交三公司 3 车队 906 路公交车，推出夏季女性专车。每天的早上 7 时 30 分和下午 4 时 30 分的交通高峰时段，分别发一趟女性专车。该趟专车只让女乘客上车，男乘客可乘坐跟随其后的另一辆 906 路公交车。此举一出，立即引来众议，大多女士认为此举"贴心"，但一些男士却对此不满。

通常意义上，我们将女性专用的车辆、母婴室等，统称为性别保护设施。这一类设施的不断完善，本就是现代社会公共文明不断进步的一大标志。可如今的问题是，并非所有人都认可通过两性区隔来保护女性的做法。

女性专车最主要的诉求，当然还在于保护女性的利益。比如说，方便哺乳期、孕期女性乘车，避免女乘客遭遇咸猪手等。

然而，问题的关键是，以这样一种方式来保护女性，真的合适吗？且不说不少男士深表反感，认为此举有性别歧视之嫌。单说女性群体本身，也有不少异议。比如：开设专门的女性专车，无异于强化了女性"需要保护"的弱者形象。而要想解决现有的问题，根本上最需要做的是增加公交资源，让公交不再拥挤，以及加强对公交内不法行为的惩戒治理力度。

时至今日，女性保护的主流理念，已经发生了明显的转向。也即，从传统的、被动的"保护"，转化为更为彻底的性别平权主张。具体以公交骚扰事件来说，"新女性"所要追求的，绝不仅是"免于咸猪手"的权利，更有和男性一样"正常乘车"的权利。有鉴于此，夏季女性专车的创意，自然是两面都不讨好。

(7)新华网：大学中学化，此风何以长

吉林财经大学近日下发新校规——《关于学生校园文明"一日规范制"的若干规定》。同时，有关新校规的"一日规范制"承诺书也发给了学生，要求每个学生必须本人签字。有学生惊呼："一夜间回到了高中时代。"

学生出操时间为早上6点半到7点半，出操时间每次不少于30分钟，一二年级学生出操内容以跑步、集体操为主，其他年级学生以晨练、晨读为主；一二年级学生要统一上晚自习；学校统一开通和关闭公寓内网络系统……毫不夸张地说，乍一看到这份校规，恍然有种回到中学的感觉。

毋庸置疑，学校的规定是从关注每个学生身心健康出发，希望改掉晚睡晚起，迷恋手机、游戏等不良行为，养成良好的学习和生活习惯。学校的一番"好意"，学生何以如此不领情呢？一言以蔽之，他们厌恶的是被管的感觉。应试化、军事化的中学，从早管到晚，事无巨细，都受到监管，甚至有学校将学生的时间精确到以分钟为单位，没想到进入大学，竟然还要继续失去"自由"，长大了的学生当然受不了。

众所周知，大学生涯在很大程度上决定着一个人的发展方向和未来的命运，而这种人生道路方面的抉择并不是通过外界强加的，需要大学生真正对自己负责。加之作为大学生，理应有较强的自我控制管理能力，因此自由、自主应该是大学管理的核心所系。

不可否认，确实有相当一部分习惯于被管的学生，一旦"监管"放松，就可能一"懈"千里，常常因沉迷于网络等因素导致荒废学业，轻则挂科补考，重则无奈退学，令人痛心不已。但需要思考的是，对于自觉性不够的大学生，沿用中学的严格管理模式真的有效吗？即便真的起到督促他们努力学习的效果，也无非只是延续了"套中人"的命运而已，这种被"保护"着读书的感觉舒服吗？不是发自本心的勤奋，一旦失去强力约束，发作起来，恐怕后果只会更加可怕。中学包办，大学继续包办，走向社会之后，怎么办？什么时候才能真正长大？

更何况，如此"统一"管理，也严重妨碍了其他学生的个人自由。锻炼身体，可以早起也可以安排在其他时间，晚上自习可以6点开始也可以7点……没有人喜欢被管，相反，绝大多数人应该天生就不愿意被约束。因此，不客气地讲，这种不好好思考怎么善加引导而乞灵于"统一"管理的简单粗暴做法，就是一种思维懒政的体现。

令人担忧的是，类似吉林财大出台严管新规的行为并非孤立个例，而是近年来大学所呈现的中学化趋势的折射。正所谓："没有最严，只有更严。"在这股假借加强管理之名而刮起的大学应试之风中，不少大学纷纷向中学学习，搞出了很多花样，比如将中学里的"重点班""实验班"等进行复制和升级翻版为所谓"××计划"培养班，甚至有大学竟然离谱到推行严格的早晚自修管理制度，简直成了一所"高等中学"。

在中学大力推进课程改革，纷纷通过开展选修、走班等形式尝试向大学学习的情形下，大学却不惜放下身段反过来学习借鉴中学的某些被人诟病的做法，真是令人不胜感慨，唏嘘不已。从某种意义上讲，大学中学化亦是无奈之举，"一夜回到高中时代"，这究竟是谁的悲哀？面对高等教育的自我矮化，啼笑皆非之余，更令人产生了深深的忧虑：大学中学化，此风何以长？

(8)新京报网：中纪委通报官员问题首现"长期搞迷信活动"表述

《新京报》快讯（记者王姝）　今晚，中纪委官网发布宁夏回族自治区政府原党组成员、副主席白雪山的问题通报，其中首次采用了"长期搞迷信活动"表述。

白雪山今年11月6日被宣布调查。今天，中纪委通报称，"白雪山身为党的高级领导干部，理想信念丧失，严重违反党的纪律，且党的'十八大'后仍不收敛、不收手，性质恶劣、情节严重"，决定给予其"双开"处分，并移送司法机关。

白雪山被查处以下几方面问题：违反政治纪律，党员意识淡漠，对抗组织审查，长期搞迷信活动；严重违反组织纪律，在组织函询时不如实向组织说明问题，利用职务上的便利在干部选拔任用中为他人谋取利益并收受财物；严重违反廉洁纪律，在企业经营等方面为他人谋取利益并收受财物，为亲友经营活动谋取利益。

上述问题中，"长期搞迷信活动"系中纪委通报官员问题时，首次采用的表述。去年7月，中央巡视组结束巡视、向宁夏反馈问题时曾指出，宁夏有的官员"利用宗教习俗敛财，搞政绩工程、形象工程"。

(9)新京报网:两记者黑龙江暗访营养午餐被打 当地称正在调查

《新京报》快讯(记者韩雪枫)今天(16 日)下午,《中国教育报》记者刘盾、刘博智在黑龙江省齐齐哈尔市甘南县就营养午餐进行暗访时被打伤。刘盾称,打伤自己的是派出所民警。今日(16 日)晚间 22 时许,甘南县委宣传部相关负责人告诉《新京报》记者,当地正在就此事展开调查。

今日(16 日)晚间,刘盾告诉《新京报》记者,单位在接到对当地营养午餐的举报后,派遣自己和同事前往黑龙江省甘南县进行调查。今天中午 12 时许,自己和同事前往甘南县兴十四镇中学进行暗访。

刘盾称,暗访中有学生向他们反映,从学校领到过两箱鸡蛋,但其中绝大部分都是腐败变质的。还有学生向他们反映了关于营养午餐的其他问题。

"我们准备离开时,突然有十多名不明身份的人把我们围住了,不停地推搡我们,不让走。"刘盾表示,不明身份者随后喊来了警察,自己和同事被警察带上警车,带到了兴十四派出所。"考虑到营养午餐的报道还要继续搜集证据和资料,我们当时没有表露身份。"

刘盾称,自己以为到了派出所就能脱身,但没想到仍然被限制自由。"一名警号为 036845 的警察,对我扇了两个耳光。还抓着我的胳膊把我摁倒,使我的头部多次撞墙。"刘盾表示,另一名同事也遭到了殴打,两人被迫表露了记者身份,随后二人被政府相关部门接出派出所。

根据齐齐哈尔市第一医院甘南分院诊断记录,刘盾被诊断为"头部外伤",医生的建议是"住院治疗"。

甘南县公安局一名工作人员告诉《新京报》记者,此事"由宣传部发布信息"。今日(16 日)晚间 22 时许,甘南县委宣传部相关负责人告诉《新京报》记者,上级已经知晓此事,"我现在正在就这个事情开会。"上述宣传部相关负责人同时称,甘南县公安局督察已经介入调查。

公开资料显示,《中国教育报》是以教育新闻为主的全国性日报,由教育部主办。

第八章 创新思维与表达

第一节 理论部分

一、思维定式

（一）思维定式概述

1. 何谓“思维定式”

有一个著名的实验常被作为经典案例来诠释思维定式：将梭鱼与小鱼放入同一个水池中，中间用玻璃隔开——玻璃在水中是“看不见”的。梭鱼看到一群群小鱼在眼前游动，会猛地扑过去，企图捕食小鱼。但因为中间的玻璃阻挡，梭鱼总会一次次地被弹回来……梭鱼逐渐失去了再次尝试的勇气，以至于玻璃被拿开后，即使小鱼游到梭鱼的嘴边，梭鱼直至饿死，也不肯再去捕食。

思维定式在心理学上被描述为一套经过长期实践、训练而固化的思考模式、思维方式以及与之对应的行动程序、行为模式。所谓思维定式，就是按照积累的思维活动经验教训和已有的思维规律，在反复使用中所形成的比较稳定的、定型化了的思维。关于思维定式的描述还有很多，诸如心理定式、刻板印象等。

2. 思维定式产生的根源

人之所以会有思维定式，源于人类心理和生理活动的现实。人类获取信息，靠的是生理性的信息接收器——神经组织。神经组织的最小单位是神经元——神经细胞。神经细胞就像一个个“侦查员”，将自己所感应到的信息通过神经冲动源源不断地传递到大脑,大脑对这些信息进行处理、加工,最终形成我们对外部世界的印象。大脑从我们降生那一刻起就开始不断地从外界接收信息、储存信息、处理信息。这些信息形成了我们对外部世界的认知——关于外部世界的印象、看法。人体最初对外界的信息刺激做出的反应只是一种本能,心理学称之为"无条件反射",例如对食物的反应、对外来危害的防御反应等。以这种与生俱来的反应为基础,大脑在发育过程中,通过学习、思考、总结,建立对外部世界的相对系统的、稳定的印象和应对方式。当我们常常做一件事、看到一件东西或解决一个问题,大脑重复这个心理过程时,形成记忆并逐步形成与之对应的神经过程。遍布于人体的神经元通过神经突触相互连接成立体的网络,四通八达。当大脑熟悉了某一个心理过程,就像建立了从神经元立体网络中一点到另一点的直达通道,当同样的信号再次传输到这个直达通道上的任何一点时,大脑不需要重新思考下一步去哪里,而是"习惯性"地选择下一站。

思维定式给予我们很多便利,但也对我们的思维造成了不利影响。说到底,思维定式是为了适应外部相对稳定的情况而产生的一种心理惯性。在这种惯性下,人们自然地回避思考,甚至反思。在潜意识中,这些问题无须再浪费时间、精力考虑。但当我们面对新事物需要进行自我创新时,思维定式就成了最大的阻碍。

(二)思维定式对创新的阻力

思维定式在心理上总是以理所应当、自然而然、自始至终、原本如此的形态出现。例如一个自幼生活在基督教徒家庭的孩子,会将阅读《圣经》、周末礼拜、饭前祷告等当作理所应当的事情。当他遇到不解的问题时,也会用上帝信仰、《圣经》的理念来解释和理解。电影《古今大战秦俑情》中的男主角秦朝郎中令蒙天放,由于服下长生不老仙丹而不死。他穿越到现代,和现代社会格格不入,行为模式、思维方式和现代社会形成巨大冲突:将直立的木头杆子当作树;将窗户的毛玻璃当作窗户纸……蒙天放的思维和举动都是在秦朝养成的。也许这些滑稽、幽默的情节,会让人觉得不可思议。其实,这是思维定式的极端、典型表现。在同时代的人们身上,同样会存在这样由于长期形成的思维定式阻碍人们认知新事物的现象,例如年过半百的人坚决不相信手机付款,父辈排斥网上购物模式等。互联网虽然给我们带来了极大的便利和极高的效率,但对于已经适应线下生活的人来说很难接受。根据中国互联网数据平台显示,淘宝网的主要用户集中在20—39岁人群,占50%以上,60岁以上用户不足10%(见图8-1)。据统计,从2013年开始,很多纸质报纸销售量只达到了之前的25%—50%,甚至出现了更高的下降比例。

思维定式对于思维发展和创新力的限制主要表现在以下几个方面：

1. 思维惰性—思维惯性

这是一个广为流传的市场案例，发生在一家知名的牙膏公司：

×××公司为了增加其牙膏销售量，向全国公开征集最优方案，并悬赏10万美金。最终，公司在数以万计的方案中采纳了一项成本最低、操作最简单的方案，即利用人们的思维惰性将牙膏的管口扩大50%。该方案使牙膏当年的销售业绩比往常提高了30%多。

思维惰性也可以称之为思维惯性。一个物体在没有任何外力的情况下，会保持现有状态，运动的物体沿着原有轨迹、速度持续运动下去；静止的物体仍旧静止。这是物理学对惯性现象的表述。思维惯性同理，只要没有外部力量来干预、调整，人们就会沿着以往的行为方式、思考方式行动和思维。思维定式的存在，让我们不会主动来审视自己的思维惯性，即便遇到了新的情况，只要新的情况还不足以引起我们的注意，新的刺激还不足以激发我们的感知，我们就会沿着以往的路径走下去。

现实中，我们很容易被思维习惯所左右，思维惯性会限制我们的创新力。

当看到论文题目《我的爸爸》时，有几位同学能想到不写那位我生母的丈夫呢？——“我”就一定是你么？思维惯性一定会让我们想到自己的爸爸。

当我们接到一个采访任务，采访一个企业成功的专题报道时，你会想到采访谁？思维习惯一定又把我们带到企业家本人、企业高层、一般员工。那么摆脱这个思维惰性呢？

半夜，当你闻到一股难闻的气味，你会怎么样？——开灯，当电灯不亮，你又会怎么样？——找打火机或者电筒——当你找到了打火机，是不是立刻点燃？那么，如果那难闻的气味是煤气泄漏呢？

思维的惰性其实来自人的生存状态，越是自我封闭、脱离社会的人，思维惰性越强；反之，则程度越弱。勤于思考、善于思考的人，经常自省和反思的人，往往能够觉察到自我的思维惰性、思维惯性。

2. 认知框架

思维定式会使人们形成相对稳定的认知框架。认知框架包括认知角度的相对固定、认知方式的相对固化、信息接收的片面化等。

不同职业、不同身份、不同知识背景的人，都会有自己习惯的认知事物的角度。例如一位畅销书作者来学校签名售书，学生的认知角度往往是作者背景、书籍内容和售价等，而一个商人的角度通常是此行投入成本和获利。认知角度的相对稳定可以让我们及时搜集、获取跟自己职业、爱好等相关的信息，但同时也会限制我们的视野，阻碍我们获取更加多元化的信息。

认知方式取决于一个人的专业背景、知识积累、经验阅历和兴趣偏好，不同的人面对同一件事情，认知方式会呈现明显差异。例如，面对网上出现的一则“马桶吸碗打开汽车锁”新闻。有人选择了解和阅读该资讯的内容；有人选择查阅相关汽车机械的书籍，了解汽车锁的构造；有人选择在网上查找相关案例或报道；有人选择联系熟悉的修车人员了解；有人选择买几种马桶吸碗亲自尝试。这些相对固化的认知方式，可能会让我们获得的信息残缺不全，甚至完全错误。

在一定的认知框架内，我们总是有选择性地接收信息。传播学认为，人们总是偏向于接收那些符合自己以往观点、兴趣和方便接收的信息，对于跟自己意见相左、兴趣相反、不太方便接收的信息会无意识地放弃、屏蔽。这种信息接收偏好，影响了我们认知事物的全面性。

3. 自设围墙

思维定式的存在还表现为对已有结论、习惯做法和既定模式等的无条件接受。与批判思维模式的思考和行动方式相反，思维定式习惯于“认定现成”，而非“具体分析”。此外，思维定式还使思考个体自我设限，有思维定式者将自我认知和社会评价固化，由此设定出一系列关于生活、工作、学习的界限。这都是“自设围墙”的表现，即在问题的思考和具体事务的处理上，修筑围墙，安于墙内的实践，对墙外的世界不做探索和尝试。自设围墙常有的意识是“这也可以么？”“这肯定不行！”“这样不可能吧”……

1980 年，我国著名女高音歌唱家李谷一为电视剧《三峡传说》演唱插曲《乡恋》时，在民族唱法中采用了“气声”“轻声”方法来处理唱词，跟以往气宇轩昂、声音洪亮高亢的革命歌曲形成鲜明差异。这种差异招来了不小的争议，甚至有人将这种演唱作为离经叛道的典型、资产阶级奢靡浮华的代表。《光明日报》记者邓加荣曾报道过：“连过去曾经说过‘什么时候我都替李谷一讲话’的人，也觉得她走得太远了，‘我们为李谷一同志现在选择了这样一条路子而感到惋惜’。至于过去就对李谷一唱法嫌弃和看不惯的人，就更是怒不可遏了。于是一时间，电闪雷鸣，冰雹雪霰，一齐向她袭过来。音乐界里，重新奏起《扬子江暴风雨》。1980 年 4 月，她收到了中央乐团一位领导同志的信，警告她如果再走下去，这里便没有适合她表现艺术才华的土壤了，只好请她另谋高就。这是一道很残酷的逐客令。因为在当时的体制下，一个人一旦被某个单位开除，其他任何单位都不愿意再收这位革员。”

然而，李谷一认为唱法的创新并非标新立异，而是一次认真的艺术创作：“我在演唱时，根据词曲创设的意境，采用了轻声和气声的唱法，加大了人物的感情深度，因此受到了广大观众的喜爱。有人指责这种唱法是简单地模仿港台流行歌曲，这种说法是不对的。事实上，轻声和气声在西方歌剧和我国古代戏曲，甚至某些民歌的演唱中，都使用过。西方歌唱家常用叹气的声音使气息保持一定的深度，使喉头放松，达到声音松弛的程度。至于轻声，在我国戏曲中就更为多见。在《乡恋》中，我更多地采用了轻声，是因为轻声更能够表达王昭君离别时的忧伤和怀念的情绪。”

在经过了非议、刁难甚至被开除公职的威胁之后，这种不循陈规、突破创新，带有浓厚人情味的创作和演唱不仅赢得了听众的认可，更是得到了艺术界、学术界的肯定，李谷一也成了内地演唱通俗歌曲的第一人。

——《光明日报·网上报史馆·李谷一与〈乡恋〉是怎么回事?》

如果李谷一当时被传统的陈规、定论所束缚，就没有后来的《乡恋》等一大批深受听众喜爱的歌曲，中国声乐艺术界的思想解放和百花齐放，恐怕还要延后数年。

4. 无据假设

决定结论的是前提，决定前提的是假设。逻辑思维、批判思维要求人在思考时有清晰、准确、合理的思维，对提出的命题、结论有足够的支撑根据。思维定式会阻碍人们对思维过程进行审视，在作出结论时，往往采用未经论证的假设或前提。来看一下表述：

(1)我是理科生，所以我学不好外语，理科生的外语都比较差。

(2)看你这身体越来越胖，少吃点肉啊！

(3)对门那个刘师傅又上当了，昨天买了一千多块的保健品。

(4)你不能让孩子老这么晃荡，还是要给他找个单位，那什么工作室干不长的。

(5)你迟早要生病，不要喝隔夜茶了！

这五个表述背后其实是在五种思维定式的控制下，作出的没有经过论证、分析的假设：

(1)理科生天生外语差，这一点无法改变。

(2)吃肉就会导致身体肥胖，这几乎是唯一原因。

(3)所有保健品都是骗人、没作用的。

(4)创业不是工作，只有正式单位才是工作。

(5)隔夜茶是肯定会导致疾病的。

思维定式的存在,使得每一个人大脑中都或多或少有一些无据假设,我们并未对这些潜意识中"从来如此"的假设进行逻辑分析,或因为父母从小如此讲,或因为周围人都如此说,或因为过去有过这样的经历……总之,一些未被证实过的命题在我们大脑中沉淀,逐渐固化为自认为的"铁律"。这些无形的甚至从未被清晰表述的"假设"成为我们看似理性的推理的根据,形成了创造力的阻力。

5. 僵化标准

当我们判定一件事情、一个问题时,潜意识里会有一定的标准。一个群体要运转高效、和谐共生,就需要在善恶优劣、真假美丑、曲直长短等各方面达成关于标准的共识。大到全社会,法律法规、道德准绳等是当今社会达成高度共识的行为评价标准,小到一个家庭内部,有关于家庭成员行为的评价标准。生活在一定群体中的人,在内心都有一套关于这个群体标准的认知:提倡的、坚决制止的、模棱两可的、尚未标注的……标准的清晰、一致,是社会良性运行的重要因素。

同时也要看到,标准并非是一成不变的。思维定式的心理则会将标准人为固化、僵化。僵化标准的典型表现之一就是千篇一律。例如,当我们学习写作时,我们会阅读一些关于写作的教材、方法类书籍,寻找一些写作的标准和范文。但如果我们将其作为写作的唯一方式,那么我们写出的也只是一些"仿品"。中国历史上的大家,如屈原、白居易、施耐庵、蒲松龄、曹雪芹等,他们那时是没有《写作指要》《作文100法》等所谓"标准"可遵循的。

所以,标准的存在并非坏事,但僵化标准、绝对化标准却是破坏创新、阻碍创造的重要因素。

6. 特定归因

特定的世界观、文化熏陶、经验阅历等会形成人的特殊归因方式,我们称之为特定归因。

造成结果的原因一般是多种多样的,有主要原因和次要原因、根本原因和诱发原因、客观原因和主观原因、外部因素和内部因素等多种类别、属性之分。在确定一个事情的原因时,有很多方法。实证类科学的方式是,提出假设(假想)——设计实验——观察假设原因和结果之间对应关系的强弱——分析比较——得出结论。要通过科学实验来验证某一因果对应的科学性是相对复杂的,需要排除其他干扰因素、科学设计实验、控制各种变量和常量,最终通过反复实验得出结论。在生活中,我们判定某些原因时,常用到"求同推理"和"求异推理",可能也用到归纳推理、演绎推理或类比论证等，总之，在一般情况下，归因活动是建立在理性基础上的思维活动。

特定归因是在特殊心理基础上做的归因活动。例如，一个迷信的人，总把事情的好坏归结于“老天爷”的保佑或惩罚；一个有种族歧视观念的人，把有色人种群体的犯错都归于种族差异；一个沉湎于麻将牌的人把某天的身体不适归因于没有打牌。特定归因是一种强烈的主观主义思维模式，这种思维模式只按照已有的印象和观念来看待、分析问题，在探讨事情成因时，会下意识地屏蔽与自己主观意愿相悖的客观实际，有时甚至出现逻辑混乱的情况。因此，使用特定归因思维定式思考，大多带有习惯性偏见和浓厚的非理性色彩。

7. 草率结论

以下是一段对话：

“听说城西那边家具城今天有促销，一套红木家具还不到一万！”

“哎！假的！”

“哦……”

比无据假设更严重的是草率结论，直接越过推理，不假思索地做结论。如前所述，生活中有些日复一日的行为、经常性工作一般不用思考，而是直接行动。这种惯性一旦形成思维习惯，就会影响我们的判断和评价。红木家具促销，二折价格亏本去存量也是有可能的。如果不做认真分析和了解，就草率地认为是假消息，那就是思维定式在起作用。

8. 心理依赖

由于思维定式是一种典型的“回头看思维”——以既有的模式、结论、理念、标准、观点做依据，以成型的习惯为基础的思维方式，因此极易造成心理依赖。心理依赖让行为个体在面对新问题、新任务时，第一反应是求助于已有的习惯做法、既有的解决方法、熟悉的思考方式。

二、创新思维

（一）锐化、强化感官

思维的素材来自我们已有的信息积累，包括形象信息和抽象信息。我们的视神经、听觉神经、触觉神经等信息获取工具为我们形成了外部世界的图景。通过感官系统所获得的关于世界的感性认知，构成了我们对外部世界的感性认知。但是，我们大脑中的感性世界和真正的客观世界是有区别的，是经过“过滤”“筛选”的。

感觉器官既为我们提供了关于外部世界的图景，也限制了我们对外部世界的认知。例如人的眼睛一般可以感知的电磁波的波长在400纳米到770纳米之间，称之为“可见光”，而波长770纳米到1毫米之间的光不可能为人类的视神经所感知。如果有一天人类的视觉可以看到波长高于770纳米的电磁波，那么今天几乎所有物体的颜色或许会有全新的定义，描绘色彩的词语也可能会增加。我们的听觉、嗅觉、味觉等感觉器官，对外部世界的感知都有自己的上限和下限，使我们在一定的区间内感受和认知世界。所以，在不考虑后天文化因素的前提下，人类对外部世界的认知结果，是人类感官和思维的结果，而非世界的全部。即使科技的发展极大地拓展了人类对世界感知的能力，但作为人类信息入口的感官本身的机能并未改变，能够进入人体并被识别和处理的信息，其参数仍旧是有限的。

即便如此，大多数人对有限的感官能力的使用并不充分，五官能力仍有较大开发的空间。通过一定的科学练习，五官的精确度、清晰度和敏锐度都可以提升，以往注意不到、听不出的信息，也可以轻易获取。例如长期从事器乐、声乐专业的人，对音高、节奏等的分辨力往往高出一般人；长期从事布料生产加工的技术人员的触觉和视觉敏感度明显高于外行。下面是一位数学专业教授与一位美术专业教授在办公室的对话：

“你看那面墙，看到了什么？”

“什么？一面墙啊。”

“有哪些颜色？”

“白色啊。”

“再看看呢？”

“有些地方比较暗一点。”

“嗯，我看到的是一面色调斑斓的墙壁，很多色调。你看到的暗处可能就一种色调，我看到的却不止一种。这可能就是专业敏感。”

专业敏感，其实就是专业训练导致的感官敏锐度变化。当一个人的五官感知力、辨析力等逐步提升时，他所得到的信息会更加丰富、多样。随着原始的感性素材的增加，人的创新意识、思维创造力便会得到提升。

锐化和强化感知能力有很多方法，不同的学科为我们提供了不同的参考：

表演学中一般运用数树叶、看快速移动的物体如游鱼、苍蝇等方法训练视觉敏锐度和灵活度；音乐专业用“视唱练耳”——听辨不同节奏、音高的旋律，来训练学员的听觉能力；美术专业在基础阶段，运用“临摹”的方式来训练学生视觉的准确度和细致度；品酒师通过大量品尝、对比和记忆来提升自我味觉的甄别力。

（二）反省自我文化塑造

文化，广义地说，即“人化”。在人类社会历史发展过程中，一切经人类活动创造的物质财富和精神财富的总和都是文化。人类社会生活中的方方面面都可以成为文化，如饮食文化、服饰文化、政治文化、建筑文化等。自然界一切事物凡是进入到人的作用范围之内的，有了人类活动的烙印，便成为一种文化现象。

人一出生后便存在于一种相对稳定的文化环境中，在一定的时间、空间中的文化元素会开始塑造新生的个体。文化的圈层从最小的家庭、社群到一个地区、一个民族、一个国家，每一个文化圈层都相互交织地、综合地对一个人的思维方式、思想观念起着塑形的作用。每个个体都不可避免地成为文化所塑造的人，带着鲜明的文化印记。其中，家庭文化对一个人的熏陶往往是伴随其一生的，心理学认为原生家庭（父母家庭，指儿女尚未婚嫁的家庭）对一个孩子的文化烙印在其未来的恋爱、婚姻、养育后代中都会有所体现，一个子女在各方面显现的文化心理和文化行为都是原生家庭的再现。表现在饮食方面最为明显，“在美国，你喜爱的比萨浇料可能是香肠和蘑菇，然而在日本可能是鱿鱼，在英国则可能是金枪鱼和玉米，而在印度可能为腌制生姜”；[①]生于阿拉伯国家的孩子，对白色长袍的认知就是常服，而一个生长于中国的孩子可能会将其当作睡衣。

文化对自我的塑造是必然的，我们既不可能出生于文化的“真空”，也不可能凌驾于所生存之地的文化之上。原生家庭文化、社区文化、校园文化、地域文化等文化的熏染自我们出生起就包围在我们身边。文化是塑造者，也是局限者。突破这种与生俱来的文化局限的方法，便是交流，尤其要接触和了解不同的文化圈层。在接触不同文化时，我们会感受到文化冲突的存在。

在跨文化的交往中，我们常会受到文化本位主义的干扰。我们大多以自我的家庭文化为正宗，本能地否定、抗拒其他家庭文化。不可否认，家庭文化塑造形成的思维局限，往往是一个人最难以打破和抗拒的，里面融合着亲情和孝道等因素。同时，我们也会遇到地域文化冲突，例如在旅行中，我们有时会诧异于一个地方做饭的食材、着装的习惯等。这样的心态不利于我们突破自身文化局限，应改变这种文化的习惯性本位意识，用相对宽容与平和的心态进行文化之间的交流和学习，学会跳出自我文化圈层去感受、体验、了解。这对我们的创新思维有重要而深远的意义。

---

① 卡比，古德帕斯特.思维[M].韩广忠，译.北京：中国人民大学出版社，2010：18.

(三)审视自我经验和知识系统

经验和知识系统是人类适应生存环境、获取劳动能力和建立社会关系的必要条件,每一个人由于出生家庭、受教育条件和个人情绪等多种因素,都建立起了不同的经验和知识系统,由此形成了基本的观点、看法和思维方式。

一个人从出生开始,就在进行经验和知识系统的建立与更新,在不同的年龄阶段,知识和经验系统的更新速度是不同的。在1岁以前的婴儿期,孩子开始本能地学习和积累:母亲和父亲的模样、玩具的颜色、各种声响、家里家具的形状;幼儿期,人类进入了经验和知识积累的高速积累期,孩子对身边的一切都很好奇,有着强烈的求知欲;儿童期,进入小学,开始系统地学习书本知识,同时也积累大量关于生存环境的经验,如各种零食的口味、动画片中的人物和故事、同学的名字和性格等。我们的知识和经验系统开始逐步建立,并具备一定的稳定性,这些固化的经验和知识成为我们应对事务的理由或行为依据。一般情况下,当一个人进入中老年后,知识和经验系统的更新放缓,主动接受和更新的意识减弱,社会的适应力降低,创新能力逐渐消失,更多体现为固守于既有知识和经验系统。

一个人对创新的态度、对待新事物的心态往往取决于其知识和经验系统所处的更新状态,即年龄段因素。例如,一个三岁的孩子和他母亲,如果同时看到父亲在天上飞,孩子很快就接受了,会将它当作好玩的事情;母亲则难以置信,因为已有的相对固化的知识和经验系统会让她认为:“这绝不可能,怎么可能呢?!”

知识和经验系统更新除了受到年龄段因素影响外,一个人所处时代的特质、个人的社会实践方式、领域、性质等也是重要因素。例如,在中国传统社会中,信息闭塞,祖辈与子孙之间的经验、知识等差异较小,社会化过程都是单向过程——长辈将社会规范、经验知识传授给晚辈。而在今天,不管是乡村还是城市,社会信息和知识更新加速,人的经验和知识更新周期缩短,在传统社会化中鲜见的“逆向社会化”越来越普遍。“在现代社会中,社会变迁速度快……一些成年人跟不上形势,他们要想不落伍”,就必须接受晚辈传授的知识和经验,“就必须接受逆向社会化”。①

虽然,已有的经验和知识系统更新对于创新性思维有着决定性作用,但除了客观因素造成的经验和知识系统更新外,很少有人会主动审视和反思自我经验和知识系统的更新。要使自身主动意识到并主动更新,提升思维创新力,可从以下三个方面着手:

---

① 郑杭生.社会学概论新修[M].3版.北京:中国人民大学出版社,2003:84.

1. 审视教育背景

学校教育形成了我们的知识体系的主体，它是一种成系统、成体例的教育模式，包括学前教育、基础教育、中等教育、高等教育。学校教育作为国家主导的面向全民的教育系统，无疑是最完备、最科学、最合理的教育构架。但学校教育的局限性会使我们的思维创新受限：

（1）应试体制的局限

由于目前优质教育资源缺乏，学校教育还不能实现均等分配。选拔性考试必须存在，因而，学校教育，尤其是中等教育的应试痕迹很重。应试教育的一个重要特征是“答案正确”。而选拔和取舍的压力，迫使出题人必须给出一个操作性强、整齐划一的标准答案。参与考试人员越多，这个标准就需要越简明、越易判定。在这样一种以考试为指挥棒的教育中，许多创新性、差异性、个性化是难以体现的。此外，长期以答题为目标、以分数为标准的学习，在一定层面上压抑了学生多样化、创新性思维的积极性。

（2）知识更新的局限

知识更新的周期已经从过去的 30 年、10 年、5 年发展到现在的两年甚至 1 年。我们在每一个年龄段接受的教育，在当时也许是进步的、前沿的，但之后就会落后于时代的发展。

（3）教育者的局限

在目前的教育体系中，教育工作者的受教育经历大多数是师范院校。其中，基础教育的教育者绝大部分是从学校走向学校，高等教育体系中的教师，有业界工作经历和经验的人也只是少数。从理论到理论的知识背景造成教育者自身的局限性，对理论的理解和把握并不是很透彻，对理论的灵活掌握程度也不高。例如，教授管理学的教师，并未实际从事过企事业的管理工作；讲解国际贸易的老师也未从事过国际贸易；讲授“新闻采写”课程的教师没有过记者编辑的从业经历等。

2. 跨出专业局限

有着专业教育背景的人往往具有专业带来的思维方式和逻辑方式。专业教育通常会形成人们看待问题的角度。当今教育的专业分类越来越细致和繁复，这有利于专业技术人才的精细化培养，但是，“当我们被驱赶到一个个日渐狭隘的学科分工领域的时候，我们日益感到限于遮蔽之中”。[①] 专业教育的知识和技能赋予了

① 陈波.创意思维与表达[M].北京：知识产权出版社，2012：45.

受教育者解决专门领域问题、应对专门领域任务的能力，同时也形成了专业之间的阻隔。为了在有限时间内，让学生具备足够的专业深度、熟练度，专业教育在泛专业知识和能力方面必然会有所忽略，无暇顾及更宽范围的基础性知识、相关专业知识能力的培养。但是，事物的性质却是多样的，一场简单的家庭纠纷就可以从心理学、精神病学、伦理学、经济学、语言学、社会学、法学、管理学、传播学的角度来分析和阐释。当下很多新增专业、新兴学科都是跨专业、多专业融合产生的。这是科学发展的必然，更多的现实问题需要运用新的分析视角、新的分析模式、新的描述方式等加以回应。

若固守在自己的专业领域，不更新思维模式，便无法获得重新审视的机会。因此，要经常跨出自己专业这个狭小的圈子，涉猎不同学科的知识领域，了解并掌握一定的其他专业概念、理论，这会使自我思维方式变得活跃，创新思维角度的意识成为可能。例如，当表演专业的人员学习逻辑学后，其人物分析和剧本创作的思路会变得清晰，并学会反思舞台动作中的种种逻辑性矛盾和不合理处；新闻学专业人员学习法学和社会学后，会使其在社会观察、新闻采写的角度更加多元、事实描述更加冷静客观。因此，主持专业学生若涉猎心理学、法学、社会学、传播学和经济学等学科，会对自身的专业属性、专业地位、主持活动的理解和把握变得更加准确、更有深度。跨出专业，才能突破思维局限。

3. 打破理论迷信

理论是人们观察、理解和分析已有的实践活动，通过归纳、总结而成的对某一现象、问题、规律等的文字性表述。理论是人类认知的成果，是对客观世界规律的总结，可以指导我们更好地开展实践活动，节省自我探索时间、提升学习效率。一个人自进入基础教育阶段就开始了各种理论内容的学习，长久的理论性教育难免造成或轻或重的“理论迷信”心理——当我们发现理论和实践无法统一时，倾向于认为理论无误，而是实践出了问题，甚至妄图用理论去修正实践。下面一则笑话正是对理论迷信心态的生动描绘：

庸医诊病

一位患者就医，医生在对患者做了一系列检查和询问后，用疑惑的眼神看着患者，自言自语地说：

“不应该啊，从理论上讲你不应该有这些症状啊。”

患者：“怎么了？我的病很严重么？”

“可能问题比这个更复杂。依照我对你的检查，目前你的症状书上都没有提到，而书上提到的，你又都没有！”

“那您的意思是查不出我的病了？！”

“不，我认为，你应该发高烧而不是血压低，你应该头痛而不是肚子痛，再有你应该贫血，而不是厌食！总之，你没按照书上写的生病，不符合要求啊！”

当我们笑话庸医的教条主义、理论迷信和死板僵化时，也许我们也在犯同样的错误，为了避免理论迷信，摆脱理论的束缚，我们在进行创新性思维和表达时，需要认识到以下几点：

第一，理论是前人在实践中摸索、整理、总结出的文字性表述。语言本身的模糊性、概括性和静止性，让理论本身也带有先天的局限性。再详尽的文字也不可能完全说清楚现实的细节，在理论学习时，既要充分理解意义，又要从实践角度弥补文字表述的不足。

第二，理论的创造者、表述者都是人类自身，但人类固有的认识活动的局限性会对理论造成影响。尤其是时间局限、空间局限显而易见。例如适用于美国本土的传播学理论，拿到中国可能就会水土不服。

第三，理论是实践的指导，但理论对实践的指导意义更多是基础性的、原则性的、方向性的。实践活动才是最鲜活、最细致和最具体的。因此，在掌握了理论中规律性、恒定性的内容后，要注意和不断发展变化的实践相结合，创新理论、更新理论，让思维活动处于活跃的求真、求新、求实状态，避免削足适履、教条主义这种迷信理论的行为。

（四）保持一颗珍贵的童心

保持一颗珍贵的童心，可以帮助我们突破很多思维局限。

1. 强烈的好奇心

新鲜感和好奇心是创新的源泉。总处于一种环境中的人，会产生麻木感和懈怠情绪，会对很多并未知晓、了解的环节、思想、事物产生误读——自认为很熟悉，因此放弃探索和追问。这种垂垂暮年的心态不利于新知的发现。我们对自认为熟悉的事物，如每天走过的天桥、每天乘坐的公交车、每天路过的早餐摊等，早已失去了孩童般的好奇和新鲜感。若不是因为某个契机可能永远不会注意到，这就是我们心理的盲点。因此，保持好奇感、新鲜感，我们就会从熟悉中发现新奇、从重复中发现不寻常。

2. 没有心理负担

儿童的某些心理特点是成年人极为需要的。第一，儿童不太受制于过往的经历，对于过去的事孩子要比成年人遗忘得快，尤其是那些阻碍发现新知、产生新思路的经历；第二，儿童不太在意旁人的目光，他们总是按照自己的心愿、喜好决定做与不做，成年人则相反；第三，儿童也不太纠结于行为后果，当成人年思前顾后、怕失败，或受到之前失败经历的束缚时，孩子已经又开始了新的尝试；第四，儿童还不太受条条框框的限制，因为他们眼里没有所谓权威或者专家，只愿意按照自己的方式探索未知世界。童心的上述四个特点可以帮我们解决很多在创新时产生的心理障碍。

第二节　练习部分

一、表达创新

以下是一些常见的表达练习的题目，请用新颖的内容、结构和表述方式来表达：

（1）我的母亲

（2）一件趣事

（3）我的高中生活

（4）我最喜欢的一本书

（5）故乡的小吃

（6）难忘的歌

（7）最美的风景

（8）一位好人

（9）我的业余时间

（10）我的老师

（11）……

二、主持创新

下文是厦门大学博士生导师邹振东教授作为专栏作者在《南方周末》上写的一

篇关于春晚内容的文章，反映了当今广播电视节目主持中普遍存在的一种现象：主持词内容僵化，缺乏创新和活力，语言运动格式化，缺乏个性和真实感。请阅读此文，并完成之后的练习。

为什么春晚主持词几十年没有进步（节选）

作者：邹振东

如果重放历年春晚的碟片，一到主持人的部分，基本上可以快进。主持人在春晚的作用，大约就是一个个标点符号，一个节目完了，感叹号！下一个节目开始，破折号！当然，春晚主持人扮演最多的是冒号。主持人上场，说了很多话，但大部分都是废话，如果要翻译给老外听，你只要告诉他们，主持人刚刚说了一堆省略号就可以了。如果一篇文章，一个个标点符号还要费这么多字节，你想到的就是删除键。春晚直播时，你只能忍耐，一旦可以重放，当然就要快进。

你可以记住历年春晚很多节目，你几乎记不住历年春晚什么主持词，如果记忆中有什么春晚主持词闪现，十有八九就是出了状况，比如出错。当然，还有一个印象深刻，就是念贺电，但贺电的内容呢？谁记得住呀？

……

天不怕，地不怕，就怕春晚主持人讲笑话，他以为抖出了一个包袱，掉下来的却是一堆石头疙瘩。原来知道美学有一个原则：崇高不成反成滑稽，看来喜剧也有一个铁律，幽默不成，反成笑话。跟唱歌的没办法比，跟说话的可以比一下吧。同样是羊年春晚，那些在网络爆红的流行语，像“红色的工资不够花”“你还一颗黑心两手准备”“你的爱好撞上领导的爱好，是你祖上诈尸的机会”“他巨蟹，我双鱼，你们海鲜市场认识的”……有哪一句是出自主持人？

……

春晚的主持应该是什么？它绝不应是可有可无的标点符号，而应该本身就是一个节目，是一种艺术符号。它有自己的内容和形式，有自己的能指和所指，有自己的结构和意义，像韦勒克在《文艺理论》中所描绘的文学那样，是一个有多重意义的符号体系，并期待和读者（观众）创造更多的意义。

春晚主持人也曾经想把主持变成一个个节目，他们找到的一种方式就是朗诵，这是从大型舞蹈史诗《东方红》那里学到的。毋庸讳言，《东方红》的主持，真的是和节目相得益彰的艺术符号，但那是戏剧舞台，是舞蹈史诗，你一个综艺晚会，主持人杵在那里，大段、大段地朗诵，谁受得了？

如果你忘记了这些朗诵般的主持词，你不妨看看《武林外传》鸡王争霸赛上白展堂和郭芙蓉的模仿秀："各位来宾，各位百姓，大家晚上好！欢迎大家来到同福客栈，参加第一届鸡王争霸赛。浩瀚苍穹，孕育了我们的历史与文明，岁月如梭，造就了我们的勤劳和善良，在这片晴朗的天空下，我们吟咏歌唱；在这片辽阔的土地上，我们自由翱翔！"如果你看到一个晚会，当主持人突然亢奋地把声调提高八度，一张口就5000年、960万，你就知道，他们又要"朗"了。

后来主持人换了一种活法，开始讲故事，逮住一个苦的，就开始煽情，可能是煽太多了，大过年的，领导也觉得与莺歌燕舞不搭，煽情也渐渐退出春晚历史舞台，被各大卫视选秀节目捡了一个宝，换评委和选手玩煽情游戏了。

春晚煽情我还能忍得住，你在上面煽，我不哭，还不可以吗？但最受不了主持人在上面幽默——那种把观众当傻子的幽默，那真的是要起鸡皮疙瘩了。

……还有一种是《同一首歌》最爱玩的——甲：你知道吗？某某地方还有一个宝贝(这个宝贝可以换成当地的名人、特产、小吃或者政绩)，乙(夸张的表情)：真的吗？或者甲铺垫了很久，最后说：你知道吗？某某他也来到了我们现场。乙再次装不知道。乙表情的夸张，就像今年春晚《投其所好》里的马屁科长听领导讲话时那个表情一样。其实，台湾主持人也会装傻，但他们一定会自己"破梗"，自我解嘲，告诉观众他们在装傻，只有中央电视台的主持人一直在装，而且认真地装。

当然说到底，怪不得这些主持人，他们说的话基本上不是自己的话，有台词撰稿人帮他们写，而且一旦领导审定，是不能随便改的。我接触的台湾主持人，你要他们照本宣科地背台词，那还不如杀了他们。其实他们也有台本，他们也对台词(他们喜欢叫"re稿")，但一般是设计话题、分配角色、安排顺序、理顺起承转合，一切要靠现场发挥。最重要的是，他们一上场就开始兴奋，那些连珠妙语、神来之笔就来自这种即兴。即兴即兴，燃点在即，沸点在兴。

而春晚的主持人只有少部分时间可以说自己的话，例如零点钟声倒计时，一旦某个节目临时调整，留下一大段时间，准备好的台词都说完了，时间还有很多，他们就慌了，他们已经不习惯说自己的话了，这个时候状况就特别多。所以绝大部分春晚节目的主持人，你可以感受到他们的紧张，很难感受到他们的兴奋，他们戴着面具，说着别人的话，这么紧张，还想玩幽默，怎么幽默得了？

"不出错"——是春晚主持人最大的要求。但就这个最基本的要求，也没有几个主持人经得住考验，为什么春晚主持人总是这几个老面孔？将心比心，中央电视台台长不好当，找一个整晚说别人写的话、还一点都不能错的主持人(连少说漏说都不行)，真的不容易，万里挑一都不行，这没有什么技术含量，但心理素质含量那一个高啊！对比一下今年春晚《投其所好》小品，演郝建的沈腾，也算是久经沙场，春晚更不是头一回上，都紧张得说错话，春晚主持人的心理素质，你不得不服气。

不能怪主持人，是不是该怪台词撰稿人？其实，撰稿人也冤。内行都知道，主持词是审查领导最多、审查层级最高、审查标准最严的那部分，别的节目，口径尺度打一个擦边球，还有可能放一马。主持词，那可不得了，代表的不是一个节目，甚至代表的不是中央电视台，连台长都定不了调，一轮轮领导审查下来，还有什么幽默存在？有零星半点新意，已经阿弥陀佛了！

还有一个技术细节，春晚的主持稿是最先审查，也是最后定稿的。只要增删一个节目，甚至换一个节目顺序，主持词就得改，春晚的节目有时候到直播前甚至直播时还在改，留给撰稿人的时间不多，留给主持人的时间更少。你说领导不重视主持，主持稿审查得最严！你说领导重视主持，它创作时间最短！

不出错的强大要求，使得春晚主持千人一样、千年一样。你把10年前春晚的开场白和结束语，换到今年的春晚，你不会感到有任何异样。观众为什么对春晚审美疲劳，除了节目老面孔、老套路外，一个最重要的因素就是主持人老一套。十几年来，春晚的舞美进步了不少，但春晚的主持基本上原地踏步，换了冯小刚当总导演也一样，主持人不换，主持套路不改，节目再怎么改，还是让人似曾相识。主持人是出场最多的面孔，主持是春晚耗时最多的单元，主持人不革新，春晚的进步就是一句空话。

什么时候，春晚的主持不再是标点符号，而是既独立又成体系的艺术符号？2016年不行，哪一年行？

练习：

课堂三人一组，进行主持词创作、节目创新，以不同类型、主题的节目为例，做一段5—10分钟的节目，例如法制专题、中秋晚会、少儿节目、老年节目、真人秀节目、娱乐竞技节目、旅游节目、社交类节目等。

要求：

(1) 运用逆向思维和多向度思维，对传统的主持词从内容构思、遣词造句到呈现的状态等，作出大胆突破，在不违反基本传播原则、道德规约和大众主流审美的情况下，做到新颖、有趣、有亮点。

(2) 在主持方式、节目样式等方面，力求在不违反媒体传播规律、法则的前提下，寻求创新和突破。

(3) 创作时，做好受众预期：明确节目的传播媒体、播放时间、接收地域、目标受众和效果诉求。

(4) 三人分别上台，主持这段节目。

第九章 劝服性表达

第一节 理论部分

一、劝服传播

“劝服”是一种对传播行为和效果的描述，劝服行为被西方传播学界看作是重要的媒体传播功能的体现，是作为“传播效果”被研究的对象。劝服传播重点关注传播对象是怎样被改变的，以及导致改变的因素等。语言的劝服功能也是思维能力综合运用的体现，需要综合运用到形象思维、发散思维、逻辑思维和批判思维等，动之以情、晓之以理，有理、有据、有节地对言语对象进行劝服。

（一）“劝服传播”中的传者

在劝服传播中，关于传者的研究涉及传播者特征、传播方式、传播内容等要素。

研究发现，在传播者特征方面，传播者的社会形象越好，可信度和知名度越高，其表述越可能被人所相信和接纳。这一点，在我国媒体传播实践中有清晰的表现，作为传统媒体的人民日报社、光明日报社、中央电视台、中央人民广播电台和新媒体的新华网、人民网、光明网、央广网、央视网等，在受众看来都是可信度极高的媒体，一旦有重大事件、争议性新闻，受众往往以这几家党报、国台及其网站为可靠的信息源。同时，劝服传播研究还发现，传播者的动机也会影响劝服效果。当传播者的动机是为自己牟利或其传播行为体现出与自身利益相关时，劝服的效果较差，反之劝服效果则较好。例如，一位售卖保健品的人跟大家谈养生的必要性，希望大家关注健康并做必要的身体调养时，往往会被怀疑“另有所图”；一位烟草商站出来宣传吸烟有害健康、呼吁大家远离香烟时，人们丝毫不会怀疑其牟利动机，这时劝服变得可靠、可信。

（二）传播内容

态度的改变，很大程度上取决于信息内容的认知，对认知对象的了解程度、信息掌握性质，形成或改变着对这个认知对象的态度。当我们需要去塑造或改变人们对某个对象的情感、态度时，首先就要改变对方的认知内容，通过补充来平衡、改变传播对象的内容性信息图景。例如，当你到某个城市出差，其整洁、现代化、管理规范的车站会让你认为这是一座经济发达、文明程度高、安全有序的城市。当你乘车经过一条卫生条件不佳、建筑破败且秩序混乱的街道，入住酒店里的服务员态度生硬、冷淡时，你对这座城市的印象很可能变成负面的、不友好的。若当地你的朋友告诉你：你出了火车站后经过的街道下个月就要改造，而你遇到的那个酒店服务员那几天碰巧刚刚经历了家庭变故，经过这样的信息补充，你对这座城市的态度又会发生改变。

在信息提供时，要尽可能保证信息的来源等要素的真实、可信。权威的来源、可供查证的凭据、可以评价的信度等，都能影响态度改变的功效。

（三）传播方式

在针对传播方式的研究中，传播学重点研究了以下几个问题：

1. 单面说还是两面说

在劝服传播中，是仅仅表述单方面观点、单面立场，还是将问题涉及的正反两方面意见都阐述清楚？

传播学研究者发现，面对和传播者持有相反观点的劝服对象，较充分地讲清正反两方的观点产生的劝服效果要好于和劝服对象“针锋相对”。因为两方面都说的方式，会让传播对象对传播者产生“客观”“理性”“善意”的形象认知。当然，如果劝服对象本来就跟传播者观点、态度一致，则正面之词有利于进一步巩固其态度，强化劝服效果。例如在解决医患关系时，对于对医生有严重误解和偏见且又情绪激动的患者家属，如只谈跟他们观点相反的意见，则对方很难被劝服。如果此时既讲患者权益保护、支持合法维权，又讲冷静合作、尊重事实并依法处理医患纠纷等，作为患者家属一方的态度就会转变很多。此外，研究还发现，单面说还是正反两面都讲，还要取决于受众。受众受教育程度越高、理解和认知力越强时，两面讲往往能获得更好的效果。反之，受众受教育程度低、认知和理解力弱时，单面说往往不容易搅乱对方思维，更能达到劝服效果。

2. 先说还是后说

重要内容的布局，是放置在开始还是结尾部分？

引入心理学研究的成果后，传播学认为处于传播开头和结尾的内容，都容易引起传播对象的重视，影响传播对象的态度。这就是首因效应和近因效应的效果。

“首因效应”，也叫首次效应，指的是传播对象最初接触到的信息，会给其留下深刻的印象，进而影响之后接触的信息。心理学家对这种现象作了两种可能性解释：一方面，传播对象最初接触的信息形成的印象，构成了其对之后一系列信息接收的心理图式、模板，之后的信息都会被同化、整合到前面的模板之中。或者说，之后接受的信息都带有最初信息的烙印。例如，当客人第一次来家里做客，碰巧主人没有收拾屋子，地面很脏、摆设凌乱，这种印象会持续影响到客人对主人生活习惯等的认知——他的生活习惯很糟糕。这种第一印象，就如同一幅画的底色、基调，成为一种基础性认知，为其他新信息“抹上颜色”。另一方面，心理学家认为最初接触的信息相对来说不被干扰，更容易被传播对象记忆加工，形成较深刻的印记。

“近因效应”是指居于整个信息末端的内容更容易让人记忆深刻并产生影响。例如电影的结尾、交谈的最后几句、聚会的分别情景等，很容易在人的心里留下深刻印象。据研究，相对于首因效应，近因效应的影响较弱，一般是当之前的信息逐渐被淡忘、消退时，近因效应的效果才会更显著。同时，信息接受者不同的个性特征也会使两种效应的发挥程度不一样。一般情况下，思维活跃、性格外向、偏向于感性思维的人，更容易受近因效应的影响，而冷静理性、内向固执的人容易受首因效应的影响。

3. 明说还是暗示

关于态度、立场和观点，在传播中是直接表明，还是隐晦暗示，留给传播对象自己做结论？

传播学认为，一般情况下，明示比暗示的效果显著。将观点和主张直接、清晰、明了地告知受众，既不会造成误解，也避免了猜测和混乱。但是，暗示并非毫无益处，在有些情况下，把得出结论的权利留给受众往往效果更佳。暗示的前提是传播者已经将事实、根据讲解得明确清晰，所述的所有内容都指向一个明了而确切的结论。

4. 诉诸理智还是情感

劝服传播中，是以理服人，还是以情动人，抑或是情理交融，哪一种方式达到的效果最佳？

关于这一点，劝服研究学者认为，对此影响态度改变的效果，诉诸感情的效果往往比诉诸理性要好。相对来说，情感对态度的作用力度、影响程度要比理性大得多、强得多。著名传播效果研究专家霍夫兰认为，态度是由一个人的认知内容、情感和行为组成的，其中“虽然认知成分是态度的基础，但起关键性、支配性作用的还是情感成分”。[①] 生活中这样的现象很普遍，一个人从理性上坚决不认同某一观点、主张或做法，在强烈的情感作用下，却改变了之前的坚持。怜悯、同情、愤怒、喜欢等情感常常让人改变之前的态度，做出与其理性决断相悖的行动。

（四）劝服传播中的受者

劝服传播中，受者的态度、思想转变不是单一因素作用的结果，也会受到受者自身心理机制、心理变化规律的影响。社会心理学的研究为我们提供了很多案例和研究成果，可以总结为三个重要的心理机制：一致性、可释性和群体性。

1. 一致性

认知和行为、举止和态度、情感和观点等人的心理、言行等，总是倾向于保持一致、协调（和谐）。而当这种一致性被打破或没有实现时，人就会感觉紧张、不适，产生压力。此时人会产生改变其中某一项，或寻找别的理由恢复一致性的倾向。例如，一名希望到国外留学的学生，因为家庭条件所限不能如愿，内心的期望和现实的环境产生了不一致，为了解决这种矛盾，他安慰自己：“其实国内读书一样可以成才，网络发达了，信息很畅通，不一定非得到了国外才能学有所成，况且国内教育的硬件、软件条件已经和国外不相上下，到了国外学习还有环境、文化、习惯等多方面需要重新适应，所以考进国内一所好大学也同样好。”

此时，其现实环境和内心态度便达成了一致。类似事例很多：降价抢购中，没有抢到打折商品的人说“其实我也不需要那东西”；失恋的人告诉自己不要再伤心，因为失去是为了得到更好的；全力准备比赛却还是失利，选手想到了比赛不过是一次经历，重要的是成长，于是心里坦然……我们内心的每一次自我说服、改变看法，其实或多或少都有达成一致性的心理在起作用。

2. 可释性

让现实与内心的一切态度、主张和行为等，呈现出逻辑清晰度是人心理的重要

---

① 李彬.传播学引论[M].3版.北京：高等教育出版社，2014：210.

倾向之一。换言之,人对自我的行为、心理等寻求合理化解释,形成可以被表达的因果关系。当我们认知、行为出现矛盾、行为和思想不能统一时,我们会尽量使其合理化,要么改变以往坚持的观念、主张、看法,要么对事物重新定论、阐述,要么改变行为本身,总之,使其可以被逻辑所解释、让其具有合理性。例如,面对妻子戒烟的规劝,丈夫会说:"我知道抽烟有害健康,但从来没有事例证明抽烟一定会导致肺炎或者肺癌,很多人抽烟也能活到八九十岁,而我吸烟并不多,不会有害处的。况且吸烟可以集中注意力、提神,我在工作时需要它。"

毛泽东同志《在延安文艺座谈会上的讲话》里有一句流传很广的话:"世界上决没有无缘无故的爱,也没有无缘无故的恨。"这可以说是对可释性心理规律最直观和形象的表述。客观上,人们的言行、感情、思想都是有原因、有动机的,在无意识的活动背后总是有潜意识的动机,隐藏着原因。主观上,即便没有硬性要求,人们也总是主动地寻求自我行为的原因和根据,尤其是潜藏的动机,以便使自己的言行、感情、思想有据可查、有源可溯,消除模糊性、不确定性。

3. 群体性

心理学上将给人们的态度变化带来影响的群体性因素称为"从众效应"。一般认为,个体总是趋向于为逃避群体压力、避免被群体遗弃和失去帮助等,而让自己的意见、态度、行为和群体保持一致。从服饰衣着、爱好娱乐到职业选择、得失取舍,我们的行为无不体现着从众心理,来自群体的强大力量有形或无形地影响、制约着我们的情感和态度。当一个人感觉自己的行为或想法与其他人不一致、不合拍时,就会有明显的心理紧张和不适感,为了摆脱这一感受,他就会改变自我。这是因为人类自产生以来,都是合群而居,通过群体配合、合作来抵御猛兽、打猎觅食、相互照顾,这样的现实实践方式塑造了人类内部群体性心理,形成了个体对群体在生理、心理上的双重依赖,进而影响到人类的言行。尤其是在分工极为精细化的当下社会,每一个人都需要与周围人密切合作,失去群体就意味着失去生存的可能和心理依靠。

很多广告经常用这样的方式来试图改变人们的态度,例如以下表述样式:

"我们全家都用×××,你用了么?"

"×××,男人的衣柜。"

"×××,全球80%用户的唯一选择。"

"×××,我们儿时共同的味道。"

这些广告语都有一个相同点:并不提及产品品质、产品功能,更没有分析是否适合观众，而是诉诸“群体效应”——用语言告诉观众已经有很多人在使用了，潜台词是“大家都用，你也应该用”。

二、主持人劝服传播中的身份认知

在我国，大众传播媒介除了信息传播的公开性、公众性和信息加工的专业性等特点外，还因为代表党和人民的利益，始终承担着传播真实的最新信息、推广先进文化、发出主流声音、维护公众利益和推进社会发展的神圣使命。主持人作为大众传媒中的重要角色，对这一使命自然责无旁贷。作为有声语言工作主体最显著的角色，主持人对社会有着显著的影响力。主持人在节目中表达的观点、表明的态度，都或多或少地承担着传播信息、反映和引导舆论、维护公众利益、推动社会的任务。“广播电视主持人节目一般都具备促成社会舆论场的基本条件”。而节目主持人就是意见领袖(即舆论领袖)。“意见领袖往往会在多种意见争持不下的关键时刻，发表真知灼见，提升意见的科学性和深刻性，可以迅速把大家的意见整合为一种共识，鼓动并引导社会公众正确认识并解决问题。”而“群众在社会讨论中一旦接触他们的意见，就会被真诚的信念和浓郁的热情所感染，成为这些意见的追随者”①。“伴随着媒体传播任务、传播理念及社会功能的发展，主持人的业务范畴与角色内涵也在不断丰富……解析性、评论性主持人栏目呼唤主持人成为观点提供者。”②其中，劝服思维和表达的意识，体现着作为社会“意见领袖”的主持人，对社会舆论进行积极影响、引导的意识。

一般而言，在主持人的语言表达中，劝服传播是片段化、零散状的。主持人的实际有声语言工作状态和任务性质决定主持人在通常情况下，没有条件完成一篇结构完整、要素齐备的“口语文章”，尤其是针对某一种观点或态度进行系统分析和说服。因此，在语言表达中，主持人需具有劝服性思维和劝服表达技巧，分析受众、调整语序、合理安排内容，特别是要弘扬主流价值观，引导正确的社会舆论，推动形成有利于社会和大众的社会舆论氛围。

主持人在进行传播时，有一个潜在的身份认知——某电视台、某栏目的节目主持人。这种身份认知是受众长期观察的结果，对主持人有声语言传播中的劝服传播，既有正面效应也有负面效应。根据主持人的概念界定，受众对主持人身份认知有三方面：真实性、主导性、交流与传播。③ 即真实的人际化的传播者，节目中主

---

① 毕一鸣.语言与传播[M].北京：中国广播电视出版社，2005：253-255.

② 周云.主持人即兴口语表达[M].北京：中国传媒大学出版社，2016：41-42.

③ 陆锡初.中国主持人节目学[M].北京：中国广播电视出版社，2014：14.

导、驾驭节目的核心人物，与受众交流、传播各种信息的人。需要注意的是，受众对主持人的认知有极其关键的一点：主持人是专门从事信息传播、节目驾驭，有着人际化身份的传播者。其中，传播者是中心词。从正面效应来看，主持人是专业化传播者，对信息的筛选、处理经验丰富，并且能深入信息本身、事件本身，具有全局眼光和专业化视角，其观点和意见值得采纳。但是，主持人不是某个领域的专家，不是"一线"的信息生产者、始发者，因此，主持人所谈的观点、主张仅仅是作为一位传播者的感受，而非专家的意见。这在劝服传播中，尤其在身份要素上是一种削弱传播效果的负面效应。

要达到更好的劝服传播效果，主持人除了在表达内容、方式上注意劝服技巧的运用外，更需要利用各种途径来建立新的身份认知。"专家型节目主持人"是近年来学界和业界都极为推崇的主持人定位，大家普遍认为专家型主持人在很多(诸如财经类、体育类、服务类等)节目中，能产生更好的传播效果。值得一提的是，要对专家型主持人的身份进行宣传，即通过节目之外的传播让主持人身份被受众所知晓。如果没有这一环节，即便主持人语言专业性很强、解释力很好，也会被受众陈旧的身份认知所影响。除此之外，在每一次主持活动中，为了增强劝服性传播效应，主持人也可以通过某些途径为自己建立新的身份认知。例如，某电视台新闻专题节目做了一期关于旧城改造、城市建设的报道，主持人在节目开始后不久说了这样一段话：

……其实我在五年前就开始关注城市规划、智能城市建设的话题，也考察过很多西方国家城市的建设样本，我发现不管是发达国家还是发展中国家，旧城改造和新的城市布局都必须考虑至少这三点……

这段话将主持人的自我身份作了附加性介绍。在谈自己的观点之前，突出了自己的知识结构、经验体系的特殊性，这在一定程度上可改变受众对主持人陈旧的身份认知，优化劝服效果。

第二节　案例部分

一、演讲

在有声语言传播中，演讲是一种典型的劝服传播。演讲的词典意义为"就某个问题向听众说明事理、发表见解"。演讲的主要内容由观点、主张及阐发和支撑这些观点、主张的材料构成。这些材料涉及历史典故、亲身经历、调查材料、数据报告和名言警句等。

与高度逻辑化、格式化的论述不同，演讲的逻辑链条相对隐化、结构相对自由，且情感诉求更为明显。与艺术性的朗诵有所不同，朗诵旨在让听众共享朗诵文稿的形象、情感、意境等艺术性元素，让其产生艺术体验和快感，演讲的根本目的，在于影响听众的观念，改变听众对某一问题的态度。演讲是一种实用性有声语言体裁，其工具性明显、目的性明确且针对性强，往往是针对某个十分明确的问题展开的表达，进而影响听众的态度，促使其采取后续的行动。

每一篇演讲都是在一定的现实语境下产生的，有其特定的时空背景、听众构成和现实环境。这种即时生成性和多方立体参与性，导致独立地提取文字后，演讲的生命力大大萎缩。下面我们尝试简单分析，找出劝服技巧性因素在其中发挥的作用。

（一）《中国人，你要自信》

劝服效果明显的演讲大多都符合劝服的效果规律，以一篇互联网流传很广的演讲实录《中国人你为什么不自信》（演讲于2014年12月14日）来分析。这篇演讲所针对的正是当下中国国民对国家发展、民族复兴的自信心、自信力不足的思潮所展开的劝服传播，目的很明确：让国人树立自信，坚定对祖国发展的信心。① 视频和演讲原文随后被人民网、求是网等多家媒体转载，演讲者张维为本人也被邀请到多个省市做相关演讲、讲座。可以说，此篇演讲收到了良好的传播效果。以下是演讲视频实录：

大家好，过去30多年啊，对中国的预测，一种是乐观的，一种是悲观的。但很有意思的是，30多年过去，我们回头一看，乐观的几乎都对了，悲观的几乎都错了。

“十八大”召开前夕，英国广播公司（BBC）曾经邀请我去他们演播室。这个主持人很有意思，见到我坐下来，他问的第一个问题就是：张教授啊，你觉得中共还会有“十九大”吗？当时“十八大”即将召开。我笑了，我说过去这么多年，你们对中国的政治预测，哪一次是对的？我一个人的预测都比你们预测得准。有相当一部分的西方媒体人、西方学者，他的思想里还是一种西方中心论和历史终结论。只要你和我西方做的不一样，你就不对，你就要走衰，你最后要崩溃。

大家知道《历史终结论》的作者是福山先生，美籍日裔的学者，他跟我有过一场

① 独家：观察者网读者见面会 张维为教授主讲“中国信心”[EB/OL].(2015-02-05)[2016-09-05].http://www.guancha.cn/video/2015_02_05_308677.shtml.

辩论，是在2011年的上海，我说以我对美国的了解，对美国政治制度的了解，它的政治制度设计是前工业革命时期的。美国政治改革的迫切性绝对不亚于中国，实际上我觉得比中国还要迫切。现在我们这个辩论已经将近四年过去了，我的观点没有任何变化，只是更加细化、深化。但福山先生，在最新的一期《外交事务》杂志，这是美国的一个顶尖杂志，他发表了一篇长文，标题就是 *America in Decay*，即《衰败中的美国》。我自己看了这篇文章，包括英文、中文的翻译，我说95%的内容不用任何修改，登在《人民日报》上没有问题(观众大笑)。

我之所以谈问题比较自信，恐怕跟我自己的个人经历有关系。因为我年轻的时候，在中国最底层工作过，我在上海当过3年工人。80年代中期时，我非常荣幸，有机会直接为当时中国的党和国家领导人做翻译。我接触过中国的最底层，也接触过中国的最高层。我第一次出国去的是泰国曼谷，我都不可思议，当时觉得，怎么这么发达，领先上海至少20年。第一次看到超市，第一次看到高速公路，第一次看到晚上9点钟商店还都开着。当然今天，去过曼谷的都知道，落后上海至少20年。还有一个特点就是，我在西方长期生活过，所以西方很多忽悠我是不会上当的。我在那儿用过律师，用过会计师，交过税，打过官司，买过地，建过房子，等等。我总的感觉是，西方的长处和短处都是客观存在的。

但现在，它体制中的短处，开始慢慢压倒它的长处。我走了100多个国家之后，有很深的感觉，中国已经取得这么大的进步，我自己发觉我们相当大的一个人群，特别是我们知识界、媒体界，这些人不自信，总觉得还有一个非常理想的彼岸世界，就在西方，特别是美国。一次在上海一个大学里讲课，讲中国崛起，一个青年教师提了一个颇为尖锐的问题，他说张老师啊，听完你的讲座，给人感觉好像中国人生活得都很幸福，但是为什么还是有这么多人移民呢？你能不能劝他们不要移民，待在中国？我也笑了，我说你这个问题问对人了，我说我不做这样的傻事情，我鼓励他移民。因为我做过个小小的研究，就是至少70%的人，出国之后会变得更加爱国，不管他加不加入那个国家的国籍，一出国就爱国，这个效果比党的教育还要好(观众大笑)。而且我仔细查了有关移民的数据，我们现在移民还非常之少，就过去3年平均移民，是每年19万。一年19万是什么概念？小小的波兰，还是所谓的民主国家，人口4000多万，去年移民50万。我们这个民主的台湾省，人口比上海还少，2300万，现在在中国大陆生活工作学习的台湾同胞有多少人？150万。这是最保守的估计。

我说这是围城现象啊。如果你想移民美国的话，我给你支个招，我对纽约还算熟悉，恐怕不亚于上海，我说这样吧，你可以从上海的浦东机场，到纽约任何一个机场——纽约有3个机场，现在跟上海联系比较多的是纽瓦克机场，我说你先感受一下，什么叫作从第一世界的机场，到第三世界的机场，美国基础设施都是60年代的，怎么跟中国比？我说如果你有胆量的话，如果你是八尺男子的话，试一试，敢不敢在纽瓦克这个镇，就像我们虹桥一样是个镇，住一夜？我住过。体验一下，你晚上敢不敢出去？我一个朋友在纽瓦克一个医院，做过博士后，我问他，你这个医学院怎么样？他说不错的。我说哪个专业是最好的，他说枪伤科，天天有火并，那枪伤科就发达了（观众大笑）。美国，你只要稍微有点起码的对这个国家的知识、常识你就知道，这个国家由三个世界组成：第三世界、第二世界、第一世界。如果你不幸地坠入美国的第三世界，对不起，我估计你的寿命和非洲人差不多，50来岁。如果你像我们很多的留学生那样，真的通过自己的努力，进入美国所谓的第二世界，变成一个中产阶级，你真的问问这些人，过去20年，他的实际收入有没有增长？他买了房子的话，他的房子有没有增值？他对以后在美国的退休生活有没有信心？我不是说美国什么都不好，美国有很多地方不错的，但是我说我们应该平视美国，平视西方，既不要仰视也不要俯视，这样可以防止被西方、被美国忽悠。

中国崛起到今天这个地步，还要被西方尤其被美国这么浅薄的话语忽悠的话，我们的后代将会诅咒我们："一手好牌，当时的好牌，怎么当时打成那个样子？"我自己觉得中国的进步无疑是世界上最大的，可以说是人类历史上没有见到过的。我们脱贫的人数，占世界脱贫人数的80%，我们的成就恐怕超过所有其他发展中国家的总和。现在我们如果看经济总量，最保守的估计，我看到的，十年之内，根据就是官方汇率计算的GDP，应该超过美国了。如果根据购买力评价——这是另外一种计算方法，就是你的货币实际能够买到多少东西——根据国际货币基金组织最新的报告，2014年中国经济规模已经超过了美国。中国已经是世界最大的经济体，但是有的人还是不自信，说这个没有什么了不起啊，即使你超过美国，你的人口比美国多4倍，对不对？你的人均GDP还是美国的1/4。我说你换一个指标系统，可能结果就完全不一样了。

美国人高企的负债率和中国人超高的房产自有率，此消彼长，真正的"藏富于民"在哪里？

我自己用两个不同的指标来看世界各国，一个就是家庭净资产，也就是说你老百姓家底到底有多厚。你的房产、你的股票、你的债券、你的储蓄等加在一起，去掉你所有的债务，你有多少净资产？我现在看到的，美联储每年都出报告，2010年，美国的家庭净资产中位水平——50%比这个高，50%比这个低——是7.73万美元。有人说美国怎么就这么一点呢？实际上美国这个国家是个债务型的国家经济，老百姓个人消费也是债务型的消费，你把债务都去掉以后，资产确实不是特别高，这个水平和中国今天的家庭净资产，差别已经不是很大了。而在中国的发达板块——我们已经形成了一个和美国人口一样多的3亿多人的发达板块，坦率地讲，47万元人民币(7.73万美元)的资产，属于弱势群体了，恐怕是需要政府提供帮助的人群。第二个重要的指标系统就是人均预期寿命，可以活多久，中国现在是75岁，美国是78岁，就比中国多3岁，而中国的人口是美国的4倍，我们整个发达板块，北京、上海都是82岁，纽约才79岁，这个79岁还是最近的，前两年还没有到这个水平。

为什么名义GDP、人均GDP美国比中国高相当多，但实际上家庭净资产和这个人均寿命的差距不是很大？一种解释，我觉得邓小平当时讲过一句很好的话，就是我自己亲耳听他讲过，他说因为我们实行社会主义制度，所以我们人民得到的实惠可能会比较多。

第二种解释就是，最富的100个中国人不可能左右中共中央政治局，而最富的二三十个美国人可以左右白宫。就这么简单。因为现在美国连竞选的政治献金都不封顶了，个人捐款也不封顶了。那就不是Democracy，是Moneytalkracy，不是民主是“钱主”，是“钱主”的话你就没有办法，老百姓怎么改善？

但是我们国内一些人还是不自信，西方还是天天在骂我们，骂我们用得最多的是什么？“我们是民主国家，你是专制国家。”“民主与专制”是西方一个主要的话语。所以我们讲超越美国，超越西方，不仅是经济总量，不仅是百姓财富，而且也是话语的超越：我们要有自己的话语。

今年3月，我们有一个小组去德国首都柏林开会，BBC正好在播一个电视节目，叫*Freedom 2014*(《自由2014》)，里面有一个退役的宇航员，拿着一张他“冷战”时期拍的照片，跟大家说：“你们看，这是‘冷战’时期我从外太空拍的柏林的夜景。东柏林，你们看是黯淡无光的，西柏林非常明亮。这说明了什么？”他说，一边是一个落后的专制国家，另外一边是一个繁荣的民主国家。但我们这些从上海到柏林的同事，一到柏林就觉得：“这个机场怎么这么小啊？”确实，中国已经找不到这么简陋的机场了。“这个街道里的商店空空荡荡，没有人气”“这个夜景比上海差太多了，一个天一个地”，所以如果一定还是要套用这个宇航员的话语的话，那么也可以说，今天中国是一个繁荣的民主国家，德国是一个落后的专制国家(观众大笑)。

实际上我想关键不在于一个国家——德国或中国——民主还是专制，而是这个话语，民主与专制这个话语，已经落后于这个时代了，已经远远不能解决我们这个非常复杂又非常精彩的世界了。

如果一定要找一个新的话语来代替这个范式的话，我想就是“良政还是劣政”，英文良政叫作Good Governance，劣政叫 Bad Governance，就是国家治理的好坏，良政可以是西方的制度，西方制度下有一些国家治理得还可以，有些就治理得非常糟糕。良政也可以是非西方的制度，我把中国也放在这一类，虽然我们有很多问题，但是可以经得起国际比较。关键是劣政 Bad Governance 也可以是西方的模式，这一点非常重要。我可以举出 100 个例子，从最烂的阿富汗、伊拉克、海地、利比里亚到所谓的发达国家，已经破产的希腊。我到希腊的时候就说了，我们可以从上海派个团队来帮你治理，因为治理水准太低了。冰岛也破产了，也是所谓发达国家，我也去过，没有治理好。

我们讲超越，实际上还是一个政治制度的超越，政治制度一个重要的方面就是：如何产生国家的领导人？“十八大”的时候，《纽约时报》的编辑给我发来一封邮件，说张教授，能不能写篇评论，我的这个文章的标题是《选贤任能挑战西方民主》。我就和他讲了一个简单的故事，看一看中国“十八大”产生的最高执政团队——政治局常委们的履历，基本的要求：两任省委书记。也就是说，至少治理过 1 亿人口，而且要有政绩。我说你看一下习近平，他治理过 3 个省，当第一把手，福建、浙江、上海，这 3 个省的人口加在一起，大约是 1.2 亿。这三个省的经济规模加在一起，接近印度的经济规模，治理过这么多的人口，这么大的经济板块之后才进入了政治局常委。然后又给他 5 年的时间熟悉全国的政治、经济、军事、社会方方面面，最后再出任国家的最高领导人。我说这个制度是世界上最具有竞争力的，你怎么能比？我是说了这么一句话，我说中国现在的这个选贤任能制度虽然还可以完善，但我已经可以保证，绝对不会产生像美国小布什这么低能的领导人。

西方媒体很有意思，我对西方政治制度批评得比较尖锐，但是正因为你批评得比较到位，它有时候还不得不引用你。所以今年 3 月，自由主义的旗舰杂志《经济学人》发表一篇封面长文，标题就是《西方民主出了什么问题》。里边引用了我的一个观点、一句话，说是复旦大学的张维为教授说：美国政治制度有太多的问题，老是选出二流的领导人。我是讲过这个意思的话，但它引用得不准确，我讲的是老是选出三流的领导人（观众大笑）。

尽管中国明显地在赶超的路上做得相当不错，但是西方和相信西方这些政治理论的人还是觉得，他们有一种莫名其妙的道德优越感。今年 6 月份的时候，我们在复旦大学和牛津大学举行了一场中国模式的研讨会，我还是介绍我理解的中国模式，他们的一些学者还是质疑，中国的政治制度、经济模式等等都质疑。我说我们可以竞争，你坚持你的模式，我坚持我的模式，我的模式不管怎么样，它会逐步地演进，它与时俱进，它不断地进行改革，它自我调整。我说你们一定要了解一个基本的事实，今天的中国，每三年创造一个英国。所以说，我们一点都不害怕竞争，一点都不害怕制度竞争，一点都不害怕模式竞争，特别不害怕政治制度竞争。

最后就是我的结论，很简单，七个字：中国人，你要自信。我们要把不自信的帽子送给我们的对手，谢谢大家！

可以说，这篇演讲充分体现了提升劝服传播效果的重要元素：

(1)劝服传播的各方面因素在具体的一次传播中并非具有同样的分量。在此篇演讲中，传播者身份的效用、占比是较重的。演讲前半部分，传播者用平易、朴实的语言交代传播者身份：一位在国家高级领导人身边工作过、有长时间国外工作和生活经历、有深入研究政治的知识背景，同时也有底层生活和工作经历。这种既通上层又接地气的生活、工作经历，用质朴的语言表述出来，让人感到了真诚和善意，同时也感到信息来源的可靠性。

(2)演讲者使用了大量自己生活的经历、有据可查的材料和可信度高的内容，补充了听众对相关问题认知所需要的重要信息、典型数据和代表性案例。这些案例大多数是可以查证的，这其实也在提醒听众，我们需要一个更客观和全面的考察视角，而非沿着过去的模式来解读国内与国外。

(3)对于问题相关的一些情况，如中国的当前国情、民情、经济文化等和西方的居民生活、社会福利、经济、政治等，传播者采用了“两面说”的方式，使得整个描述显得客观、理性和公正。这种“两面说”的方式有其适用的环境：这是观察者网的读者见面会，那么听众是有一定文化层次的，会使用现代互联网技术获取信息的群体。

(4)演讲很好地用到了首因效应和近因效应。开始和结尾部分用不同的方式和实例道出了重要的观点：目前中国和西方相比，中国在政治、经济、文化、社会等各方面并不差，并且还在快速发展，而西方并非我们想象的那样好，甚至相对中国而言很差，颓势很明显。

(5)直接表明观点和态度。这一篇演讲态度最明确的表达是在最后一句，既是一种简单明了、通俗易懂的表达，又较好地利用了近因效应，让听众经过前文的描述、阐释之后，产生了与演讲者一样的共鸣：“中国人，你要自信。”

(6)诉诸情感还是理性？从劝服传播的策略上看，诉诸情感是最有效的劝服方式。但是就这篇演讲的内容、目的来看，诉诸情感会适得其反：新中国在一穷二白的基础上开始建设、发展，可以说“自强”“自尊”“自信”的主旋律从未削弱过，但当客观条件、现实情况没有发生根本性变化时，再强烈的情感诉求都不足以建立起真正意义上的信心。以往那些煽情式、鼓动式传播可以激起一时的热情,但终究不能搭建起信心的坚实基座。而如今现实情况正在发生改变,诸多他我对比、悬殊已经悄然变化,此时此刻诉诸理性的、相对客观冷静的分析、阐释,基于大量典型事实的推理显然更能为国人建立起信心的基座,从根本上改变对此问题的态度。此演讲正是因为采用了这样的方式而获得成功的。

(二)白岩松耶鲁大学演讲《我的故事以及背后的中国梦》实录[①]

过去的20年,中国一直在跟美国的三任总统打交道,但是今天到了耶鲁我才知道,其实它只跟一所学校打交道。但是透过这三位总统我也明白了,耶鲁大学的毕业生的水准也并不很平均。接下来,就进入我们的主题,要取一个题目的话,或许应该叫:《我的故事以及背后的中国梦》。

我要讲5个年份。第一个要讲的年份是1968年。那一年我出生了。但是那一年世界非常乱,在法国有巨大的街头骚乱,在美国也有,然后美国的总统肯尼迪遇刺了,但是,的确这一切的原因都与我无关。但是那一年,我们更应该记住的是马丁·路德·金先生遇刺,虽然那一年他倒下了,但是“我有一个梦想”这句话却真正地站了起来,不仅在美国站起来,而且在全世界也站起来了。但是当时很遗憾,不仅仅是我,几乎很多的中国人并不知道这个梦想,因为当时中国人,每一个个人很难说拥有自己的梦想。因为梦想变成了一个国家的梦想,甚至是领袖的一个梦想。中国与美国的距离非常遥远,不亚于月亮与地球之间的距离。但是我并不关心这一切,我只关心我是否可以吃饱。因为我刚出生两个月,就跟随父母被关进了“文化大革命”特有的一种牛棚,因此我的爷爷为了给我送牛奶吃,要跟看守进行非常激烈的搏斗。很显然我的出生非常不是时候,不仅对于当时的中国来说,对于世界来说似乎都有些问题。

接下来要讲的故事就是1978年,10年之后。我10岁,我依然生活在我出生的时代,那个只有20万人的,你要知道在中国的话它是一个非常非常小的城市。它离北京的距离有2000公里,它要想了解北京出的报纸的话,要在3天之后才能看见。所以对于我们来说,是不存在新闻这个说法的。那一年我的爷爷去世了,而在两年前的时候我的父亲去世了,所以只剩下我母亲一个人抚养我们哥俩,那时只有我母亲是挣钱的人,她一个月的工资不到10美元。因此即使10岁了,“梦想”这个

① 白岩松耶鲁大学演讲.我的故事以及背后的中国梦[EB/OL].凤凰网,http://v.ifeng.com/vblog/others/201508/045aa52e-54d5-4567-b529-147744a197b0.shtml.

词对我来说，依然是一个非常陌生的词，我从来不会去想它。我看不到这个家庭的希望，只是会感觉那时的每一个冬天都很寒冷。因为我所生活的那个城市离苏联更近。但是就在我看不到希望的1978年的时候，不管是中国这个国家，还有中国与美国这两个国家之间，发生了非常巨大的变化，那是一个我们在座的所有人，今天都该记住的年份：1978年的12月16日，中国与美国正式建交，那是一个大事件。在中美建交两天之后，12月18日，中国的十一届三中全会召开了，今天你们知道，那是中国改革开放的开始。历史，两个伟大的国家、一个非常可怜的家庭，就如此戏剧性地交织在一起，不管是小的家庭，还是大的国家，其实当时谁都没有把握知道未来是什么样的。

接下来的年份该讲1988年了，那一年我20岁。这个时候我已经从边疆的小城市来到了北京，成为一个大学生。虽然今天在中国依然有很多的人在抨击中国的高考制度，认为它有很多很多的缺陷，但是必须承认，正是高考的存在，让我们这样一个又一个非常普通的孩子，拥有了改变命运的机会。当然，这个时候美国已经不再是一个很遥远的国家，它变得很具体；它也不再是那个过去口号当中的“美帝国主义”，而是变成了生活中很多的细节。这个时候，我已经第一次尝试过喝可口可乐，而且喝完可口可乐之后会觉得中美两个国家真的是如此接近，因为它几乎就跟中国的中药是一样的。

那个时候我已经开始非常狂热地喜欢摇滚乐。那个时候，正是迈克尔·杰克逊还长得比较漂亮的时候。更重要的是，这个时候的中国，已经开始发生了非常大的变化，因为改革已经进行了10年。那一年，中国开始尝试放开很多商品的价格。这在你们觉得是非常不可思议的事情，但是在中国当时是一个很大的迈进，因为过去的价格都是由政府来决定的。但是，就在那一年，因为放开了价格，引起了全国人民疯狂地抢购，大家都不知道这种情况会持续多久，于是要把一辈子要用的食品和用品买回家里。这一年也就标志着中国离市场经济越来越近了。当然，那个时候没有人知道市场经济也会有次贷危机。当然，我知道1988年那一年对于耶鲁大学来说格外重要，因为你们耶鲁的校友又一次成为美国的总统。

1998年，那一年我30岁。我已经成为中央电视台的一个新闻节目主持人。更重要的是，我已经成为一个1岁孩子的父亲。我开始明白我所做的很多事情不仅要考虑我自己，还要考虑孩子及他们的未来。那一年，在中美之间发生了一个非常重要的事件，主角就是克林顿。也许在美国你记住的是性丑闻，但是在中国记住的是，他那一年访问了中国。在6月份他访问中国的时候，在人民大会堂和江泽民主席进行了一个开放的记者招待会，然后又在北京大学进行了一个开放的演讲，这两场活动的直播主持人都是我。在他与江泽民主席的记者招待会上，在直播的状况下，他们讨论了人权、宗教等很多非常敏感的话题。当然在北京大学的演讲中，他也是非常开放地去谈美国的梦想，以及他的很多看法。这所有的活动都是电视直播的。当克林顿总统在上海即将离开中国的时候，记者问道："这次访问中国，您印象最深的是什么？"他说："我最想不到的是这两场讲座居然都直播了。不过直播让中国受到了表扬，而美国却受到了批评。"当然，只是一个很小的批评。在北大的演讲当中，由于克林顿总统的整个演讲，用的全是美方提供的翻译，因此翻译的水准远远达不到今天我们翻译的水准。我猜想有很多的中国观众，知道克林顿一直在说话，但是说的是什么，不太清楚。所以我在直播结束的时候，说了这样的一番话，我说："看样子美国需要对中国有更多的了解，有的时候要从语言开始。"包括美联社在内的很多媒体都报道了我的这句话，但是我说的另外一句话不知道他们有没有报道。我说："对于中美这两个国家来说，面对面永远要好过背对背。"当然也是在这一年年初，我开上了我人生的第一辆车。这是我在过去从来不会想到的，中国人有一天也可以开自己的车。因此个人的喜悦，也会让你记忆很久，因为往往第一次才是最难忘的。

接下来，我们要讲述的年份是2008年，这一年我40岁。我相信在美国也许大家很多年不再谈论的"我有一个梦想"这句话，在这一年我听到太多的美国人在讲。看样子奥巴马的确不想再接受耶鲁占领美国20年这样的事实了。他用"改变"以及"梦想"这样的词语，让耶鲁大学的师生在他当选总统之后举行游行，甚至庆祝。在这个细节里，让我看到了耶鲁师生的超越。

这一年，也是"中国梦"非常明显的一年。它就像全世界所有的伟大的梦想，注定要遭受很多挫折一样显现出来，无论是期待了很久的北京奥运会，还是"神舟七号"中国人第一次在太空当中行走，那都是很多年前我们期待了很久的梦想。但是，突如其来的四川汶川大地震，让这一切都变得没有我们期待中的那么美好。因为这个时候中国人对生命的看待，我相信跟美国人、跟全世界所有的善待生命的民族是一样的。8万个生命的离开，让整个2008年中国人度日如年。我猜得到在耶鲁校园里头，在每一个网页、电视以及报纸的前面，也有很多的来自中国以及世界各地的人们，为这些生命流下眼泪。但是就像40年前马丁·路德·金先生倒下，却让"我有一个梦想"这句话站得更高、站得更久、站得更加让人觉得极其有价值一样，更多的中国人也明白了，梦想很重要，但是生命更重要。

在北京奥运会期间，我度过了自己的40岁生日。那一天，我感慨万千，虽然周围的人不会知道。因为时间进入到我的生日那一天的时候，过了12点，我依然在直播精彩的比赛。24小时之后，当这个时间要走出我生日这一天的时候，我也依然在直播。但是这一天我觉得我非常幸运。因为正是这样一个特殊的、在北京奥运会期间的40岁，让我意识到了我的故事背后的中国梦。正是在这样的40年的时间里头，我从一个根本不可能有梦想的、一个遥远边疆的小城市里的孩子，变成了一个可以在全人类欢聚的一个大的节日里头，分享以及传播这种快乐的新闻人，这是一个在中国发生的故事。

而在这一年，中国和美国相距并不遥远，你中有我，我中有你，彼此需要。布什总统据说度过了他作为总统以来在国外一个国家待得最长的一段时间，就是在北京奥运会期间。菲尔普斯在那儿拿到了8块金牌，而他的家人都陪伴在他的身边，所有的中国人都为这样一个特殊的家庭祝福。当然，任何一个这样的梦想都会转眼过去。在这样的一个年份里头，中美两国历史上几乎是第一次同时发出了"我有一个新的梦想"，如此地巧合，如此地应该。

美国面临了一次非常非常艰难的金融危机，当然不仅仅是美国的事情，也对全世界有重大的影响。昨天我到达纽约，刚下飞机，我去的第一站就是华尔街，我看到了华盛顿总统的雕像，他的视线是那么永久不变地在盯着证券交易所上那面巨大的美国国旗。而非常奇妙的是，在这个雕像后面的展览馆里正在举行"林肯总统在纽约"这样的一个展览，因此林肯总统的大幅的画像也挂在那上面，他也在看那面国旗。我读出了非常悲壮的一种历史感。在离开那个地方的时候，我对我的同事说了这样一句话，我说，很多很多年前，如果美国发生这样的状况，也许中国人会感到很开心。因为大家会说，你看，美国又糟糕了！但是今天中国人会格外地希望美国尽早地好起来，因为我们有几千亿的钱在美国，我们还有大量的产品等待着装上货船，送到美国来，如果美国的经济进一步好起来的话，在这些货品的背后，就是一个又一个中国人增长的工资，是他重新拥有的就业岗位以及家庭的幸福。因此，你明白，这不是一个口号的宣传。

这就是我今天要讲的，在过去的30年里，你们是否注意到了，与一个又一个普通的中国人紧密相关的"中国梦"。我不知道世界上还有哪个国家，在过去这30年的时间里，让个人的命运发生了这么大的变化。一个边远小城市里的孩子，一个绝望中的孩子，今天有机会在耶鲁跟各位老师、同学交流。中国经历了这30年，有无数个这样的家庭：他们的爷爷奶奶依然守候在土地上，仅有微薄的收入，千辛万苦；他们的父亲母亲，已经离开了农村，通过考大学，在城市里已经有了很好的工作，而这个家庭的孙子孙女也许此刻就在美国留学。三代人，像经历了三个时代。但是在中国，你随时可以看到这样的家庭。如果我没有说错的话，现场的很多个中国留学生，他们的家庭也许就是这样的，对吗？那么，在我们去观察中国的时候，也许你经常关注的是“主义”“政治”“社会主义”或其他庞大的政治词语，或许该换一个视角去看13亿非常普通的中国人，他们并不宏大的梦想、改变命运的那种冲动、依然善良的性格和勤奋的品质。今天的中国是由刚才的这些词语构成的。

在过去的很多年里头，中国人看美国，似乎在用望远镜看。美国所有的美好的东西，都被这个望远镜放大。经常有人说美国怎么怎么样，你看我们这儿什么时候能这样。在过去的好多年里头，美国人似乎也在用望远镜看中国，但是我猜测可能拿反了。因为他们看到的是一个缩小了的、错误不断的、有众多问题的一个中国。他们忽视了13亿非常普通的中国人，改变命运的这种冲动和欲望，使这个国家发生了如此巨大的变化。但是我也有一个梦想，为什么要用望远镜来看彼此？我相信现场有很多来自中国的留学生，他们会用自己的眼睛看到最真实的美国，用自己的耳朵去了解最真实的来自美国人内心的想法。无论用什么样的文字都很难再改变他们对美国的看法，因为这来自他们内心的感受。当然我也希望非常多的美国人，有机会去看看中国，而不是在媒体当中去看中国。你知道我并不太信任我的所有的同行。

开一个玩笑。其实美国的同行是我非常尊敬的同行。我只是希望越来越多的美国朋友去看一个真实的中国。因为我起码敢确定一件事情，即使在美国你吃到的被公认为最好的中国菜，在中国都很难卖出好价钱。就像很多很多年之前，在中国所有的城市里流行着一种加州牛肉面，加利福尼亚牛肉面。相当多的中国人都认为，美国来的东西一定非常非常好吃，所以他们都去吃了。即使没那么好吃，由于觉得这是美国来的也就不批评了。这个连锁的快餐店在中国存在了很多年，直到有越来越多的中国人来到美国，在加州四处寻找加州牛肉面，但是一家都没有找到的时候，越来越多的中国人才知道，加州是没有这种牛肉面的。于是这个连锁店在中国，现在处于陆续消失的过程当中。这就是一种差异。但是当人来人往之后，这样的误会就会越来越少。

所以，最后我只想再说一句。40年前，当马丁·路德·金先生倒下的时候，他的那句话“我有一个梦想”传遍了全世界。但是，一定要知道，不仅仅有一个英文版的“我有一个梦想”。在遥远的东方，在一个几千年延续下来的中国，也有一个梦想。它不是宏大的口号，并不是仅仅在政府那里存在，它属于每一个非常普通的中国人，而它用中文写成“我有一个梦想！”

好，谢谢各位！

这段演讲是2009年3月底到4月中旬，《岩松看美国》节目组在美国录制节目期间，白岩松及摄制组前往耶鲁大学时所作。现场听众既有中国留学生，也有美国当地学生，人民网在报道这次演讲时，同行的《新闻周刊》记者彭裔然这样来描述现场听众："因为耶鲁学生向来以个性和尖锐著称，甚至有时还会有些'傲慢'，岩松显然事先就做好了'挨砖'的准备，他还和学生们开了一个小小的玩笑，'欢迎大家扔鞋，但最好是两只，请记得我的鞋号是43号'。"[①]在有着价值认知、意识形态和文化等诸多差异的国度演讲本就有相当大的交流阻力和沟通障碍，更何况是一位中国新闻工作者在美国名校里阐述"中国梦"，这无疑是一次有"风险"的演讲。此处的风险不仅仅是传播的失败，还可能出现负面的国际影响。但这一切糟糕的可能都被演讲者巧妙的内容设置、语言处理和有声语言功底等综合呈现所消除，最终呈现出的是堪称经典的演讲案例、效果良好的劝服传播。现场的观众不仅用掌声和笑声表达了对白岩松观点的认可，也用接纳的姿态表明了对中国和平崛起、民族复兴"中国梦"的认可。

在劝服性传播方面，这篇演讲至少有以下几个方面值得借鉴和学习：

1. 两面说的巧妙布局

整个演讲不回避中国曾经的动乱、贫穷、灾难，不掩饰人性中共有的趋利避害，同时也不惧于谈中国的变化、成绩，既不自卑也不自傲，而是用一种历史的、冷静的、带有前瞻性的角度来描述，这种两面说的方式，呈现出的是自信和理性，这是演讲能够逾越价值观、立场等差异的重要一点。

2. 诉诸情感，诚恳幽默

白岩松通篇没有煽情更没有矫情，而是找到人和人都共有的情感体验与情绪诉求，并把它平实而真诚地传递给听众。所谓人人共有的情感，就是一种不受意识形态、价值认知等因素影响的基本的人的情感：渴望温饱、知足感恩、新鲜好奇等。他在讲述自己从出生到成为一名新闻人的几十年里，经历的所有困惑、感动、渴望等都能和大家产生共鸣，这也是演讲被接纳的重要因素。

诉诸感情的另一方面是白岩松的幽默。幽默感是西方人推崇的一种人文素养，轻松诙谐的语调、韵味深长的调侃等，不仅能让听众放下防御心态，更能融洽交流氛围，获得更多的情感认同。

3. 欲扬先抑，将核心观点放在后文

由于文化、价值认同等差异的存在，内容如何布局就显得很关键。白岩松的演

---

① 名嘴白岩松在美国耶鲁大学演讲阐述中国梦[EB/OL].(2009-04-16)[2016-08-25].http://media.people.com.cn/GB/9139193.html.

讲正值全球金融危机时期，美国出现股市暴跌、银行倒闭、房地产泡沫破灭、失业率陡增等众多问题。演讲如果一开始就大讲中国的30年改革开放成就、谈“中国梦”势必引起美国听众的反感。欲扬先抑，让听众不产生反感，从贫穷和闭锁开始讲起，逐渐高扬，最后说出中国和平崛起、和谐发展的“中国梦”。这样的内容布局既绕过了发展模式差异带来的沟通交流障碍，又避免了情感抵触。

二、夜话节目

“进入20世纪90年代，全国出现了‘广播谈话热’。进入21世纪，广播谈话热持续升温，特别是晚间情感类热线电话节目呈现火爆景象，节目类型更多样。”[①]其实，不论是广播还是电视，夜话节目作为典型的思想认识交流、心理问题探讨和疏导的节目，在社会压力大、竞争激烈、价值观多元化、人员流动性加快和互联网人际社交频繁的今天，持续升温是必然的。“社会的快速变革和经济的蓬勃发展，促使各个阶层的人们都比以往更加关注自身的生存环境、自我的价值体现和一切有关自身持续发展的可能，人们无论在心理上还是生理上都承受着前所未有的压力，抱着可能的梦想和期待。这些发自内心的思想需要一个民主、公平、合理和简便有效的方式来进行表达、宣泄和寻求理解与解脱，可以说，广播夜话节目正是依托广播媒介的特质最好地满足了这种需求。”[②]这一类节目的心理疏导、观念引导和情感抚慰等功能给受众带来的是类似于“心理咨询”的心理治疗功能。此类节目“主要的宗旨是心理疏导、感情宣泄、思想沟通等，大多是需要‘说服’对象的”。[③]

从夜话节目的主持实践中我们也能看到，主持人已经从一般意义上的信息传播者、节目主导者、内容驾驭者的身份跨越到能够进行心理疏导和理疗、问题分析和回答、矛盾调和与化解、情绪抚慰与调试等的“老师”“兄长”甚至“专家”，他们的意见、观点和态度很大程度上影响着受众的思想和观念。例如，《长安夜话》主持人力闻罹患心脏病辞世后，听众纷纷表达思念和沉痛之情，通过部分网友的留言可以看到主持人对其心理影响至深：[④]

网友“向日葵爱天晴”：大概2002年就开始听力闻老师的节目，……帮助打通

---

① 陆锡初.中国主持人节目学[M].北京：中国广播电视出版社，2014：219.

② 窦卫东.因时而变——广播夜话节目再认识[J].中国广播，2011(5).

③ 毕一鸣.语言与传播[M].北京：中国广播电视出版社，2005：257.

④ 《长安夜话》主持人力闻昨日辞世 网友深情悼念[EB/OL].(2015-10-02)[2016-08-25].http://news.cnwest.com/content/2015－10/02/content_13197797_2.htm.

电话的人分析处理人生中遇到的方方面面的困惑，也使像我这样的听众从别人的故事中获得了些经验与感悟。

网友“幸福还有多远988”：此时此刻我的泪水已不能控制，……您陪伴了我大学生活。我生命中最重要的老师。一路走好，我将牢记您的教诲。

网友“用户 Nashei”：常常听您的《长安夜话》，听您如何睿智地、冷静地、理性地为大家答疑解惑。……愿您一路走好！我们会谨记您的每一句教诲，坚强生活！

网友“lovev 小兔 com”：力闻老师陪伴我最迷茫最孤单的日子，您就这样走了，多么让人难以相信的消息，天堂没有病痛，老师一定不要再那么劳累了……

再如济南人民广播电台的王牌栏目《金山夜话》主持人金山、浙江人民广播电台《伊甸园信箱》栏目的主持人万峰等都对听众产生过重要影响。这些主持人的语言风格不一，有的犀利如剑，有的温婉似水，有的看似来势汹汹但语重心长，有的虽轻柔和风但内力深厚，但共同点都是较好地运用了劝服的技巧，实现了传播效果。下面以《长安夜话》(2015 年 1 月 10 日)力闻的一段劝服性话语为例。在这期节目中，一位大学三年级的女听众诉说自己因为害怕恋爱失败而不知怎么面对表白者的苦恼和彷徨，因为看到身边很多情侣因为交往时间久了、彼此了解之后因厌倦对方而分手，害怕自己也出现类似情况。力闻听完听众的倾诉后说了这样一段话：

力闻：你出现这种情况是必然的。

听众：必然的?!

力闻：对。原因有这么几点。第一，你们的年龄还不算大，在人生观上还没有定型。那么组成人生观的有很多其他子观，其中一个爱情观也属于子观之一，而且分量比较重。它也还没有定型，在这个过程中你的审美也在不断地寻求新的变化。第二，永远牢记，这不一定是你的最后一个，就是施瓦辛格演完电影《终结者》以后，你认为应该到了最后一个了吧？不是。他还拍了《终结者 2》《终结者 3》，说明什么呢？说明运动、变化、发展是永恒的。指望一枪打准、永不变化本就是一个不正常的心理。要在动态中寻找平衡。人的一生非常短暂，既是运动变化发展的，也是相对静止的。也就是说，今年你 20 岁，你叫王薇，你 80 岁还叫王薇。大家都知道你是由 20 岁那个孩子长大的，但你 20 岁和 80 岁一样么？肯定不一样！境遇也不一样，长得也不一样，状态也不一样，各方面都不一样。

那就说明，从 20 到 80 的过程中，你还要不断地调适。比如说，到了 70 多岁，腿脚不行了，给你加个拐棍儿；80 岁了，脑子不够用了就得给你吃点药。这都是一种调适，但是你还是王薇。谈恋爱也同样如此，不敢大胆去尝试，永远只等着最后那一枪，事实上是根本不会到来的。因为，我总在想，我想做出世界上最好的一期《长安夜话》，但是我不进行今天这样的尝试，我会得到那一期么？不会。因为我可能到话筒前连话都说不出来。就是要在不断地上节目中，每天都追求最好，熟悉这个话筒，熟悉这个环境，熟悉听众的提问，才能在天时地利人和与我的状态达到最佳的那一刻，创作出一期高质量的《长安夜话》节目。它是在锻炼和尝试中进行的。你说呢？

这一段文字是诉诸事实的劝服，主持人要将听众“只准圆满、不容变故、一步到位”的爱情观纠正过来。第一，主持人在整个表达的前后都提到了接受尝试、追求更好的道理，首位强化，印象更深。第二，可以看到主持人考虑了受众的身份特征，整个劝服偏重于推理，并运用了哲学相关结论。对于有着高等教育背景的受众，需要理论性的劝服作为支撑，比起单纯诉诸情感说服效果往往会更好。第三，主持人用到了各种现实的比喻、类比来阐明观点，并且从自身举例来讲述，更加贴近现实语境，从而达到更强的劝服效果。第四，主持人也用到了“留一步”的方法，在最后抛出一个问题，看似将决定权留给了听众，实则是让听众感觉有自主权并自我认同，达到改变听众态度的目的。

三、社教类节目

社教类节目是社会性教育节目的简称，属于教育性节目的一类。社教类节目“按照节目内容，通常分为理论节目、知识节目、特定对象节目、竞技节目等”。[①] 教育本是教化、感化、培养和培育的过程。教育中有多重类型信息的传播，其中要想使思想性、观念认知、意识形态等内容产生教育作用，需要科学而纯熟的劝服方式和技巧。在这方面，社教类节目承担着调适大众思想观念、引导意见态度的功能。通常来说，主持人需将其语言和节目其他元素、信息融为一个有机整体来共同发挥劝服的功能。

我们以中央电视台的《1 起聊聊》为例。这是一档“大型民生类文化访谈节目，邀请易中天重出江湖担任主持，从中国最草根的民生热点事件，一直聊到最传统的

---

① 宫承波.广播电视概论[M].北京：中国广播电视出版社，2009：249.

古代圣人之道,聊百姓故事,解百姓心结”。[①] 节目由易中天的开篇讲述、对问题持不同态度的观众代表带有辩论性的聊天、现场观众举牌投票和最后易中天总结等环节构成。这个节目每一期都选择社会热度高、涉及范围广且具有争议性的话题来展开,例如择偶、孝道、催婚、补习班等。跟以往的围绕话题讨论、交锋的节目不同,这档节目让现场的观众以代表发言、举牌等方式参与进来,同时在节目临近结尾部分由主持人总结,得出结论。在总结中主持人并非采取中立态度,而是较为明显地持赞同一方的态度。在总结中,既有对某种态度的赞同,也有考虑较为周全、辩证、分寸适宜的点评和总结。

这档节目从整体上看,不论主办方、主创者有意还是无意,实际上是有较为明确的态度偏向和舆论引导功能的。例如在围绕“精神赡养写进法律究竟能不能起到实际作用”这个话题的一期节目中,虽然在观点代表聊天甚至争论环节,给予了双方对等的时间来探讨,但在最后的总结环节,易中天不仅采纳了占多数的观点,而且还做了适度的延伸,借用历史上的真实典故来渲染和印证并带着感情阐述,让观点更加富有感染力。

从劝服传播角度看,该栏目显现出以下特点:

(1)首因效应。别致导入,引起兴趣。在节目开始部分,易中天就当天节目话题展开一段述评,析词句、引典故、说现象、讲故事,其深厚的文史修养、知识储备和特有的“易式幽默”,让受众产生兴趣、关注话题并激发思考。

(2)嘉宾的“两面说”。在第二环节,持有不同态度的嘉宾上场就此话题聊天,内容涉及自己的经历、感受、观点和态度。易中天在其中适度干预和引导,让双方尽可能全面、详细、真实地讲述又不至于产生激烈争论。

(3)群体性心理效应。观众投票环节的设置不仅反映了在场受众的态度,同时也产生了群体性心理效应,当占多数的意见被公布后,实际上场上的嘉宾态度是有变化的,从每一次投票后,支持率占少数的观点持有嘉宾的表情、语态都会有微妙的变化。这也类似于“沉默的螺旋”效应,占优势的声音越来越强,占劣势的声音越来越弱。

(4)诉诸理性和感性,情理交融。主持人易中天更多地承担了对问题理性分析、阐释的职能,嘉宾和现场观众代表则承担了更多情绪表达、感性信息传递的职能。

(5)明确表述和近因效应。结尾综述(总结)中,易中天基本不会“把答案留给

---

① 《1起聊聊》栏目介绍[EB/OL].央视网,http://tv.cctv.com/lm/1qll/.

观众”，而是较为明确地赞同占主导地位的观点。

可以说，每一个具体的话题背后都包含着“支持”和“反对”的态度，《1 起聊聊》中现场的观众和嘉宾所持的态度其实就是社会中持有这种态度的人群的缩影。在节目中，持有不同态度者的聊天也罢、讨论也罢、争论也罢，通过大众媒体传播后，其实是在引发整个社会的思考和讨论，因为这满足了引发社会共振的舆论场的条件：“同一空间人群密度与交往频率、舆论场开放度和舆论场的渲染物或渲染气氛。”[①]此时在作为舆论共振场中心的演播室中，有意或无意地使用劝服传播的方法，起到了对大众态度、观点的影响和说服作用。例如，在场的举牌投票，其实已经在引起的社会共振舆论场中，延伸、衍化为社会的举牌和投票。电视机前的观众会感觉这是目前社会态度和意见的持有比例，进而产生群体性心理效应——屈服于群体压力的从众行为。

第三节　练习部分

一、演讲劝服传播

（一）案例分析

分析下列演讲案例的劝服技巧：

北京电视台《我是演说家》第一季冠军的夺冠演说

演讲人：梁植

（2015 年 1 月 24 日）

大家都饿了吧？我也饿了。我们来聊一个有意思的话题来分散注意力。我们来聊一聊《舌尖上的中国》吧。这就更饿了。

今年《舌尖上的中国 II》在中国热播，然后我发现一个特别神奇的现象。很多美国主流媒体包括《华尔街日报》在内，在它的门户网站上面刊登文章抨击《舌尖上的中国 II》，说这是中国用纪录片的方式输出政治理想和抱负。我当时就傻了，我就纳了闷了，你们一帮吃汉堡包的命为什么要操我们满汉全席的心呢？他们为什

① 毕一鸣.语言与传播[M].北京：中国广播电视出版社，2005：252.

么不能理解我们单纯的吃货的世界呢？但其实我也能理解他们。在《华尔街日报》的理由中，说因为《舌尖上的中国 II》中大量描述了中国边疆的情况，有很多少数民族的信息，这是中国的统战要求。可是亲爱的美国记者同学，我们是一个有着 56 个民族的国家，我们大家在座的很多哥儿们，最爱吃的就是新疆乌鲁木齐的羊肉串(方言)，对吧？在座有很多女孩最爱的就是，你知道港台的甜点是超赞的(方言)，你要不要来一块？切糕我们吃，茶叶蛋我们一买买一筐，这就是我们中国人，我们爱吃好吃懂吃，这是我们的文化。你说他们为什么不明白？

其实这里面有比文化更深刻的原因。120 年前的今天，1894 年中日甲午海战，跌落到太平洋深渊的，除了有北洋舰队的全体官兵以外，还有晚清当时脆弱的文化自信。从那个时候开始，好像每个国家只要有点能力就都能到中国来践踏，都能告诉我们，你们的文化不行。看看我们的价值观，是，我们一度被他们那样践踏过。但今天局面有了怎么样的改变？我们中国人已经成了世界第二大经济体。在军事、在政治、在经济上，好像没有一个国家能给我们绝对的压制。但是文化上呢？这 120 年以来，西方对我们的文化压制减弱了多少？我们在文化上打过翻身仗吗？就《舌尖上的中国 II》发一个批评我们的文章，不是他们真实的想法，他们是要运用这种武器来对付我们。这么多年来，这场文化的战争从来没有停息过。在这场文化的战争中，语言是最有力量的武器。它可能要透过很多媒体到达我们身边。最近希拉里做了一期演讲，她说美国只要运用好文化的软实力和巧实力，美国可以一直牢牢地掌握中国。掌握?! 法国的一个学者，说了这样一句话：中国一直处于一个云山雾绕的战斗之中，但你们却没有防御的权利。他说的是一场文化战争。西方的媒体好像对我们中国的那些负面的新闻特别着迷。我记得很清楚，2008 年奥运，北京奥运会，我特别气愤，我们的火炬传递，在巴黎在伦敦，受到了那么多的阻拦，欧洲那么多的主流媒体，那些大报纸的头版，竟然在为那些破坏者开脱！在帮他们找正当化的理由！是，我们强大了。中国现在经济上去了。是，我们有问题，我们也在想办法改。这些都不构成他们用语言的力量来污名和妖魔化中国的理由。我们中国人，其实不太会用语言的力量。在古代咱们说得最多的是，君子讷于言而敏于行。现在咱们说得最多的，从改革开放开始叫闷声发大财。但是我想，在这个文化战争愈演愈烈的年代，为了保护我们文化的底线，保护我们作为一个中国人文化的自尊和自信，如果有人，如果有国家敢用语言的力量，当面攻击我们的自信和自尊，任何一个中国人都应该站起来，直面他，反击他。

现在是一个新媒体的时代，语言的力量越来越强大。我们每一个人的声音，都能让越来越多的人愈加容易地听到，这是好事。但是我们也要知道，我们的对手，他们送来的那些炸弹，也更多的时候在我们身边炸响。一个国家对另外一个国家产生质的胜利是什么？是他能让那个国家的青年人失去对这个国家的信心。这太可怕了，这就是语言的力量。但没关系，因为我们已经看到了2011年，中国的国家宣传片出现在美国纽约时代广场的大屏幕上。今年当CNN（美国有线电视新闻网）再一次出现辱华事件时，我们有那么多的中国留学生、那么多的华人都站出来，游行抗议。无论中国国家宣传片，还是大家抗议的身影，那些都是我们中国语言的力量。语言是文化战争中最基本的武器。这就像是步枪，我们每一个人都拥有。我们可以用它去塑造一个中国的形象。我们每一个人身边都有外国的朋友，我们有责任告诉他们，真实的中国是什么样的。不要去相信那些被西方的主流标题概括出来的，不是中国的中国，那不是我们。我相信我们今天在座的这么多的媒体朋友，还有今天同时正在工作的那么多的媒体同仁，你们一定会坚持更多的你们的原则和力量，保护中国的形象。因为如果我们拿的是步枪，你们拿的就是核武器。我相信只要我们一起运用语言的力量，一起用这份最坚实的力量守护我们的文化。我们一定可以迎来那个我们共同期待的更美好的中国的梦。

（二）劝服性主题演讲练习

泛目标对象的劝服演讲指的是演讲对象构成较庞杂，不论是年龄、受教育背景还是认知能力、观念立场等都参差不齐。面对这样的受众，在语言上一般要求平实、通俗；策略上情理兼顾，客观理性中带有人之常情；内容上选取大众化、贴近一般群众的材料。

面对泛目标对象的劝服训练，选题以日常生活、学习、工作、社会交往中常见的话题为主要内容，此类话题相对容易。

提示：选题只是话题点的提示，并非演讲的题目。例如孝道这个话题，可拟题目如《百善孝为先》《一个孝字看人生》《愚孝不可取，愚忠不可为》《孝道不是一家的事》《孝道，道之本也》等。

（1）道德行为话题：孝道、诚实、互助、谦让、宽容、担当……

（2）养成教育话题：俭朴、勤奋、坚韧、自信、节制、勇气、善良、豁达……

（3）社会现象话题：追星、媚俗、养老、仇富、环保（污染）、就业……

（4）人际交往话题：恋爱、友情、误解、包容、虚伪……

二、话题劝服传播

事件场景的态度观点表达和劝服传播是根据所提供的事件、场景，提炼出自己的观点、态度，并做面向公众的劝服性表达。

材料一

昨天中午，北京通州区京哈高速主路张家湾路段，一辆装有500多只狗，从河南开往吉林的货车，被动保组织志愿者驾车拦截。据了解，这些狗将被送至长春后屠宰，最终流向当地狗肉馆。为此，志愿者想要将这些狗解救出来。后经北京市动物卫生监督所核实，河南当地动检部门开具的检疫证等真实有效。截至今天凌晨1点，双方在警方协调下，商讨以收购方式解决此事。

据动保控俱乐部一志愿者介绍，几天前，他行至东六环附近，在高速上发现有车拉着整车的狗。“担心这些狗是非法所得之后会被人杀掉”，志愿者将此情况发在微博上。根据这一线索，中国小动物保护协会的志愿者安先生与其女友，于昨天上午驾车至张家湾路段等候。终于，他们发现一辆河南牌照载满整车狗的货车。中午12点，安先生将货车拦截在高速路边，随后报警求助。运狗货车司机说，“一辆奔驰轿车行至高速途中多次别他的车，差点都撞上了”。担心发生意外，他只得停车。

昨天中午1点多，记者在现场看到，一辆货车停靠在高速路边，车上装有四层铁栏，里面挤满大大小小的狗数百只，一些狗脖子上还系有项圈。

同时，通州交警及张家湾派出所民警赶到现场。据货主郝先生(音)介绍，他们一行三人从焦作出发，“车上共520只狗，都是从河南当地收购的，准备送往长春，狗将被屠宰，流向当地狗肉馆。”同时他透露，他只负责运输，一趟挣1万多。昨晚10点，共80余警察在现场维持秩序。11点，警方将漷县收费站出口以东100米的范围拉起警戒线。截至今天凌晨1点，双方在警方协调下，商讨以收购方式解决此事，中华慈善总会下属上善基金表示愿出10万元，离货主出价仍有两万元距离。截至记者发稿，志愿者仍在筹钱。①

材料二

核心提示：北京师范大学房地产研究中心主任董藩教授对研究生提出要求：40岁时达到4000万身家，否则“不要来见我”。

在这条发于4月4日16时34分的微博中，北京师范大学房地产研究中心主任董藩教授对研究生提出要求：40岁时达到4000万身家，否则“不要来见我”。董藩称，“培养其财富意识是我工作内容之一，当然前提是合理合法致富。自己富了意味着创造了很多GDP、税收、就业岗位，社会贡献大，也帮助了低收入者，并避免

---

① 一装有500条狗货车被拦下 志愿者计划筹钱救狗(节选)[EB/OL].(2011-04-16)[2016-08-25].http://news.xinhuanet.com/society/2011－04/16/c_121311419_2.htm.

自己、家属及亲属成为社会负担。对高学历者来说,贫穷意味着耻辱和失败”。

此言一出,立刻引起巨大争议。多数网友对此持批评态度,认为教师不应用金钱来衡量学生。部分网民则认为这是一种激励。网友“一分之一百七”问董藩:“道德意识是你的工作内容之一吗?”网友“bricezhang”则认为,“这种激励导向是中国高等教育的悲哀”。也有网友很认同董藩,网友“等待爱情的死人”评论说:“虽然残酷,却是真理。高学历是为何用?制造财富,为家人谋幸福。”而网友“chaney”更是反问大家:“激励人们创造财富有什么过错?”①

材料三

核心提示:“当你40岁时,没有4000万身价(家)不要来见我,也别说是我学生。”4月4日,北京师范大学房地产研究中心主任董藩教授在微博声称,高学历者的贫穷意味着耻辱和失败,引发巨大争议。6日晚,董藩通过凤凰网发布声明回应质疑,称“4000万”的言辞是对学生讲的励志话语,并直言“中国人有一个缺陷,喜欢钱却不明说钱,更不允许一个教授谈钱”。

以下为董藩教授关于4000万的声明:

1. 那仅是对我学生讲的励志的话,他们基本都进商界,显然与科学家、哲学家这些职业无关。

2. 等学生40岁时4000万估计只相当于今天的几百万,即一个工作了十六七年的研究生学历的高管或经营者,达到这个身价一点也不高。

3. 我可接受自己不富有但不能容忍学生贫困。假如学了那么多年,进入商界却不成功,既是老师的失败,也是学生的失败。

4. 我学生素质较高但仍需鞭策,这句话本是用调侃方式在鼓励他们奋斗而不是抱怨。

5. 我的财富观是“富不傲穷,贫不妒富”,但这里谈到钱,本意却不是指钱,而是指奋斗精神。

6. 祝天下爱钱人都发财,共同富裕。

但中国人有一个缺陷,喜欢钱却不明说钱,更不允许一个教授谈钱。我是教房地产的,必须跟他们谈钱、谈投资,这是我的专业。我们是在讨论投资与经营,不是讨论道德修养。②

---

① 北师大学教授董藩:40岁没4000万不要来见我[EB/OL].(2011-04-06)[2016-08-25]. http://news.youth.cn/rd/201104/t20110406_1539883.htm.

② 北师大教授董藩六点声明回应“4000万”争议[EB/OL].(2011-04-07)[2016-09-25]. http://news.ifeng.com/mainland/detail_2011_04/07/5584609_0.shtml.

材料四

彭承军今年25岁，他告诉记者，4月16日上午9点多钟，他骑着电动车路过红梅西村的菜市场，一个老太骑着自行车在他前面。到了一个路口，老太在转弯时不知什么原因，突然摔倒在地。见状，他立即停下车，走到老太身边，询问老太要不要帮忙报警求救。“当时那个老太说不需要，但由于手机没钱，她想我帮她给她的女儿打一个电话，然后我就拿我的手机帮她打了电话。”

彭承军说，打完电话后，旁边围观的路人让他赶紧走，不要惹麻烦。但他想：“又不是我把她撞倒的，应该没有什么事吧！”不过后来，在众人的劝说之下，他还是骑着车离开了现场。没想到当天就接到交警打来的电话，警方告知他，老太称其撞伤人逃逸了，要他赶紧到天宁交警队来处理。这个电话让彭承军一下子惊呆了，他赶紧来到交警大队。

因为老太报了案，他的电动车成了“肇事车辆”被扣。据彭承军讲，在交警队，他坚决表态，不是他把老太撞倒的。后来交警队对事情进行了调查，发现事发地段是监控死角，因而只能带着他去找目击证人。

因为责任认定迟迟没出来，老太家属便要求其支付一半的医药费。对此，彭承军认为，他需要讨个公道，还他的清白。为此，18日上午，他联系了常州当地的电视媒体，一同寻找现场目击者作证。结果，一个阿姨刚想出来讲她看到的全过程，却被老太的女婿给“吓跑”了。

彭承军的说法，记者得到了常州当地媒体视频证实。在视频里，一位阿姨说，老太当时想拐弯的，但是没拐过去，一下摔倒了，哭喊起来。说到这里，老太的女婿手指着那位阿姨说：“你所说的话是要负法律责任的。”听到这样的警告，作证阿姨迟疑了几秒，有了些顾虑后转身离开了。之后，再没有出面作证的人。

受伤的老太叫梁端年。据了解，她从自行车上摔下来后，折断了大腿骨，虽然现在已经出院，但是因为腿伤，未来的四个月都无法下床。梁老太告诉记者，她已经63岁了，当天，她照例骑着自行车去离家不远的红梅菜场买菜。谁知骑到半路，她的后车轮被人碰了一下，她连人带车摔倒在地，当时便因为疼痛而无法站起。“虽然我没看见是谁撞的，但整条街上就我们两人骑车，不是他撞的还会是谁撞的？”梁老太说，摔倒后，她便发现身旁只有一个小伙骑车，因而基本肯定就是小伙撞倒她的。

“当时我手机停机了，眼看着小伙子要走的样子，便急忙叫住了他，让他给我女儿打电话，可女儿没接到电话。”梁老太还说，小伙搀扶她到路边，正当她要让小伙别走的时候，旁边有人莫名地跟他嘀咕了几句，小伙驾驶电动车跑了。

"幸好,当时有个好心人,帮我去充了手机话费,然后我打给我女婿,他把我送到了医院。"梁老太表示,她女婿后来帮她报了案,还好有小伙的号码,警方才能找到小伙。为此,老太还发毒誓,称自己绝对没有说谎。[①]

材料五

今天距离"双十一"已经过去了三天,相信大伙还在时时关注着发货时间和不断更新的物流状态。据推算,今年11月11号到16号这几天里,上海快件揽收量或将达1亿件左右,峰值日揽收量预计近2000万件。

《新闻晨报》报道,10年前,快递员这一行还属"自由职业",不抢时间、不受拘束,每天上午送完货还可以睡个午觉。但是谁也没有料到,现在一切都不一样了。下车用跳,楼梯用跑,在工作日,不吃午餐、从早上一直送货忙到晚上,也是常事。而快递员的收入,与收发件的数量挂钩,一般来说工业区每单5毛,小区每单7毛,收件则是根据运费百分比来提成,网上传说的快递员月入上万,是极个别的例子。[②]

……

三、模拟节目主持

学生可自选话题组织音频或视频节目,节目中需要体现出主持人对嘉宾、受众的观点劝服目的和过程。

参考选题:

(1) 绿色出行,共护蓝天

(2) 远离烟草,健康生活

(3) 诚信考试,拒绝作弊

(4) 创业未来,主动出击

(5) 宽容忍让,和谐家庭

(6) 热心公益,温暖社会

(7) 抵制传销,保护亲友

(8) 理智消费,减少浪费

(9) ……

① 路边扶起摔伤老太 小伙子是救人还是肇事[EB/OL].(2011-04-27)[2016-12-25].http://news.cntv.cn/20110427/108577.shtml.

② 双十一上海快件揽收将过亿 快递员工资被传过万元[EB/OL].(2016-11-14)[2016-12-25].http://sh.sina.com.cn/news/s/2016—11—14/detail—ifxxsmif2947512.shtml.

第十章 综合运用(1)——文字资料复述

第一节 理论部分

一、复述的概念

复述,是对现成语言材料经过接受理解、整理记忆后的重新表述,是一个"解码—记忆—重组—编码—表达"的过程。复述考验一个人对文字正确理解、准确记忆、合理信息处理、良好口语表达的综合能力,是形象、抽象、辩证等思维能力和外部口语表达的综合体现。

文字资料复述练习是对符号系统"译码—抽取意义—再编码"的思维过程的训练。复述者要对文字资料的脉络、结构做出分析,对详略、轻重、主次等内容性信息进行梳理和抽取,并快速进行再编码,转化为自己习惯的语言进行表达。这要求复述者不能遗漏重要、必要信息,忠实于原文的条理、目的、主题,不能出现误读、曲解或中心转移等错误。

二、复述中的口语化要求

复述练习需要注意重要的一点——口语化。复述的材料一般是文字性的书面语言,复数时注意使用较短的句式和简洁的词语,融入生动的口语化词语。吴郁教授很早就对广播电视节目主持的"口语化"做过研究,她的很多观点对播音员、主持人的复述思维—表达练习很有启发,比如:

(1) 人民广播创办伊始,对广播中的口语表达就做了规范:"句子要短,用字用词要力求念起来一听就懂,并要注意音韵优美和响亮。要生动,有趣味。电文中有文言或难懂字句,应注意必要的通俗的口语翻译。"

(2) 广播电视中，播音员、主持人的“口语”，不等于生活中未加修饰、规范的“初始态”的口语。

(3) 广播电视口语是经过加工的，比生活状态口语更加规范、正式，“有雕琢而不露痕迹”，得体、匀称、意义集中不空泛。

(4) 深入浅出，通俗易懂。

(5) 巧用修辞，具有文采；句式多样，表达精彩。

(6) 富有个性，具有特色。①

总结起来，可以对复述练习的口语化做这样的特征描述：

语法上：规范、正确。

词语上：浅显易懂、贴近生活，适当修辞，用语优美生动。

句法上：短句居多，句式灵活多样，表意清晰。

修辞上：灵活、适当地运用比喻、拟人、排比、反语等修辞手法。

表达上：适当重复，克服口语“过耳不留”的局限，优化传播效果。

三、复述中的“变味儿”

在生活中，经常出现复述走样的情况，常见的“传话变味儿”就是一个典型现象。在我国古代有一个传话变味儿的典故，原文如下：

宋之丁氏家无井，而出溉汲，常一人居外。及其家穿井，告人曰：“吾穿井得一人。”

有闻而传之者曰：“丁氏穿井得一人。”国人道之，闻之于宋君。

宋君令人问之于丁氏。丁氏对曰：“得一人之使，非得一人于井中也。”求闻之若此，不若无闻也。

故事中，宋国丁姓家里由于自家凿了一口井，不必再常年将一个人派驻在外面打水洗涤，因而觉得是因为“穿井”而得到了一个劳力，告诉别人打好了井，得到了一个人。但由于对文字的理解不同，经过传话者复述之后，成了打井时，打出一个人来！然而，复述活动出现走样、变味儿的原因不只在第一次理解文字上，从其过程分析，有以下几个环节容易出问题：

（一）文本的理解环节

文本的阅读和理解过程，不是一个简单的文字理解过程，而是伴随着很多复杂的、综合的因素的共同作用。第一，与在场的面对面或视听兼备的语言传播这种高

---

① 吴郁.主持人的语言艺术[M].北京：北京广播学院出版社，1999：129-133.

度语境传播不同,作为低度语境传播方式,文字的信息被解读时,难以借助语境等外在因素来佐证、确认和帮助理解,阅读者只能根据文章所提供的文字信息和自己的理解来解读。此时对文字本身"词典意义"的理解的准确度直接影响对文意的理解。第二,对文字的理解,是一个符号解码的过程,受制于阅读者的文化基础、文学能力、个人阅历和知识经验积累等条件。例如,一个有着法律学习背景但没有亲身实践经验的法学毕业生,和一名在相关法律领域既有理论学习又有大量实践经验的律师,对同一份国家新出台的法规的理解的准确度和深度是有很大区别的。再如,长期在中国西北生活的人对"泥土"颜色的理解往往是黄色,而对一个在东北平原土生土长的人来说,他认为的"泥土"则应该是黑色的。第三,传播学研究发现,人们对信息的接触是有选择性的,更侧重于自己喜欢、与自己观点相近相似的信息。选择性的不同,导致信息在理解记忆时出现区别和偏差。

(二)内部信息处理环节

人们理解一个文字性信息,将信息转化为自己可以识别的内容时,是调动内部记忆的过程。如果记忆库里没有跟某些文字符号相对应的感觉记忆、知觉记忆或知识储备,将"无法理解"文字内容,或者凭借自己的主观想象去"猜测",这是导致曲解的重要原因之一。同时,由于阅读者个人逻辑思维方式、形象思维能力、内部语言习惯等诸多不同,其对信息、意义的内部整理方式也会千差万别,导致对文本的重点内容、结构主线、局部细节、表述目的等重要信息的把握出现差异。此外,个人情感、立场、目的和价值观等方面的差别,也是导致内部信息处理出现差别的重要原因,"感时花溅泪,恨别鸟惊心"便是诗人情感忧伤、沉闷时,对信息处理异于常人的典型代表。一位相声演员曾抖过这样一个"包袱":"泰坦尼克号事件,对人类来说是一次重大的灾难,但对于船上水族箱里的海虾、海蟹、海鱼来说,就是一次生命的奇迹!"这种巨大的意义反差,就是立场迥异的结果。

(三)表达环节

第一,表达中对词语的选取,从内部意义到内部语言再到外部口语的转换过程,是一个存在诸多变数的过程。情感、知识、经验、立场、记忆、当下语境等都会影响到最终的表达。表达者在不同的时间、空间、语境下转述同一篇文本时,效果的不同正是这些因素作用的体现。第二,由于近义词的存在,表述者在选取词语时,常常记得意思,但忘记了原文所使用的词语,一时又找不到合适的替代词语的问题。第三,句式差异在转述时也是容易出问题的环节。祈使句、反问句、排比句等句式，都为文字本身增加了感情色彩、语气程度等附加信息，在转述时，句式的转换难免丢失一些重要的情感、语气性信息。第四，由于遗忘的存在，转述者在表达内部意义时，对一些信息不能确认或者无意识地融入了自身想象成分时，便会出现意思变味。当然，更有甚者，在“下意识”的作用下，融入很多主观判断、臆断等信息，使得表达的意义距离文本越来越远。

作为主持人，在节目主持中会经常遇到从书面文字到口语语言的复述，例如对相关材料的引述、对编导稿件的表达、对被采访者回答的转述等。针对这一实际工作内容，我们需要从内部思维和外部表达两方面，最大限度地克服上述困难，在复述时尽可能忠实于原文，准确、清晰地传递信息。

四、复述分类

复述的文字资料包括故事、小小说、散文、评论、说明书、公告、新闻等。复述练习的种类包括：详细复述、简要复述和改造复述。

（一）详细复述

详细复述是将原有文字材料的绝大部分内容、主要细节、整体结构等信息在理解之后复述出来，不改变原文的详略关系、内容布局。

（二）简要复述

简要复述又称概括性复述。简要复述只需要在保持文本原有前后内容布局、详略关系和线索脉络的情况下，将文本的大致内容、个别细节讲清楚，将主要的、重要的信息传递出来即可，一些跟主旨关系不大的信息则可以予以省略。简要复述不仅考验我们对文本内容的理解能力、分析能力，还训练对文本的概括能力：去粗取精、删繁就简。

（三）改造复述

改造复述，是充分理解和掌握了文本内容后，用适合自己习惯或适合当下语境或满足某方面需要的方式表述出来，可以改变结构、顺序、角度或表现方式。这种复述相对自由灵活，但也具有难度，需要复述者对文本做“创造性”的调整但又不能遗漏重要信息、改变文本主旨。

下面举例看这三种不同复述的区别：

西周建国之初，周天子分封了七十一个诸侯国，姬姓宗亲受封众多，占诸侯总数泰半。普天之下，皆尊周王为共主，周室之外，别无二王。熊渠僭封自己三个儿子为王，此举在当时可谓惊世骇俗。熊渠的做法，当然也出自特定背景：其一，楚国独处南方荒蛮之地，通过自己的艰苦努力成就霸业。所谓“筚路蓝缕，以启山林”，说的就是熊绎带领楚国人民发奋图强的事，楚国的强盛，纯粹是靠自己的努力得来。其二，熊绎受封之初，仅为子爵，于五等爵位当中仅居第四等，地位相对低下，传说成王大会诸侯时，主事者将楚君与东夷等少数民族首领同等对待，安排他去看守篝火，把熊绎当场气噎。其三，中原各国一向瞧不起楚国，尤其从文化上不认可，皆以南蛮看待。（楚国到了熊绎时）熊渠因此干脆抛开中原，自成一统，且放出话说：“我蛮夷也，不与中国之号谥。”意思是你们既然说楚国是蛮夷，那老子就不理你们那一套，大路朝天，各走半边。[1]

1.详细复述

西周建国不久，周天子便分封了七十一个诸侯国。在分封的诸侯国当中，姓姬的宗室亲属占了大部分，比诸侯总数的一半还多。在当时，天下所有的诸侯国都尊周王为共同的、独一无二的王。但是，楚王熊渠却不顾当时的规制，仿效周天子封王的做法，分封自己的三个儿子为王。一时间震动朝野。当然了在当时的背景下，熊渠这样做也有一定的道理。第一，楚国地处南方比较荒蛮的地方，通过自己努力成就霸业，“筚路蓝缕，以启山林”这个典故说的就是楚国的第一任国王熊绎带领着楚国人民开疆拓土、建设国家的故事，楚国的强大全靠艰苦奋斗。第二，熊绎在受封的时候，仅被授予子爵，在五等爵位中处于倒数第二的位置。据传说，在周成王会诸侯的时候，管事的人把熊绎和当时东夷等少数民族首领同样对待，安排他去看守篝火，熊绎气得话都说不出来。第三，在当时，中原的其他诸侯国很瞧不起楚国，尤其是不认同楚国的文化，认为楚国是蛮荒之地。熊渠因此将中原抛开，自成一统，并且放出话说：“我蛮夷也，不与中国之号谥。”意思是说，你们既然说我们是荒凉落后的地区、不认同我们的文化，那就索性分开，各走各的路。

2.简要复述

西周建国后分封天下，各诸侯国都尊周王为唯一的王，但楚国的熊渠却做了一件震动朝野的事，他仿效周王分封的做法，将自己的三个儿子分封为王。这样做有一定的历史背景。首先，楚国的强大是自力更生、艰苦创业的结果，“筚路蓝缕，以启山林”便是印证。其次，楚国第一任诸侯熊绎被分封时就被轻视，爵位很低。周成王会诸侯时，熊绎还被无理怠慢。最后，中原的其他诸侯国也视楚国为蛮夷。因

---

① 自称蛮夷，自立为王，让天子无可奈何的小霸王：楚武王 | 左传拾趣[EB/OL].(2016-03-05)[2016-11-18].http://blog.sina.com.cn/s/blog_e39346e40102wd1x.html.

而熊渠公开表示既然大家都不待见我们，那就分道扬镳，我们自立门户。

3.改造复述

“三子封王”说的是西周时期楚王熊渠的事，他僭越周礼，将自己的三个儿子分封为王。熊渠之所以这样肆无忌惮是因为他早已和周天子以及其他诸侯国分道扬镳。熊渠之所以如此，有一定的历史原因：早在周天子分封天下时，就只给了楚国的开国诸侯熊绎一个子爵的爵位（五级爵位中倒数第二），而且在周王会诸侯时，还非常怠慢这位楚王，让他和少数民族首领一起看守篝火。而楚国后来的强大基本是楚人自己艰苦开创的结果，那句“筚路蓝缕，以启山林”便是熊绎带领大家开荒劈山的真实写照。加之其他诸侯国从文化上瞧不起楚国，以“蛮夷”相待，这就更加激怒了楚王。这才有熊渠向天下人放话：既不遵从周礼，也不和诸侯国合流。

第二节　练习部分

一、详细复述练习

对以下几组材料做详细复述。

（一）《磨坊主、儿子和驴子》

磨坊主和他的儿子一起赶着他们的驴子，到邻近的市场上去卖。

他们没走多远，遇见了一些妇女聚集在井边，谈笑风生。其中有一个说：“瞧，你们看见过这种人吗？放着驴子不骑，却要走路。”磨坊主听到此话，立刻叫儿子骑上驴去。又走了一会儿，他们遇到了一些正在争吵的老头，其中一个说：“看看，这正证明了我刚说的那些话。现在这种社会风尚，根本谈不上什么敬老尊贤。你们看看那懒惰的孩子骑在驴上，而他年迈的父亲却在下面行走。下来，你这小东西！还不让你年老的父亲歇歇他疲乏的腿。”磨坊主便叫儿子下来，自己骑了上去。他们没走多远，又遇到一群妇女和孩子。有几个人立刻大喊道：“你这无用的老头，你怎么可以骑在驴子上，而让那可怜的孩子跑得一点力气都没啦？”老实的磨坊主，立刻又叫他儿子坐在他后面。快到市场时，一个市民看见了他们便问：“朋友，请问，这驴子是你们自己的吗？”老人说：“是的。”那人说：“人们还真想不到，依你们一起骑驴的情形来看，你们两个人抬驴子，也许比骑驴子好得多。”磨坊主说：“不妨照你的意见试一下。”于是，他和儿子一起跳下驴子，将驴子的腿捆在一起，用一根木棍将驴子抬上肩向前走。经过市场口的桥时，很多人围过来看这种有趣的事，大家都取笑他们父子俩。吵闹声和这种奇怪的摆弄使驴子很不高兴，它用力挣断了绳索和棍子，掉到河里去了。这时，磨坊主又气愤又羞愧，赶忙从小路逃回家去。

（二）《一颗钉子》

一个商人在集市上生意红火，他卖完了所有的货，钱袋装得满满的。他想天黑前赶到家，便把钱箱捆在了马背上，骑着马儿出发了。中午时分，他到了一个镇上休息了一会儿。当他想继续赶路时，马童牵出马来对他说："老爷，马后腿的蹄铁上需要加颗钉子。"

"由它去吧，"商人回答说，"这块蹄铁肯定能撑到走完这六里路，我要急着赶路呢！"下午时候，他又一次叫人喂马，马童走进房间对他说："老爷，马后腿上的一块蹄铁掉了，要不要我把它带到铁匠那儿去呢？"

"由它去吧！"商人回答说，"这马一定能坚持走完这剩下的几里路，我时间紧着呢！"

他骑着马儿继续往前走，但不久以后马就开始一步一瘸的了，再过会儿就开始踉踉跄跄，最后它终于跌倒在地，折断了腿。那生意人只好扔下他的马，解下钱箱扛在背上，步行回家。等赶回家时已是午夜时分，只听他嘀咕着："都是那颗该死的钉子把我给害惨了。"

（三）《毛泽东 17 岁第一次发表的政见》

在 1911 年春日里的一天，17 岁的毛泽东挤进了一艘湘江小货轮的三等舱里，踏上了通往长沙的路。这是毛泽东第一次来省城，年轻的他既兴奋又忐忑不安。湘江的水滚滚地向前流去，踏着波涛，毛泽东步入了现代中国汹涌的历史大潮中。

到长沙后，毛泽东想去湘乡驻省中学就读。但这是一所很有名气的学校，他几乎不敢抱什么希望。出乎意料的是，他被顺利地录取了，成为被许多人羡慕的省城名校的学生。

此时正值辛亥革命的前夜，中国历史上前所未有的伟大革命正在酝酿之中。激烈的斗争局势，使毛泽东对政治更加关切。通过阅读由同盟会会员宋教仁、于右任主编的有着鲜明资产阶级革命派思想的报纸——《民立报》，毛泽东知道了黄花岗七十二烈士，知道了孙中山和同盟会"驱除鞑虏，恢复中华，建立民国，平均地权"的革命纲领。他为此而异常兴奋和激动，于是奋笔疾书，写了一篇充满战斗激情的文章，贴在湘乡驻省中学的墙壁上，第一次发表了自己的政治见解。在这篇文章里，他表达了对祖国兴亡的深切关心，痛斥了清王朝统治的黑暗和残暴，并且勇敢地提出了自己的政治主张：推翻腐朽透顶的清王朝，组织民国新政府，立即把孙中山从日本召回来任新政府的总统，康有为做内阁总理，梁启超当外交部部长。文章贴出去以后，立即在全校引起了巨大的反响，很多热血青年受到鼓舞，反清情绪急剧高涨。后来，毛泽东曾就自己的这一举动解释道，当时"思想还有些糊涂。我还没有放弃对康有为、梁启超的钦佩。我并不清楚他们之间的差别"。但是，由赞同君主立宪，到主张推翻清王朝，废除封建帝制和建立共和制，多少可以说明，在他的心目中，康、梁的地位开始下降了。17 岁的毛泽东，已经由一个不反对帝制的人，转变成为一个资产阶级民主主义者。而且随着形势的发展，他以实际行动站到了革命派的一边。①

（四）《顽童按下地铁急停按钮 处置及时未酿祸》

《京华时报》讯（记者韩天博）　前天下午，地铁 6 号线呼家楼站上行站台，一名女童在列车即将进站时，按下紧急停车按钮。站内及时处置，双向列车运营均未受影响。

呼家楼站工作人员介绍，前天下午 4 点左右，综控室值班员发现，上行站台紧急停车报警音响起，但站内无列车停滞。工作人员巡查发现，站内没有安全隐患，但停车按钮的保护层被破坏。"说明按钮是人为按下，而此时距下班列车进站不足一分钟。"

该工作人员称，站内立即对按钮进行恢复设置，"再晚十几秒，列车就会在进站前自动进入紧急制动模式，可能使乘客摔倒。"因处置及时，双向列车运营均未受影响。

现场视频显示，一名 6 岁左右的女孩破坏了紧急停车按钮保护层，并按下按钮。事发时，女孩身边没有监护人。另一段视频显示，女孩与一名男性老人同行，事发后，两人不知去向。

对此，地铁工作人员表示，紧急停车按钮是在极其紧急的情况下，为保障乘客生命安全设置的装置。按钮一旦按下，在站列车将无法启动运行，即将进站的列车也会自动进入紧急制动模式。

该工作人员说，若列车司机毫无停车准备，高速运行的列车急停会产生巨大的

① 毛新宇.毛泽东 17 岁第一次发表的政见[EB/OL].(2013-11-29)[2017-01-08].http://www.gs5000.cn/gs/dangshi/16197.html.

惯性，可能使乘客摔倒，"还会造成列车晚点或列车故障，给后续列车及相邻线路带来影响。"

去年实施的《北京市轨道交通运营安全条例》及刚刚出台的《北京市轨道交通乘客守则》都明确指出，任何人不得在非紧急状态下动用紧急或安全装置，违反及造成后果者都将面临法律处罚。[①]

（五）《出版管理条例》

第一章　总　则

第一条　为了加强对出版活动的管理，发展和繁荣有中国特色社会主义出版产业和出版事业，保障公民依法行使出版自由的权利，促进社会主义精神文明和物质文明建设，根据宪法，制定本条例。

第二条　在中华人民共和国境内从事出版活动，适用本条例。

条例所称出版活动，包括出版物的出版、印刷或者复制、进口、发行。本条例所称出版物，是指报纸、期刊、图书、音像制品、电子出版物等。

第三条　出版活动必须坚持为人民服务、为社会主义服务的方向，坚持以马克思列宁主义、毛泽东思想、邓小平理论和"三个代表"重要思想为指导，贯彻落实科学发展观，传播和积累有益于提高民族素质、有益于经济发展和社会进步的科学技术和文化知识，弘扬民族优秀文化，促进国际文化交流，丰富和提高人民的精神生活。

第四条　从事出版活动，应当将社会效益放在首位，实现社会效益与经济效益相结合。

第五条　公民依法行使出版自由的权利，各级人民政府应当予以保障。

公民在行使出版自由的权利的时候，必须遵守宪法和法律，不得反对宪法确定的基本原则，不得损害国家的、社会的、集体的利益和其他公民的合法的自由和权利。

第六条　国务院出版行政主管部门负责全国的出版活动的监督管理工作。国务院其他有关部门按照国务院规定的职责分工，负责有关的出版活动的监督管理工作。

县级以上地方各级人民政府负责出版管理的部门（以下简称出版行政主管部

① 顽童按下地铁急停按钮 处置及时未酿祸[EB/OL].京华电子报，http://epaper.jinghua.cn/html/2016—03/05/content_284002.htm.

门）负责本行政区域内出版活动的监督管理工作。县级以上地方各级人民政府其他有关部门在各自的职责范围内，负责有关的出版活动的监督管理工作。

第七条　出版行政主管部门根据已经取得的违法嫌疑证据或者举报，对涉嫌违法从事出版物出版、印刷或者复制、进口、发行等活动的行为进行查处时，可以检查与涉嫌违法活动有关的物品和经营场所；对有证据证明是与违法活动有关的物品，可以查封或者扣押。

第八条　出版行业的社会团体按照其章程，在出版行政主管部门的指导下，实行自律管理。

（六）《女儿的婚事》

晚饭后，阿茂让老婆拿出早已买下的一沓大红烫金的请柬，伏在饭桌上郑重其事地填写开了。女儿的婚期定在下月初，该把帖子派发出去了。

第一张帖子写给谁？阿茂想也没想，提起笔就在“恭请”后面的空白处工工整整地填上了“贾文彬”三个字。贾文彬是他的顶头上司，几次在关键时刻帮过他的大忙，例如去年公司组团到柬埔寨考察，阿茂由于业务关系不大，险些入不了围，幸亏贾文彬在会议上慷慨陈词、力排众议，才使阿茂好歹出了一次国。如今女儿结婚，不请此公，还请何人？考虑到时下有人把请客的帖子戏称为“罚款通知书”，为避免变相罚款之嫌，阿茂决定对单位里的同事只象征性地收受一两块钱礼金，其余的在餐后退回。

好了，现在开始填写第二张了。第二张又该给谁呢？这一回阿茂可费了点踌躇。他？阿茂脑子里随即出现了一个表情严肃、办事呆板的领导人——新来的秦书记，这位在部队里当过副营长的书记大人很难相处。记得有一次阿茂擅自将两箱碱性电池低价批给他的一个老同学，便被秦书记毫不留情地剋了一顿，把阿茂弄得好不狼狈。说实在话，阿茂简直有点恨他。只是手臂拗不过大腿，作为下属就得永远扮笑脸。如今家里有喜，要是光请经理而置书记大人于不顾，不等于剃他眼眉？经过反复权衡得失，阿茂终于下了决心：为搞好上下级关系——请。

第三张该轮到在香港开杂货铺的那位远亲了。对于这位颇有家财的远亲，阿茂有时候简直搞不清楚到底该怎么称呼。他是阿茂老婆表舅父的堂兄，据说也该称他为表舅父。舅父而表，相互之间又极少交往，本来是请不请也罢，怎奈老婆今年老是吵着去香港开开眼界，若能趁此次女儿结婚之机巴结上这位亲戚，日后到了香港不就有了一个落脚点？要知道，到了香港最大的开销正是食和宿。于是，他提起笔信心不大地在请柬上填上“表舅父大人阖家”七个字。

接着，阿茂又一鼓作气地填好了十余张，几乎全是派给他的关系户的，例如证券公司的肥佬刘、建设银行的高佬忠以及工商局的大个王，等等。随后阿茂便点燃一支烟，美滋滋地吸了一口，忽然一拍大腿，自言自语道："险些忘了徐大姐！"徐大姐是儿子单位人力资源部的经理，有一次在市里听报告时偶然谈起时才认识的。阿茂对儿子在单位里当维修工一直耿耿于怀，迟早得拉拉关系把儿子弄上科室去。总不能平时不烧香，急时抱佛脚吧？于是，他赶紧给徐大姐填了一张。

这时候茶几上的电话"嘀铃铃"地响了起来。

阿茂走过去拿起话筒一听，是乡下的堂弟打来的长途："听说月霞侄女要结婚了，到时候别忘了通知我们前来喝两杯哪！"阿茂听了心想：究竟是谁向他透露了风声？八成是月霞那疯丫头！喝两杯？凡沾亲带故的都来喝两杯，我岂不要把整座饭店全包了？阿茂沉思片刻，当即回话："……眼下提倡新事新办，月霞的婚事就一切从简了。摆不摆酒席，还说不准呢！"①

二、简要复述练习

对以下几组材料做简要复述。

（一）《卓别林为何不入美国国籍》

1947 年，在《大独裁者》上映后的第七年，卓别林拍摄了他的第二部有声片《凡尔杜先生》，之前卓别林已经因为一些个人问题，还有被指责同情共产党的言论搞得焦头烂额，《凡尔杜先生》的剧本花费了他 3 年时间才完成，最后实际拍摄加后期剪辑却只用了 3 个月——这也是这部电影制作发行过程中最顺利的一段时间了。

谴责战争贩子和军火商的《凡尔杜先生》，描写银行小职员凡尔杜忠心耿耿地干了 20 年，受尽剥削，在一次经济危机中被踢出银行，为了养家糊口，被迫走上了犯罪道路。凡尔杜因杀人而被捕，判处死刑。他说："杀了一个人就说这人是罪犯，杀了几百万人却说他是英雄。在这个世界上，只要有权势就能获得成功……"

影片上映之后，美国观众被凡尔杜的演讲激怒了，电影联合会打算禁映这部影片，理由是：抨击社会制度，传播不健康的价值观。不过在一些朋友的帮助下，这部电影还是正常上映了。首映安排在纽约的一家剧院，但看起来更像是审判所。一些记者质问卓别林为什么不加入美国国籍，卓别林的回答很巧妙，"我做的是国际买卖，75%的收入来自美国之外，反而是美国从中抽不少税款，我应该是你们'尊敬

---

① 卢振海.女儿的婚事[J].文艺生活，2004(9).

的客人'"。一些退伍士兵的代表则提起了他们在"二战"中的英勇表现，并为卓别林不入美国国籍的行为感到羞耻。卓别林告诉他们，"我的两个儿子也参加了那场战争，我可从不把这些事情拿出来炫耀"。但接下来，场面开始失控，一些记者直接问卓别林是不是共产主义者。

记者的攻讦刚刚结束，电影放映之后的酒会就开辟了第二战场，到场的150人中，没有几个喜欢卓别林的电影。之后，这种情绪在全国弥漫开来，美国人被煽动了，他们把卓别林当成了恶魔。一些地区还有激进团体要求当地电影院停止放映《凡尔杜先生》，否则就号召更多的人不去影院看任何片子，部分影院老板只能屈服，导致影片票房一塌糊涂。卓别林意识到，他变成了政治斗争的牺牲品。

1952年卓别林离开美国，他本来打算短暂访问英国家乡，但是因胡佛听到这个消息后与美国移民归化局商议取消了卓别林的入境允许，于是卓别林便决定留在欧洲，他定居瑞士沃韦。期间游历各国，受到了毕加索、英国女王、法国总统、赫鲁晓夫、周恩来等人的接见。①

（二）《大学生聚餐成负担 应酬文化离不开当前社会背景》

在受访大学生中，89.96%的学生表示聚会活动的花费来源于家庭。

同学间的聚餐消费让陈云鹤唯恐避之不及。从上大学开始，她就没再从家里要过钱。兼职做家教、在学校的勤工助学岗位打工、凭成绩取得的奖助学金，成为她供自己和弟弟读书的经济来源。人均上百元一次的聚会在她眼里是笔不小的开销，"够在食堂吃一周午饭了"。但她表示，班里沟通感情的聚会，"像唠家常那样的"，自己也会参加。

而对许飞来说，同学聚会应酬的账单是有价值的，同时也是大学生活中重要的一部分。"这意味着你的人脉、交际圈，我父母会给我承担这部分费用。"母亲特地留给他一张信用卡，告诉他结账时直接刷卡即可。社团换届前期，许飞和朋友认为这段时间"最需要打感情基础"，所以他几乎每天都有应酬，而到底为此花费了多少，他自己也说不清楚。

"社会互动有很多，聚餐只是其中之一，重要的从来不是吃什么。"郑州大学社会学博士研究生董中煜表达了自己的观点，"但是，这会产生一系列的影响，其一是造成一些学生的社交压力和心理焦虑，对家境不好的学生尤甚；其二是容易造成学生的层级化和对立；其三是容易形成错误的社会认知，把请客吃饭作为社交的主要

① 卓别林为何不入美国国籍[EB/OL].中国历史故事网，http://www.gs5000.cn/gs/sj5000/mi/17058.html.

获得手段，其实能力和地位才是社会关系中最重要的；其四是对高校声誉产生负面影响，进而降低社会对大学生的评价。”

哈尔滨商业大学经济学院副院长郝大江明确表示这种消费现象确实存在。但他认为，大学生应酬交际本身不是大学生学习和生活中的重要事项。中国文化习惯在吃饭的时候表达情感、需求，并进行沟通交流，但是这种方式多数是针对社会人的。现在一些大学生把聚餐当成一种交际平台无可厚非，但喝酒酗酒是不对的。

郝大江说，社会上的应酬参与者大多都是被动的，而现在在大学生群体中出现了一种主动地想去吃饭、喝酒的现象，实际上是受到一些不良社会风气的影响，从而做出的不正确的选择。“学生的主要任务就是学习。”郝大江明确指出，大学生通过聚餐来合理表达自己的工作交流、生活交流、经验交流，都很正常，但是这个比例是很小的。多数情况下是通过这种方式，建立一种人际关系，说白了就是把一些正常的、规范性的工作变成一种附加的情感交流、感情因素。

“就社会学的角度而言，从社会的整体生产方式到个人的交往方式中出现一些新的现象，并不是很奇怪的事情。”针对这类现象，西南民族大学社会学与心理学学院教师廖正涛如是说。在他看来，应酬文化在高校校园里的发酵，离不开当前的时代背景。

廖正涛认为，当前社会的一个特点是社会各阶层和各个领域的边界更加模糊，俗称“世界扁平化”。“实际上现在大学的围墙已经没有什么意义了，今天的大学和外面社会的融合比以往来得更加强烈，学生的社会气变得更重了。”廖正涛表示，人们的总体消费能力与以往相比提高很多，家庭的富裕必然对孩子在大学里的交际行为给予一定的支持，也将此看作对孩子基本素养的培养。同时，学生的学习方式也在发生改变，以往的课本式学习也在逐渐向实践式学习过渡。

在廖正涛看来，“大学校园里，每个人的情况都不太一样，有的人更喜欢学习课本上的一些东西，而有的人则希望学习社会技能、组织能力”。

郝大江也建议，大学生应该树立正确的人生观、价值观，同时需要家庭和社会正确的引导。“大学生认为这也许是一种社会时尚，但我们推崇更合理的形式，例如开展学术沙龙。”①

（三）《山西煤炭去产能攻坚战打响：谁应该退出？》

煤炭去产能是一场攻坚战，也是一场持久战。对于地处山西的煤炭企业来说，

① 大学生聚餐成负担 应酬文化离不开当前社会背景[EB/OL].中国日报网，http://www.chinadaily.com.cn/micro－reading/dzh/2016－03－05/content_14586488.html.

情况更是如此。“西山煤电的人员转岗分流政策已经成形了。”山西焦煤集团西山煤电官地煤矿矿工焦阳(化名)告诉《21世纪经济报道》记者。“我们煤矿转岗分流的指标是15%,现在在册职工大约6 300人,除了离退休职工,大约需要转岗分流700人。”焦阳表示。

3月6日,全国人大代表、山西省省长李小鹏在山西代表团开放日活动上介绍,山西煤炭全行业库存达5 076万吨,比2011年底增长3倍多。

李小鹏在3月5日山西团全团会议上指出,要按照淘汰一批、重组一批、退出一批、核减一批、延缓一批的思路和暂停新出让资源、暂停新上项目等措施化解煤炭过剩产能。3月5日,环保部部长陈吉宁在山西代表团听取意见建议时提出,利用新技术,山西可以将煤炭和环保结合起来,搭建平台,聚集资金和人才,打造具有全球领先水平的煤炭清洁利用基地。“煤炭清洁利用其实可以比天然气更环保。”山西,这一“黑金”之乡,正在走向一条新的发展道路。

全国人大代表、同煤集团董事长张有喜今年向大会提交了12条建议,其中4条涉及去产能。他最关心的是,尽快出台煤炭行业化解过剩产能实施细则及配套政策,使去产能落地。2016年2月1日,国务院发布了《关于煤炭行业化解过剩产能实现脱困发展的意见》,文件明确了化解煤炭过剩产能政策支持的方向,但文件对相关政策的具体操作程序、细则没有规定。目前,重庆、山西、山东、贵州等地发布了煤炭行业去产能的详细规划,但是山西省化解过剩产能的具体实施意见尚未公布。张有喜介绍,“十三五”期间,同煤集团拟关闭退出12座矿井,化解产能1 255万吨,减少亏损12.4亿元,涉及人员约1.5万人。重点是在2016年集中攻坚,先期关闭5座矿井,产能660万吨。他认为,煤炭企业去产能的压力很大,主要来自两个方面:一是人往哪儿去,二是钱从哪儿来。

公开报道称,山西煤炭行业从业人员近百万人。截至2014年底,山西省属五大煤企集团职工总数超过70万人。早在2014年,一些大型煤企就开始通过推行职工轮岗轮休、裁减劳务派遣工等方式“瘦身自救”。

《21世纪经济报道》记者了解到,2015年上半年,山西焦煤集团就转岗分流和清退非在册人员过万人。而这次,仅山西焦煤集团的子公司西山煤电就计划转岗分流1.25万人。人保部部长尹蔚民在2月29日的新闻发布会上说,煤炭和钢铁这两个行业初步统计共有180万职工需要分流安置。中央财政将拿出1 000亿奖补资金,用于去产能过程中的职工安置。仅靠中央财政无法解决化解过剩产能的资金需求。3月6日,山西代表团审议政府工作报告时,全国人大代表、全国人大华侨委员会副主任委员令狐安建议设立煤炭发展和清洁利用支持基金,健全融资体系。他还建议对煤炭实行全成本定价，各方合理承担。

"对'僵尸'企业，中央清理的决心已经非常坚定，任何人都不要再恋恋不舍了，要让'僵尸'企业入土为安。众多国有老煤矿，做出过巨大的历史贡献，它们的建设和发展是伟大的。如今，他们的历史使命已经完成，谁能够让这些企业'安乐死'，完成这些企业的平稳退出，谁就是光荣的。"全国人大代表、山西煤矿安全监察局局长卜昌森3月2日在《山西日报》撰文称。但"僵尸"企业的标准至今没有定论。《21世纪经济报道》记者得到的全国人大代表、河北省国资委主任王昌的一份建议，他认为国家有关部门对处置"僵尸"企业只是提出了描述性概念和一般性原则，缺少量化性指标和有针对性的处置措施。他还以河北省为例，指出发改委、工信厅、国资委、财政厅等多个部门对"僵尸"企业的调查范围不同、口径标准不一致，各部门统计的困难企业各项指标比较混乱，还不能作为制定政策的可靠依据。卜昌森认为，山西煤炭并非全面产能过剩。他认为，如果要谈"去煤化"，那就要正本清源，坚定不移地"去落后产能，去不安全产能，去非法违法产能"。

而煤炭研究网总经理马俊华告诉《21世纪经济报道》记者，在清理"僵尸"煤矿企业时，"不一定要以企业为单位，而是以矿井为单位，那些开采成本高、资源枯竭、安全生产条件差的矿井会首当其冲。""但是安全生产条件差的矿井数量很少；资源整合后，资源枯竭矿井保留下来的也不太多，所以最好操作的标准还是以生产成本衡量。"马俊华说。马俊华认为，由于维持停产状态仍然需要成本，且还需支付银行贷款，部分煤矿可能会选择退出。"这些生产成本高、竞争力弱、资金压力大的煤矿主要是民营煤矿，它们的融资渠道、销售渠道、运输能力和国有煤矿相比，还有一定的差距，但国有煤矿的个别矿井也可能成为'僵尸'矿井。"①

（四）《人民币汇率不应一次性大幅贬值》

近期公布的一系列数据与例子清晰地说明了维持人民币汇率稳定的必要性。汇率风险淡化，也有助于货币政策进一步支持经济增长。2月底中国央行启动降准，便是在稳汇率措施加码，资本外流渠道有所收窄。

2月外汇储备下降286亿美元，大大低于预期。在笔者看来，这与近来决策层明确表态人民币不存在大幅贬值基础，加大稳汇率措施密切相关，而这也极好地反驳了早前一种很流行的观点，即维持汇率稳定必将大幅消耗外汇储备，干预成本过

① 山西煤炭去产能攻坚战打响：谁应该退出？[EB/OL].21世纪经济报道，http://epaper.21jingji.com/html/2016—03/09/content_33992.htm.

高，得不偿失。相反，2月外储降幅低于预期，恰恰说明汇率稳定有助于引导市场预期，减少企业与个人恐慌性换汇与资本流出，利于金融稳定。

此外，2月以美元计价中国出口同比大幅下降25.4%，创2009年5月以来近7年最大降幅，验证了当前海外需求疲软的事实。有观点认为呼吁人民币贬值应对，但笔者发现，前期贬值幅度较大的国家如印尼、巴西等，1月出口亦大幅放缓，增速下滑幅度分别扩大至20.73%、17.9%，显示在全球经济低迷之下，期待人民币贬值以稳出口的愿望很难实现。

同时，考虑到中国已经自2012年来连续4年未能完成外贸指标，今年政府工作报告中，对于进出口的指标考量已经去除，亦显示出今年出口企业面临的较大压力。

在出口持续下行的情况下，进口反而有所恢复。2月进口同比下降13.8%，好于1月－18.8%的增速，进一步证明，保持汇率稳定有助于避免市场恐慌，一旦金融风险降低，平稳的外部环境有利于政策转向稳增长，对提振内需仍是非常有帮助的。

当然，支持笔者人民币汇率不应采取一次性大幅贬值策略的还有近一段时间的美元震荡走弱。早前大部分观点认为，美联储加息之后，根据利率平价理论，美元大概率走强，而这或将加大人民币维持对美元汇率稳定的成本，加大人民币大幅贬值的压力。但笔者通过梳理20世纪70年代以来美联储7次加息后美元的表现来看，发现加息后美元走弱反而是大概率事件。

实践结果证实了笔者的判断。自去年12月初美联储历史性加息以来，美元并未保持强势升值态势，截至3月8日，美元指数97.11，相比去年12月初美联储加息之前100高点，呈现震荡回落态势。美元并未强势升值也说明一次性贬值的建议是糟糕的，毕竟如果坚信美元走强，进而采取一次性贬值，则不仅有可能丧失美元走弱，人民币跟随美元小幅贬值，释放汇率风险的时机，也会自酿风险，导致市场预期混乱，加大资本流出，影响金融稳定。

可以说，近期公布的一系列数据与例子清晰地说明了维持人民币汇率稳定的必要性。而汇率风险淡化，也有助于货币政策进一步支持经济增长。实际上，2月底中国央行启动降准，便是在稳汇率措施加码、资本外流渠道有所收窄、G20会议表态人民币不会持续贬值的背景下做出的，显示了货币政策担忧资本外汇而谨慎转为汇率稳定时的积极性。

实际上，稳定的外部环境只是防止恐慌蔓延的基础，若要重拾投资者信心，实现经济企稳并加速推进改革才是根本。值得肯定的是，从“两会”以及之前的政策举措中已经看到了决策层的上述意图。今年政府工作报告将增长目标定为6.5%—7%,实属知难而进。此外,避免新一轮“稳增长”措施重走“四万亿”老路,注重民生领域投入,防止银行承担准财政功能,防范资产价格大幅上涨风险,以及加速供给侧改革才是应对之法。[①]

(五)《霍金:我的手指还能活动》

霍金是一个懂得感恩生活和乐观不屈的人。

霍金从小就对自然科学拥有强烈兴趣,在大学时代(当时还没患病),他就意识到,肯定会有一套能够解释宇宙的万物理论,并陶醉于对其的思索之中,把之当作了自己的信仰,并具有极强的使命感。

在21岁得知自己患上了不治之症后,他也消沉过一段时间,极度失望时他做了一个梦,梦见自己努力去帮助一些人。医生当时预测他最多只能活两年,但两年过后情况并不是非常糟糕。后来他又想到了以前曾和自己一个病房的男孩,那个男孩第二天就死去了。他似乎明白了什么,他觉得自己还不算倒霉,不应该就这样放弃,自己17岁就考上剑桥大学,拥有异乎常人的头脑。

患病后,霍金为了家庭,为了自己的理想,果断地“站了起来”,继续自己的研究。他自己在个人传记中谈到,他并不认为疾病对他有多大影响,他每天都陶醉在自己的世界之中,努力不去思考自己的疾病。同时,他又努力证明自己能够像常人那样生活!霍金在自己的生活中,只要能做到的事情绝不麻烦别人,他很憎恨别人把自己当作残疾人,他说:一个人身体残疾了,决不能让精神也残疾。霍金的意志力是非常坚强的,同时他又是一个对生活很有主见的人。他对生活永远保持着乐观和幽默的态度。在他患病后,曾有6次非常近距离地和死神交手,他都顽强地活了下来。

一次霍金演讲结束后,一位女记者冲到演讲台前问到:“病魔已将您永远固定在轮椅上,你不认为命运让你失去太多了吗?”大师的脸上充满了笑意,用他还能活动的3根手指,艰难地叩击键盘后,显示屏上出现了四段文字:“我的手指还能活动;我的大脑还能思维;我有终生追求的理想;我有爱我和我爱的亲人和朋友。”在回答完那个记者的提问后,他又艰难地打出了第五句话:“对了,我还有一颗感恩的心!”现场顿时爆发出了雷鸣般的掌声。

---

① 人民币汇率不应一次性大幅贬值[EB/OL].(2016-03-09)[2017-01-15].http://finance.sina.com.cn/zl/china/2016—03—09/zl—ifxqaffy3800583.shtml.

用霍金自己的话来说，活着就有希望，人永远不能绝望！比大海更广阔的是天空，比天空更广阔的是人的胸怀！即使病魔把霍金关在果壳中，他也是无限空间之王！霍金的故事告诉我们，每个人都应该成为自己命运的主宰，都应该对自己的生活有自己的主见，拥有自己的梦想，并全力以赴，为之奋斗！①

三、改造复述练习

对以下几组材料做改造复述。

(一)《电灯，照亮了人类的欲望》

越过长达20年的煤气灯岁月，一种更加明亮的光线涌现了。它是爱迪生的天才发明，第一次闪亮在英国人点燃的15盏弧光灯的阵列里。在上海外滩的殖民地黑夜里，巨大的光明照亮了花岗岩大厦、金属栅栏和碎石路面，犹如一个天堂的复制品和世俗镜像，而煤气灯黯然失色。

在油灯体系里统治"城市"的上海道台，为这种不可思议的光源而忧心忡忡，他声称"电灯有患"，潜藏着焚屋伤人而无法救援的危险，下令禁止全体上海人使用电灯，并正式照会英国领事馆，指望外国侨民也停止使用这种危险的玩具。这是乡村社会权力代表的一次无力的抗争。他要捍卫数千年的帝国乡村经验。而感官对光明的渴望一旦获得解放，就变得势不可当。似乎没有人理会道台先生的劝谕，到了清光绪三十年(1904年)，上海电灯数量已经多达88 201盏，遍及主要的商业街道和租界居民住宅。电灯彻底打开了通往夜生活的道路。道台早已化为尘土，而他的子孙们则成了电灯的主人。

夜生活就是城市生活的本质。它借此划定了跟村社生活的界线。电灯建立起全新的照明体系，为夜生活提供最明亮的光线，照亮那些物欲和情欲在其中诞生的场所——街道、店铺、餐馆、酒吧、舞场、烟馆、旅舍以及妓院。在那些场所，电灯是斡旋者，它敦促白昼与黑夜达成戏剧性的和解。城市自此走出了漫长的童年。

拥有强大照明体系的城市，经过短暂的黄昏的恍惚，在天黑之后第二次苏醒过来，再度变得生气勃勃。在"支付型生活"终结之后，"享乐型生活"开启在灯火通明的午夜。越过白昼的坚固墙垣，时间被剧烈延展了，人由此得以两倍地活着，两倍地占有实存，并且注定要为这种存在而探求双重的空间。新光源尽其可能地拓展

① 霍金.我的手指还能活动[EB/OL].(2016-02-15)[2017-01-16].http://www.timetimetime.net/gushi/64357.html.

了人的边界，把生活推到世界的最外缘。从电灯开始，人拥有了主宰生活的权力。电灯据此亮出了自己的哲学：人不但要活得更长，而且要活得更多。

就其本性而言，夜生活跟昼生活是截然不同的。它的亮度有限，同时拥有更神秘的阴影和黑暗。光与影的对抗变得异乎寻常起来。这就是黑夜空间的属性，它被光与影所分裂，形成尖锐的对比度。在抵抗黑暗的战争中，电灯在人的四周竖起了光的栅栏。黑夜仓皇地退缩了，在人的身后留下了巨大的阴影。阴影是黑夜的同谋，但却拥有一个光线伴侣的容貌。阴影描述了光明的轮廓，为它下定义，并且判处它和自己一起永生。

（二）《民俗专家：改革开放到现在已有500多万村落消失》

“我国每天大约有300个村落消失，从改革开放到现在，已经有500多万个村落消失了。为什么提起城镇化就要把这些‘破烂’全拆掉？一说‘新农村’就要引进沃尔玛、家乐福，那还是农村吗？”中国民俗学会荣誉会长、国家非物质文化遗产保护工作专家委员会副主任乌丙安日前接受记者采访时说。

粗放的城市发展，拆除的不仅是村落或成片的老房屋，更拆掉了祖先延续下来的民俗和邻里文化，拆掉了人们对乡土的情感。乌丙安说，法国一个小村落里的面包就有40多种烤法，而且每种烤法烤出的味道也都不一样，绝不是连锁店的味道，这就是非物质文化遗产的传承。像法国那样发达的国家都能够留住面包原来的味道，我们的城镇化也要保留住我们的历史和文化。

乌丙安说，虽然每天大概有300个村落消失，但活着的村落，还有上千万活得非常好。我国南方，浙江保护了一大批小村落，把原来的小村子保存下来，在不改变原来房子外观的情况下对房子进行加固，整个村落实行管网下地，地上看不见一根线，所有的家庭都用上了现代环保厕所。①

（三）《孩子玩手机危害超乎想象 阻止不了咋办？》

曾经，电视是孩子们消磨时间的最好“工具”。然而，自从智能手机面世之后，手机几乎完全替代了电视。想玩游戏玩游戏，想看电视就看电视，想唱歌唱歌，想跳舞跳舞，万能的手机，真是无所不能。别说孩子们喜欢，就是咱们成年人也对它爱不释手。

---

① 民俗专家：改革开放到现在已有500多万村落消失[EB/OL].(2014-06-19)[2017-01-16].http://www.chinanews.com/cul/2014/06－19/6300347.shtml.

智能手机的确给我们的生活带来了很多便利,但在方便的同时,也隐藏着一些危害。电子辐射这个问题我们暂且不谈,就谈谈孩子对手机的痴迷与危害吧。英国《微波理论与技术》期刊研究显示,儿童颅骨厚度显著低于成人,对辐射的吸收率明显高于成人。孩子的神经系统正处于发育阶段,受到的潜在威胁更大。法国克莱蒙·费朗大学一项测试表明,儿童使用手机时,大脑对手机电磁波的吸收量要比成人多60%。近期,英国《每日邮报》更撰文指出,儿童用手机会造成记忆力衰退、睡眠紊乱等健康问题。英国华威大学的杰勒德·凯都博士警告说,手机辐射会破坏孩子神经系统的正常功能,从而引起记忆力衰退、头痛、睡眠不好等一系列问题。

影响生长发育。大剂量的电磁不仅对儿童的生长发育不利,还会带来诸如哮喘、白血病之类的疾病。北京儿童医院新生儿专业专家任仪逊介绍,儿童正处于生长发育阶段,身体组织中的含水量比成人丰富,而手机微波具有对水分越多的器官伤害越大的特点。

因而,微波对人体眼睛的伤害最大。此外,长期发短信还可能导致孩子手指发育畸形;低头玩游戏等,会对孩子的颈椎带来很大伤害。

影响思维模式。电话和短信剥夺了孩子与他人面对面交流的机会,容易让孩子变得怯懦、孤独、偏执。澳大利亚莫纳什大学流行病学家艾布·拉姆森教授的一项研究表明,爱发短信的青少年,思考问题难以深入,凡事急于求结果,性格比同龄人更冲动。常用手机上的联想输入功能发短信,会使孩子们做其他事时只追求速度,而忽略准确性,极大地影响了他们的思考方式。

沉迷游戏,加深隔阂。频繁给同学、朋友发短信,有可能让孩子们更不会对父母讲真心话,加深父母的失控感和亲子之间的隔阂。另一方面,随着现代通讯技术的发展,手机同样可以随时随地上网,这就使得下载游戏更为便利。有的孩子可能会过度沉迷于游戏中,影响其成长。

容易受骗,盲目攀比。手机行骗屡禁不止,让没有判断力的孩子接触过多信息,容易给他们带来危险。手机更新换代速度飞快,则容易让孩子贪慕虚荣、盲目攀比。①

(四)《林建华:充分释放院系和老师的潜力》

61岁的林建华戴着眼镜,说话时声音柔和,偶尔会蹦出一个单词,透出学者风范。

---

① 孩子玩手机危害超乎想象 阻止不了咋办?[EB/OL].(2016-03-09)[2017-01-17].http://baby.sina.com.cn/edu/xlxwyy/2016—03—09/doc—ifxpvysv4910556.shtml.

林建华曾被称为“改革校长”,如今已回到北大,任校长一职已有一年。

他曾因改革受到争议,但未因此止步。3月6日,作为浙江团的全国人大代表,他在接受《新京报》记者专访时表示,不在意“改革”这个说法。“我们所谓的改革,最核心的是让我们的院系和老师的潜力充分释放出来。”

《新京报》:高校去行政化这个问题每年都会受到关注。在你看来,高校行政化的问题是否会长期存在?

林建华:其实高校去行政化不是高校自身的事儿。目前这个倾向存在并且还是很严重的。北大相对来说比较好,因为学术的力量比较强。可能地方的高校在这方面情况会严重一些,当然,北大也是有的。

《新京报》:在这点上,中央层面释放了哪些信号?

林建华:中央曾经提到要取消事业单位的行政级别,所以中央是有决心的。具体是高校怎么去做、教育行政部门和管理部门怎么去推动的问题。

《新京报》:前几年,武汉大学(微博)等一些高校在推大学章程,要通过章程来推进民主决策,从而去行政化。

林建华:对,这是很重要的一个方面。

《新京报》:但这个过程中有很多阻力,而且这个章程到底能不能实施,还有很多未知(的因素)。

林建华:它是一个过程。谈高校行政化,可以和企业的管理对比。企业管理是对每个岗位有明确的责任和要求,它是根据岗位职责去选人。按这个方向去考核他,他自然就会按岗位职责去做。

我们现在的高校或党政机关选人是按照另一种方式,它看你这个人怎么样,把你挑出来,说你这个人不错,然后再看适合把你安在哪个地方。这个选拔过程,并没有和岗位职责很好地联系在一起。

《新京报》:北大在人才的选拔上有哪些尝试与突破?

林建华:前段时间,北大医学部主任的选拔就采取全球招聘的方式。这个位置需要招一个人,什么样的人合适,大家来评,评完后选出来。这在一定程度上淡化了行政色彩,而是从一个职业的角度去考虑问题。

《新京报》:你在北大推行的改革,也是去行政化举措的一部分?

林建华:去行政化并不是目的,我们的目的是通过找合适的人来做合适的事,把工作做得更好,这是目的。

《新京报》:全国高校去行政化的问题,你有什么建议?

林建华:如果能够把级别去掉这是最好的,如果真是去掉了,那对于去行政化肯定是有好处的。

《新京报》：如果去不掉的话，应该怎么办？

林建华：去不掉的话，就一步一步做。学校实际上有很大的自主权，从人事的角度讲，要按组织程序进行。但从人事聘任的角度讲，聘一个院长和聘一个教授其实没什么差别，都可以用聘任制。①

（五）《"全聚德"的由来》

始创于同治年间的"全聚德"其实最早的时候并不叫"全聚德"，而是叫"德聚全"。怎么叫"全聚德"的呢？这还要往前面倒儿。

清朝道光的时候，河北冀县杨家寨的农民杨全仁因为家乡闹灾害，二老又双双过世，只好跑到北京来谋生。刚到北京的时候，他在鸭房子里给人家放养鸭子。之后，他与人合股在前门通三益海味店的旁边开了一个很小的鸡鸭摊，出售生鸡生鸭。鸡、鸭都是自己宰，每天清晨摆摊出售。不久，杨全仁积攒起了一些钱，就在井儿胡同买了一处有三间屋的小院。杨全仁请人用红纸写了"鸭局子"三个大字，贴在院门上。从此，这里就成了他贩、养鸡鸭的大本营。他的鸡鸭摊也由正阳桥迁到肉市胡同的广和楼北口。生意一好，杨全仁便与合伙人分了手，自己单挑。由于卖鸭比卖鸡更容易赚钱，杨全仁的小摊后来就全卖鸭子了。

到同治三年，前门大街上一家名叫"德聚全"的干果铺干不下去了，要转手，杨全仁便接过来，把开生冷鸭摊改成开烤鸭店了。但一开始的时候，杨全仁的生意并不好。当时北京城里人们都兴吃焖炉烤鸭，挂炉烤出来的鸭子没人认。怎么办呢？杨全仁请了一位先生来给自己的铺子看风水。

这位风水先生围着"德聚全"转了两圈，然后站定对杨全仁说："这是块风水宝地，前程不可限量，只是此店以前甚为倒运，要想冲其晦气，除非将'德聚全'的旧字号倒过来，称作'全聚德'，新字号才能走上坦途。"杨全仁一听正合心意，一来他的名字中间有一个"全"字，二来"聚德"意为聚拢德行，以标榜自己做买卖讲德行。于是，他请来一位对书法颇有造诣的秀才，挥笔书写了"全聚德"三个大字，制成金字匾额挂在门楣之上，这样才有了后来大名鼎鼎的"全聚德"。②

---

① 林建华：充分释放院系和老师的潜力[EB/OL].(2016-03-19)[2017-01-17]. http://epaper.bjnews.com.cn/html/2016－03/09/content_625438.htm? div=－1.

② "全聚德"的由来[EB/OL].(2012-08-27)[2017-01-17]. http://zt.bjwmb.gov.cn/qmwh/sgwh/t20120827－454350.htm.

(六)《云南:多地组建"旅游警察"整治市场乱象》

新华社昆明3月4日专电(记者王研) 为维护旅游市场秩序,云南在丽江、大理、昆明、西双版纳等多个州市试点旅游警察,目前有6个州市已成立了相应机构。

作为旅游大省,云南省以其绚丽多彩的风光、独特的少数民族风情、丰富的动植物资源吸引了大量游客。但与此同时,媒体曝光的导游骂人、强迫购物等事件也给整个行业带来了负面影响。

记者从云南警方了解到,2015年10月云南提出加快组建云南省旅游警察总队、州市旅游警察支队,整顿旅游市场秩序。

随后,云南省在昆明市、西双版纳州、丽江市、大理白族自治州、迪庆藏族自治州5个州市公安局设立旅游警察支队,在保山市的腾冲市、德宏州的瑞丽市两个县级市公安局设立旅游警察大队。

此前的2月5日,丽江市公安局成立的旅游警察支队成为云南省第一支旅游警察队伍。随后,腾冲、瑞丽、大理相继成立旅游警察机构,3月1日,昆明市和西双版纳州公安局的旅游警察支队正式成立。

记者了解到,设立试点的州市均是旅游热点,每年有大量游客前往。旅游警察的职责是专职维护旅游市场秩序和旅游治安环境,如开展旅游市场和旅游治安形势分析研判,对策研究及法律政策宣传;负责查处涉及旅游活动参与者人身财产安全、破坏旅游市场治安秩序的违法犯罪案件;配合参与有关职能部门开展旅游市场监管综合执法等。①

① 云南:多地组建"旅游警察"整治市场乱象[EB/OL].(2016-03-04)[2017-01-17].http://news.xinhuanet.com/local/2016－03/04/c_1118238794.htm.

第十一章　综合运用(2)——即兴评论

第一节　理论概要

一、新闻评论概述

（一）新闻评论及总体要求

新闻评论是大众传媒重要的新闻体裁之一。新闻评论是针对国内外具有典型意义、代表性、普遍性的新闻事件、新闻现象（一段时间内频繁出现的某类新闻事件所反映出的一种普遍存在、有典型性的现象）和思潮等表达态度、阐明立场、发表观点的一种题材样式。

新闻评论不专属于专业的记者、评论作家，每一个普通人也有针对一则新闻中各类信息表达观点、主张的权利。今天许多网络媒体，如人民网、新浪网、腾讯网等，都会在新闻版块设置专门的读者评论单元。读者对新闻不同的评价角度、观点立场和态度主张，都体现着他们对新闻的思考和判断。与个体自发的评论不同，大众传媒的评论从零散的、琐碎的，较少考虑写作规范、传播语境、受众群体、传播效果等因素的"个人观点"，上升为体现着传播意图、媒体立场、舆论导向、社会影响、受众反应等传播效果，众多要素相对完整、规范的专业化评论。

新闻评论的本质是议论文，中心论点是围绕着新闻事件、事实提炼的。针对一则新闻不同的事实性信息，选取不同的评论点，形成不同的中心论点和论述。新闻评论的任务在于向受众表达观点、主张和见解，目的是通过这种表达来影响、引导舆论，形成对受众观点、立场、态度的影响。由于大众舆论的立场态度、力量对比等对社会政治、经济、文化等有着重要影响，新闻评论往往又间接地影响着社会的整体稳定和发展。因此，新闻评论的评论点、评论角度和持有立场观点等，必须结合受众、社会和国家发展等多方面内容。就我国来说，新闻评论在宏观层面必须符合党和政府的大政方针、立场态度，有益于国家、人民，有助于社会各项事业的发展；从中观层面看，应该符合媒体性质和传播规范，体现媒体特点和功能；在微观层面，则是要体现出对新闻价值的透彻分析和深度理解，对当下社会热点、舆论焦点、传播重点进行把握。

接下来，看两则新闻评论案例：

案例一

“中国式过马路”一直被视作是国人公共素质和法制意识的“家丑”，这个现象的症结在哪里？怎么引导社会公众去认识和评价？新华网的“新华评论”栏目的一篇题为《资深闯灯大妈道出违法症结》的文章就此问题做了分析和论述，得出了一个不同于大众普遍认知的观点。

这两天，南京交警一直在进行行人交通违法行为整治。一位“哲学大妈”的神回复爆红网络，她面对交警要求绕行的劝导，淡定回复：“人生能有多少个几百米！”而昨天，又有一位五旬大妈火了，闯红灯面对交警，她回答：“我都闯了几十年红灯了，要你管！”

……

评论如下：

任何社会风气的养成，都离不开严厉的制度约束。正因为对闯红灯行为的纵容，才创造出一个“中国式”。两位“资深闯灯人”说出的话虽然很刺耳，但却道出了我们“中国式过马路”的症结所在。“中国式过马路”的养成某种程度上得益于各种工作作风的“中国式”，即“一阵风”式的执行制度，甚至只注重形式主义。久而久之，一些法规不仅起不到任何作用，还让群众的随意违反成了习惯。因此，我们在致力于改变“中国式过马路”的习惯的同时，也要加大力度调整“中国式”工作方法。

对“中国式过马路”的关注点，从“被执法者”转到“执法者”的工作方式上。评论通过现象透视本质，道出了“管理出素质、管理出文明”的真理。这不仅起到了调适舆论导向，调整国人自我认知的效果，也对相关职能部门提出了工作作风转变的建议。

案例二

一段时间以来，一些政府职能部门如公安、城管系统在执法中出现失职渎职、滥用职权甚至粗暴执法、执法违法时，“临时工”“外聘人员”等字眼便频繁出现在相关部门的回应中，引来大众的强烈不满和愤怒。针对这种推诿、逃避的现象，《中国青年报》的一篇《“临时工”再也不能成为替罪羊》的评论可谓击中时弊、一针见血。文章的第一段便开门见山地说：

国务院办公厅日前印发《关于规范公安机关警务辅助人员管理工作的意见》，从管理体制、岗位职责、人员招聘、管理监督、职业保障等方面，提出了具体措施和要求，明确指出，警务辅助人员的履职后果由所在公安机关承担。有评论一针见血地指出，不要再让辅警成为一些不良警察的“背锅侠”。其实，不仅是辅警，在所有的权力部门中，每一个临时工或临时聘用人员，都不应该成为正式员工的“背锅侠”，不能一旦出事，就试图用一句轻飘飘的“此人系临时工”来推卸责任。

文章对“临时工”“正式工”关系的点评也深刻有力：

事实上，权力机关中存在“临时工”的说法，本来就异常滑稽。所谓的临时工与正式工，仅仅是用工方式的不同，其权责也早已被相关法律界定清楚。不管是正式工还是临时工，都代表权力进行公共服务与管理，既然如此，当然应该权责同担，荣辱共享，再用临时工做“背锅侠”难免荒谬。

文章结尾再次命中要害，明确了今后类似情况如何做才合规合法，一句“从公共服务中走开”给了社会舆论一个明确而有力的结论：

警务辅助人员履职后果由所在公安机关承担的规定，开启了“临时工”规范管理的重要一幕，但是，只有真正做到权责对等、利害共享，才可能彻底杜绝将临时工充作“替罪羊”与“背锅侠”的弊病。权力需要权责分明、敢于担当，“临时工”的说辞，理应从公共服务中走开。

可以看到，在以上两个案例中，评论针对新闻事实或新闻现象的某一点表达了观点、主张，并就这一点，结合当前的方针政策、社会思潮、民众利益等相关方面进行阐释，对社会发展起到了良性促进作用。

（二）新闻评论的大类划分

从目前大众传媒形态来看，新闻评论大致可以分为两大类：

以无声的平面文字为载体的文字新闻评论和以有声语言为载体的语言新闻评论。传统的纸质媒体如报纸、杂志，网页的文章，传统纸质媒体的电子版所刊载的新闻评论都是以平面文字为载体的。在广播、电视、网络音视频中出现的新闻评论则是以有声语言为载体的。

1. 两类新闻评论的共性

两种载体传播的新闻评论有相同、相似、相通的一面，也有各自明显的差异。

两者的共性在于：

(1)时效性：都是针对新近发生的事实、出现的现象和新的思想动向所作。

(2)要素齐备：论点、论据和论述(论证)。

(3)层级性：按照评论的规格不同，代表的人群、层次也不一样，从个人、所在媒体到一级地方党委政府直至中央政府。

(4)目的性：反映社会舆论，引导社会舆论，进行舆论监督。

2. 两类新闻评论的差异

两者的不同主要是因为载体不同。体现在以下几个方面：

(1)篇幅差异：文字的可随意反复阅读和整体静态呈现，使得其容量区间大于有声语言。有声语言过耳不留，遵循线性传播，不易在收听过程中反复研听，容量区间相对较小。文字新闻评论可以从数百字到数千字不等，而有声语言新闻评论一般都在千字以内。

(2)词句差异：平面文字可以使用较为复杂的词句，复句、长句等都没有太多忌讳，读者可以反复阅读自己不太明白的话语；有声语言则力求简洁、易懂，尽可能使用短句、简单句。

(3)内容差异：文字新闻评论可以根据论题需要，在较为宽松的篇幅中把问题说得详细、全面，而且内容的深度、广度都可以铺开陈述。有声语言新闻评论则需要删繁就简，将主要的、重要的观点说清楚，点到即止，不能展开详述。

(4)传播方式差异：文字新闻评论多数为独立传播，少部分评论会有图片搭配，形成图文传播，并且文字的无声性质，局限了对一些情感性、形象性信息的传播。有声语言新闻评论有较大的传播方式空间，例如在音频评论中，必要时可以加入采访音频、环境音响，配合评论播讲者的语调、音色、节奏等有声语言元素的变化，使得评论更具感染力。而视频中的新闻评论还可以搭配动态画面、静态图片、图标等视觉信息，形成立体的信息传播，有声语言评论和画面相辅相成，传播效果较好。

(5)传播主体差异：在文字新闻评论中，传播主体是作者本人，从文字到读者，中间没有转述者，基本上也没有附加信息。有声语言新闻评论则不同，其绝大多数都是由播音员、主持人来播讲，此处有两种情况：如果评论是新闻主播自己撰写的，则此时传播主体是一致的，而相当一部分情况是新闻评论的播讲者并非作者本人，此时传播主体并非创作主体，传播主体对文章的理解、体验、表达都体现在语音形式上，难免会有因态度、程度、尺度等形成的附加信息。

二、有声语言新闻评论

（一）语言新闻评论分类

1. 广播电视学理论

赵淑萍在《广播电视新闻采访与写作》中将广播电视的新闻评论题材分为四类：①

（1）编后语——在新闻事实播发之后播出，是一种简短的、画龙点睛式的评论，一事一议，不讲过多大道理。

（2）短评——针对重大事件、问题发表的有分量的言论，是独立成章的体裁。广播电视短评要求切中要害、言简意赅，以说理为主。

（3）述评——以中央电视台《焦点访谈》为代表，是一种夹叙夹议，边叙事边评论的体裁。新闻述评可以细分为形势述评、思想述评、工作述评、事态述评等。广播电视新闻述评灵活多样。

（4）现场评论——在新闻事实现场做的评论。现场评论在报道时产生一种整体感，所以不但要评论在点子上，而且要有感而发，切忌言不由衷。现场评论要紧随事件的发展，尤其是突发事件没有预先准备的情况下，需要评论者即兴构思和表达，快速反应，因此难度较大。

毕一鸣则将广播电视中的带有评论性质的播报分为有文字稿和无文字稿两大类：有文字稿主要体现在新闻播音三大件的评论播音部分，无文字稿主要体现在"口头评论"部分。毕一鸣将口头评论细分为"点评"和"短评"：②

（1）点评——是在客观报道后或报道过程中，就新闻事实所发表的随感式的简短言论。点评要言不繁，点到即止。主要功能有：解释说明，表明观点，阐发含义，引导受众，调适舆论，平衡社会心态等。

（2）短评——是就某种社会现象或新闻事实发表的较为系统的简介或论述，一般有专门时段、固定栏目。主要特点是深入浅出、微言大义，以理服人、以事醒人，夹叙夹议、情景交融。

2. 主持人评论类思维与表达训练

从媒体融合的宏观媒体格局看，新闻评论的形式、样式日趋多样、灵活，但其根

---

① 赵淑萍.广播电视新闻采访与写作[M].北京：北京师范大学出版社，2006：436.

② 毕一鸣.语言与传播：广播电视播音与主持艺术新论[M].北京：中国广播电视出版社，2005：147-152.

本的性质、规律不变：表明观点、看法，作出阐释、说明，表达态度、立场。我们将评论表达的练习分为三大类：

（1）新闻点评

新闻点评属于短小精悍的“三言两语”评论，其结构属于“新闻事件＋点评”。训练时注意以下几点：对新闻事实分析深入，合理选择点评事实点；新闻事实复述、转述清晰、准确，详略得当；点评部分切入点小、角度新颖，观点表述准确，道理阐释清晰。

新闻点评是就一段新闻事实的某一方面内容做的点睛式的评论，攻其一点，不及其余。与短评、述评不同，新闻点评抓住新闻事件中新闻价值最大、现实针对性最强的一方面来点评，用简明的语句表达观点和态度。

（2）新闻短评

新闻短评是就一则新闻做相对更完整、详细的评论，总体时长在3分钟左右。短评就新闻事件、新闻现象来提炼观点、进行评论。新闻短评侧重于“评”，对新闻事实、现象本身高度概括的同时，将引发议论的事实、现象清楚、准确地表述出来。评论部分，注意说理、推理的要素齐备：论点要集中，切中要害；论据要简明扼要，例证理证结合；论述要概念准确，逻辑严密。

（3）新闻述评

新闻述评是夹叙夹议的议论，这一类多用于内容较为复杂、信息量较大的新闻中。述评一边解析新闻事实，一边做点评，评述结合，相辅相成。述评中，评论的位置、容量和角度等较为灵活，语言精练、集中。

（二）主持人新闻述评

新闻述评是新闻媒体针对典型的新闻事件、舆论热点和焦点展开议论、表达看法、阐述观点的述评。电视新闻评论节目大多采用这种夹叙夹议、叙议结合的评论方式，这种方式既实现了节目的可视性、电视画面的丰富性，又达到了评论热点、发表议论的目的，例如中央电视台的《焦点访谈》《新闻1＋1》《新闻调查》，天津电视台的《视实》和浙江电视的《今日评说》等。

新闻述评的对象是较为多样化的，不仅涉及政治、经济、文化、社会生活、国际事务等方面，也涵盖国家、组织、集体、家庭、个人等各个社会层面，并且对象的范围也是多元的：可以是新近发生的一起新闻事件，也可以是近一段时间以来有着相似、相联系的一类新闻事件；可以是一种带有普遍性、典型性的社会现象，也可以是几种相关的、相互作用的现象；可以是一种社会思潮、社会热议的话题，也可以是大家还未发现的，某种热点的苗头、趋势。

作为媒体工作者的节目主持人，是以人际化传播方式出现在大众传播媒体中的传播者，这一特殊身份，使其立场、角度、观点、用语等，既要体现人际传播的亲和力、自然大方、身份平等等特点，更要具备大众传播的公众性、全局性和专业性等属性。这就需要节目主持人具备一定的新闻素养，包括新闻敏感度、新闻关注意识、评论能力、分析水平等，能对时下社会热点焦点问题、新闻事件、新闻话题有所关注、有所思考，能将大众传媒对公众的影响、对社会事件的舆论引导和对主流价值观的传播与富有人情味、生活气息浓郁、亲和力强的有声语言传播巧妙、自然地融合在一起。

从主持人基础的思维能力和表达能力的训练看，即兴的新闻述评训练可以综合提升主持人的文本理解力、内容分析力、信息整合力和口语反应力，同时评论点、评论角度、评论语言的反复提炼，能促使述评者迅速拓展视野、增加阅读量、强化记忆力和锻造自学能力。

1. 有声语言新闻述评的重点

(1)角度选取

新闻述评首先是对新闻事实、新闻话题、新闻特点本身的认知过程。一则报道、一件事实需要评论者站在宏观背景和微观背景下进行多维度的阅读、分析，结合评论目的、评论语境和评论篇幅来确定切入点、角度和评论语言。

来看下面一则新闻报道：

谎称能找领导帮忙调岗　大三学生骗了老师近 5 万元

谎称自己成立广告公司，又说认识学校党委书记可以帮忙调换岗位，还能托关系买到特价房……南通一名大三学生李某不仅把老师骗得团团转，还骗了老师近5万元钱。昨天，李某因犯诈骗罪被南通市崇川区法院一审判处有期徒刑1年。

1996年生的李某与同龄学生相比，显得十分成熟。他热衷于参与各种社交活动，也深受同学和老师的欢迎。2012年9月入学后，仅用一年时间，李某就跟学校学工处、保卫处、后勤处等部门的中层领导混熟。在外省工地做钢筋工的父亲，在李某口中被包装成“地产承包商”。出手阔绰、衣着时髦的他，在同学和老师眼里是个能人。

2013年夏天，李某认识了学校的孟老师。去年10月，得知孟老师还是单身，李某便热心地给他介绍女朋友，两人关系也因此拉近不少。随后，李某跟孟老师提起自己刚办了个广告公司，起步阶段缺少资金，先后借了 1 万多元。为让老师相信自己，李某从网上下载了一张营业执照，用电脑 PS 之后发给孟老师。

没过几天，孟老师跟李某说起，他可能要被学校安排去后勤部门，为此他感觉很烦恼。李某就透露自己认识学校党委书记，可以给领导送礼疏通关系，调整到心仪的岗位。第二天，孟老师就取了 3 万元现金交给李某。

李某还得知孟老师要买房子，他又跑到南通市区东区某楼盘，看到一套特价房在促销，便说服售楼小姐，与他演一出双簧。原本就是 6000 元一平方米的房子，在他们口中变成“原价 8800 元，因李某与公司副总熟悉，可特价 6000 元销售”。被这出戏蒙蔽的孟老师信以为真，在李某再次以公司资金周转困难为由提出要钱时，孟老师很爽快地给了他 4000 元。

然而，第二次实地看房时，孟某在与售楼小姐闲聊时发现上当了。

案发后，李某在家人帮助下退还了全部赃款，也取得了孟老师的谅解。崇川法院遂以诈骗罪依法判处李某有期徒刑 1 年。

——《现代快报》2015 年 9 月 30 日

这则新闻的切入点既可以是诈骗者——大三学生李某，也可以是受害者——大学教师孟某，还可以是事件本身反映出的社会现状等。站在社会的宏观语境下分析和评论，当今社会物质崇拜思潮严重，这种不良风气已经侵蚀到诸多行业，在这种“唯利”主义的影响下，逾越法规、破坏纲纪的现象十分严重，从大宗的腐败案件到平时的小恩小惠笼络人心，都是一种社会的病态。而党中央以壮士断腕的勇气和魄力来惩治腐败，就是要还社会一个清廉公正、崇德尚善的风气和环境。此新闻事件，是在这种社会宏观语境下，拜金思想、唯利主义横行的典型事件。而就中观语境来看，此事发生在高校，属于教育领域的事件，高校本来是社会人才的孕育之地，在道德、风纪、品行等方面理应是社会之楷模，此事发生在高校师生之间，着实让人惊愕，但或许正是目前个别高校校风不正、学风不良、师风欠佳的写照。评论时，这种中观语境的影响也必须考虑。另外，在具体构思述评内容时，还要考虑微观语境——评论者的评论目的、节目所在媒体/栏目主旨、具体播出的时空等因素。

(2)转述中事实呈现要求

主持人新闻述评是在叙述中点评、在讲述中议论的有声语言表达过程。受众可以在主持人的新闻述评中一边了解事实经过、来龙去脉，一边思考和品味主持人的观点、主张和见解。吴郁在谈到主持人叙事语言时认为：“主持人能说首先要体现在信息含量上，必须给予受众适度的、有效的信息，信息单薄了不行，不能帮助受众减少不确定性；信息多了同样不可取，因为广播电视的线性传播特点，视听信息稍纵即逝，如果瞬间信息溢出，必然过犹不及……”[1]信息含量适中——这同样是对新闻述评的“叙述”内容的要求。一篇新闻不是所有信息都要进入述评，转述中取舍事实是重要的一环。事实转述的内容取舍是带有明显的目的性、选择性的。不同于一般的事实转述，在事实的重构中也体现了主持人对新闻价值的认识和对节目传播目的、效果诉求的把握。与此同时，主持人对新闻事实的了解熟悉程度、分析透彻程度和自身的学识阅历、媒体素养等将影响其转述的内容取舍和重构状态。因而，述评中要注重对事实的“再加工”——实事求是、保证真实准确基础上的再处理。

总的来说，新闻述评的事实性信息呈现要做到以下几点：

第一，简明扼要，线索清晰，条理顺畅。

第二，事实取舍凸显新闻价值和现实针对性，体现媒体性质和节目宗旨。

第三，语言生动、形象，别具一格，强化可听性。

第四，语言突出个性化，信息量适度，传播高效化。

第五，对象感、交流感强，通俗易懂，口语化色彩浓厚。

(3)评论性语言的传播力

述评中，评论性语言的传播力是指新闻评述的观点性、见解性、主张性语言引起受众注意、记忆、思考和产生进一步行动的能力，是新闻述评核心传播效果所在。评论性语言的传播构成是多方面的。从内容上的角度新颖、具有深度、旁征博引，语言上的构词巧妙、诙谐幽默、直接明了到语音形式上的韵律别致、声线带磁等，都是传播力的构成要素。

赵俐十分关注新闻评论主持人语言的“建设性”：“在新闻评论节目中，建设性作用的发挥最终要落实到新闻评论主持人身上，表现在为公众揭开事实真相，找到问题根源所在，提出建设性意见建议，秉持理性的态度和情感等方面。”[2]建设性问题实际上指出了评论性语言传播力的重要因素：作为大众传媒，主持人的评论性语言具有推动新闻事件朝着更好、更积极的方向发展的间接力量，有着利于问题解决、利于公众、利于社会的内在属性。

除此之外，任何评论都不可能纯理性地出现，议论背后都有情绪的支撑，语言心理学家总结了外部语音形式和情绪的对应关系（见表11-1）[3]，在述评中我们需

---

① 吴郁.主持人语言表达技巧[M].北京：中国广播电视出版社，2011：189.

② 赵俐.播音主持语言表达的个性化思考[M].北京：中国广播影视出版社，2014：20.

③ 杨玉芳.心理语言学[M].北京：科学出版社，2015：223.

要通过外部语言的形式来传递这种作为支撑的情绪，以增强语言的感染力。

表 11-1 5种基本情绪的声学特征

项目	愤怒	恐惧	悲伤	高兴	厌恶
语速	略快	很快	略慢	快或慢	非常快
基频均值	非常高	非常高	略低	很高	非常低
基频域	很宽	很宽	略窄	很宽	略窄
音强	高	正常	低	高	低
音质	呼吸声、胸腔声	不规则声音	共鸣声	呼吸声、鸣叫音	嘟哝、胸腔声
基频变化	重读处突变	正常	向下弯曲	平滑、向上弯曲	宽、最终向下弯曲
发声清晰度	绷紧	清晰	含糊	正常	正常

在评论性语言的组织和表达上需要注意以下几点：

第一，结合新闻价值立论，注重公众效益做结。

第二，观点、见解和主张的表达有深度、有广度、有力度。

第三，点评和议论不拘一格、不落俗套，说法、提法新颖。

第四，寓情于理、情理交融，语言体现人情味、亲和力。

2. 有声语言新闻述评与文字新闻述评差异详析

主持人的述评和新闻记者的述评既有相同之处，也有不同的方面。相同的是，同属于新闻评论的范畴，本质、功能、规律和效果诉求都是一致的。作为在媒体播出或刊出的新闻评论，根本目的都是要表明态度、表达主张、宣布立场来影响、引导社会舆论。尤其是党委机关报、各级广播电视的新闻评论，很大程度上代表了一级党委、政府的态度、意见和立场，对于引导正确的舆论导向有着举足轻重的作用。但是，主持人的新闻述评，由于评论角色、传播方式等的不同，和新闻记者、编辑撰写的述评有一定的区别。

第一，以声音为载体的有声语言新闻述评，在表达上要求语言通俗易懂、简明生动，在篇幅上长度适中。主持人的新闻述评是直接面对受众的语言活动，除了主持人本身外，没有更多的电视画面来配合传播；电台主持人的新闻述评更是纯粹的语言传播，基本不能调用背景音乐、声效等来做陪衬或辅助，个别软新闻、生活杂志类电台节目除外。这需要主持人的语言具有吸引力，能生动、鲜活地描述新闻事实并作出评论。语言要生活化、口语化，尤其注重对书面语的改造和对新鲜的生活用语的采用，能贴近受众语言习惯、走进受众的内心。受众不能接受单一的主持人语言活动时间过长，那种洋洋洒洒的长篇大论是不适合出现在主持人新闻述评中的，一般来说，2—3 分钟最佳。

第二，主持人的评论是以真实的第一人称出现的。主持人在进行新闻评论时，首先是一个有着个人观点、立场、角度和思考的真实的人，其次才是代表媒体、公众的大众传播者。受众对主持人的角色期待具有双重性，既需要一位有着自己喜怒哀乐、常人好恶的“朋友”“老师”“邻居”一样的主持人，也希望他们能带来立足全局、掌握信息、知晓事实且具有思考深度、独特见解的评论、观点。因而，主持人的新闻述评语言是“从群众中来，到群众中去”的——语言使用生活化，体现着鲜活的个性，带着个人的语用特征、人情味十足且语气自然大方，同时评论、观点又高屋建瓴、启人心智，从公众利益出发，从大众视角出发，体现一级媒体的立场和观点，带有权威性。

第三，主持人的新闻述评是“散文”文体。此处所谓散文是指主持人的口语状态下的新闻评论，较之于书面的新闻评论，即那种格式正规、结构紧凑、层次分明、字斟句酌的状态，更像是一种“散放”状态的评论：在语言上相对随和、自由，行文之间不拘一格，内容紧凑度相对较低等。这种特点不仅仅是由于主持人是口语传播的评论者，更源于听众的接受状态——处于听觉接受状态的一般的受众，难以理解深度较深、理论性较强、单位时间内信息量过大的传播内容。因此，主持人在做新闻评论时，要接近生活中的谈话、聊天节奏；在内容安排上抓住重点和要害，舍去一些在书面行文中必要的过渡性、转换性语句；在适当的位置增加一些“拟态”互动，带动受众的情感和思考等，让受众在“不知不觉”中获得信息，并接受主持人的观点。

第二节　案例部分

案例一

《新闻周刊》在 2016 年 3 月“两会”期间的一期节目，主持人的编前语为：

您好，观众朋友，您如果要问我这次“两会”印象最深的是什么，我的回答是公开透明又向前迈了一大步。从第一天开始，部长通道就显示了不同以往的热度，似乎只经历了短短的冷场就热闹了起来。最火爆的时候，居然有好几位部长在旁边排队等候发言。这可是在过去很少出现的镜头。而在李克强总理的记者招待会上，他又谈到了部长通道和政务公开，并且透露“两会”前他跟部长们打过招呼：“可别见到记者的时候你一拱手，然后就一走了之，要张开嘴回应关切和热点。”是的，这次“两会”上，不管是部长通道还是人大、政协的团组开放，都呈现出不同于以往的进步。这让人期待，前途不仅是光明的，还是透明的。

《新闻周刊》是一档新闻杂志类节目，央视这样介绍这档节目：

眼下的中国，变化剧烈，选择什么样的新闻，以什么样的眼光，能将过去七天的中国浓缩在一本45分钟的电视新闻杂志里，是我们每天都在不停思索的问题。我们经历过痛苦、困惑，我们也拥有过快乐和自信，我们追求的是希望做一本有理想、有责任感、有尊严、能够记录历史的新闻杂志，而我们更期待的是，能在与您的沟通交流中获得启迪，因为这是我们一起经历的时代。

《新闻周刊》主要以新闻回顾、综述为主，辅以简短、扼要的点评。点评抓住新闻价值的核心，提炼出最关键的一两点，切中要害，其点评的角度体现着公众性、时代性、全局性和前瞻性。

案例二

《新闻深一度》之《今日快评》(节选)

“十一”期间，贵阳新开了一家互联网音乐餐吧，店主策划了一场名为“任意给”的促销活动，凡是进店消费的人想给多少就给多少。这活动吸引了大批的客人但是大多数顾客付的钱都偏少。有的顾客在店里消费了800多，只付了50块钱，消费一两百的只拿了20块钱的也不在少数，还有消费者象征性地按照每菜1元的价格来结账。结果呢，营业7天的时间亏了将近10万块钱啊！餐厅看似亏钱，实则呢，赚足了人气，但是这样的促销摆明是要鼓励顾客多占便宜，放手让顾客多消费、最少付出，甚至是白吃白喝，这个做法有违公序良俗啊！

最近长沙师范学院引进了一款手机软件，要求每个学生每学期完成120公里的跑步里程，而且打卡记录，还将之与体育课程的成绩挂钩。新规开始实行，校园里一种新的业务也就应运而生了。什么呢？代人跑步。5块钱1次，打卡代跑。校方的初衷是要鼓励学生加强体育锻炼，但是学生们觉得120公里实在是太多了，同时表示自己没那么多时间去跑步。学校的初衷虽然是好的，没想到却催生出了这样的代跑业务。看来要想让学生加强体育锻炼，校方应该更多地和学生沟通，制订更加合理、人性化的方案，让学生愿意、乐意去参加，而不是用硬性的指标强制学生跑步。

《新闻深一度》是浙江电视台一档网络与电视实时互动的深度新闻评论节目，节目素材来源广泛，主要关注民生、民情。节目主持人的述评语言生动、浅显、幽默，在看似轻松的“调侃”中，切中时弊、击中关键，整体语调生活气息浓厚，有着很强的视听吸引力。

案例三

《超级新闻场》之《社会透明度》：治理低价旅游团乱象

近几年，关于导游强迫游客购物的新闻有不少。就在前几天，在北京又发生了类似的事情。来看这张图，这一看就知道是在一个旅游大巴里头，这个导游对乘客说了这么一句话："你们谁不买，我做鬼也不会放过你们！"哦！拜托，好狠啊！上来就做鬼都不放过你们！哎，你说新闻媒体曝光那么多次，旅游部门处罚那么多次，这个强制购物怎么就屡禁不止呢？其实啊，说到底无非就是一个"利"字。就说咱们这个事儿吧，像这个导游，他带的这个团叫什么团呢？叫做"80元全包纯玩团"！各位，你想想也知道不可能啊！80块钱，全包，带你游遍北京城！80块钱，恐怕连一个景点的门票钱都不够，怎么玩遍北京啊！怎么办呢？80元的团费低，那只好从购物里头来抽啦！所以低价团的背后必然包含着购物。为了整治频频发生的低价团的各种乱象，国家旅游局最近发布了一项特别提示，要求游客自觉地抵制低价团。但是，这个提示里有一项规定，那就是处罚方案引起了大家的异议。国家旅游局有规定，说游客如果参与不合理的低价游，可能也会受罚。有网友就说了，我又不懂旅游行情，我哪知道什么是不合理的低价啊？我出门旅游就想要物美价廉啊，就像是到菜市场买菜，都是挑便宜的啊，就算是旅行社说又便宜又好，我怎么知道其中有猫腻呢？现在你把这个不合理低价游的责任居然推给了消费者，这好像有点说不过去吧。万一到时候，游客被旅行社骗了，签了那个虚假合同，然后呢，出去玩又花了钱，被强迫购物，等到投诉的时候，居然还要被一起处罚?！那可真的冤死了，有冤没地儿说啦！

对此问题，我们来看《新京报》的评论文章《将受害人与骗子同罚，法律的意义呢?》说："作为旅游主管部门，要治理旅游乱象，其实大可认准打蛇打七寸这一条，把重点落在打击经营者虚假合同、耍奸使诈上。只要有游客投诉经营者乱改行程、强制购物的行为，哪怕他们提前知情，也只打击经营者。"任何法律的意义都在于惩罚骗子、保护无辜，而不会把骗子和无辜置于同样的地位上。

安徽卫视的《超级新闻场》创办于2004年，在2008年改版后形成目前的版块划分："新闻直通车""社会透明度""天天故事会"。与其他省级卫视的新闻资讯节目不同，其新闻素材、报道内容来源不局限于安徽本省，而是组合、编排来自其他卫视、兄弟栏目的内容，同时也从互联网上挑选、整合信息和资讯，形成了自己"全国视野、融合媒体"的资讯内容特点。在"社会透明度"这个版块，节目挑选新近典型性、普遍性、高热度的新闻事件进行述评。在述评中，主持人选择了一个人际性的、与观众“同位”“平行”的角度来讲述新闻故事、点评新闻看点，语言调侃味道浓厚，交流感很强，让受众感觉主持人并非是“已经看过新闻的专业媒体人”，而是跟自己一起边看、边想、边感、边说的“观众”，使评论显得更加新鲜、活跃、真实。与此同时，在评论的内容上不仅有对问题准确的分析、注重逻辑的推理，同时也有接地气、贴近受众心理又通俗易懂的语言以及较为犀利、尖锐的评语。这些都使这档节目，尤其是“社会透明度”这个版块具有较高的收视率。

案例四

《老梁观世界》之《广州美院调包案》(节选)

广州美术学院原馆长萧元，这个人的名字我听过。他算得上是中国小有名气的小说作者、文学评论家、艺术史研究者。他之所以从原来的《芙蓉》杂志，调到广州美术馆当馆长，是因为他从事过美术史的研究。我了解这个人还是90年代，看过他主编的《芙蓉》杂志。这个杂志当时在全国文学期刊里是比较有见识、比较有作为的。到后来他写了一些小说。我还看过他一些文学评论方面的文章。我觉得萧元是一个品位不低的，比较有作为、有想法的。但没有想到，他今天出了这么大一个贪污盗窃案。我想业内的很多人，尤其是文学评论界的人，估计很多人都很吃惊，认为这怎么可能，但事实就是事实。他2002年调任图书馆馆长，在2002年到2006年期间，这画库的钥匙总共有3把，得3个人来才能打开，他手里有两把。但是里边那个第三道锁，基本就没怎么锁过，所以他可以凭着这两把钥匙很顺利地在周六周日放假的时候自由进出画库。然后他用的方式是把这个画作拿回家，自个儿临摹，完了后做成赝品，在里边掉包。大概不到3年时间，他盗走了134幅画，其中拍卖了125幅，这个后果其实是非常可怕的。为什么呢？你琢磨琢磨：他把原作盗走了，把赝品留在那儿了。广州美术学院的学生呢，有可能就是借出来一个赝品进行学习，有可能学的东西都是假的，不是大师原来那些真正的风格。当然出了这个事之后呢，很多人首先会想到，这些画还能追回来不？其实可以告诉大家，追回来的可能性太低了，几乎为零。有人说那也不对啊，怎么就接近为零呢？原来那拍卖公司不是有责任么？其实呢，恰恰是通过拍卖公司，就是在香港拍卖的过程中，有人发现画作上头盖有“广州美院”的印章。有人就根据这个举报调查，才把这个萧元给抓出来。那么能不能就此追究拍卖公司的责任呢？根据我们国家《拍卖法》，拍卖公司有权要求卖主说出货品的来历，但也仅仅是说出来。他如果一定说这东西怎么怎么来的，拍卖公司也不是一定要追本溯源地搞清楚这作品从哪儿来的。所以目前的法律对拍卖公司的要求比较低。有人说追究买主，但买主也没有义务追究说这画怎么来的。另外，根据《物权法》的“善意获取”，他是通过合法途径买的，钱我都花了，你就不能从我这儿再拿走了，这在国际上也是通用的。包括我们在八国联军时期，那时流到海外的一些文物。咱们说现在要回来，说谁买冲谁要。人家是花了钱，通过合法途径买的，你就不能再去追了。要把这125幅画作再从民间追回来，可能性几乎为零，所以说这个损失很大。那么我们就得从这事吸取教训，为什么会出现这样的事呢？

首先有一点要跟大伙儿说一下，我们经常看电影，像什么《偷天陷阱》《纵横四海》这些片子，好像世界上有一些专偷艺术品的大盗贼。举止优雅迷人，手段非常高超，作案手法都高科技。其实我告诉大家，这样的盗贼根本就没有，现在这些所谓的大盗基本不会向博物馆下手，不会向一些正规单位的馆藏下手。为什么呢？咱们这些年来，馆藏的防盗科技提升得很快，又是红外线，又是监控镜头啊，甚至人啊、狼狗啊，都看着，这个水平比以前高多了。没有盗贼那么不开眼，来偷这个东西。而且偷完了以后，他除非有固定销售渠道，否则这个画越值钱他越不好卖，卖出去之后马上就有人知道，知道之后就能追上来。所以这么些年，中国博物馆的馆藏的东西不是外面大盗偷的，什么人偷的呢？监守自盗！

那么为什么会出现这种情况呢？他有两个具体原因。一个是再高的科技，防盗、防什么的，都是由人来操控的，要是人玩忽职守这些都形同虚设。你像这次萧元，他本身作为馆长，他本来不应该拿两把钥匙。这两把钥匙怎么到手的？那不就是管理制度疏忽嘛。再一个，每次从画库里拿东西，得有登记啊！那个登记本现在都没了，不知道哪儿去了。他拿走了画作，拿回来赝品，这些都应该登记在本上，但现在这登记本都没了。就说这个管理制度整个是形同虚设。设置的一二三、三二一这些规章制度没有人执行。比如说应该几个人一起到现场开门，一个人说：行啦我信你们，你们整吧，我在外头抽根儿烟。他这一疏忽，整个过程就可能出很多漏洞，经常出现人浮于事，玩忽职守。第二个，一把手权力太大，就说这萧元，他当馆长管着别人，一把手失去监管，没人敢管他，制度对他形同虚设。我想萧元本人，按照我对他的认识，他主编《芙蓉》杂志的时候，我觉得这个人很有做为、很有见识，我想为什么在这个时候犯了这么大错呢？我想除了他本人利欲熏心外，更重要的一点就是，管理制度比较松弛。人在这种制度之下，一把手权力又太大，他很难拒绝这个诱惑。我们说为什么要把权力关进笼子里，习近平总书记说：不敢腐、不能腐、不想腐。（“形成不敢腐、不能腐、不想腐的有效机制”为党的十八届四中全会针对全面从严治党的正式提法。此处主持人意为“以习近平为总书记的党中央提出”。——编者注）就是你制度本身，就限制了他的贪欲，他没有机会下手。假如你四下无人，好东西放这儿，谁都可能难免有贪心，上去抓一把。这是非常可能的……

《老梁观世界》是辽宁卫视一档新闻评论类节目，节目以著名主持人、媒体评论人梁宏达命名，每期节目针对一个新闻事件展开述评，剖析事实、表达观点、表明态度。这个节目的用语通俗、交流感强，语言犀利，不失幽默，叙议结合、信息量大，内容上善于联系拓展、旁征博引，繁而不复、广而有秩。评论时分析细腻，层层梳理，推理环环相扣、逻辑严密，观点犀利，见解独到，语调生动、自然、充满生活气息。

案例五

《时事亮亮点》之《中国推进“一带一路”构想 构建大国战略》

“一带一路”是中国提出的一个雄心勃勃的计划，但也是一个脚踏实地的计划。当今世界像中国这样拥有巨额的外汇储备，有庞大的、先进的，但是又过剩的产能，有世界最多的人口，又是世界最大的市场，这样的国家只有中国。同时，从历史的角度看，古代丝绸之路，出发点是中国，最末端呢，是在罗马或者在中东。历史已经过去了两千多年，当年丝绸之路的沿线国家早已经发生了巨大变化，而只有中国延续了从秦朝以来的疆土。今天的中国又是世界第二大经济体，所以这样一个计划、一个战略对于中国成长为世界强国是非常重要的。我们看到，中国在推行这个计划时，一方面是深思熟虑的，另一方面他也是需要多方面参与联动的一个计划。它跟马歇尔计划不同，马歇尔计划是美国作为“二战”以后一个超级大国，为了维持他的世界霸权（而制订的）。但是美国比苏联聪明的地方是，他从经济和政治两个方面入手，以这样（的方式）来保持美国的霸权。中国要争取的不是自己的霸权，而是要维护和平发展。中国自己的和平发展在全球化的今天，必须要有这样一个战略。所以我们看到“一带一路”这个战略也就应运而生了，中国有这个需要同时也有这个能力。另外，我们知道，中国也是在近二三十年，尤其是2001年加入世贸组织之后，中国对外贸易迅速成长，终于成为世界第二大经济体，成为世界最大的贸易国。这一点，可以说让美国这些个统治精英们坐立不安。虽然中国经济总量只有美国的三分之二，但中国进出口却超过了美国。而且就发展“一带一路”这么宏大的战略看，世界上也只有中国有这样的能力，连美国都没有这样的能力。但是美国毕竟是一个老牌的帝国主义大国，或者说是一个老牌的霸权，所以他启动大西洋和太平洋这两个高级自由贸易区，对中国的制衡、约制是不言而喻的。特别是这个“TPP”。所以“一带一路”战略呢，也有反制美国的一面，中国不可能听任美国建立起两个贸易区，把中国排除在外，中国不可能坐以待毙，而是要争取自己的话语权。但是同时在这竞争中，中国不是要正面跟美国对抗，实际上中美之间的经贸关系也非常密切。美国对中国这种担心、制约也是很自然的，因为美国要防止任何一个大国，不管这个大国是中国还是俄罗斯，现在看来，俄罗斯是没有这个能力的，所以他要防止中国成为一个在经济上可以挑战美国的大国。但中国不可能因为这些就停止，中国有十三亿六千万人口，需要发展外向型经济，需要一个和平发展的环境，而且从中国近年来的大国外交也能看出来，他首先强调的是周边国家的外交。“一带一路”也正是和周边国家（无论是陆地的还是海洋的），呈一种息息相关的关系。

《时事亮亮点》作为凤凰卫视一档周播时事评论节目，在深度、广度和融合度上都要比日播节目空间更大。主持人何亮亮有新闻专业教育的知识背景，对中国政治、军事和东北亚地区的政治、经济、军事等具有较深入的研究，评论视角独特、视野宏大、语言尺度适宜、内容充实。节目对于国内外政治、经济、文化、社会等问题进行分析、评论，对新闻事件、新闻人物进行解读，信息整合度高，单元设置的层次感强，且声画结合、评述相得益彰。

案例六

《央广评论》之《铲除“港独”求发展》

全国人大常委会通过的关于香港基本法第一百零四条内容的解释，得到了绝大多数香港市民的欢迎和支持。

宪法是国家的根本大法，香港基本法是保证香港长治久安的重要法律。我国宪法第六十七条第四项规定，全国人大常委会具有解释法律的权力，香港基本法第一百五十八条第一款规定，香港基本法的解释权属于全国人大常委会，按照宪法和基本法的规定，全国人大常委会可以在必要的时候，对基本法的任何条文作出解释。

释法全文，每一项解释都有理有据，在程序上完全符合宪法、基本法和国家其他法律的规定，有利于香港特区各级司法机构的正常运行，更有利于香港的繁荣稳定。

香港要发展必须稳定，“港独”只会导致社会动乱。“港独”行径严重冲击了“一国两制”的原则底线，对国家主权、安全造成了严重威胁，破坏了香港的未来，更违背了包括香港人民在内的全体中国人民的共同意愿。在香港历史进程的关键时刻，全国人大常委会果断释法，打击“港独”，切断乱源，及时、果断、准确，香港人民叫好！全国人民叫好！

事实证明，“港独”分子追求的所谓极端自由，给香港社会带来了动乱之害，损害的是绝大多数市民的利益。全国人大常委会释法，明确了基本法规定的法律界限，维护了基本法的权威地位，让模糊的认识变清晰，让法条的内涵更明确，这是维护香港大局稳定作出的必然选择。铲除“港独”之祸，香港才会回归安定康宁，经济才能发展，人民才能幸福。

香港的长期繁荣稳定是全国人民所愿，更是香港民众所需，我们期盼香港市民在秩序井然的环境里，在和煦的阳光下，与全国人民一道共享改革开放的成果，安享美好的生活。

这一则评论是2016年11月9日中央人民广播电台（简称“央广”）在《新闻和报纸摘要》节目中，针对“港独”的一则评论。央广的《新闻和报纸摘要》节目每天清晨6:30播出，是一档在全国有着极高威望和号召力的联播类新闻节目，收听率始终名列各类广播节目榜首。其中播出的央广评论并不是一档常设栏目，而是灵活地针对一些国内外重大事件、重要新闻表明态度、立场和观点，在很大程度上代表着党和国家意志，代表着人民主流意见，因而具有极大的影响力和权威性。可以看到，这类评论是潜在地以党和政府、国家、人民等集体概念为评论主体，语言简练度、规范度高，态度鲜明、主张明确。

第三节　练习部分

一、观点提炼

每一次新闻事件都可以或多或少、或强烈或微弱地激发人们的识别、判断和评价，这种从“事实”到“观点”的心理过程是信息传播中常见的。评论的起点也正源于此。主持人对事实的看法、观点应该是积极活跃和丰富多元的，能在短时间内引申联系、由此及彼地发掘出事实背后隐藏的立论点、评论点。以下是对一些新闻事件的描述，分析每一条新闻时，请基于材料的不同侧面、不同事实要素，联系实际，提炼尽可能多的立论点和评论点。

（一）人民网海南频道：《清明节为啥要扫墓？千名大学生仅一人知道》

“春雨惊春清谷天，夏满芒夏暑相连。秋处露秋寒霜降，冬雪雪冬小大寒。”有多少大学生能背得出这首小学就应熟读的节气歌呢？近日，在一份针对近千名高校学生的网络调查中，近八成受访者能说出清明节的具体日期，但几乎没人知道清明节扫墓的来历，仅有两成多受访者可以准确背出“二十四节气歌”。

“清明为何既是节气又要扫墓？”由某网站发起的在线调查统计得出，仅有一名同学知道清明节扫墓来自寒食节。“实际上，中国古代历史中本有两个节日，一为清明节，是二十四节气之一，主要用于指导农耕；一为寒食节，旨在扫墓和缅怀亲人。”湖南科技大学人文学院中文系教授吴广平解释，由于清明节和寒食节在时间上只隔一两天，先人们就将这两个节气合二为一了。

同时，仅22.7％的学生能背得出二十四节气歌，其中或来自农村家庭，自幼耳濡目染农耕知识；或是教育课本的差异，只有部分省的教育课本中目前保留二十四节气的内容；或父母本身对中国传统文化教育比较重视，要求学生从书本中了解，虽没有实际经验，但也可以将二十四节气歌倒背如流。

“当今年轻人的生活环境决定了他们不可能像父辈一样了解二十四节气。”吴广平教授认为，当代大学生对传统文化和历史知识的陌生，有多方面的原因。他表示：“应该把关注重心上升到全民关注历史文化的保护和传播上来。目前，国家正在启动的高中阶段课标修订，将把加强中华优秀传统文化教育列入修订内容，并增加中华优秀传统文化内容在中考、高考升学考试中的比重。这能够引导学校重视传统文化的教育。”

（二）新华网：《浙江立法保护留守儿童　构建全社会关爱网络》

新华社杭州12月4日电（记者岳德亮）　浙江省人大常委会日前修改的地方性法规《浙江省未成年人保护条例》中新增专门章节“留守儿童保护”，提出构建全社会的留守儿童关爱服务体系和救助保护机制。

据浙江省人大法制委员会副主任委员杨晓光介绍，浙江省将留守儿童界定为父母双方外出务工、一方外出务工另一方无监护能力或者父母因其他原因外出不能履行监护职责、不满十六周岁的未成年人。

为了加强对留守儿童的保护，《条例》指出，民政部门会同教育、公安等部门建立留守儿童信息管理平台，对留守儿童信息实行动态管理。可以通过政府购买服务等方式开展监护指导、心理疏导、行为矫治、社会融入等专业服务。父母外出后应当与留守儿童每个月至少联系一次，及时了解留守儿童的生活、学习和心理状况。

共青团、妇联、工会以及其他有关社会团体应当发挥自身优势，指导父母或者其他监护人及时关注留守儿童的身心健康状况。学校、幼儿园、托儿所定期将留守儿童监护、抚养和身心健康情况报县级政府教育行政部门和乡（镇）政府、街道办事处。

据了解，浙江省民政厅今年初会同省教育厅、省公安厅部署开展了农村留守儿童排查及信息录入工作。目前，留守儿童已全部排查完毕并录入信息库，建立一人一档。

(三)中国新闻网:《温州市长:环保局局长被邀游泳的垃圾河整治已有成效》

中新社北京3月7日电(记者 江耘) “我这里向大家报告,去年我们企业家邀请环保局局长下河游泳的所在地,前不久50位企业家自发组织下河游泳了。”7日,全国人大代表、浙江温州市市长陈金彪表示,目前对这条垃圾河的整治已有初步成效。

2013年2月,浙江温州某环保局局长因当地河道严重污染而被企业家“悬赏”重金邀请到瑞安市东河“下河游泳”。

时隔一年,浙江代表团将治水经验带到全国“两会”上,并呼吁全国联动,共同治水。

2013年,浙江省委十三届四次全会提出,要以治污水、防洪水、排涝水、保供水、抓节水为突破口倒逼转型升级。“五水共治”应运而生。

截至目前,浙江省共治理125个重点项目,投资达4 860亿元人民币。陈金彪介绍,以温州为例,该市有14 000多条河,总长大约108公里,是名副其实的水乡。环保局局长被邀“下河游泳”后,当地政府加大力度对河道污染展开治理。之后还提出建立“美丽浙南水乡”目标,并配套启动“百项千亿”工程,涵盖177个项目,投资达1 466亿元,历时3—5年。

他称,温州垃圾河已经基本得到整治,黑臭河整治工作已经全面展开,并且有很大部分取得效果。

问题在水里,根子在岸上。浙江水质污染更多是低小散的产业结构所致。治理污染,需要产业转型升级,需要企业有所作为。

地处钱塘江上游、主业为化学药品生产的浙江金华康恩贝制药公司,每年都要产生近万吨氨氮废水,处理不当就会引起水体和土壤的富营养化污染。

全国人大代表、浙江康恩贝集团董事长胡季强介绍,企业投入资金进行技术改革,很好地解决了废水污染问题。

由于浙江全面开展治水工程,不仅温州的垃圾河、黑臭河得到治理,多地也纷纷重现下河游泳的景象。

对于浙江治水取得的成绩,全国人大代表、浙江华之毅时尚集团总裁张华明也表示,水环境治理必须要全盘考虑,建议全国联动共同治水。

（四）腾讯新闻：《30岁消防员带"遗书"进火场 已写11封》

"对不起啊，今年春节又不能回去了，当你们看到这封信的时候，我要去一个很远很远的地方执勤，所以，在未来的日子，我可能不能陪伴你们了……"

这是30岁的广州消防员曾庭民留给父母的"遗书"。至今，他已写下了11封"遗书"。

曾庭民所在的广州市公安消防支队越秀大队广园西中队，附近人流密集，有广州火车站和数量众多的商贸城，消防任务繁重。

"我们最多的时候一天出警七八次，很多时候情况非常危险，万一牺牲了，连个交代都没有，父母太可怜了。"

曾庭民向记者讲述了他最危险的一次经历。"商场整个二楼都烧起来了，我们在外面喷了3个小时的水，最后流出来的水都是滚烫的。火势控制后，我进到火场，地面积水上有蓝色火焰，等退出火场的时候，我已经站不稳了，看东西很模糊。"

等曾庭民恢复意识，他已经躺在医院了。

事后证实，他是吸入了"天那水"等化学物品燃烧产生的气体而中毒。他说："我记得我醒来的时候躺在医院的推车上，看着天花板上的灯一盏一盏地过去。"

受新兵时期班长的影响，曾庭民从2005年开始，每年给亲人写一封"遗书"。

"平时不敢跟父母说，沟通也比较少，主要就把平时没有说出口的心里话都写下来，自己不在了，父母也有个寄托。"他说。

2008年，曾庭民与另外5位消防员一起，组建了"广园西乐队"。2015年，曾庭民带着他的"遗书"，登上了北京卫视《我是演说家》栏目的舞台。

他说："虽然写'遗书'是为自己、为父母写的，同时也是想以这种方式，希望更多的人来关注消防安全，每个人都能增强自己的防范意识。"

公众的消防意识还不够高，消防员去企业检查消防安全的时候有时会遇到业主不配合，还有学校拒绝他们举办消防知识讲座的提议。

还有不到两个月，曾庭民就要退伍了，他的消防知识普及工作不会"退伍"。他计划从退伍金中拿出一笔钱，作为启动经费。"希望通过普及消防知识，使公众提高消防意识，减少事故的发生。"

（五）新华网：《是大材小用还是市场所需？——四川大学保卫处招人需博士学历引热议》

新华网成都4月23日电（记者吴晓颖） 近日，四川大学保卫处发布的一则招聘公告引起社会热议。专家认为，高学历并不代表高能力，在职场上，“打铁还需自身硬”才是永恒定律。

近日，四川大学保卫处发布的一则“招聘两名管理岗位工作人员”公告，引起网民围观。社会关注的焦点集中在其中的一条要求：需博士学位（保安、消防专业硕士及以上）方可应聘。

除了高学历门槛外，细看招聘公告，该岗位对应聘者的能力要求也超出常人认知范围：“需配合公安机关对校园内发生的刑事和治安案件进行侦破和查处，参与调解民事纠纷；起草工作简报、报告、计划、总结等。”“起草消防安全工作方面的文件、报表、通知、总结等；协助火灾事故的查处。”

对此，有网民调侃称：怕只有美国队长才能堪此大任。更多网民提出质疑：“招个保安也需要博士文凭？设置这么高的门槛，有人才浪费、大材小用之嫌。”

四川大学保卫处处长袁斌称，此次招聘的是“管理岗位”，而非“保安”。高水平人才才能胜任这一岗位，如学校“天网”系统、消防远程监控等，其开发、维护都需要电子信息技术方面的高技术人才。“据我所知，国内部分高校从保卫处处长到一般管理人员都有博士学位。”袁斌说。

自 1999 年高校扩招以来，我国高等教育已跨越式地进入大众化阶段，学历发放的增加导致学历竞争的加剧。教育部网站公布的统计数字显示，1999 年我国研究生招生规模为 9.2 万人，其中博士生 1.9 万人；至 2013 年已增至 61 万人，其中博士生 7 万人，短短十余年间研究生总量增长了 6 倍多。

小李是西南某高校经济管理学院博士生，他告诉记者，他的同学毕业流向基本上分为三种：高校及科研机构、企业、攻读博士后。他所就读的学院本届共 15 名博士生中已有 9 名找到工作，大部分同学进入高校当老师。“就业质量已大不如前几届。”小李感叹道。

近年来，国内高校每年就业率统计均呈现出有趣的“倒挂”现象：研究生就业率不如本科生，本科生不如专科生。这其中透露出高校生的普遍心态：投入学校学习的时间越久，学历越高，要求个人回报率也越高。

于是，大城市、国企大单位、事业单位财务、高管等“高大上”职位，成为高学历人才择业的必需条件，而不愿高成低就、委屈了自己。

部分企业负责人表示，学历虽是应聘的“敲门砖”，在择业中为个人增添了筹码，但随着市场竞争的加剧，人才高消费降温，用人单位特别是私企更加注重应聘者的个人工作能力。对一般企业而言，除了产品研发部门，求职者拥有大专或本科学历就够用，没有必要盲目追求高学历“高消费”，反而增加了用人成本。

四川省社会科学院社会学所研究员胡光伟认为，学历不过反映了一个人的文化程度，高学历不代表高能力。“打铁还需自身硬”，硕博士生毕业进入职场前自身能力素质要过硬，否则很难通过面试环节或试用期，不论学历高低，用人单位真正欢迎的是能够创造价值的人才。

（六）新浪新闻：《港媒：内地人才短缺 劳动者技能与雇主需求错位》

参考消息网 11 月 6 日报道 港媒称，根据 3 日在北京发布的一项调查称，内地在实现其攀登经济价值链的抱负时面临着人才短缺。

据香港《南华早报》网站 11 月 4 日报道，该调查指出，在对劳动力队伍进行的教育与雇员所需技能之间，存在巨大错位，这可能阻碍从低端制造业向高附加值业务转移。这项调查是由摩根大通集团与清华大学、复旦大学在去年进行的。

调查还指出，对内地 2.6 亿农民工的职业教育不足是一个严重问题。中国有意成为创新超级大国，并把服务业当作持续增长的支柱。这些计划依赖于一支具有熟练技能的劳动力队伍。但是，该调查的一份结论性报告称，内地“技能低下的劳动者并不能适应自动化和智能生产，而高技能劳动者具备的技能却并非企业真正需要的”。

报告称：“一个根本问题是学校的专业、课程设置和招生计划是由对市场需求没有适当考虑的高等教育机构决定的。”官方数据显示，过去 14 年大学毕业生的就业率保持在 70%以上。但是调查显示，近 1/3 的毕业生会在 6 个月内辞去第一份工作，大约 70%接受调查的雇主称大学提供的教育“没有什么价值”。

接受调查的几乎所有企业都称缺少拥有全球管理技能的人才。清华大学社会学教授李强说，中央政府应该给予大学更多自由以便根据市场需求制订课程计划，行业协会应该把重点放在对农民工的教育上。

这项调查显示，从农村地区来到城市中的年轻一代农民工缺少获得技能训练的途径。1/3 的农民工接受过技能训练，不到 6%的农民工获得了技能证书。李强说，用于高级职业教育的开支总额只相当于政府用于大学经费的大约 1/3。

与此同时，他还表示，产业协会未能在技能培训方面发挥作用。

二、有声语言新闻评论表达

（一）新闻点评

练习要求：

(1)30秒左右，字数在150字上下，三五句话即可。

(2)要求对点评材料理解透彻后，联系社会现实进行分析，找到新闻价值点，抓住切入点，形成点评的话题点。

(3)视角独特、观点新颖，见人之所未见、言人之所不能言，对关键点的把握能击中要害，一针见血。

1.北京晨报：《十个高三生　九个戴眼镜——全市去年体检数据发布 男性超重肥胖、女性乳腺增生分列问题首位》(节选)

昨日，市体检中心发布了全市去年体检数据，青少年健康状况堪忧。高三学生视力不良，检出率高达近九成，超重肥胖成为成人和学生共同的健康问题，除此以外，血脂异常、脂肪肝、甲状腺结节等分列本市体检人群异常指标前五位。

经过对全市2015年度473.7万体检人次的数据采集、整合，昨日，市体检中心正式对外发布《北京市2015年度体检统计资料报告》。

2015年度，全市完成了包括中高招体检、机动车驾驶员体检、教师资格认定体检等专项体检共98万人次。其中，学生健康状况堪忧，视力不良以及超重肥胖问题仍比较突出。2015年，高三学生视力不良检出率为89.28%，也就是说，每十个高三学生中，只有一个能达到双眼裸眼视力5.0的健康标准，其余九人都不达标。

专家解释，青少年近视是由多种因素导致的，包括遗传因素和环境因素。在环境因素方面，近视眼的发生和发展与近距离用眼的关系非常密切，如用眼距离过近、近距离用眼时间过长、视屏终端使用过多、照明光线过强或过弱、在行车上或走路时看书等因素均可能引起近视或加深近视。学生视力不良问题严重，解决这一问题需要个人、家庭和社会的共同努力。根据青少年的特点，预防近视，需要注意保证充足睡眠，劳逸结合，增加户外运动，减少近距用眼时间。

针对青少年肥胖问题，专家解释，不良的生活方式，如高能量饮食、长时间看电视和缺乏运动等，导致了肥胖率迅速上升。比较有效的方法是减少肥肉、油炸食品、洋快餐、蛋糕、含糖碳酸饮料、冰淇淋、奶油等高脂肪、高能量和高血糖指数食物的摄入。

2.钱江晚报:《美科学家研制自毁式手机?一旦被盗可立即溶化》

手机被盗,担心个人信息泄露怎么办?别担心,据外媒9日报道,美国科学家对外展示了一种根据需要溶化然后变得没用的电路。他们表示,这项技术可用于手机和信用卡的防盗装置。如果失窃,用户只需向他们的手机发送一个指令,手机就会自毁。面对如此强大的功能,有网友感叹:“冠希哥咋早没用上这手机啊。”

除了民用,该项科技未来在军用和民用的潜力都相当巨大。如果真的可以自毁,那么即使信用卡被盗,只用一个指令就可以自毁,避免个人信息丢失。军事上远程触发电子设备自毁,也有利于保护敏感的军事机密。

美国爱荷华州立大学机械工程学助理教授雷扎·蒙塔扎米说:“你没有想过你的手机有一天会溶化,对吧?你可能想不到让电阻器、电容器和电子设备等每件东西以毫无踪迹可寻的方式溶化掉。”这位研究人员认为,他的“瞬变材料”可让这个想法成为现实。

研究人员表示:“一种医疗设备可在人体内溶化掉,而且不会造成伤害。一种军事装置可收集和发送数据,然后溶解掉,使情报任务不留下任何痕迹。”这些材料是特殊的聚合物。一旦激活触发器,这种聚合物就会迅速、完全地溶化。

科研组已制造并试验了一种具有数据传输功能的可降解天线,不仅在美国化学学会最近于达拉斯举行的会议上提出他们的研究成果,还在《先进功能材料》杂志上发表一篇论文。这些研究人员在这篇论文中说:“用瞬变材料研究电子设备是一项很少得到解决的新技术。这项技术在医学和军事应用上都存在巨大潜力。”

3.汉网:《19岁男生相亲遭大龄剩男围攻 被指抢占资源》

5月11日下午,在光谷步行街举行的相亲会上出现了令人啼笑皆非的一幕,一名19岁男生上台相亲找女友,遭到台上数位大龄剩男“围攻”,被指过于年轻、抢占资源,最终狼狈下场。

今日相亲会刚开始第一轮互动,一位略显稚嫩的男嘉宾就踊跃地站上了活动舞台,向心仪的女嘉宾表白。“我今年19岁,在武汉市公交集团工作,希望今天能相亲成功。”这位姓戴的年轻男生甫一开口,就惹来了台上台下男嘉宾们的非议。“你这么年轻来凑什么热闹呀,给我们这些28岁的老男人留一点机会吧!”与该男生同在台上的七位男嘉宾瞬间“围攻”上来,纷纷表示心理不平衡,最后更是一起将他“请下台”。

记者随后了解,该男生刚参加工作两年,今天陪同朋友一起来相亲,虽然年轻,他还是希望能找到一位善良漂亮的女孩做自己的女友,“即使被赶下台我也不会放弃的,现在剩男太多了,我一定要抓住机会早做打算。”他最后仍不忘向记者言志,并且继续战斗在相亲会现场。

4.澎湃新闻:《南京3岁男童在早教中心被“关禁闭”后坠楼监控视频曝光》

南京一早教中心,3岁男孩小宇因与小朋友争抢玩具,被保育员刘某猛踢一脚,又被拖进办公室反锁。小宇开门不成,踩沙发翻窗,结果从三楼坠下,左手左腿骨折。

据澎湃新闻此前报道,该事件发生于今年6月8日,该幼童是被刘姓女保育人员关在办公室内,不慎从三楼办公室窗户滑落的。

涉事的早教中心负责人称,事发时,该女保育人员仍处于试用期,目前已被辞退。澎湃新闻从涉事保育员的丈夫处获悉,该保育员也是位2岁孩子的母亲。

据了解,涉事的保育馆位于奥林广场的三楼,距离地面大约十几米,相当于普通居民楼的五层楼。当时孩子翻窗后,先是落在了雨棚上,然后顺着雨棚斜顶坠到地面,幸亏是有雨棚缓冲,否则孩子不可能只是两处骨折。

5.人民网:《4岁孙子要独占后排睡觉,儿子让60岁的妈蜷蹲后尾箱》

人民网安陆9月20日电　拿出养老钱给独子买了SUV,怎料孙子嫌车里挤,儿子就让60岁的母亲蜷蹲在后尾箱里。前日,查缉盗抢机动车的安陆市巡店派出所民警查获一起奇特的违规事件,感慨世界上居然还有如此儿子。

前日上午,安陆市巡店派出所派出警力重点查缉盗抢机动车。10时许,民警对一辆悬挂江西号牌的SUV进行例行检查。当民警检查核对车辆证照后,对车辆尾箱内物品进行安检时,打开尾箱的民警吓了一大跳:后排尾箱狭小的空间里,居然蜷蹲着一位老太太。检查民警当即将车上所有人员分离控制询问,老太太也被民警扶到警车上接受询问。询问的结果,大出所有人意料之外。车上的夫妇和年约4岁的男孩是老太太刘某的儿子、儿媳和孙子。刘老太太告诉民警,今年刚用养老的积蓄给儿子买了这辆SUV。几天前,儿子一家从江西开车到武汉游玩,自己同车一路照顾孙子。当时孙子在车上犯困,嫌车里太挤不能躺倒睡觉,儿子小刘便让刘老太蹲到尾箱里给孙子腾出后排睡觉。

令检查民警唏嘘不已的是,唯恐民警对儿子进行处罚的刘老太不断向民警求情:尾箱里蛮好、蛮舒服,可别为难我的伢。

6.新华网:《景区优惠不能“挑三拣四”》

新华网合肥6月22日电(记者张紫赟)　安徽省天柱山风景区日前宣布开展名为“皖人游皖山”的系列优惠措施,对全省15个地级市的居民分期免费,唯独缺了黄山风景区所在的黄山市。不管如此“挑三拣四”“区别对待”的动机何在,都有损部分消费者权益,有违市场公平竞争的精神,同类型景区竞争不应出此下策,而应在资源共享中求创新谋发展,实现“真优惠”。

针对公众质疑，天柱山景区公开回应称，经多年尝试和市场调查，来自黄山游客较少，所以决定放弃这块市场。但是，天柱山、黄山景区同属5A级山岳型景区，此次优惠活动撇开黄山市的行为，难免让人生疑。

尚不知黄山风景区在以后优惠活动中是否会撇开天柱山景区所在的安庆市，不过一旦这种“看人下菜碟儿”的思维在各地景区蔓延，受影响的最终是广大消费者的权益。

近年来，各地像天柱山景区此次限时、限人群的优惠措施不少，然而其中不少优惠时间短、折扣不给力，看起来更像是以节日为噱头来促销，似乎缺少诚意。尤其是由于能享受优惠的群体往往是被选定的特殊群体，一定程度上对其他消费者造成不公，有违市场精神。

事实上，有关部门早已明确规定，游览参观点不得以各种理由区别本地与外地游客、境内与境外游客，设置不同门票价格或给予不同优惠政策。因此，景区优惠“挑三拣四”，本质是对市场的不公平和越位干预，亟须整改。

当下，各地景区开发步伐日益加快，一些景区不可避免地陷入同质化竞争的“恐慌心理”，但绝不能剑走偏锋，搞不正当竞争。如何在公平竞争中共拓市场、惠及百姓，是考验各地景区市场化程度以及管理服务水平的试金石。

（二）新闻短评

就下列材料提炼评论点，做1.5分钟左右的短评。

练习要求：

(1) 时间在1.5分钟左右，字数500字左右。

(2)注重短评中心论点的提炼，既要抓住新闻价值又要体现对社会舆论的影响力。

(3)注意口语短评的结构层次、详略安排和逻辑线条。

(4)注意运用“劝服传播”的思维和表达技巧来进行观点、态度、主张的传播。

(5)注意整个表达过程中的语态、体态等信息的有机结合。

1.搜狐新闻:《“啃老”女子向母亲借钱被拒 强喂水银弑母》

“我就是管她借钱，她不给我。”39岁的“啃老族”杨某说道。平时，杨某只要没钱就向母亲刘某索要。2014年1月份，杨某再次向母亲要钱被拒，心怀怨恨的她将温度计砸碎，取出水银倒在饭勺内，强行喂其母喝下，随后用衣物缠绕母亲头面部，致母亲刘某死亡。案发时，杨某7岁的女儿在另一屋内。随后，她翻出母亲的钱，带着女儿和尸体一起生活两个多月，后因无法忍受尸体腐烂气味才搬走。因楼内气味刺鼻，邻居报警得以案发。今天上午，杨某因涉嫌故意杀人罪和盗窃罪在北京市二中院受审。

今天上午9点50分，该案在北京市二中院受审。杨某现年39岁，北京人，大专文化程度，案发前无职业。身穿黑色短袖的杨某被带进法庭时，看向旁听席。杨某结婚两次均离婚，案发前带着女儿跟母亲生活在一起。

据检方指控，被告人杨某于2014年1月中旬，在本市丰台区一居民楼内，因琐事与母亲刘某（殁年61岁）发生争执，后杨某对母亲进行捆绑、殴打，将事先购买的体温计砸开，将体温计中的水银灌入其母亲口中，并用衣物缠绕其母亲的头面部，造成刘某死亡。随后，杨某窃取刘某存放在屋内的银行卡、存折及2000余元现金，并从刘某存折中提取9600余元现金。

2.搜狐新闻：《北京"蚁族"：很多来自农村 多是高学历贫困》

据了解，今年有727万名大学生求职，比去年增加了27万名学生，再加上没有就业的往届大学生，找工作的大学生将近900万名。大学生毕业时留在大城市成为"蚁族"，还是选择去二三线城市创业就业，又成了摆在这些学生面前的选择。

2013年，北京住建委等单位联合下发通知，禁止房屋群租，要求出租房屋人均居住面积不得低于5平方米，每个房间居住的人数不得超过两人（有法定赡养、抚养、扶养义务关系的除外）。通知要求，应当以原规划设计为居住空间的房间为最小出租单位，不得改变房屋内部结构分割出租，不得按床位等方式变相分割出租。厨房、卫生间、阳台和地下储藏室等不得出租供人员居住等。无奈之下，"蚁族"向城乡接合部蔓延，在清华大学的水磨社区等地，居住环境十分恶劣，甚至饮水都不能保证，但这些大学生却依然选择在大城市坚守。

对外经济贸易大学青年发展研究中心主任、教授廉思带领的"蚁族"研究课题组，2013年曾发布"蚁族"最新报告。他们对于蚁族有过3次大规模的抽样调查，第一次是2008年12月到2009年1月，第二次是2010年3月到10月，第三次是2013年1月到3月。他们发现，蚁族有一些变化，包括学历层次提高、居留模式转型、聚集类型变多、居京意愿减弱、经济状况改善等。

廉思给"蚁族"一个新的定义就是城市中的"在职贫困者"，因为这些人首先是代际性贫困，"蚁族"很多来自农村，从父母学历来看，受访者父亲初中以下学历的占49.2%，父母大多务农，因此，"蚁族"很难从家庭获得更多的经济收入和社会资源。更值得关注的是，"蚁族"多是高学历贫困，该比例以大专和大学为主，大部分来自普通高校和民办高校，合计81.4%。

3.人民网:《吉尼斯官方宣布:扬州"最大份炒饭"纪录挑战无效》

新华网北京10月26日电(记者牟旭 白旭 蒋芳) 吉尼斯世界纪录官方26日对记者表示,23日在江苏省扬州市举行的"最大份炒饭"挑战活动由于存在浪费食物情况,其挑战纪录无效。

吉尼斯世界纪录大中华区市场总监杨丽娜表示:"我们已收到主办方提供的接收单位接收食用情况书面报告,但目前主办方已经明确表示确实有150公斤炒饭有不恰当处理,违背了我方关于大型食品记录中食品最终要供民众食用不得浪费的规定,因此我们已经通知主办方此纪录挑战无效。"

23日,一场名为扬州炒饭总动员——吉尼斯世界纪录称号"最大份炒饭"挑战赛活动在扬州举行,整个活动采用了市场化的方式运作。随后,有媒体报道炒饭被当作垃圾运走、被用来喂猪等消息。

扬州市旅游局26日证实,该局针对"4吨扬州炒饭破纪录后装垃圾车"事件进行核查后确认,总重量约150公斤左右炒饭被送至养殖场处理,其余的炒饭在活动当天已经按原计划送到接收单位,相关的接收单位都出具了接收和食用情况的书面报告,并报吉尼斯备案。

杨丽娜表示,吉尼斯世界纪录对大型食品类的记录有严格规定,要求用于挑战的食品最终均为供民众食用,不得有任何浪费。

经扬州市旅游局核查,活动举办方原本计划活动结束后将所有成品送到有关企业和学校给职工和学生食用。在实际活动举办过程中,发现有部分成品因存放时间超过4小时,不适宜食用,将这部分不适宜食用的炒饭送至养殖场处理,总重量约150公斤左右,也就是网上流传的工人用铁铲将炒饭装进货车的图片。

杨丽娜还表示,吉尼斯世界纪录不接受任何不道德的纪录。平均来说,吉尼斯世界纪录每周收到约1000条申请,其中95%都会被拒绝。

4.荆楚网"东湖观点":《"报销难应酬少"就应该是常态》

"现在吃一顿400块钱的饭,要10个人签字才能报销。"李明(化名)是海南省东方市的基层公务员,在他看来,这种做法让公款吃喝大为减少,"谁都不愿意为了一顿饭,把自己的名字写在发票上待查","如今,没有了觥筹交错的虚情客套,没有了'以酒会友'的荒唐理由,应酬时间明显减少,上班秩序正常了,工作效率也提高了。"李明说。

党的十八大以来,随着中央八项规定的执行,公款吃喝现象得到了较大程度的遏制,不但让公款吃喝浪费财政资源情况得到了制止,还解放了很大一部分公职人员,使他们不再需要整日被迫忙应酬,回归到正常的生活状态。不但能够按时回家，增进了家庭和睦，还减少了喝酒等酗酒行为，保护了身体，使公职人员有更多的精力用到工作之中，“上班秩序正常了，工作效率也提高了”就是中央八项规定执行效果带来的最好证明。所以说，“报销难应酬少”就应该是常态。

报销难是因为中央八项规定后，大家更加意识到“三公经费”乱开支造成的浪费有多大。在中央八项规定执行前，不管是单位的公事，还是个别领导的私事，都可以用公款来接待，公款成了公职人员随意开支的聚宝盆，造成的浪费更是数目惊人。中央八项规定后，减少了公务接待的开支，更减少了公车使用、公务出国等“三公经费”支出，使公费能够更多地用到公共的地方，能够更大幅度地使用到例如教育、卫生等更加需要这些经费的地方。报销难必须成为常态，只有报销难才能扎紧公款消费的口子，使公款减少浪费，得到有效使用。

应酬少就更应该是常态了。作为公职人员来说，其主要任务就是要尽心尽力搞好本职工作，把自己作为一颗螺丝钉，不管放在哪里都能够发挥应有的作用，如果按照以前成天都忙着吃喝接待，哪来的时间和精力去考虑工作上的事，长此以往必将脱离群众。正如习总书记在党的群众路线教育实践活动动员大会上所言，我们党当前面临着的最大危险就是脱离群众。中央八项规定实施后，公职人员应酬少了，有了更多服务群众的时间，群众满意了，干群关系也就融洽了。应酬少还有一个更大的功能就是公职人员按时回家的多了，增进了家庭成员之间的关系，减少了矛盾，使社会更和谐稳定了。

必须把中央八项规定严格执行下去，使之成为常态，只有八项规定常态化了，“报销难应酬少”也才能够成为常态。如果不把中央八项规定常态化，只是抓一阵了事，那么只会成为一阵风，风吹过后一切必将恢复原来的模样，这不但是公职人员的不幸，更是人民群众的不幸。因此，狠抓中央八项规定必须成为一件持之以恒的工作，必须经常抓、长期抓，永远不放松。

当然，我们也已经看到，党中央也早已考虑到这些问题，在党的十八大后开始的中央八项规定，一直作为一件常态工作在抓。不管是在党的群众路线教育实践活动之中，要求党员干部对照“四风”查找自己存在的问题，在教育实践之后，还掀起了治理“慵懒散浮拖”等专项整治，在今年不但提出了加强班子领导思想政治工作的要求，还将“三严三实”作为常态性教育进行安排。当然，这些只是活动的载体，最终的目的还是要广大的公职人员严格遵守中央八项规定，这从中央纪委经常性、不定期通报各地违反中央八项规定的情况就可以看出来。

“报销难应酬少”只是中央八项规定作用的一个小小缩影，只有把中央八项规定坚决坚持好、贯彻好、落实好，相信会有更多的好作风好风尚成为新常态。所以，不管是期望良好的政治生态还是良好的社会风气，都离不开中央八项规定的严格执行，只有把中央八项规定常态化才是正理。

5.中国新闻网:《骑电动滑板车上路被罚 罚款怎么交难住警察》

“这个……能用微信支付吗?”“这还真不行，交通处罚系统里可没有这种支付方式……”9 点，朝阳门立交桥东南角，因为骑着电动滑板车上班，一位长发飘飘的女士被东四交通大队交警拦住，交 10 元罚款没问题，怎么交，把警察和骑行人都难住了。

和其他交通工具相比，电动滑板车、电动平衡车的使用者更偏向年轻化，在白领聚集的望京、国贸、朝阳门周边，此类工具的出现频率更高。自 8 月 29 日，北京警方正式宣布将对使用此类工具上路的市民罚款 10 元的消息后，一部分使用者对此已有耳闻，但今天被民警截住的一些人，很豪放地说:“我从来不看新闻。”

记者发现，无论是否知道“电动滑板车不能上路”，被拦截处罚的青年男女都较为配合民警。不过，“罚 10 元”这样的活儿，民警显然也不是经常干，看到被处罚者掏出的钱包里唯一一种面额——100 元的现金，双方互相看看，尴尬了两秒，被处罚者提议:“微信?”民警答:“不成。”

最后，几位民警和在场的记者各自掏兜，终于凑够了 100 元零钱，才算完成处罚。此前，也有其他交通支队的民警在进行处罚时遇到了同样的问题，最后是民警掏 10 元现金，被处罚人向民警微信转账，把事儿解决了。

一位刚被处罚完的女白领面对记者侃侃而谈:“不让骑，为什么国贸周围到处都是卖这种车的……我不愿坐地铁，那么挤，警察又抓不光车上的变态……我一直在自行车道里，这种滑板时速也不超过 20 公里，我又不闯红灯……”

东四交通大队副大队长任永杰说，和一般交通工具相比，电动滑板和平衡车的使用者，身体完全暴露在外，一旦发生碰撞，毫无缓冲余地，和别的交通工具相撞，使用者处于弱势，但要撞上行人，也会给行人造成不小的伤害。“它们的使用者从心态上把自己定义为非机动车骑车人，但其实这种交通工具还处于灰色地带，到底应该算什么，法律上还没有明确定义，一旦发生严重的交通事故，这就要涉及定责等一系列非常关键的问题。禁止这种工具上路，最终的目的既是要保护它们的使用者，也要保护其他交通参与者。”

(三)新闻述评

练习要求:

(1)熟悉、理解、把握住新闻内容后，选取述评的新闻点。

(2)注意叙议结合,内容表述清晰、准确,点评、议论应恰到好处,两者要有机结合、相得益彰。内容的选取、转述和重构要详略得当、重点突出,体现新闻价值,语言方面注重简洁、精到、有力,体现思考的深度和视野的广度。

(3)述评长度在3—5分钟为宜。

1.中国新闻网:《国考报名过半程:最热岗近1500∶1　千余岗无人问津》

中新网北京10月20日电(记者 阚枫)　目前,2017年国家公务员考试报名已过半程,截至19日的数据显示,总报名人数已近40万。此外,国考报名再现“冰火两重天”现象,最热职位的竞争已近1500∶1,但仍有上千岗位至今无人问津。

19日是2017年国家公务员考试报名的第五天,报名时间已经过半,本次国考报名的相关数据也迎来“井喷式”增长。根据华图教育的统计,截至19日16时30分,累计报名人数已经达到398 728人,单日报名人数高达12.5万人,相对于前一日,环比增长145%。目前,累计已报名职位数已经达到14 346个,已经占总职位数的80%左右。从18日开始,本次国考报名人数就呈现出高速增长的态势,报名人数的增幅每天都在10万人以上。

本次国考招录共有120多个中央机关及其直属机构和参照公务员法管理的事业单位,计划招录2.7万余人,比去年略有减少,但与以往相比,国考招录规模依旧处于历史高位。

对于这一情况,18日,国家公务员局考录司副司长彭忠宝在参加人社部门户网站在线访谈时表示,这主要是部分单位包括一些直属机构在20世纪80年代集中补充了一批人员,这部分人员开始集中进入退休年龄,因而出现了部分人员相对集中退休的情况,空缺出来的职位需要补充人员。从录用计划情况看,所有录用计划都在规定的编制限额内,并有相应的职位空缺。

国考报名日程过半,热门岗位的竞争程度也在不断攀高,报名职位的“人气榜单”也在不断变化。据统计,截至19日16时30分,本次国考报名竞争程度最大的前10个岗位,其竞争比都在400∶1之上。这其中,民盟中央办公厅“接待处主任科员及以下”这一仅招录1人的职位,竞争人数已高达1489∶1,暂时成为最热职位。

记者发现,这一职位的介绍为“从事机关公务接待的服务工作,机关会议和活动的筹备工作”,除了两年基层工作经验和本科以上学历之外,这一岗位没有其他限制条件。

每年国考报名,招录职位都会上演“冰火两重天”的现象,热门职位“千里挑一”,甚至“万里挑一”,但是,也有一些职位直到报名结束也无人问津。虽然目前国考报名已过半程，但是19日的数据显示，仍有1 243个职位处于“零报名”状态。

其实，对于符合条件的考生来说，报考这些目前“零报名”职位的胜出机会很大。根据中公教育的统计，至少有7个目前“零报名”的职位本次招录人数在5人以上，这些职位均来自铁路公安系统。

对于报名过程中的冷热不均现象，彭忠宝分析，从这几年的情况来看，有三类职位报名人数会相对较少：一是对学历、学位、专业和相关工作经历等要求相对较多、条件较高的职位，因为符合条件的考生人数会相对较少，报名人数相对较少。二是县级以下基层职位报名人数一般要少于中央一级和省一级的职位。三是在经济条件相对落后的艰苦边远地区，县以下基层职位较经济相对发达地区职位的报名人数相对较少。

“往年出现报名人数较多，比如一个职位一千人，甚至几千人报名的，往往都是因为相关条件设置比较宽泛，比如学历只限本科及以上，专业和工作经历等没有要求的职位。这几年报考人数较多的职位基本上都是这一情况。”彭忠宝介绍。

2.网易财经：《银行业内透露　ATM有可能出假钞》

近期关于银行业务的安全问题引起了持卡人的广泛关注，继“信用卡该不该设密码”问题之后，有网友爆料称ATM取千元现金居然发现有6张是假钞，虽然银行随后坚决否认，但有多位银行内部人士在接受本报记者采访时透露，银行现在不敢保证ATM取出的钞票是“百分之百真钞”，即有可能出假钞。

案例：网友称ATM取千元有6张假钞

有网友近期在微博上爆料称，其同事22日晚在北京静安中心一家银行的ATM取1000元现金，其中6张为做工粗糙的连号假钞，事主第二日到银行投诉，被银行要求拿出证据。“我们拿不出证据，说不清楚”，但爆料人声称“以我认证身份发誓保证（所说）是事实”。该网友的微博认证身份为“人人网市场运营主管”。

昨日，涉事银行对本报记者回应称，该行“装入自助设备的现金均经过双人至少三次在监控镜头下使用经中国人民银行认定的具有识别钞票真伪功能的点钞设备清点。因此，放入设备内的现金不会出现假钞。且钞票放入钞箱后立即将钞箱签封，管机员携钞箱至清机现场全程均无法接触到钞箱内现金”。

同时，该行还称“自助存取款一体设备也具有经过中国人民银行认定的识别假币功能，能做到对存入的假币不予受理。经联系客户进行其报告假币的存入测试，均显示无法存入”，因此“设备不会出现取出假币的情况，建议遇到可疑情况可向公安部门报案”。

蹊跷的是，爆料人目前已将所有相关微博删除，记者试图与其联系了解事情进展时，对方也以“不方便多说”为由拒绝透露更多的信息。

业内人士：正常流程下ATM出假钞比例低

记者昨日与多位银行业人士进行沟通，了解“ATM出假钞”是否真有可能发生。“我只能说这当然是非常小概率的事件，在ATM每日如此大的交易量面前，这种概率甚至可以忽略不计，百分之百说没有谁也不敢说”，一位国有大行的相关负责人对本报记者表示。

据这位负责人介绍，现在ATM钞票的管理模式中，由银行清点中心清分配款是最重要的一种方式，利用专业的清分机清点好之后，就交给运钞车押往各个银行网点的ATM，将旧箱子取出，再将新箱子替代进去，整个流程都会有严格的管控。

银行的内部人士表示，从流程的设计来看，本身是不大可能让假钞最后进入到ATM中去的，但是否“零风险”就不好说了。

一位在银行柜台工作了十余年时间的老银行职工对本报记者说，在他从业生涯中还没有接触过这方面的实例，“可见比例有多低”，他还强调，其中不少是取款人自己出了问题，“要么是假消息，要么是自己的钱包被掉包，真实的案例没有那么多”。

取钞要立即核对　假钞要当场摄录

不过，持卡人对银行的解释似乎并不买账，有关ATM出假钞的消息也不时充斥报端。

值得注意的是，去年11月，成都的媒体还披露，有银行的职工利用工作之便，一次次将双手伸向自己管理的取款机，窃取里面的现金，从2006年到2010年这4年间，一共从10余台取款机上窃取人民币108万元。媒体当时也普遍质疑，“这一案件也让ATM取款机很安全、不会有假钞的说法变得非常可笑”。

即使银行承认“不敢保证ATM百分之百不出假钞”，但现在的问题是，银行与持卡人在出现类似纠纷之后，双方都纠结在一个问题之上——如何取证？银行业人士坦言，“投诉了只能由公安部门介入调查，银行承担责任是有前提的，那就是要有依据”。

专业人士则提醒持卡人要记住八个字“快速反应，尽量取证”，建议持卡人从ATM取出钞票后核对一下真伪，如果发现有假钞，立即对着ATM的摄像头出示一下钞票编号，而且不要马上离开，或者与网点的工作人员联系，或者马上电话通知银行。

3.重庆晨报：《湖南高速再曝天价拖车费：还是那家救援站，这次要4万》

今年4月份《经视大调查》曾独家报道，有大货车在京港澳高速潭耒段发生侧翻，潭耒高速衡阳施救站收取3.6万元高额施救费一事，报道播出后，湖南省发改委成立调查组，对施救公司进行了处罚，两名责任人被清退，多名负责人受处分。国家发改委还将此列入典型乱收费事件进行了通报。省发改委进一步明确了高速救援收费标准，可令人感到不解的是，最近，《经视大调查》又接到了一起“天价施救费”的投诉，事发地还是潭耒高速，还是那家救援站。而这一次，救援站开出的是4万元施救费。

11月11日早上6点多，山东的张先生和弟弟由广西将一车30吨的肥料运往山东老家，由于不小心撞上了潭耒高速护栏，车子发生侧翻，事发时，张先生被紧急送往医院抢救，事故都是弟弟在处理。在事故现场，潭耒高速新塘高速口附近的衡阳救援站列出了4万元的施救费，督促张先生的弟弟在协议上签了字。

令张先生感到不解的事，他的货物整个也就值4万多，单独救援一项就需要支付4万，而且施救只有26公里，货物转运比上次报道朱先生的货物还少了8吨，为何收费却高得离谱？

那么到底这4万的施救费用到底是如何组成的呢？11月30日，记者随同张先生来到了新塘收费站附近的潭耒高速衡阳救援站。在救援站办公室，记者见到了张先生当时签订的救援协议，其中吊车费用（两台）8 000元、货物转运费4 000元、货物装载费17 688元、抢修车辆3 000元、现场清理300元、货物放置仓库内保管费（3天）6 000元，拖车费（26公里）1 012元，总计4万元整。

1.7万多元的货物装载费用，还有4 000元的货物转运费用，3天收取6 000元的保管费，都高得吓人。记者要求按照收费标准一项项核算，结果这位刘姓工作人员很快改了口。

从4万降到了3.5万，但张先生仍然认为高得离谱，那么这价格还能少些吗？随后，记者找到了救援站负责人狄站长。

跟之前的刘姓工作人员一样，狄站长一口咬定他们的收费项目都经得起检查，即使记者去投诉，他们也站得住脚。

一方面确实张先生签订了施救协议，一方面又是看似有理有据不怕投诉的收费标准，少一分钱都是施救站给予张先生的“照顾费用”。那么，这3.5万到底是给予张先生照顾，还是继续在多收费、乱收费呢？目前，按照规定，救援服务站最终收费的金额，需要路政部门进行审核监管，要算清楚具体项目还得找到路政工作人员。随后，记者找到了株洲管理处路政大队新塘中队队长李军。

听完记者的质疑后，李军队长表示收费项目确实存在疑问，他们立即组织调查。果然在第二天下午记者接到了李军队长的回电，他给出了他们算出的最终结果。规定收费部分：按标准为吊车费用2 500、装卸费用2 400、转运费用2 400外加现场清理、货物保管、停车费、拖车费合计 19 637 元，而协议收费部分：仅货物装载这一项就少了 1.5 万多。车辆抢修少了 2 000 元，吊车少了 2 500 元。最后总计收费应为 23 637 元。

电话中，李军队长明确表示，这属于典型的乱收费。

虽然，此次在路政部门的协调下，张先生得到了最终的施救价格，但由于 20 多天协商拉锯战，救援出来的货物全部在施救站，没有得到很好的保管，全部被雨淋湿，损失惨重。

4.中国新闻网：《河北一医院回应“职工未按规定发朋友圈被扣工资”》

中新网邢台 10 月 21 日电（李洋 张鹏翔） 针对媒体报道“邢台市第四医院一职工因未按医院规定发布朋友圈被扣工资”一事，邢台市第四医院 21 日回应称，该员工工资减少并非网上所传工资“被扣”，而是未足额领取工资之外的专项奖金。

近日，媒体报道邢台市第四医院一职工因未按医院规定发布朋友圈、未在规定的时间内加满微信好友数而被扣工资。报道中，化名为王大海的职工称，该院发布通知要求医院职工在下班时间，按照一定数量原创和转发相关的推广内容，每人每周加好友不低于 350 人，直至加满 5 000 人为止。由于他未按规定执行，工资被扣。

针对此情况，邢台市第四医院行政院长李晶娟回应称，报道中所提及的“未按规定完成任务，工资被扣”一事与现实情况不符，并不存在“被扣”，而是未足额领取除工资之外的专项奖金。

“这部分专项奖金是给职工在工作时间之外付出努力的奖励，文章中提及‘财务人员告诉他，扣款为微信罚款’应是口误，奖金并不存在罚款一说。”李晶娟说。

李晶娟说，该院通过微信来回答现住院和已出院患者的健康咨询，缓解患者就诊难题。最初，医生和护士自发通过微信解答患者疑问，并在朋友圈发布正能量内容，很多患者到院就医后为沟通方便也会主动要求加医生、护士的微信。为鼓励职工传播正能量，医院在每名职工原有的工资的基础上，额外预算出部分专项奖金，以奖励用微信传播正能量的优秀者。

“为不影响医护人员在工作时间内给患者治疗，所以医院规定了‘上班及值班期间不能做与微信相关事宜’，也是让医护人员全身心为患者服务。”李晶娟说。

李晶娟称，医院职工正常工作时间之外付出努力，肯定会获得额外的奖励，但既然是专项奖金，就应按照付出努力的多少来发放，然而衡量员工是否能够足额或部分领取专项奖金，就要制定相应的工作规范及责任义务来作为参考。媒体报道的《执行标准》《通知》等，一是规范传播正能量的内容，要求员工实实在在传播有效内容;二是作为发放专项奖金的参考条件。

“报道所涉及员工的工资减少是专项奖金未足额领取,总额是与其他职工当月工资做的对比,并不是‘被扣’,医院其他职工并未出现这种情况。”李晶娟说。

5.腾讯新闻:《学校失误致学生毕业证成废纸　校方称无能为力》

法晚深度即时(记者 王选辉)　在南阳师范学院经历4年的学习后,刘佳拿到了该校的毕业证书和学历证书,可通过自己的身份证号在学信网(教育部指定的学历查询唯一网站)查询,却找不到任何相关信息。

后来她才知道,2006年南阳师院录取她时采集的身份证号和其真实身份证号并不一致,后来毕业时在学信网学历注册的身份证号也是有误的。拿着“假毕业证”找工作,刘佳屡屡碰壁,她决定开始维权。

今天下午,南阳师范学院官方微博对此回应说,学校目前无权力对任何信息进行修改,“学校也很为孩子着急,可是无能为力”。

2006年9月,刘佳进入南阳师范学院体育学院运动训练专业(本科,学制4年)学习,2010年毕业。毕业后找工作时她发现自己的毕业证“有问题”——通过学信网查询,找不到她毕业的相关信息。

刘佳说,找了学校几个部门反应未果后,她就通过网上信访的形式向河南省教育厅提出申诉。

《法制晚报》记者在河南省教育厅信访处网站看到了南阳师范学院对此事的答复。南阳师范学院称,刘佳的学信网学历注册身份证号为:410000××××04070000,与录取信息中身份证号完全一致。回复中还表示,“学生学籍和学历信息来源于录取时招生部门采集的考生有效身份信息,一经注册后,任何部门和个人无权更改……该生已毕业离校,而且其学历信息与录取信息完全一致,不能再变更任何身份信息”。

“这身份证号除了前两位和生日数字无误之外,其他均是‘0’,很明显是个错误的身份证号,怎么可能是我的?”对于学校的回应,刘佳表示不解,“他们采集我的身份证信息没进行核对么?没发现错误?没人对此事负责?”

今天下午,南阳师范学院官方微博对此事进行回应说,从学校相关部门了解到,录取时是按照高考报名时填写的信息录入的,信息确认后,一旦录取,学校无权力对任何信息进行修改,“学校也很为孩子着急,可是无能为力”。

“从小生活在贫困的农村,毕业证对我来说非常重要,希望学校和相关部门能帮忙解决。”刘佳说。

三、新闻评论节目成品练习

这部分练习是成品化练习，在大众传播的语境下，不论是传统的广播电视还是网络音频、视频节目、全媒体音视频节目，都要考虑和语言表达相关的因素：

(1) 传播载体、渠道的性质对节目语言的要求；

(2) 传播区域对节目语言的要求；

(3) 传播目标对象对节目语言的要求；

(4) 传播目的、效果诉求对节目语言的要求。

这四方面要求我们在进行思维和表达时综合考虑受众的接受习惯、认知能力、态度立场等，及时调整我们的语词选择、语言结构和表达语态。

（一）“新闻图片＋新闻评论”的节目样式练习

图片和评论性语言的结合是新闻评论类节目的一种形式，这一类节目要求对图片含义和引申义等表述清晰，能结合现实发散性地联系当下现象、话题进行评论。

练习要求：设计好节目的播出平台、目标受众和节目风格，然后对节目素材进行分析和设计，组织一段1—2分钟的新闻评论类节目主持。

彩图58至图61是备选素材。

（二）新闻视频＋新闻评论

选择一段新闻节目视频，学生结合视频做一段新闻现场评论。

练习要求：

(1)视频长度在2分钟左右，事实完整、信息相对丰富；

(2)评论时长在1分钟左右，内容要注意和视频的有机结合；

(3)评论中注意对视频新闻点、关键事实要素的评析；

(4)设计好本期节目所在栏目的相关要素。

第十二章　综合运用(3)——节目创作与主持

第一节　总体要求

一、综合性

本章内容是对本课程所学内容的综合运用，需要学生在节目创作和主持时，综合运用各种思维方式，整合节目素材，进行创新设计。

二、全媒体性

在本章的节目创作中，需要站在全媒体的传播语境下对节目形式、内容和主持语言、主持模式等进行考量。第一，全媒体环境下，节目的创作需要突破思维定式，要“细分受众市场，节目从‘定位’到‘定时’，实施精准传播策略”，[①]这种精准定位受众的思维模式要求在进行节目设计时，对受众的接受习惯在时段、状态、偏好、内容等多方面精确定位，差异化创作。第二，全媒体还呈现出“开放、共享”的特点，主持人需要在节目中“共享你的观点、感受，应该把用户放在最中心的位置上”。[②] 在传统媒体中主持人高人一等的优越感要放下来，重新定位自我。“传统媒体的信息垄断和话语霸权逐渐被侵蚀、解构，因此在节目定位和主持人选择时，一定要主动去‘说教化’色彩……”[③]第三，在全媒体时代，在受众可以随时、随地选择传媒内容的语境下，主持人的语言应更加“考究”——内容生产的品质需要更高，才能真正获得受众的注意和留守。

① 周云龙.冬天来了，传媒业如何“去产能”？[J].新闻战线，2016(12).
② 胡正荣.媒体的未来发展方向：建构一个全媒体的生态系统[J].中国广播，2016(11).
③ 宋思霖.媒介融合下电视节目主持人的角色重塑[J].当代电视，2016(6).

三、创新性

全媒体时代对我们而言是严峻的挑战，也是难得的机遇。在节目创作时，打破原有的广播电视节目结构，引入互联网思维、全媒体信息思维，将节目做活，例如，"《奇葩说》《晓松奇谈》这样的网络自办节目，无论是话题敏感度、生活贴近度、娱乐效果还是舆论反响，都成为受众，特别是年轻观众茶余饭后的谈资。新颖的节目样式、大量的信息冲击，推动了全民思潮的交锋，碰撞出无限可能的火花"。①

总的来说，在这一章的训练中，需要我们适当"忘记"广播电视节目样式、节目形态，将目光投放到当下受众的信息需求、文化需求、娱乐需求等方面，研究如何满足受众的需求，创作出内容活泼新颖、语言吸引力强、社会效益好的节目来。

四、完整性

本章对节目创作和主持要求相对完整，按照一期完整的节目来创作。节目根据类别和创作者的设计，长度在5—20分钟不等。

第二节　创作类别和要求

以下对节目样式的区分，更多是"功能属性"上的分类，并非传统节目的架构特征分类。

一、新闻专题类

新闻专题类是就一个相对复杂、重要的新闻事件或一系列相关的新闻做专门报道的节目。在全媒体环境下，新闻专题的摄制可以呈现出全方位的报道和多元化的传播。在媒体样式上，图片、图标、动画、文字、视频、主持人穿插等相互配合，为新闻报道服务；在语体上，播报、评论、谈话和采访等立体并用。在互联网传播状态下，即时互动、多信息轨的呈现使节目更具体验感。

此类节目创作和主持，学生可选取身边较容易获得的题材，借助摄像机、手机等设备创制节目。以下选题可供参考：

---

① 李佳佳.新媒体环境下电视节目主持人的应对策略[J].当代电视，2016(4).

（一）校内选题

(1)各种学生社团活动。

(2)近期的各类比赛，如篮球赛、足球赛、演讲赛、朗诵比赛等。

(3)学生生活、学习热点，如考研、兼职、创业、志愿者活动、恋爱、熄灯前夜话等。

(4)校内新闻人物，如教师、行政工作人员、学生、校园后勤工人、校内摊贩等。

(5)各种特殊日期的热点，如新生军训、毕业季故事、长假活动、跨年晚会等。

(6)……

（二）校外选题

该部分选题根据学校所在城市、区域实际情况选取。

二、社会服务类

社会服务类节目内容选材较为广泛，凡是为社会提供方法指导、帮助解决问题，或者行动参考、决策依据和知识资讯等内容都可以作为社会服务类节目的选题。就节目内容来划分，大致有以下几类可供创作参考：

(1)日常生活服务，如交通、气象、厨艺、家装、服饰、美容、孕育、教育、健康等。

(2)理财消费，如证券、基金、投资、信贷、房产、收藏、购物等。

(3)情感婚恋类，如择偶交友、情感咨询等。

(4)专门服务类，如寻人、调解、救助等。

三、教育科技类

社会教育类节目是指对大众起文明教化、知识普及、思想引导等功能的一类节目。在传统媒体中，《百家讲坛》《经济半小时》《人与自然》《地理中国》《我爱发明》《探索发现》《国宝档案》《走近科学》《读书》等，都属教育科技类节目。这一类节目相对来说模式更加多元，在主持人语言设计、节目传播方式、互动模式等诸多方面都可进行大胆创新。

四、综艺娱乐类

综艺娱乐类节目融合了各种艺术形式和娱乐性内容，以提供艺术享受、愉悦心情、调剂放松为主要功能。这类节目是目前大众传播内容构成的重头戏，占据着黄金时段，拥有最广泛的收视人群。综艺娱乐节目在主持时具有极大的灵活性、临场性，尤其是目前“真人秀”旋风遍布荧屏时，综艺娱乐节目或多或少都采用了带有强烈真实感和互动性的节目摄制样态，以增强节目的可视性。此类节目的主持要特点鲜明、不拘一格、生动灵活、新颖活泼。

五、综合体育类

体育节目播音主持大致可分为三大类：“体育播音、体育主持以及体育比赛的现场转播和评论，第三种是体育播音的重点。”[①]体育主持和转播、评论都是专业性较强的一类节目，在主持过程中涉及较多体育知识、行业术语和规则规范。例如“人身上 260 多块肌肉的位置在哪里？篮球如何打反攻？乒乓球的动作术语有哪些？”[②]此外，体育节目的动感、节奏、竞技等特性，决定了体育节目主持语言的特殊要求，其在弹性张力、节奏语速、清晰准确等方面都要高于其他类型的节目。在此类节目创作和主持练习中都要多加注意。

---

① 宋健生.体育解说和评论发展历史及体育解说员的培养[M]//播音主持艺术：14.北京：中国传媒大学出版社，2016：9.

② 蔡猛.体育节目解说和主持工作的职业化需求[M]//播音主持艺术：14.北京：中国传媒大学出版社，2016：21.

参考文献

[1]鲁景超.电视口语传播理论和实践——校台合作人才培养模式启示录[M].北京:中国传媒大学出版社,2012.

[2]战迪,刘琦.播音与主持艺术批评[M].北京:中国广播影视出版社,2015.

[3]宫承波.广播电视概论[M].北京:中国广播电视出版社,2009.

[4]翁如.主持人思维训练教程[M].北京:中国传媒大学出版社,2007.

[5]霍夫兰,等.传播与劝服[M].北京:中国人民大学出版社,2015.

[6]金重建.播音创作主体论[M].北京:中国广播电视出版社,2008.

[7]董旸.广播节目策划与制作[M].北京:中国传媒大学出版社,2007.

[8]李洪岩、柴璠.广播电视语言传播文化品位及审美趋势研究[M].北京:中国广播电视出版社,2007.

[9]金重建.播音思辨集[M].杭州:浙江大学出版社,2009.

[10]李彬.传播学引论[M].3版.北京:高等教育出版社,2014.

[11]樊明亚.形式逻辑[M].2版.北京:高等教育出版社,1999.

[12]陆锡初.中国主持人节目学[M].北京:中国广播电视出版社,2014.

[13]毕一鸣.语言与传播——广播电视播音与主持艺术新论[M].北京:中国广播电视出版社,2005.

[14]吴郁.主持人思维与语言能力训练路径[M].2版.北京:中国广播电视出版社,2013.

[15]赵俐.播音主持语言表达的个性化思考[M].北京:中国广播影视出版社,2014.

[16]鲁景超.广播电视有声语言传播受众心理研究[M].北京:中国广播电视出版社,2007.

[17]陈晓鸥.广播电视语言传播风格多样化研究[M].北京:中国广播电视出版

社,2007.

[18]周云.主持人即兴口语表达[M].北京:中国传媒大学出版社,2016.

[19]勒庞.乌合之众[M].冯克利,译.北京:中央编译出版社,2005.

[20]张国良.传播学原理[M].2版.上海:复旦大学出版社,2009.

[21]林洪桐.表演艺术教程[M].北京:北京广播学院出版社,2000.

[22]沙莲香.社会心理学[M].北京:中国人民大学出版社,2002.

[23]尼伦伯格,卡莱罗,格雷森.微动作读心术[M].龙淑珍,译.北京:新世界出版社,2013.

[24]贡贵训,于皓.生活中的语言学[M].芜湖:安徽师范大学出版社,2015.

[25]尼文.人生总会有办法:用逆向思维解决难题[M].长沙:湖南文艺出版社,2015.

[26]加洛蒂.认知心理学[M].3版.吴国宏,等,译.西安:陕西师范大学出版社,2005.

[27]张政法.主体的影响力——广播电视有声语言传播主体研究[M].北京:中国传媒大学出版社,2014.

[28]唐绪军.中国新媒体发展报告(2015)[M].北京:社会科学文献出版社,2015.

[29]陈波.创意思维与表达[M].北京:知识产权出版社,2012.

[30]鸿图.说话心理学[M].北京:海潮出版社,2013.

[31]彭聃龄.普通心理学[M].4版.北京:北京师范大学出版社,2012.

[32]平克.语言本能:人类语言进化的奥秘[M].欧阳明亮,译.杭州:浙江人民出版社,2015.

[33]维果茨基.思维与语言[M].李维,译.北京:北京大学出版社,2010.

[34]吴昱荣.简单逻辑学[M].北京:中国华侨出版社,2013.

[35]科列索夫.语言与心智[M].杨明天,译.上海:上海三联书店,2006.

[36]鲁景超.广播电视即兴口语表达[M].北京:北京广播学院出版社,2000.

[37]肖沛雄.节目主持人语言传播艺术[M].广州:暨南大学出版社,2009.

[38]彭兰.网络传播概论[M].北京:中国人民大学出版社,2001.

[39]摩尔,帕克.批判性思维[M].朱素梅,译.北京:机械工业出版社,2013.

[40]乐鸣.语言与思维的教学与研究[M].北京:语文出版社,2008.

[41]毛世桢.汉语语音趣说[M].广州:暨南大学出版社,2011.

[42]苗艳.中国新媒体事件话语研究[M].成都:四川大学出版社,2015.

[43]王寅.认知语言学[M].上海:上海外语教育出版社,2007.

[44]斯泰宾.有效思维[M].吕叔湘,李广荣,译.北京:商务印书馆,2008.

[45]骆芳美.反过来想就对了[M].南京:江苏凤凰文艺出版社,2016.

[46]霍夫兰.劝服的表达次序[M].北京:中国传媒大学出版社,2015.

[47]阿特金森.创新力+:创造性解决问题的12种思维工具[M].徐诚,田尧舜,译.北京:人民邮电出版社,2016.

[48]卡比,古德帕斯特.思维:批判思维和创造思维的跨学科研究[M].韩广忠,译.北京:中国人民大学出版社,2010.

[49]董毓.批判性思维原理和方法[M].北京:高等教育出版社,2010.

[50]李衍华.说话的逻辑与技巧[M].北京:北京大学出版社,2011.

[51]崔希亮.语言理解与认知[M].2版.北京:学林出版社,2016.

[52]杜威.我们如何思维[M].伍中友,译.北京:新华出版社,2015.

[53]索燕华,纪秀生.传播语言学[M].北京:北京师范大学出版社,2010.

[54]应天常,王婷.主持人即兴口语训练[M].2版.北京:中国传媒大学出版社,2014.

[55]祝燕南.中国广播电影电视发展报告(2016)[M].北京:中国广播影视出版社,2016.

后　记

“最是人间留不住，朱颜辞镜花辞树。”

或许写书是最能体验时间逝去之决然的一种方式：该书首次出版，是收获之时，竟也是叶萎花败之季，其实距离原定出版时间已过去小半年。责任自然在我，总想捡拾人生路上的每一处绚烂，以致匆匆忙忙、顾此失彼。

将近二十年的学习、经验和思考落笔成书时，我并未有轻松之感，而是发现不经意间打开了一个新世界的大门。在中国，“主持人”这个行业勃兴于20世纪末，伴随广播电视的普及而飞速发展。主持人的培养也乘势而上，在全国诸多高校掀起了播音主持专业建设和招生热潮。这个“热”，我认为应一分为二地看：一方面，在传统意义上，职业要求专业对口，用人单位显然不需要如此多的播音主持专业毕业生，那么这个“热”算是“头脑发热”；另一方面，从有声语言传播专业素养和能力来看，播音主持专业又是急需的、紧缺的，在几乎每一个专业领域都有强化、优化的功能。因此，如果将播音主持专业狭隘限定为培养播音员主持人的“职业型”专业，那么很多院校大可撤销该专业。而如果回归高校的社会功能属性，站在提高全民综合素养、能力的角度来审视，该专业的普及对全社会各行业人员有声语言传播能力的提升是有重要现实意义的。

社会发展的一个重要特征便是：人的发展越来越复合化、全面化和社会化。

未来的播音主持专业除了承担起传统的播音主持岗位人才培养任务外，还要承担起全媒体环境下有声语言传播专门人才的培养任务以及其他专业高校学生有声语言传播力和传播素养的培养重任。最后这一点，对于国家文化软实力而言，其意义不可谓不深远。

由此看来，我们身处教学科研一线的教师，任重道远！

与播音学不同，相对于语音发声、基础性语言技能，主持人思维和表达的理论和实践问题，是主持人这个专业的核心课题。如何在全媒体传播的今天，为人际性大众传媒有声语言传播主体这一人群的内部思维结构、能力和外部表达话语素养，总结出一个较为完整、系统的理论架构，据此设计出一套针对性强、科学实用的实践训练体系，本书仅仅是迈出了第一步。科学技术带给传播事业的变化是系统性的，有声语言传播主体作为系统要素之一也在变革。未来之责在于面对迅速变化的传媒形态、传播格局，面对角色逐渐多元化、融合化的有声语言传播主体，跳出传统广播电视思维模式，结合社会发展趋势、国家发展大势等要素，进行更深入的、更有针对性的、系统化的研究，进而为这一群体的专业属性、社会定位、职能范畴等做清晰科学的描述，为“主持人思维学”找到应有的学科归属。

行文至此，窗外秋雨淅沥，屋内稚子轻鼾。突然间有种感触：处在而立与不惑之中间态的我，其实刚刚开始真正的专业生涯——每一种过去，都为新的开始铺垫了一级石阶。

感谢四川电影电视学院翁如教授，作为我主持人思维教学的启蒙恩师，她的鼓励、关心和指导对该书的写作起到了重要作用；感谢我研究生的导师，中国人民大学新闻学院杨钢副教授，他在我求学期间对我学术上的指导让我受用至今。

感谢在此次出版过程中给予我诸多鼓励和指导的中国传媒大学出版社王鹏、张旭、李水仙三位老师。相识是缘、相交是分，基于缘分，我的处女作能够如此顺利出版，相信之后还会有更多合作的成果！

最后，感谢在我写作期间，承担了家里诸多家务重任的岳父岳母和妻子，没有他们分担劳苦、照顾幼子，该书付梓恐怕还要推迟一年。

事实上，更想借此机会感谢每一位生命中出现的人，因为你们，我才成了我。

路在脚下延伸，收拾好竹杖芒鞋，快走踏清秋！

王彪
2017年9月1日

图1　油画《克里斯蒂娜的世界》

图2　《伏尔加河上的纤夫》　作者：伊里亚·叶菲莫维奇·列宾

1/2

图3 《记忆的永恒》 作者：萨尔瓦多·达利

图4 《父亲》 作者：罗中立

图5 《又是一个两分》 作者：列舍特尼科夫

3
4 5

图6 《马拉之死》 作者：雅克·路易·大卫

图7 《乞讨的日子》 作者：雅克比

图8 《桌球》 作者：路易斯·利奥波德·布瓦伊

图9 《最后的晚餐》 作者：达·芬奇

图10 《不相称的婚姻》 作者：普基廖夫

图11 《宫娥》 作者：委拉斯凯兹

9
10 11

图12 《意外归来》 作者：列宾

图13 《拍卖奴隶》 作者：让·莱昂·热罗姆

图14 《拾穗者》 作者：米勒

图15 《听琴图》
作者：赵佶

图16 《浴马图》 作者：赵孟頫

12 | 13
14 | 15
16

图17 《山寨归牧图》 作者：邓子芳

图18《春晖》 作者：方凤富

图19 《南国秋趣》 作者：方凤富

图20 《碧水人家》 作者：薛亮

图21 《尘世》 作者：希罗尼穆斯·博斯

20/21

图22 《听取蟾声兆丰稔》 作者：范曾

图23 《红叶双猿图》 作者：张其翼

图24 加拿大地球日广告

22

23 | 24

图25　某电视广告：让你身临其境

图26　速递创意广告

图27　某缓解鼻塞药品广告

图28　摄影作品：龚滩晨曦

图29　大众汽车广告图

图30　反对酗酒公益广告

图31　世界自然基金会公益广告

图32　龙脊晨雾

25 26
27 28
29 30
31 32

图33 摄影作品：童年

图34 摄影作品：分离

图35 摄影作品：丹罗垃圾场

图36 摄影作品：巴塞罗那的示威者

图37 摄影作品：抓鸭子

图38 摄影作品：农场生活

图39 摄影作品：地下通道

33 34 35 36 37 38 39

图40　摄影作品：古镇

图41　齐白石《蛙声十里出山泉》

图42　抽象画1

图43　抽象画2

40 41
42 43

图44　抽象画3

图45　抽象画4

图46　抽象画5

图47　抽象画6

图48　抽象画7

图49　抽象画8

44 45
46 47
48 49

图50　抽象画9

图51　《触的练习》　选自第三届CAFAM双年展

图52　《快呀,不够不够,多来几个》　选自哈哈漫画网

图53　《只许火车晚点,不许乘客迟到》　选自周周漫看网

图54　《官场礼仪教育》　选自《检察日报》

图55　《军训结束》

50	51
52	53
54	55

图56 《阻断》 选自新华社

图57 《啃老族的压力》 选自中国新闻图片网

图58 给我整张“最佳职业脸” 选自西部网

图59 《跟风式爱心》 选自荆楚网

图60 《“微”言耸听》 选自中国新闻漫画网

图61 《好久不见》 选自搜狐新闻

56	57
58	59
60	61